KB189365

義 天

그의 생애와 사상

박용진(朴鎔辰)

박용진은 국민대학교 국사학과를 졸업하였고, 동 대학원에서 『대각국사 의천 연구』로 박사학위를 받았다.
현재 국민대학교 한국학연구소 연구원, 국민대학교 국사학과 강사로 재직 중이며, 한국사 원강, 고려의
문화와 정치, 한국의 불교문화와 사찰, 인물사 산책 등을 강의하였다.
전공은 고려시대 불교사상사이며, 한국 중세사상의 동아시아 교류를 중심으로 연구를 진행하고 있다. 일본
고마자와(駒澤)대학에서 외국인 연구원으로 11~12세기 한반도와 중국, 일본 등 동아시아 불교사상 및 전적의
교류에 대한 연구를 수행하였으며, 최근 고려시대 사상사에 있어 유교 의례서의 동아시아 교류에 대한
연구를 진행하고 있다.
주요 연구성과로는 『대각국사 의천 연구』, 「11~12세기 원종문류의 유통과 동아시아 불교교류」, 「의천의
화엄일승사상(華嚴一乘思想)과 그 불교사적 의미」, 「조선시대 간경도감판 『五杉練若新學備用』 편찬과 그
의의」, 「고려중기 화엄문류(華嚴文類)의 편찬과 그 사상적 전승-『원종문류(圓宗文類)』와 『원종문류집해(圓宗
文類集解)』」, 「의천 集 '석원사림(釋苑詞林)'의 편찬과 그 의의」 등이 있다.

義天 그의 생애와 사상

박 용 진 지음

2011년 5월 12일 초판 1쇄 발행

펴낸이·오일주
펴낸곳·도서출판 혜안

등록번호·제22-471호
등록일자·1993년 7월 30일

⑰ 121-836 서울시 마포구 서교동 326-26번지 102호
전화·3141-3711~2 / 팩시밀리·3141-3710
E-Mail hyeanpub@hanmail.net

ISBN 978-89-8494-420-6 93220

값 28,000 원

義 天
그의 생애와 사상

박 용 진 지음

혜안

出刊에 붙여

朴鎔辰 선생이 『義天-그의 생애와 사상』을 저술하였다. 이 책은 국민대학교 국사학과에서 취득한 박사학위 논문인 『대각국사 의천 연구』를 보다 보강하여 간행한 것이다. 저자인 박용진 선생은 강원도 태백의 산골 마을에서 유년시절을 보냈고, 학부에 진학하면서 역사학에 대한 관심을 가다듬었다. 아울러 야간에 민족문화추진회의 강의를 수강함으로써 한문에 대한 소양을 길렀다. 저자는 비교적 늦게 대학원에 진학하였지만, 한문의 해독능력으로 말미암아 무난히 교과과정을 수학하고는 학위논문을 구상할 수 있었다.

한문뿐만 아니라 일본어를 자유롭게 구사할 수 있는 어학실력을 갖춘 저자는 불교사상의 연구로 저명한 일본 고마자와(駒澤) 대학의 외국인 연구원으로, 11~12세기 한반도와 중국 및 일본 등, 동아시아 불교사상이나 典籍의 교류에 대한 연구를 수행하였다. 일찍이 그는 고려시대 불교사상사나 신앙의례를 전공하였지만, 최근에는 유교의례나 교류에 관심을 가지고 한국 중세사상을 동아시아의 문화교류 속에서 조명하였다. 이렇듯 국제교류 속에서 고려시대 사상을 밝히려는 저자의 폭넓은 시각은 이 책을 보다 알차게 만들었다.

의천은 사상사뿐만 아니라 역사적으로도 중요한 위치에 있었다. 신라말 이후 불교계는 교종과 선종사상을 통합하려는 방향으로 나아갔고, 고려시대 불교사상의 과제는 教禪交涉 사상경향을 종합적으로 체계화하는 것이었다. 의천의 사상은 교종 중심의 교선교섭사상을 滿開시켰으며, 이후 선종 중심의 교선교섭사상이 점차 풍미하게 되었다. 또한 의천은 문종대 이후 고려 문벌귀족사회가 난숙하게 정립한 풍토 속에서, 사회체제를 개혁하려는 정치적 입장을 견지하였다. 그의 사후 고려사회는 무인집권시대를 겪으면서 문벌귀족이 급속도로 몰락해 갔다.

그런데 지금껏 의천에 대한 연구는 불교사상 면에서 추구되어 왔다. 일본이나 국내 불교학자가 중심이 되어 행한 비교적 많은 연구 성과가 축적되어 있는 셈이다. 金庠基 등 역사학자의 연구가 나오기도 하였으나, 대부분 단편적인 언급에 그쳤다. 그들은 의천의 불교사상 자체에 대해 깊이 이해하지 못하였다. 이 책은 지금까지의 연구와는 달리 의천의 정치 · 사회적 입장이나 중국 宋나라의 정치상황이나 불교계와의 관계를 충분히 고려하면서, 화엄종과 천태종 사상 등을 천착하여 밝혔다. 말하자면 의천의 불교사상을 당대의 사회와 밀착하여 연구함으로써 사회사상사를 정립시키고자 하였다.

본래 저자가 불교 신앙의례에 관심을 두었기 때문에 이 책은 불교사상의 내용을 보다 풍족하게 제시하였다. 그러면서 대단히 실증적 작업으로 논리를 전개시킨 점도 이 책의 가치를 돋보이게 한다. 실제로 저자는 불교사상을 직접 연구하기에 앞서 의천의 저술 곧, 『大覺國師文集』이나 『圓宗文類』 · 『新編諸宗教藏總錄』과 『釋苑詞林』 등을 철저하게 분석하였고, 『대각국사문집』을 註釋한 경험을 가졌다. 불교사상의 이해에 앞서 사료에 보이는 정확한 모습을 부각시키는 것은 중요하다. 의천의 문도를 천태종과 화엄종으로 나누고, 그들 상호간의 교류를 밝힌 점도 유념되는 부분이다.

무엇보다도 의천은 불교사상사나 정치사의 전환기에 활동하였기 때문에 이 책은 고려전기와 고려후기의 사상이나 사회를 계기적으로 연결시켜 이해할 수 있는 이점을 지녔다. 앞으로 저자에게 고려시대 사상사는 물론 정치사를 능동적으로 밝혀 줄 것을 기대해 본다. 의천 사후『대각국사문집』
이 板刻되는 과정과 문벌귀족의 존재 양태에서부터, 송은 물론 遼나 일본과
의 문화교류에 대한 안목을 심화하면서, 특히 고려후기 불교사상사에
대한 연구로 이어지기를 바란다. 그간 저자의 노고에 사의를 표하면서,
학문의 결실이 풍성하게 맺히기를 빈다.

2011년 1월
김두진

책머리에

한국불교사에 있어서 義天은 일찍부터 주목되어 온 인물이고, 연구 업적도 적지 않아 관련 연구는 수백편의 논저가 발표되었으며, 개개의 연구로 다루어진 분야는 그의 정치·사회적 활동과 사상 편력만큼이나 다양하다. 특히 의천의 화엄사상이나, 천태종의 開創, 敎藏의 간행 등에 있어 상당한 연구 업적이 축적되었다. 그러나 의천의 佛敎思想이나 敎學을 연구함에 있어 著述이 전하지 않아 그의 사상을 밝히기 어려운 점이 상존한 다. 이 책에서 활용한 자료는 기존의 연구와 달리『大覺國師文集』을 기본으로『敎藏總錄』,『圓宗文類』,『釋苑詞林』등의 분석에 기초하였다. 아울러 宋이나 일본의 자료도 세밀하게 검토하였다.

의천에 대한 연구의 중요성은 고려시대 불교사의 전기와 후기를 계기적 으로 이해하는 관건이라는 데 있다. 또한 의천의 경우는 11세기에서 12세기 의 한문불교문화권의 국제적 교류와 관련하여 보다 주의가 요구된다. 즉 교류 대상국의 불교계 동향과 교류 인물 등에 대한 폭넓은 이해를 염두에 둘 필요가 있다. 이 책의 저술 의도 또한 여기에서 크게 벗어나지 않는다.

특히 저자가 관심을 둔 부분은 의천사상이 고려불교사 상 어떠한 위치에 있는지를 설정하는 것이었다. 더 나아가 의천의 사상이 고려 사회나 정치와 어떠한 관련을 갖는지, 이와 관련하여 국가가 개별 종파를 포함하여 어떠한 불교정책을 전개하였는지를 살펴보는 것이었다.

이를 위하여는 고려시대 '宗' 觀念과 宗派認識의 도출을 통하여 의천의 종파 경향성을 추적할 필요가 있다. 최근 종파명이 구체적으로 제시되지 않았음을 근거로 종파성립을 부정하는 견해가 제기되었다. 실제 사료에서 華嚴宗, 法相宗, 戒律宗, 天台宗 등의 종파명이 구체적으로 나타나지 않으며, 종파명으로 제시되어도 학파와 종파적 성격이 중첩되어 구분하기가 쉽지 않다. 이에 대한 해명 없이 의천의 사상경향을 지적하기 어렵고, 또한 고려중기 불교사의 바른 이해는 어렵다. 이 책에서는 이러한 점을 문제로 제기하였다. 최근 의천사상을 포함한 고려시대 불교사를 敎禪交涉思想의 전개로 보고, 교선융합 사상경향을 고려초기의 정치·사회 상황과 연계한 연구성과가 발표되었다. 저자의 입장 또한 동일하지만, 사실 이는 보다 확대하여 高麗라는 국가적 입장에서의 불교계 편제는 敎禪體制나 敎禪主義로 분석될 여지가 있어 향후 연구과제로 한다.

본서는 저자의 박사논문을 수정 보완한 것이다. 석사논문으로 고려후기의 仁王道場의 실태와 그 의의를 밝혔고, 그 후 고려중기에 있어 仁王經 신앙을 연구했다. 그 즈음에 『大覺國師文集』에 보이는 자료의 중요성에 주목하고, 인왕경 신앙에 대한 의천의 견해에 주목하였다. 박사과정에서는 고려시대 불교사의 계기적 이해를 위한 의천의 연구에 주력하였다. 우선 의천이 편찬한 『大覺國師文集』, 『圓宗文類』, 『新編諸宗敎藏總錄』과 『釋苑詞林』을 분석하였다. 의천은 入宋求法의 활동 이외에 日本이나 遼나라에 편지를 보내 불교문헌을 수집하고 정리하여 간행하는 등 국제적인 활약이 있었지만 실제의 활동이나 사상에 대해서는 여전히 불명한 점이 많다. 이 때문에 의천이 편찬한 서적과 편지 등을 포함한 그 저술을 상세히 분석하고, 이러한 서적의 편찬배경을 밝혔다. 또한 의천의 편찬서에는 의례 관계의 문헌이 많이 집록되어있기 때문에 그러한 것을 분석하는 것에 의해 당시의 불교의례와 그에 대한 의천의 인식을 밝혔다. 또한 逸文을 포함하여 의천의 저술을 검토하는 것에 의해, 화엄사상과 천태사상

10

에 대해 의천이 실천을 중시하는 입장에서 연구와 실천을 하였음을 밝혔다.

이 책은 모두 7개 장으로 구성되었다. 제2장 「의천의 생애와 활동」은 의천의 생애와 활동을 시기구분하여 살펴보았다. 제3장 「의천의 저술」은 그간 다루지 않았던 『大覺國師文集』, 『圓宗文類』, 『新編諸宗敎藏總錄』과 『釋苑詞林』의 체제와 내용 전반을 살펴 의천사상 분석의 기초 자료로 활용하였다.

제4장 「의천의 불교사상」은 그의 사상 가운데 대표적인 화엄사상과 천태사상을 분석한 것으로 11~12세기 동아시아 불교교류 가운데 의미를 살펴보았다.

제5장 「의천의 불교의례 인식과 인왕경 신앙」은 『대각국사문집』에 수록된 불교의례와 『고려사』의 그것을 비교 분석한 것으로 당대 정치 사회적 의미를 지적하였다. 특히 국가불교의례로서 인왕경 신앙은 의미가 있는데 그에 대한 정치적 의미를 분석하였다.

제6장은 의천사상의 계승과 그 의의를 추적한 것으로 그의 문도는 크게 화엄종과 천태종 계열로 구분할 수 있다. 이들은 각각 의천의 碑를 세우고 자신들의 종파적 입장을 강조하였지만, 당대의 정치사회적 배경하에 상호 교류한 모습도 있었음을 지적하였다. 이상의 내용은 제7장 의천사상의 불교사적 의의로 정리하였다. 이 책의 내용은 기존 연구들이 다루지 않았던 의천의 찬술서 분석과 그의 불교의례 인식, 인왕경 신앙 등 새로운 내용을 중심으로 구성하였다.

이 책이 나오기까지 많은 분들의 도움이 있었다. 석사과정의 연구과제는 고려시대 불교의례 仁王會였는데, 한학에 해박하신 秦星圭 선생님의 지도를 받았고 같은 울타리 안에서 여전히 따뜻하게 배려해 주신다. 박사과정에서는 朴宗基 선생님을 지도교수로 고려시대사의 체계를 잡은 시기였다. 趙東杰 선생님께는 사학사, 근현대사를, 鄭萬祚 선생님께는 조선시대 정치사를 비롯한 한적 서지의 기초까지 배울 수 있었다.

金杜珍 선생님께서는 사상사에 대하여 높은 벽을 넘겨 볼 수 있도록 허락하여 주셨고, 의천이라는 고봉을 연구하게 된 동기를 제공해 주셨다. 진리의 추구와 학문의 실증적 연구 태도 등 항상 가르침을 주시는 선생께 감사할 따름이다. 朴宗基 선생님의 가르침은 한국사의 전반에 대한 역사인식을 전환하는 계기가 되었고, 고려의 정치사회사에 대한 구조를 정립하는 많은 가르침을 받았다. 그 외 박사논문의 심사를 맡아 조언과 다양한 자료를 제공해 주신 蔡尙植 선생님께 감사의 말씀을 드린다.

필자의 연구역정에 있어 박사후과정을 겸한 외국인 연구원 생활은 연구 안목을 넓힐 수 있는 좋은 기회였다. 일본 駒澤大學에서의 연구는 조명제 선생이 주선해주셨고, 石井公成, 吉津宜英 선생의 초청으로 가능하였다. 11~12세기 동아시아 불교교류의 연구를 중심으로 동아시아불교학의 연구 현황과 과제를 확인할 수 있었다. 東京과 京都 등 각지에 있는 주요 도서관을 찾아 한국 전래 불서의 원본을 확인하는 등 연구력에 큰 진전이 있었다. 또한 祖堂集과 從容錄 연구회에 참여를 허락하여 주신 石井修道 선생, 생활의 전반에 신경을 써 주신 石井公成, 奧野光顯, 吉津宜英 선생께 감사를 드린다.

지금까지 공부에는 많은 분들의 도움이 있었는데 성실과 노력의 자세를 몸소 가르쳐 주신 부모님과 형제, 在京 黃池 출신의 벗들, 대학 학과와 동아리의 친구, 선후배들은 항상 격려를 보내주고 있다. 특히 북악사학회에서 발표회와 연구회 등으로 선후배 여러분께 가르침을 받았고, 여전히 학문의 길을 이끌어 주는 仁友 張日圭, 李剛秀 선생께도 많은 도움을 받았다. 끝으로 학인으로서 이만큼이라도 설 수 있게 된 것은 金杜珍, 朴宗基 두 분 선생님께 힘입은 바 크다. 師資의 道가 大因緣인데 率誘해 주심에 奉行之志가 부족함이 부끄러울 따름이다. 이 모든 분들께 감사드린다.

아울러 어려운 여건 속에서도 출간을 허락해준 도서출판 혜안의 오일주

12

사장과 아담한 정장으로 꾸며준 김현숙, 김태규 선생을 비롯한 편집부에
감사의 말씀을 드린다.

2011년 1월 12일

목 차

16

표 · 그림 목차

제1장 서 론

제1절 연구목적과 방향

본서는 大覺國師 義天(1055~1101)의 生涯와 撰述을 분석하여 그의 불교사상의 형성과 전개, 한국 불교사상에 미친 영향과 의의 등을 살펴본 연구이다. 또한 의천이 設行한 다양한 佛敎信仰儀禮가 王權强化나 改革政治에 조력하는 등 고려중기의 정치·사회 상황과 연결되어 있음을 역사학적 관점에서 조명해 보고자 하였다.

의천이 활동한 고려 文宗(1046~1083)에서 肅宗(1095~1105) 연간에는 政治支配勢力을 구성하였던 국왕, 왕실 및 문벌귀족간에 聯立과 相爭이 나타났다. 이들 정치세력은 佛敎界와 상호 긴밀히 연결된 가운데 불교정책을 전개하였다. 또한 국왕 등의 願利로 창설된 사원과 궁궐의 諸處에서 개최된 國家的 佛敎儀禮는 국왕 및 왕실의 전통과 권위를 제고하는 역할을 하였다.[1] 더 나아가 불교계는 王室과 門閥 出身의 승려들에 의해 사원이 경영되어지고, 정치적 투쟁에 참여하는 등 통치권과 연계하여 영향력을 행사하였다.[2]

의천의 출가를 전후한 문종 연간에는 정국 운영에서 국왕과 신료 간의 대립으로 양상이 바뀌면서 정책 결정에서 국왕권이 주요 변수로 대두되었

---

1) 朴鎔辰, 「高麗後期 仁王道場의 設行과 그 意義」 『北岳史論』 6, 北岳史學會, 1999.
2) 許興植, 「佛敎와 融合된 社會構造」 『高麗佛敎史硏究』, 一潮閣, 1986, 11쪽.

20

고,[3] 이후 숙종 연간까지 의천은 문벌귀족 체제에 대한 국왕권 강화의 입장을 견지하였다.[4]

고려시대의 佛教史는 教宗과 禪宗의 사상적 대립과 조화가 중심 과제였다고 할 만하다. 高麗初부터 불교계는 教宗과 禪宗思想이 각각 教禪融合의 경향을 보였다.[5] 華嚴宗을 위시한 교종 계열은 교종 우위의 입장에서 선종을 융합하려 하였고, 선종 계열은 선종 우위의 입장에서 교종을 융합하려는 사상 경향을 보인 것이다. 이러한 教禪融合의 경향은 고려중기에 이르러 교종의 입장에서 禪宗思想을 융합하려는 사상적 통합 운동이 전개되기에 이르렀다. 大覺國師 義天의 사상과 활동은 고려중기의 정치·사회·사상적 동향과 밀접하게 맞물려 있으며, 고려초부터 계속된 教宗과 禪宗의 대립과 불교계의 분열을 극복하려는 시도였다.

본서는 대각국사 의천의 사상과 활동이 고려중기의 정치·사회적 동향과 밀접하게 연결되어 있음을 밝혀 보기 위하여 의천의 생애와 저술, 불교 사상의 형성과 전개 등에 대한 분석을 시도하였다. 의천의 생애와 저술에 대하여는 기존의 연구성과에서 다소 미진하거나 보충할 필요가 있는 부분을 집중 검토하는 방법을 취하였다.

의천의 불교사상의 형성과 전개에 대하여는 기존의 연구성과를 토대로 華嚴思想과 天台思想을 구분하여 분석하였다. 의천은 華嚴宗을 기반으로 天台宗을 개창하였으며 宗派別 門徒에 의하여 그의 사상이 계승되었다. 따라서 의천의 불교사상이 화엄종과 천태종의 상호교류와 공통성이 있었음을 분석할 필요가 있다. 이를 통하여 의천사상의 불교사적 위치를 가늠해

3) 朴宗基,「11세기 고려의 대외관계와 정국운영론의 추이」『역사와 현실』30, 1998, 169쪽.
4) 蔡尙植,「고려후기 修禪結社 성립의 사회적 기반」『한국전통문화연구』6, 1990, 23쪽 ;「一然의 思想」『한국의 사상』, 열음사, 1991, 133쪽.
5) 金杜珍,「高麗時代 思想의 歷史的 特徵」『韓國思想史大系』3, 韓國精神文化研究院, 1988, 116~119쪽.

볼 수 있을 것이다.

본서는 크게 세 부분으로 구성된다. 그 한 부분은 제2장 대각국사 의천의 생애와 제3장 의천의 저술로 생애와 저술 활동에 대한 분석이다.

한국 불교사에서 의천은 일찍부터 주목되어 온 인물이고, 연구 업적도 적지 않은 분량에 도달해 있다. 그 결과 의천의 華嚴思想이나, 天台宗의 開創, 敎藏의 刊行 등에 있어 상당한 연구 업적이 축적되었다. 그러나 지금까지의 의천 연구는 정치・사회적 배경이나 당시 불교계의 상황에 대한 설명이 다소 부족하고, 최근의 자료와 연구 성과를 반영하지 못하고 있다.

또한 의천의 佛敎思想이나 敎學을 연구하는 데에도 著述이나 撰述書가 제대로 전하지 않아 그의 사상을 밝히기 어려운 점이 있다. 의천의 현존 찬술서인 『圓宗文類』와 義天系 華嚴宗 法流인 廓心의 『圓宗文類集解』를 통하여 의천의 생애 및 사상의 실체를 구체적으로 밝혀내는 연구를 병행할 필요가 있다. 본서에서는 兩書의 체제와 내용 일부를 분석하는데 그치는 한계가 있음을 밝혀 둔다.

의천의 생애에 대하여는 『大覺國師文集』의 전체 작품에 대한 일관된 年紀를 작성하고, 그에 따라 시기 구분을 시도하였다. 또한 의천과 교류한 인물들을 검토하여 이를 통해 의천사상의 形成과 展開過程을 살펴보려 한다.

의천의 撰述書로는 『圓宗文類』, 『新編諸宗敎藏總錄』, 『釋苑詞林』이 있다. 본서에서는 기존의 연구성과 위에 개별 편찬서의 구체적 내용을 검토하고, 이를 토대로 의천사상의 형성과 전개의 근거 자료로 활용하였다. 현재 『圓宗文類』는 권14, 권22의 내용 일부가 전하고 있는데, 권14는 「諸文行位類」, 권22는 「讚頌雜文類」이다. 이들에 대해 체제와 내용 구성을 살펴 의천사상의 근간과 華嚴 章疏의 수록 의미를 살펴보려 한다. 『新編諸宗敎藏總錄』은 敎藏 의 章疏 목록이다. 敎藏總錄의 편찬 목적 및 의의는 지금까지 다양하게 제시되었다. 이들 연구성과를 검토하고 불교사적 의의와 정치·사회적 의미를 찾아보려 한다. 또한 의천이 직접 편찬한 것은 아니지만 생전에 集錄한 불교 관련 자료인 『釋苑詞林』의 편찬 의의를 검토하려 한다.

『大覺國師文集』은 지금까지 의천사상을 연구하는 기본 자료였다. 『大覺國師文集』의 출간과 내용 구성을 살펴, 個別的 年紀의 작성을 통하여 의천의 生涯를 復元하고, 시기적 구분을 통하여 그의 사상적 추이나 時代認識 등을 살펴보는 기본 자료로 활용하려 한다. 본서에서는 문집 내용과 구성을 검토하고 文集 缺落의 의미도 추구하기로 한다. 더 나아가 의천의 碑文 建立과 문집 편찬의 상관성을 밝히려 한다.

본서의 두 번째 부분은 제4장 의천의 불교사상과 제5장 불교의례 인식과 仁王經 신앙에 대한 내용이다. 먼저 제4장 의천의 불교사상에서는 의천의 華嚴思想과 天台思想으로 구분하여 의천사상의 기본 체계를 고찰하였다. 의천은 화엄종 출신으로 천태종을 개창하여 고려중기 불교계를 재편하였다. 이러한 재편의 기본 논리로 기능한 의천의 '敎觀並修思想'의 형성과 전개를 밝혀 보고자 하는 것이다. 의천의 華嚴思想體系는 그의 敎判論 및 華嚴一乘緣起思想과 觀法을, 天台思想은 중국 天台宗 正統 山家派의 교류와 天台敎觀을 통하여 구체화 될 수 있다.

제5장에서는 고려중기 불교신앙의례와 仁王經 신앙에 대하여 검토하였다. 고려중기 불교신앙의례와 인왕경 신앙의례는 국가적 불교의례로 설행되었다. 이러한 佛敎儀禮의 기능과 設行 의의를 파악하기 위한 방법으로, 『高麗史』와 文集에 실려 있는 불교의례의 상호비교를 통하여 의천의 사상과 불교의례의 정치·사회적 역할을 밝혀 보려 한다.

본서를 구성하는 세 번째 부분은 제6장의 의천사상의 계승과 그 의의이다. 의천의 華嚴宗과 天台宗은 그의 사후 기존의 정치권력과 연결된 불교계가 새로이 분립되는 현상을 보임에 따라 다소 침체되고 禪宗이 재흥하였다.6) 이렇듯 불교계가 再編되면서 의천의 사상은 제대로 傳承되지 못하였다.

의천의 門徒는 화엄종과 천태종으로 나뉘어져 각각의 문도들을 통하여 사상이 계승되었다. 이에 제6장은 4절로 나누어 제1절과 제2절에서는 의천의 문도들이 화엄종과 천태종 문도로 나뉘는 과정과 활동상을 분석하고, 제3절에서는 이들 문도들의 교류와 사상 경향을 살펴보려 한다. 이를 위한 연구방법으로는 碑陰記의 자료를 중심으로 분석하려 한다. 문도의 사상 경향을 살펴보는 방법으로, 華嚴宗 門徒는 '樂眞－澄儼－戒膺－廓心'으로 계승되었는데 廓心의 『圓宗文類集解』를 통하여 사상 경향을 검토키로 한다. 天台宗 門徒는 直投한 門徒와 五門學徒로 구분되는데 현전하는 자료의 한계로 五門學徒의 사상 경향을 중심으로 분석한다.

마지막으로 제4절에서는 의천의 華嚴과 天台思想의 佛教史的 위치를 가늠해 보려 한다. 고려중기 불교사상은 교종과 선종 교섭의 흐름에서 파악할 수 있다. 의천의 불교사상 또한 당시의 시대적 과제를 인식하고, 教禪交涉의 흐름에서 이해될 수 있다. 의천은 화엄종 승려로 천태종을 개창하여 불교계를 재편하였는데, 이러한 의천의 불교사상이 고려후기 화엄종과 천태종으로 계승되는 면에서의 불교사적 의의를 살펴보려 한다.

본서는 위에서 밝힌 연구방향과 방법을 통하여 고려중기 정치·사회적 시대상황과 의천의 불교사상과의 관련성을 추구하려 한다. 의천 생애와 撰述書의 분석을 통한 사상 이해는 고려중기 불교의 내용과 성격을 파악하는 것이며, 고려전기와 후기 불교사상사의 공백을 메워 양자를 계기적으로 이해할 수 있다는 점에서 그 의의를 지적할 수 있다.

---

6) 蔡尙植,「普覺國尊 一然에 대한 研究」『韓國史研究』26, 1979, 47쪽.

제2절 연구현황과 전망

1. 머리말

한국불교사에 있어서 의천은 일찍부터 주목되어 온 인물이고, 연구 업적도 적지 않아 관련 연구는 100여 편 이상의 논저가 발표되었으며, 개개의 연구로 다루어진 분야는 그의 정치·사회적 활동과 사상 편력만큼 이나 다양하다.[7] 특히 의천의 화엄사상이나, 천태종의 開創, 敎藏의 간행 등에 있어 상당한 연구 업적이 축적되었다. 그러나 의천의 佛敎思想이나 敎學을 연구함에 있어 著述이 전하지 않아 그의 사상을 밝히기 어려운 점이 상존한다.

의천에 대한 연구의 중요성은 고려시대 불교사의 전기와 후기를 계기적 으로 이해하는 관건이라는 데 있다. 또한 고려시대 均如, 知訥 등의 연구에서 와 같이 인물 위주의 연구로부터 사상 분석에로의 방향성은 동일하지만, 의천의 경우는 11~12세기 한문불교문화권의 국제적 교류와 관련하여 보다 주의가 요구된다. 바로 교류 대상국의 불교계 동향과 교류 인물 등에 대한 폭넓은 이해를 염두에 둘 필요가 있다.

의천에 관한 연구는 크게 의천의 생애와 정치적 입장 등 인물 분석, 현전하는『大覺國師文集』,『新編諸宗教藏總錄』,『圓宗文類』등 의천의 편찬 서 및 그에 관련된 활동 분석, 의천의 사상과 그 전승 등을 분석하는 것으로 구분할 수 있다. 본서에서는 위의 차례로 연구현황을 검토코자 한다. 의천에 대한 연구는 대부분 한국과 일본에서 이루어졌기 때문에 양국의 연구성과가 중심이 되겠지만, 최근 중국의 연구성과를 반영하고자

---

7) 최근의 의천 관련 연구 현황은 다음에 자세히 정리되어 있다. 박용진,『대각국사 의천 연구』, 국민대 박사학위논문, 2005 ; 김상현,「대각국사 의천 관계 참고문헌」 『天台學研究』4, 2003, 240~249쪽 ; 이병욱 편,『한국의 사상가 10인-의천』, 예문 서원, 2002 ; 한국유학생인도학불교학연구회 엮음,『일본의 한국불교 연구동향』, 장경각, 2001.

노력하였다.

2. 義天과 그의 사상에 관한 연구성과

1) 義天의 생애와 정치적 입장

의천의 출가, 입송구법, 문벌귀족에 대한 정치적 입장 등 그의 생애는 대부분 의천의 화엄사상이나 천태사상을 밝히는 과정에서 간략히 언급되었다. 국내의 연구는 김상기와 조명기로부터 비롯하였다.[8] 김상기는 의천의 생애에 대하여 천태종 개창, 대외관계, 주전론에 관한 업적을 강조하는 한편, 고려초기의 불교를 신라불교의 연장으로 보고, 의천이 천태종을 개창한 것은 교선합작으로, 고려불교에 새로운 면목을 나타낸 것으로 보았다. 조명기는 의천의 출가와 입송구법, 해인사 은거 이후 행적에 대하여 간략히 서술하였다.

이보다 앞선 시기의 의천에 대한 연구는 주로 日本人 學者들에 의하여 검토되었다.[9] 이는 일본 내에서의 佛敎 典籍 정리에 따른 결과로서, 한반도

---

8) 위의 연구 이후 자료를 集錄하면서 본격적으로 행해진 연구는 김상기와 조명기에 의해 1959년 이후에 이루어졌다. 특히 趙明基는 의천의 천태사상과 敎藏에 대한 資料集錄의 의미와 사상적 경향을 검토하였다. 金庠基, 「大覺國師義天에 對하여」 『國史上의 諸問題』 3, 國史編纂委員會, 1959 ; 趙明基, 「大覺國師의 天台의 思想과 續藏의 業績」 『白性郁博士頌壽記念佛敎學 論文集』, 1959 ; 『高麗 大覺國師와 天台思想』, 東國文化社, 1964, 재수록.

9) 의천에 대한 연구는 일제강점기에 日人學者에 의하여 시작되었으며, 초기 연구는 義天 개인의 인물 연구가 중심이 되었다. 또한 의천이 편찬한 章疏 목록인 『新編諸宗敎藏總錄』에 따라 印刊하였다는 이른바 續藏經과 관련하여 일본 내의 불교 관계 서지 위주의 연구가 이루어졌으며 주요 연구는 다음과 같다.
妻木直良, 「高麗の大覺國師」 『佛敎史學』 1-4, 1911 ; 小野玄妙, 「高麗祐世僧統義天の大藏經板雕造の事蹟」 『東洋哲學』 18-2, 1911 ; 內藤雋輔, 「高麗の大覺國師に關する研究」 『支那學』 3-9・10, 1924~1925 ; 「高麗の大覺國師に關する研究」 『朝鮮史研究』, 京都大 東洋史研究會, 東京 弘文堂, 1961(재수록) ; 河村道器, 「高麗大覺國師義天に關する研究槪說」 『歷史と地理』 26-3, 東京 : 史學地理學會, 1930 ; 河村道器, 「大覺國師集の異版について」 『靑丘學叢』 4, 1931 ; 河村道器, 「義天藏演義初版の日

26

에서 전래된 여러 佛典, 教藏에 주목치 않을 수 없었음에 기인한 것이었다.[10]
妻木直良은 사료, 가정과 시대, 3대 사적으로 의천의 생애를 정리하였다.[11]
그는 의천에 대하여 문물이 융성하고 만민태평을 구가하는 시대의 경건한
불교신앙가로 입송구법, 속장간행, 義學진흥을 중심으로 정리하였다. 內藤
雋輔는 그의 졸업논문 내용을 보완한 연구를 발표하였다.[12] 기존의 연구성
과 위에 의천의 性情에 대하여 언급하면서 출가, 입송구법, 귀국 이후로
의천의 생애를 구분하여 살펴본 것이다. 이후 大屋德城은 의천이 화엄종으
로서 고려조 불교의 혁신을 기도하였다고 한다.[13] 한편 高橋亨은 의천의
고려 사상사 상 중요한 역할은 천태종 개립에 있었으며, 全불교에 대한
교리적 이해와 불교계 형세에 대한 경륜을 지적하였다.[14]

　1959년 이후 김상기와 조명기의 일련의 연구에 힘입어 의천 연구는
수적으로 점증하기에 이르렀다. 이미 지적하였지만 의천의 생애에 대하여

本傳來について」『靑丘學叢』 6, 靑丘學會, 1931 ; 大屋德城, 「義天續藏の日本傳來に
ついて」, 1924 ; 大屋德城, 「朝鮮海印寺経板攷特に大藏経補板並に藏外雜板の仏教
文獻學的研究」『東洋學報』 15-3, 1926 ; 大屋德城, 「佛教典籍上に於ける高麗義天の
事業並に其價値」『宗教研究』 2-4(106), 1940 ;『高麗續藏雕造攷』, 日本 東京 便利堂,
1936 ; 高橋亨, 「大覺國師義天の高麗佛教に對する經綸について」『朝鮮學報』 10,
1956.
10) 일제강점기의 일인 연구자는 일제강점 통치의 필요, 일본 내 불교 전적의 정리와
관련하여 주목하였다.
11) 妻木直良, 「高麗の大覺國師」『佛教史學』 1-4, 1911. 이 논문은 鄭晄震에 의해 번역되
어 국내에 소개되었다(妻木直良 原著, 鄭晄震 飜譯, 「高麗의 大覺國師」『朝鮮佛教叢
報』 제8호, 1918).
12) 內藤雋輔, 「高麗の大覺國師に關する研究」『朝鮮史研究』, 京都大 東洋史研究會, 東京
弘文堂, 1961. 이 논문은 근본사료의 비판, 전기(탄생에서 출가, 출가득도에 대한
고찰, 출가 이후 입송, 淨源법사와의 교류, 입송구법, 귀국 후의 국사), 국사의
성정에 대해서, 업적, 저서에 대해서, 고려불교사 상에 있어서 국사의 지위, 통화제
의 建言, 국사의 法弟에 대해서 등으로 구성되었다. 齋藤忠은 그의 학위논문에
대하여 간략히 소개하였다(「開城市靈通史蹟の大覺國師碑の現狀について」『朝鮮
學報』 106·107, 朝鮮學會, 2000, 161쪽).
13) 大屋德城, 『高麗續藏雕造攷』, 日本 京都 便利堂, 1936.
14) 高橋亨, 「大覺國師義天の高麗佛教に對する經綸について」『朝鮮學報』 10, 1956.

는 그의 화엄교학과 천태교학을 다루면서 간략히 언급되었다. 허흥식은 의천의 생애에 대하여, 고려불교계 자체에서의 비판과 문도의 단절 등이 있어 시련과 좌절인 것으로 이해하였다.[15] 사실 이 문제는 의천의 불교계에서의 역할을 고려시대사에서 어떻게 위치지울 수 있는가와 관련된다.[16] 최근 박용진은 의천의 생애에 대하여 出家와 修學, 入宋求法과 諸宗 教學 交流期, 歸國 後 佛敎界 活動과 海印寺 隱居, 天台宗 開創을 통한 佛敎界 再編과 興敎로 시기구분하였다. 특히 대각국사문집 등을 통하여 의천의 年紀를 확정하고 의천의 생애와 정치적 입장을 조명하였다.[17]

의천의 정치·사회적 역할을 강조하는 입장에서, 박노자는 의천이 동아시아 한역 불교권에서 최초로 敎學체계를 망라하여 敎藏 章疏를 정리한 것에 의미를 두었다. 특히 그것은 교학적인 의미 이외에 불교에 대한 왕실의 태도, 宣宗의 문화정책적 의도, 고려 지배층의 문화·역사의식 등을 반영한 것으로 보았다.[18] 이러한 관점은 國家佛敎를 상정하고 국가와 왕실이 지원하는 사업의 일환이었음을 강조하는 입장이다. 한편 대외관계에 주목한 金英美는 고려와 遼의 불경 교류가 이루어진 배경으로서 양국 외교관계의 변화를 추적한 바 있다.[19] 이와 관련하여 1990년대 이후 이루어진 중국의 연구는 한중 교류의 확대와 관련되며 의천의 입송구법, 한중 불교문화교류가 중심이 되었다.[20]

---

15) 許興植,「의천의 思想과 試鍊」『精神文化硏究』54, 1994.
16) 의천이 화엄종을 중심으로 천태종을 개창하여 선종을 포섭하는 일련의 불교계 재편 작업이 정치적 의도였는지의 여부, 또한 천태종 개창이 고려 불교계에 일대 변혁을 가져왔고 이 때문에 고려불교사를 발전적으로 전개토록 하였는지가 문제가 된다. 의천의 사상 부분에서 다시 검토키로 한다.
17) 朴鎔辰,『大覺國師 義天 硏究』, 國民大 博士學位論文, 2005.
18) 중국의 경우 勅命으로 경전 목록을 작성하였는데 국토, 민심 통일과 연관되며, 의천의 경우 敎藏總錄의 편찬과 敎藏 板刻은 宣宗, 肅宗 등 국왕의 외호 하에 이루어진 것으로 본다(朴老子,「의천의 '新編諸宗敎藏總錄' 編纂, '敎藏' 刊行의 文化史的 意味」『史學硏究』58·59합집, 韓國史學會, 1999, 518쪽).
19) 金英美,「11세기 후반~12세기초 遼와의 佛敎 關係 交流」『역사와 현실』, 2002.

의천의 입송구법에 대한 연구는 불교사상의 교류 및 교장 수집과 관련하여 많은 연구성과가 집적되었다. 그 가운데 의천의 입송구법 동기와 목적에 대해서는 다양하게 언급되었는데,21) 章疏收集과 求法問道는 공통적인 지적 사항이다. 특히 고려·송간의 정치적 관계에 관한 의천의 역할에 주목한 이범학에 따르면, 淨源이 신법당의 핵심인물과 깊이 연고되었으며, 의천의 송에서의 활동은 신법당의 정치적 욕구와 연관됨을 지적하였다.22) 그렇기 때문에 당시 구법당이 득세한 후 蘇軾 등이 의천뿐 아니라 고려까지 배척한 것으로 이해하였다. 이는 의천과 宋 승려들과의 교류를 정치외교적 시각에서 분석한 것으로 그 상관 관계를 보다 더 추구하여야 할 과제로 남아있다.

의천은 귀국 후『圓宗文類』를 편찬하고『新編諸宗敎藏總錄』을 통하여 敎藏을 간행하던 중 宣宗의 사망을 전후하여 급작스럽게 해인사에 은거하였다. 초기 연구에서는 心身 靜養을 은거 사유로 제시하였다.

이후 의천에 관한 본격적인 연구는 최병헌으로부터 비롯되는데 그는 정치사회세력과 불교계와의 상관성을 통하여 의천의 해인사 퇴거가 인주 이씨 중심의 法相宗 세력에 의해 밀려난 것으로 이해하였다.23) 이에 대하여

20) 李亞泉·王承禮,「高麗義天大師著述中的遼人文獻」『社會科學戰線』, 1993 ; 黃啓江, 「十一世紀高麗沙門義天入宋求法考論」『新史學』, 1991 ; 蔡茂松,「高麗大覺國師義天對中韓佛學的貢獻」『中韓關係史國際硏討會論文集』, 1983 ; 王巍,「義天與遼和高麗的佛敎文化交流」『東北師大學報－哲社版』, 1994 ;「中朝佛敎文化交流大師高麗義天」『延邊大學學報』, 1994 ; 黃有福·陳景富 지음, 권오철 옮김,『韓中佛敎文化交流史』, 까치, 2005 ; 鮑志成,『高麗寺與高麗王子』, 杭州大學出版社, 1995 ; 謝俊美, 「佛敎與東亞文化交流合作－以韓國大覺國師義天的國際活動爲中心」『太原理工大學學報』23, 2005 ;「21세기 동아시아의 협력과 불교의 역할－대각국사 의천의 국제관과 국제활동을 중심으로」,『천태학연구』7, 2005.
21) 崔柄憲－章疏의 수집, 華嚴學과 天台學의 조화 가능성을 타진 ; 박노자－諸宗의 투쟁을 종식시키고 諸宗 敎藏을 續藏經 結集 ; 趙明基－淨源과의 교류를 통하여 佛法 問道 ; 李永子－고승과의 논의를 통해 獨學 지식 검증 ; 金相永－善知識 敎學 전수, 章疏收集, 화엄학 전수.
22) 이범학,「왕안석 개혁론의 형성과 성격」『동양사학연구』18, 1983 ;「蘇軾의 高麗排斥論과 그 背景」,『韓國學論叢』15, 국민대학교 한국학연구소, 1993 ; 정수아,「고려 중기 개혁정책과 그 사상적 배경」『수촌박영석화갑기념논총』상, 1992.

추만호와 이병욱은 왕실과 인주이씨 간의 세력 대결이 불교계에서 나타났
지만 화엄종과 법상종의 구도는 아닌 것으로 보았다.[24] 또한 박용진은
의천의 해인사 은거는 화엄종 내부의 문제, 法相宗의 문제, 天台宗 開創을
통한 佛教界 再編 노력의 좌절 등이 복합적으로 나타났다고 이해하였다.[25]

의천의 귀국 이후 활동 가운데 주목되는 바는 鑄錢論으로 대표되는
그의 경세론이다. 이에 대한 연구는 최근 李炳熙에 의해 검토되었는데,
의천의 주전론은 입송구법의 경험을 토대로 숙종대 화폐정책으로 전개되
었지만 현실에서는 은병을 사용하는 등 실질적으로 반영되지 못한 것으로
정리하였다.[26]

최근 김두진은 의천의 사상을 고려와 송의 불교사상이나 정치사회적
동향과 연계하여 분석하였다. 의천의 정치사회적 입장은 문벌귀족 사회의
개혁이었는데, 이 때문에 조정에서 그의 입송구법이 제지되었고, 귀국
후에도 이러한 그의 정치적 소신이 좌절되어 해인사에 은거하였던 것으로
정리하였다.[27] 이와 같은 시각의 연구는 의천의 사상이나 활동에 대하여
연구방법과 관점을 보다 확대시켰다.

기타 의천의 遺骨安葬과 立碑 과정에 대한 검토는 중요한데,[28] 고려중기
佛家의 喪禮와 유교적 喪禮의 비교를 통하여 儒佛交涉의 일단을 확인하는

23) 崔柄憲, 「천태종의 성장」 『한국사』 6, 국사편찬위원회, 1975.
24) 이는 의천과 韶顯이 친분을 유지한 점, 인주이씨 一族의 참여가 아닌 점, 韶顯과
    仁睿太后는 李資義 난에 연루되지 않은 것에 근거한다(추만호, 「李資謙의 軍士基盤
    理解(上)」 『史鄕』 2, 1985 ; 이병욱, 「의천의 天台思想 受容의 두 단계」 『普照思想』
    11, 普照思想研究會, 1998).
25) 朴鎔辰, 『大覺國師 義天 研究』, 국민대 박사학위논문, 2005.
26) 李炳熙, 「大覺國師 義天의 鑄錢論」 『天台學研究』 4, 2003. 의천의 鑄錢論에 관한
    연구를 수록하였으며, 대각국사 의천과 동아시아 불교 관련 특집호이다.
27) 金杜珍, 「義天의 圓頓사상과 그 불교사적 의미」 『北岳史論』 10, 北岳史學會, 2003 ;
    『고려전기 교종과 선종의 교섭사상사 연구』, 一潮閣, 2006, 353~364쪽 재수록.
28) 최기표, 「大覺國師의 遺骨安葬과 立碑過程 再考」 『한국불교학』 44, 2006. 최근
    영통사의 발굴조사는 『靈通事跡』, 日本 東京 大正大學出版會, 2005가 참고된다.

추가적인 연구가 필요하다.

2) 義天의 편찬활동

고려중기 華嚴·天台思想의 중심에 의천이 있었고, 그는 華嚴宗을 근간
으로 하면서 天台宗을 개창하고 동아시아의 불교 및 사상 교류에 큰 역할을
하였다. 의천의 사상을 분석키 위한 기초 작업으로서 저술 분석은 필수적이
라 하겠다.『大覺國師文集』에 의하면 의천의 編著로『圓宗文類』,『新編諸宗
教藏總錄』,『釋苑詞林』,『成唯識論單科』,『八師經直釋』,『消災經直釋』,『三家
義疏』[29] 등이 있었다.[30] 또한 방언으로 번역한 것이『華嚴經』3본 180권과
『南本涅槃經』36권이며,『妙玄』10권 등이 있었다.[31] 이 가운데 현전 자료는
『圓宗文類』3권,『教藏總錄』,『釋苑詞林』5권, 문집이 전하고 있다. 따라서
의천의 사상을 알 수 있는 화엄이나 천태 관련 저술은 대부분이 편찬과
번역이었으며, 간단하나마 의천사상의 단편을 알 수 있는 것은 문집에
실려 있는 序文들에서 찾아볼 수 있다. 의천이 저술을 남기지 못하고
대부분 編纂에 그친 것은 47세로 부死한 것에도 기인하지만, 국가적으로
방대한 教藏 간행사업을 주관한 것에 기인하였을 법하다.

①『圓宗文類』

---

29) 淨源,「淨源書」『대각국사외집』권2(『한국불교전서』권4, 569쪽), "今法師敍三家之
義疏 與夫向者 示諸來學 煥然冥契".
30) 『天台四教儀注』3권이 있었다고 한다(趙明基,『高麗 大覺國師와 天台思想』, 東國文化
社, 1964, 110쪽). 그 근거는 분명치 않다. 李英茂·崔凡述,「大覺國師文集解題」,
建國大學校出版部, 1974, 23쪽 ; 崔柄憲,「大覺國師文集解題」『國譯大覺國師文集』, 韓
國精神文化研究院, 1989, 24쪽. 방언, 번역은 의천의 편저에 포함시킬 수 없다고
하였다.
31) 「錦鱗三百貫花詮」『대각국사문집』권22(『한국불교전서』4, 566쪽). 조명기는 화엄
경 180권, 열반경 36권, 기타 10여부 합계 300여 권이라고 하였다(趙明基,『大覺國師
의 天台의 思想과 續藏의 業績』『白性郁博士頌壽紀念佛教學論文集』, 1959 ;『高麗
大覺國師와 天台思想』, 東國文化社, 1964, 재수록).

『圓宗文類』에 대한 초기 연구는 大屋德城의 『高麗續藏雕造攷』를 들 수 있으며 전반적인 내용을 소개하였다.[32] 이와 관련하여 의천의 저서로 『誠惡勸善』과 『勉學』이 있음을 지적하였지만[33] 『圓宗文類』 권21에 수록된 내용을 잘못 분석한 것으로 밝혀졌다. 『圓宗文類』를 필사한 湛睿가 戒珠撰으로 기록하였는데 大屋德城도 이 견해를 따랐던 것이다.[34] 그러나 杭州 孤山寺 智圓의 『示學徒』 및 『勉學』篇이 『緇門警訓』에 수록된 것으로 보아, 『圓宗文類』에 수록했던 「誠惡勸善」은 『緇門警訓』에 수록된 孤山 智圓의 것으로 판단된다.[35] 또한 『三家義疏』는 智儼, 法藏, 澄觀 三家의 화엄 관련 문류를 義解하고 註疏한 것으로 현전하지 않지만 의천 華嚴敎學의 大體를 이룬 것으로 추정된다.

秦星圭는 『圓宗文類』의 내용 가운데 結社資料가 권22 「讚頌雜文類」에 실려 있음을 주목하여 고려중기 불교계에 華嚴結社를 소개하였음과 1170년 이후 활발한 結社佛敎의 중기적 모습을 전하여 주는 자료이자 그 원형으로 의천과의 관련성을 지적하였고,[36] 張愛順은 중국의 佛敎結社 가운데 宋代 淨行結社의 연구를 추가하였지만[37] 이들의 연관성은 구체적으로 밝혀진 바 없다. 『圓宗文類』 권22 結社資料를 이용한 일본의 연구에서 鎌田茂雄는 華嚴思想의 民衆化라는 시점을 제시하였고,[38] 佐藤成順은 韓國板本 『結淨社集』의 검토를 통하여 淨行社 運動은 유불융합의 발전의 원천으로 위치 짓는 한편 중국 근세 거사불교의 맹아라는 점에서 그 의의를 지적하였다.[39]

32) 大屋德城, 『高麗續藏雕造攷』, 日本 京都, 便利堂, 1936.
33) 李英茂・崔凡述, 『大覺國師文集解題』, 建國大學校出版部, 1974, 23쪽 ; 謙田茂雄, 『華嚴學硏究資料集成』, 동경대 동양문화연구소, 1983, 122쪽.
34) 大屋德城, 『高麗續藏雕造攷』, 便利堂, 1937, 130쪽.
35) 金相鉉, 「義天의 硏學과 學術史的 位相」 『天台學硏究』 창간호, 1998, 155쪽.
36) 秦星圭, 「高麗後期 修禪社의 結社運動」 『韓國學報』 36, 1984, 6~7쪽.
37) 張戒環, 「中國의 佛敎結社」 『韓國佛敎學』, 1992 ; 「宋代의 昭慶社 結社에 대한 考察」 『韓國佛敎學』 28, 2001.
38) 鎌田茂雄, 「華嚴經結社의 形成」 『中國華嚴思想史의 硏究』, 東京大學出版會, 1965.
39) 佐藤成順, 「省常의 淨行社에 대하여」 『宋代佛敎의 硏究』, 山喜房佛書林, 2001.

『結淨社集』을 포함한『圓宗文類』권22 所收 結社資料는 의천의 입송구법과 관련이 있을 법하다. 판본의 비교 등 교류 관련의 추가 검토가 요구된다.

최근 柴崎照和는 四明如吉의『天台文類』의 체제와 내용 구성을 모방하여 『圓宗文類』를 편집하였고, 초학자들의 학습에 제공되었음을 밝혔다.[40] 이는 기존의 華嚴思想이나 天台思想 연구에서 언급되지 않았던 부분이다.

許興植은『圓宗文類』와 관련하여 의천의 門徒인 廓心의『圓宗文類集解』中卷의 書誌를 간략히 소개하였으며, 현재 일본에서 진행된 同書의 연구는 그 성립 배경과 교학의 특색을 밝혔다.[41]

최근 박용진은『圓宗文類』및 廓心의『圓宗文類集解』에 대한 체제와 내용을 분석하여 의천의 華嚴思想을 실증적으로 추구하였다.[42] 그렇지만 양서 모두 일부분만이 현전하는 한계에 따라 구체적인 내용의 상관성을 밝히지는 못하였다. 의천 문도인 태백산계 戒膺의 법손인 廓心의『圓宗文類集解』는 의천의 사상과 교학적 측면에서 일맥상통하였을 것으로 판단되며 이들의 내용 분석을 통하여 부족한 의천의 화엄사상을 밝히는 자료로 적극 활용되어야 할 것이다. 의천의 화엄 관련 저술이 없어 달리 더 華嚴思想을 밝힐 수 없는 현 상황에서『圓宗文類』관련 분석은 12세기 중엽까지 嗣資傳承한 의천계 화엄사상의 모습을 보다 분명히 할 수 있다. 특히 非의천계 華嚴敎學과의 차이점까지 살펴 고려후기 불교계에서 화엄학과의

---

40) 柴崎照和,「義天の圓宗文類の研究」『印度學佛敎學研究』88(44-2), 1996.『天台文類』와 송대 천태교학의 十類에 대한 연구는 林鳴宇,「宋代天台敎學の十類」(上)・(下)『東洋文化研究所紀要』149・150, 2006・2007이 참고된다.

41) 許興植,「義天의 圓宗文類와 廓心의 集解」『書誌學報』5, 韓國書誌學會, 1991.『圓宗文類』의 주석서임을 간략히 소개하였다.
吉津宜英,「廓心『圓宗文類集解』卷中の研究」『印佛研』86(43-2), 1995 ; 柴崎照和,「廓心『圓宗文類集解』卷中について」『駒佛紀要』52, 1994. 의천의 화엄사상과 교학의 전개를 규명하기 위해서는 세밀한 검토가 필요하다.

42) 朴鎔辰,「의천의 圓宗文類 編纂과 그 의의」『史學研究』82, 韓國史學會, 2006 ;「고려중기 華嚴文類의 編纂과 그 사상적 전승－『圓宗文類』와『圓宗文類集解』」『震檀學報』101, 震檀學會, 2006.

관련성까지 추구해야 한다.

② 『新編諸宗敎藏總錄』

의천의 敎藏總錄은 고려중기 당대에 동아시아 불교 문화권의 諸宗 敎藏을 수집·정리한 것으로, 이를 통해 당시 불교계의 불교 철학적 수준과 교학 수준의 이해를 가늠해 볼 수 있다는 점에서 의의가 있다. 大屋德城은 기존의 연구성과를 토대로 『高麗續藏雕造攷』라는 단행본을 발표하였는데, 선행 연구와 같이 고려에서 일본으로 전래된 佛典의 근원을 추구하였다. 여기에서 그는 의천의 찬술 전반에 대하여 書誌的 고찰과 고증을 통하여 敎藏總錄 편찬과 雕造에 대한 다양한 견해를 제시하였다.

한편 국내의 연구는 김상기와 조명기로부터 시작하여[43] 의천의 천태사상과 敎藏 雕造의 업적이 새로이 조명되었다. 이는 연구자들에 의하여 수용되어 天台思想과 敎藏總錄의 독자성이 주목 받게 되었다.[44] 서지학계에서는 敎藏總錄의 분류체계와 敎藏의 간행에 주목하였다. 敎藏總錄의 분류체계가 일정한 기준이 없다는 일부의 견해와 달리 의천의 敎學觀에 의거 일정한 기준에 따라 편찬하였음을 지적하였다.[45]

---

43) 위의 연구 이후 자료를 集錄하면서 본격적으로 행해진 연구는 김상기와 조명기에 의해 1959년 이후에 이루어졌다. 의천의 사상과 敎藏에 대한 資料集錄의 의미와 천태사상적 경향을 검토한 것은 趙明基의 연구에 힘입은 바 크다.
金庠基,「大覺國師義天에 對하여」『國史上의 諸問題』3, 國史編纂委員會, 1959 ; 趙明基,「大覺國師의 天台의 思想과 續藏의 業績」『白性郁博士頌壽記念佛敎學論文集』, 1959.

44) 趙明基,「大覺國師의 天台의 思想과 續藏의 業績」『白性郁博士頌壽記念佛敎學論文集』, 1959 ;『高麗 大覺國師와 天台思想』, 東國文化社, 1964, 재수록 ; 李永子,「義天의 新編諸宗敎藏總錄의 獨自性」『佛敎學報』19, 東國大佛敎文化硏究所, 1982.

45) 金聖洙,「敎藏總錄 經部 分類體系의 分析」『圖書館學』10, 圖書館學會, 1983 ; 千惠鳳,「義天의 入宋求法과 宋刻 注華嚴經板」『東方學誌』54·55·56합, 延世大國學硏究院, 1987 ; 鄭駜謨,『高麗佛典目錄硏究』, 論義刊行委員會, 1990. 經·律·論 다음에 大乘, 小乘經典 順으로 배열하였고, 敎學觀의 중요도에 따라 經典名을 저작 연대순으로 배열한 독자적 체계로 이해하였다. ; 吳龍燮,「新編諸宗敎藏總錄의 續藏 受容

34

敎藏總錄의 편찬 의의에 대해서는 章疏 목록의 효시인 점과 대승불교
문화권의 소중한 자료라는 점 등이 다양하게 제시되었다.[46] 또한 의천이
동아시아 한역 불교권에서 최초로 敎藏 章疏의 목록을 정리한 것에 대하여
문화사적 의의를 찾기도 하였다.[47] 최근 고려와 遼의 불경 교류가 이루어진
배경으로서 양국 외교관계의 변화를 추적하는 가운데 의천의 敎藏總錄의
편찬 배경을 살펴보았으며,[48] 더 나아가 의천의 교장총록에 대하여 國家佛
敎를 상정하고 국가와 왕실의 관심 아래 이루어진 사업이라고 하였다.[49]
박용진은 의천의 사상을 살펴보기 위한 전 단계로서 그의 찬술서인 敎藏總
錄의 편찬배경과 체재를 분석하고, 기존 연구에서 다소 미흡하였던 편찬의
정치·사회적 배경을 불교사적 의의와 연계하여 살펴보았다.[50] 특히 의천
은 敎藏總錄에 華嚴과 天台 章疏를 다수 집록하였는바, 기존의 연구성과를
토대로 華嚴과 天台章疏를 분석하여 의천의 華嚴 및 天台思想을 밝히는

<hr>

性」『書誌學硏究』 13, 書誌學會, 1997. 敎藏 開板은 敎藏總錄 이전부터 있었고,
　　완성 후에도 敎藏의 범위에 포함되는 章疏는 추가하였기 때문에 敎藏의 완전한
　　목록이 아닌 추후 補入 가능한 목록으로 보았다.
46) 鄭駜謨는 첫째, 대승불교 문화권의 諸宗 敎藏목록으로 대승불교 문화권의 교학의
　　전모를 파악할 수 있는 장소 목록의 효시이며, 둘째, 대승불교 문화권 전반에
　　걸친 학승들의 학적과 전·후대와 연계성을 파악할 수 있는 자료인 점에 의의를
　　두었다(鄭駜謨, 『高麗佛典目錄硏究』, 1990). 林屋友次郎은 敎藏總錄에 의해 당시
　　연구되고 유통된 장소의 서목을 알 수 있으므로 후대 학자들의 연구 표준이
　　됨을 지적하였다(林屋友次郎, 「海東有本現行錄」『佛書解說大辭典』 大同出版社,
　　1975, 34쪽).
47) 교학적인 의미 외에 불교에 대한 왕실의 태도, 宣宗의 문화정책적 의도, 고려
　　지배층의 문화·역사의식 등을 반영한 것으로 보았다. 의천의 경우 敎藏總錄의
　　편찬과 敎藏 板刻은 宣宗, 肅宗 등 국왕의 외호 하에 이루어진 것으로 본다(朴老子,
　　「의천의 '新編諸宗敎藏總錄' 編纂, '敎藏' 刊行의 文化史的 意味」『史學硏究』58·59
　　합집, 韓國史學會, 1999, 518쪽). 또한 고려 중앙집권적 귀족관료제의 옹호자로
　　의천을 상정하고 당대 귀족불교의 諸業을 회통하려 한 것으로 이해하였다.
48) 金英美, 「11세기 후반~12세기초 遼와의 佛敎 關係 交流」『역사와 현실』, 2002.
49) 朴鎔辰, 『大覺國師 義天 硏究』, 국민대 박사학위논문, 2005.
50) 朴鎔辰, 「의천의 『新編諸宗敎藏總錄』編纂과 華嚴 및 天台章疏」『中央史論』22,
　　韓國中央史學會, 2005.

기초 자료로 활용해야 할 것이다.

③『釋苑詞林』

　의천이 생전에 완성치 못한『釋苑詞林』은 사후 樂眞 등 門人이 集錄한
것으로, 그 편찬 과정은 상세치 않다. 현재 191~195권만이 잔존하며 그
편찬 시말은「元景王師樂眞碑」에 간략히 전한다. 이 책은 梁簡文帝의『法寶
聯璧』220권, 梁元帝의『內典碑銘集』30권 일부를 차취한 것으로 兩書
모두 逸失되어 전해지지 않으나 그 序文은『廣弘明集』20권에 실려 전해진
다.[51] 현전『釋苑詞林』5권에 대해서는 高麗 歷代 王의 諱에 闕筆이 있어
高麗代의 刊本이라 볼 수 있고, 최후의 闕筆은 睿宗이기 때문에 이 책의
간행은 肅宗과 睿宗代로 추정된다.[52]『釋苑詞林』은 의천의 集錄임과 동시에
그의 관심사의 표명이라는 점에서 주목된다. 이와 관련하여 禪宗 관련
諸書들을 수록하였기 때문에 의천의 관심이 확대된 것으로 보았다.[53]
의천은 송나라에서 天台宗, 雲門宗 등 諸宗 승려들을 역방하고 불교 전적을
수집한 점으로 보아, 禪宗에 대한 관심의 확대라기보다는 모든 불교 관련
教藏 章疏를 수집하려는 의도가 있었음을 지적할 수 있다. 최근 박용진은
『釋苑詞林』의 편찬과정과 체재를 살펴보고 의천이 수집한 天台宗, 法眼宗,
雲門宗 승려의 碑銘에 대한 분석을 통하여 蒐錄 의의를 살펴보았다.[54]
앞으로의 연구는 이상의 編纂 3書에 대한 체재와 내용 분석을 통하여

51)『法寶聯璧』220권, 梁元帝의『內典碑銘集』30권을 모방한 것으로 보았다(大屋德城,
　　「佛教典籍上に於ける高麗義天の事業並に其價値」『宗教研究』2-4(106), 1940, 354
　　쪽).
52) 稻葉岩吉,「高麗時代の文籍」『支那學論叢』, 1926. 한편 大正大學圖書館 소유의
　　마이크로필름 자료를 飜刻 소개하였다(齋藤光純,「釋苑詞林」『櫛田博士頌壽記念
　　高僧傳の研究』, 山喜房佛書林, 1973).
53) 許興植, 앞의 책, 1986, 271쪽.
54) 朴鎔辰,「의천 集『釋苑詞林』의 편찬과 그 의의」『한국중세사연구』19, 한국중세사
　　학회, 2005.

의천의 사상을 구체적으로 밝히는 방향으로 전개되어야 할 것이다.

④ 『大覺國師文集』

『大覺國師文集』은 義天의 詩文과 서한을 門人이 集錄한 것으로, 문집 편찬 과정은 상세치 않다. 문집의 編次는 序·辭·表·狀·論·書·疏文·祭文·詩로 구성되어 있고, 『外集』은 宋과 遼나라 僧俗들로부터 받은 書翰들을 모아 놓은 書 외에 記, 詩, 碑銘 등 13卷으로 구성되어 있다.55) 『大覺國師文集』의 내용 검토는 의천의 생애와 사상을 보다 분명하게 할 수 있다. 고려중기 사료로서 『大覺國師文集』은 불교사, 송·요와의 대외 교류사,56) 의천의 사상 등에서 많은 활용이 있었다. 최근 박용진은 『大覺國師文集』의 개별 작품의 年紀를 확정하고, 편찬의 정치사회적 배경을 밝힌바 있는데, 혜관을 비롯한 의천계 화엄종 문도가 편찬을 주관하였고, 3종의 異板이 있었으며, 현재 2종의 板本이 남아있다. 고려중기 인종대에는 김부식이 정치적으로 묘청을 비판하는 한편 의천계 화엄종의 인물과 교류를 확대한 시기로 서경세력의 핵심인 묘청에 대한 견제책의 일환으로 의천계 화엄종을 주목하였으며, 인종대 정치적인 입장과 불교계의 입장이 정리된 이후 편찬된 것으로 보았다.57)

기타 『大覺國師文集』의 일부를 활용한 연구는 많지만 全論은 잘 찾아지지 않는다. 문집의 결락에 대한 추가 검토는 의천의 사상 경향성과 관련이 있는데, 여전히 논란이 되고 있는 화엄종과 천태종 양종의 어느 쪽에 보다 傾度되었는가의 문제로 귀결되지만, 이는 고려중기 宗觀念이나 宗派認識의 선결 이후에나 가능한 것이다.

---

55) 大覺國師文集 解題는 다음이 참고된다. 崔柄憲, 「解題」, 『國譯大覺國師文集』, 韓國精神文化研究院, 1989 ; 李英茂, 「解題」, 『大覺國師文集』, 建國大學校出版部, 1986.

56) 金英美, 「11세기 후반~12세기초 요와의 불교 관계 교류」, 『역사와 현실』, 2002.

57) 박용진, 「『大覺國師文集』의 편찬과 그 정치사회적 배경」, 『정신문화연구』 30, 한국학중앙연구원, 2007.

3) 義天의 사상과 그 전승

고려중기 불교사상은 고려초기 이래 교종과 선종 교섭의 흐름에서 파악할 수 있다. 의천의 불교사상 또한 당시의 시대적 과제를 인식하고, 敎禪交涉의 흐름에서 이해하였다. 의천은 화엄종 승려로 천태종을 개창하여 불교계를 재편하였는데, 이러한 의천의 불교사상이 고려후기 화엄종과 천태종으로 계승되는 면에서의 불교사적 의미를 들 수 있다.

의천사상에 대한 연구는 1920년대를 전후하여 일본인 학자에 의하여 시작되었으며 초기에는 일본 내의 불교관계 書誌와 관련하여 간략히 언급하는 정도였다.[58] 大屋德城은 의천의 사상이 宗密의 定慧雙修를 표방한 華嚴宗이자 穩健 中正의 불교로서 고려조 불교의 혁신을 기도한 것으로 이해하였다. 더 나아가 華天律淨의 相融은 宋朝佛敎의 영향을 받았으며, 당시 宋에서는 儒佛融合調和의 경향이 있었고, 고려의 의천은 불교의 우월성을 표방하였음을 지적하였다.[59] 大屋의 연구성과를 수용한 高峯了州는 의천의 사상은 華嚴을 宗으로 하고 天台, 唯識 및 律에까지 미친 것으로 정리하였다. 또한 淨源의 7祖說을 계승하여 징관, 종밀에 의거한 것으로 이해하였다. 더 나아가 정원에게 받은 바 敎觀雙修의 학풍에는 주로 元照에게서 받은 淨土念佛의 사상이 융합되고, 송대에 있어 禪律天台 諸家의 영향이 있었음을 주목하였다.[60] 그러나 의천이 華嚴宗의 諸師 가운데 宗密을 고려의 華嚴 9祖에 편입하지 않았던 일로 보아 宗密의 定慧雙修를 표방한 것으로 규정하기에는 어려운 점이 있다. 오히려 중국의 승려로는 法藏과 澄觀을, 신라의 승려로는 元曉를 강조하였음을 각종 文類에서 살펴볼 수 있다.

---

58) 內藤雋輔,「高麗の大覺國師に關する硏究」『支那學』3-9, 弘文堂, 1924 ; 河村道器, 「高麗 大覺國師 義天の硏究 槪說」『歷史と地理』26-3, 史學地理學, 1930 ; 高橋亨, 「大覺國師義天の高麗佛敎に對いする經綸について」『朝鮮學報』10, 朝鮮學會, 1956.
59) 大屋德城,『高麗續藏雕造攷』, 日本 京都, 便利堂, 1936.
60) 高峯了州,『華嚴思想史』, 百華苑, 1942, 326~327쪽.

38

高橋亨는 의천이 활동하는 고려중기까지를 新羅佛敎 宗派의 餘流라고 보았다. 이는 고려중기 불교가 신라 이래 佛敎宗派와 人的系譜의 계승이라는 입장이다. 또한, 의천이 종래 敎禪 대립의 구조를 지양하고, 敎禪習合의 논의 및 실행을 행한 시초라는 데 그 의의를 두고 있다. 이러한 연구는 신라에서 고려에로 宗派의 繼起的 모습은 살펴볼 수 있지만, 고려초기 이래 玄暉와 坦文의 敎禪融合的 思潮 등을 간과하였다.[61]

국내에서의 의천 연구는 김상기와 조명기에 의해 시작되었다.[62] 의천의 사상에 대하여는 의천 관련 자료를 集錄하고, 天台思想에 대하여 기존의 연구성과와 함께 살펴보고 있으나 간략하게 언급하는 데 그쳤다.[63] 이 시기 의천에 대한 연구는 주로 天台宗의 開創이나 敎藏의 刊行 문제에 집중되었고, 의천 불교사상의 중심이라고 할 華嚴思想 및 天台思想에 관한 본격적인 연구는 이루어지지 못하였다.

본격적인 의천사상의 연구는 1970년대 이후 연구자의 증가와 연구방법론이 다양하게 전개된 이후에나 가능하였다. 국사학자로서는 金杜珍, 崔柄憲, 許興植 등이 화엄·천태 사상사 내에서의 의천의 위치를 지적하였다.[64]

---

61) 金杜珍,「玄暉(879~941)와 坦文(900~975)의 佛敎思想－高麗初의 敎禪融合思想과 관련하여－」『歷史와 人間의 對應』, 고병익선생 회갑기념 사학논총간행위원회, 1984.
62) 일제강점기에 국내 연구는 자료의 集錄을 중심으로 하였다. 權相老, 李能和에 의해 자료가 集錄되었으나 구체적인 논평은 없다. 이능화는『朝鮮佛敎通史』의「大覺求法始興台敎」항목에서 天台宗과 관련하여 고려후기까지의 자료를 수록하였다.
63) 金庠基,「大覺國師義天에 對하여」『國史上의 諸問題』3, 國史編纂委員會, 1959 ;『東方史論叢』, 서울대출판부, 1984 개정판 ; 趙明基,「大覺國師의 天台의 思想과 續藏의 業績」『白性郁博士頌壽記念佛敎學論文集』, 1959 ;『高麗 大覺國師와 天台思想』, 東國文化社, 1964, 재수록.
64) 김두진,『고려전기 교종과 선종의 교섭사상사연구』, 일조각, 2006 ;「義天의 圓頓사상과 그 불교사적 의미」『北岳史論』10, 北岳史學會, 2003 ;「義天의 天台宗과 宋·高麗 불교계와의 관계」『인하사학』10, 인하사학회, 2003 ; 崔柄憲,「高麗時代 華嚴學의 變遷－均如派와 義天派의 對立을 중심으로－」『韓國史研究』30, 韓國史研究會, 1980 ;「韓國 華嚴思想史上에 있어서의 義天의 位置」『韓國華嚴思想史研究』, 동국

불교학자인 李載昌, 李永子, 李萬, 張戒環이 각각 의천의 天台會通思想,
唯識思想, 華嚴思想 등에 대하여 연구하였으며, 철학계의 박종홍, 길희성,
이병욱 등은 의천의 중국 불교계와의 교류에 주목하여 澄觀, 宗密 등의
哲學과 비교 연구하였다.[65)]

의천의 사상에 대한 연구가 화엄과 천태에 집중되었지만 실제 그의
사상에 대한 바른 이해는 唯識, 律, 淨土 등을 전반적으로 검토할 필요가
있다. 의천의 淨土觀에 대한 연구는 고려전기 阿彌陀信仰과 淨土觀과 관련
하여 제시되었고,[66)] 唯識에 대해서는『大覺國師文集』의「刊定成唯識論單科
序」의 내용을 중심으로 의천의 唯識觀이 검토되었다.[67)] 戒律에 대하여는
道宣과 의천의 修觀을『大覺國師文集』의 자료를 통하여 소개하였으며,[68)]
大屋德城은 元照의「爲義天僧統開講要義」등 律과 淨土 관련 자료를 제시하
였다.[69)] 의천은 입송구법시 元照로부터 受法하였고, 귀국 후 "南山律鈔
因明等論"의 강설자라 자칭하는 등 화엄, 천태 이외에도 律, 因明論 등을

　　　대출판부, 1982 ;「大覺國師 義天의 華嚴思想 硏究-均如의 華嚴思想과의 비교를
　　　중심으로-」『韓國史學』11, 韓國精神文化硏究院, 1991 ;「高麗時代 華嚴宗團의 展開
　　　過程과 그 歷史的 性格」『韓國史論』20, 國史編纂委員會, 1990 ;「天台宗의 成立」『한국
　　　사 6-고려 귀족사회의 문화-』, 國史編纂委員會, 1975 ;「義天과 宋의 天台宗」『伽山
　　　李智冠스님華甲紀念論叢』, 1992 ;「高麗 佛敎界에서의 元曉 理解-義天과 一然을 中心
　　　으로-」『元曉硏究論叢』, 국토통일원, 1987 ;「大覺國師 義天의 渡宋活動과 高麗 宋의
　　　佛敎交流-晉水淨源과 慧因寺와의 關係를 중심으로-」『震檀學報』, 震檀學會, 1991 ;
　　　「義天이 均如를 批判한 이유」『아세아에 있어서 화엄의 위상』, 대한전통불교연구
　　　원, 1991 ;「大覺國師 義天의 佛敎史的 位置」『天台學硏究』5, 2002 ; 許興植,「義天의
　　　圓宗文類와 廓心의 集解」『書誌學報』5, 1991 ;「義天의 思想과 試鍊」『精神文化硏究』
　　　54, 1994 ;「高麗前期 佛敎界와 天台宗의 形成過程」『韓國學報』11, 一志社, 1978.
65) 박종홍, 『한국사상사』, 서문당, 1999 개정판 ; 吉熙星,「高麗 佛敎의 創造的 綜合-
　　　義天과 知訥」『韓國思想史大系』3, 1991 ; 이병욱,「義天의 天台思想 受容의 두
　　　단계」『普照思想』11, 普照思想硏究會, 1998.
66) 金英美,「大覺國師 義天의 阿彌陀信仰과 淨土觀」『歷史學報』156, 歷史學會, 1997 ;「高
　　　麗前期 阿彌陀信仰과 天台宗禮懺法」『史學硏究』55・56, 韓國史學會, 1998.
67) 李萬,「大覺國師 義天의 唯識觀」『佛敎學報』, 東國大佛敎文化硏究院, 1984.
68) 安重喆,「唐道宣と義天の修觀」『印度學佛敎學硏究』102(51-2), 2003.
69) 大屋德城, 『高麗續藏雕造攷』, 日本 京都, 便利堂, 1936.

강론하였다. 최근 元照의 淨土敎를 통한 宋代 佛敎의 연구에서도 제시되었
듯이,[70] 의천이 입송구법시 접했을 계율과 정토의 문제, 元照와 雲門宗
계열의 승려와의 친연성, 의천을 수행한 송의 館伴使 楊傑과 元照의 친연성
등에 대해서도 검토할 필요가 있다.

우선 그간 의천사상의 핵심으로 주장된 '敎觀竝修說'에 대하여 검토하기
로 한다. 崔柄憲은 일찍부터 의천의 화엄과 천태사상을 연구하였다. 崔柄憲
은 의천사상을 澄觀에 영향 받은 것으로 보고, 元曉의 和諍思想을 받아들이
고 있지만 대중화 운동은 받아들이지 못했는데 이는 귀족주의적 성격임을
지적하였다.[71] 또한 정치 세력과 불교 종파의 연결 관계를 구분하여 의천의
華嚴宗과 玄化寺의 仁州李氏 세력과의 대립으로 분석하였다. 이를 통하여
崔柄憲은 의천이 敎觀竝修를 주장하여 天台宗을 개창하고, 그것을 통해
禪宗을 포섭하며, 또한 性宗과 相宗을 兼修하여 華嚴宗의 입장에서 法相宗을
포섭하였음을 주장하였는데, 이는 元曉의 영향으로 이루어진 것으로 보았
다.[72] 의천이 제시한 교관병수는 화엄교학의 중심요지가 법계연기론이고
그것을 연구하는 방법이 三觀五敎이다. 이 三觀五敎는 화엄종에 있어서의
실천수행과 이론적인 교리조직으로, 三觀은 法界三觀, 五敎는 화엄종의
불교교판론으로서 小乘敎, 大乘始敎, 大乘終敎, 頓敎, 圓敎를 말한다. 결국
三觀五敎의 겸수는 학문과 실천을 함께 하는 것으로, 화엄종의 입장에서
敎觀을 겸수하는 것으로 본 셈이다.[73]

앞서 高橋亨는 의천사상의 핵심을 '敎觀竝修'로 규정하였는데, '敎觀'이
라는 용어는 천태종에서 나왔으며, '敎觀竝修'는 天台宗旨의 골수로 의천은

70) 佐藤成順, 『宋代佛敎の硏究-元照の淨土敎』, 山喜房佛書林, 2001.
71) 崔柄憲, 「高麗時代 華嚴宗團의 展開過程과 그 性格」, 『韓國史論』 20, 1990.
72) 崔柄憲, 「高麗 불교계에서의 元曉 이해-義天과 一然을 중심으로-」, 『원효연구논
    총』, 국토통일원, 1987.
73) 화엄종의 모순을 극복하기 위해 교관병수를 주장하였고 이것이 천태종 개창의
    불교사상적 배경으로 보는 견해가 있다(金相鉉, 「의천의 천태종 개창 과정과
    그 배경」, 『천태학연구』 2, 천태불교문화연구원, 2000).

고려 화엄종을 종밀이 祖述한 '敎觀並修'의 안목으로 통일하려 한 것으로
보았다.[74] 이는 화엄종의 입장에서 천태종의 수행방법을 수용한 것으로
이해한 견해이다. 이와 달리 조명기는 의천의 천태종 개창은 교관병수로써
교학 통일을 실천하여 신사상, 신종파를 성립한 것으로 보았는데 이는
천태종 우위의 입장이다.[75]

또한 박종홍은 의천의 '敎觀'에 대하여 화엄교관과 천태교관으로 병립하
여 이해하였다. '敎'에 있어서 화엄의 5교는 小乘敎, 大乘始敎, 大乘終敎,
頓敎, 圓敎이고, 천태의 4교는 三藏敎, 通敎, 別敎, 圓敎로 다르지 않다는
것이다. 또한 '觀'은 華嚴敎觀은 眞空觀, 理事無碍觀, 周偏含容觀의 敎觀이고,
天台敎觀은 空觀과 假觀 및 中觀으로 상통하는 것으로 이해하였다. 또한
의천이 말년에 천태종을 개창한 것은 교종과 선종을 융회함에 있어 천태교
관을 우위에 둔 것이라는 입장이다.[76]

한편 허흥식은 화엄학의 圓融을 최종적인 목표로 하고 선종에 대하여는
천태학의 止觀으로 대신하려 한 것으로 보았다. 또한 송에서 돌아온 후
천태사상을 중요시하여 천태학을 강론한 것이지 천태종을 개종한 것은
아니라는 견해를 제시하였다.[77]

조명기·박종홍의 敎觀並修라는 연구성과에 대하여 張愛順은 신학자에
게 이론 위주의 공부를 경계하려는 의도였기 때문에 의천사상 자체를
敎觀並修라고 하는 것에 대해서 이의를 제기하였다.[78] 또한 앞의 崔柄憲의

---

74) '敎觀'의 '敎'는 교리의 연구이고, '觀'은 觀行이다. 現象卽實相, 眞如卽萬法을 세우
   는 불교원리에 있어서 現象의 해석은 바로 緣起論에서 辨證을 통해서 그것을
   얻지만, 眞如實相의 証悟는 변증을 초월하여 實證卽直觀體認에 의한다(高橋亨,
   위의 논문, 1956, 136~137쪽).
75) 趙明基,「大覺國師의 天台의 思想과 續藏의 業績」,『白性郁頌壽記念佛敎學論文集』,
   東國文化社, 1959. 이와 동일한 입장의 논문은 다음과 같다. 洪庭植,「高麗天台宗
   開立과 義天」『韓國佛敎思想史 - 崇山朴吉眞博士華甲紀念』, 1975.
76) 박종홍,『한국사상사』, 서문당, 1999 개정판.
77) 허흥식,「의천의 사상과 시련」『정신문화연구』17권, 1994.
78) 張愛順,「義天의 華嚴思想」『普照思想』11, 普照思想硏究院, 1998.

연구성과에 대해서 장애순은 의천의 性相兼學에 대하여 화엄학의 性相融會
와는 의미가 다름을 지적하였다. 중국 화엄종에서 말하는 性相融會는
空有논쟁을 근간으로 하여 전개된 것으로 의천의 性相兼學을 性相融會와
같은 맥락에서 해석할 수 없다는 주장이다. 결국 의천이 말하는 性相은
화엄과 법상, 선종과 敎相에 대한 겸학을 의미한다고 하여 화엄 우위의
입장이었음을 강조하였다. 또한 敎觀竝修說에 대하여도 화엄의 五敎와
三觀을 함께 닦는 것으로 이해하였다.[79] 더 나아가 五敎의 해석에 있어
'大同天台'는 교판론을 지적한 것으로 교학의 의미가 아니며, 五敎와 천태의
化法四敎는 직접 결부될 수 없다고 하여 기존의 견해에 재고를 요청하였다.
그렇지만 천태교관과의 상관성을 밝히지 못하였으며 의천이 말년에 천태
종을 개창한 연유와의 상관관계 분석 등도 필요하다.

최근 金杜珍은 의천의 華嚴思想에 대하여는 具相論的 華嚴觀과 圓頓사상
임을 밝혔다. 화엄교학을 강조하면서 觀法을 내세운 의천의 교학은 교관을
함께 닦는 사상으로 전개되었음을 강조하였다. 또한 의천의 天台思想은
敎觀兼修 사상인데 화엄사상을 기반으로 觀法을 수용한 敎禪交涉 사상으로
이해하였다.[80] 이는 기존의 연구들이 제시하지 못했던 의천사상의 내용을
구체적으로 제시하였다는 데 의미가 있다.

의천의 화엄사상과 관련하여 균여파와 의천파의 대립은 상당히 깊이

79) 화엄에서는 법을 觀想하는 실천체계를 '敎卽觀'으로 본다. 또한 이것은 천태에서
    말하는 교관일치나 敎觀不二라는 입장을 화엄의 입장에서 더욱 철저히 강조한
    것이라 하였다. 결국 의천은 성상융회라는 관념보다는 화엄종을 중심으로 여러
    종파를 회통하려는 의도였다고 본다(張愛順, 「法藏의 敎相卽觀法에 대하여」, 『韓國
    佛敎學』 18, 1993). 魏常海, 「元曉"和諍"理論與義天"圓融"思想」, 『東疆學刊』 22, 2005
    에서 의천의 사상을 화엄교학을 중심으로 한 圓融思想으로 보고, 敎禪會通, 宗派
    融通 등 다양한 용어로 표현하였지만, 이들의 구체적인 차이점은 설명되지 않았
    다.
80) 金杜珍, 「義天의 天台宗과 宋・高麗 불교계와의 관계」, 『인하사학』 10, 인하사학회,
    2003 ; 「義天의 圓頓사상과 그 불교사적 의미」, 『北岳史論』 10, 北岳史學會, 2003.
    이 논문은 『고려전기 교종과 선종의 교섭사상사연구』, 일조각, 2006에 재수록.

논해졌으며, 그들의 사상은 물론 정치·사회적 입장의 차이에서도 추구되었다. 더 나아가 의천이 均如를 비판한 이유로서 均如의 華嚴思想에는 觀行을 輕視하였던 것을 들었으나,[81] 의천의 사상이 均如와 비교하여 실천성과 일반 사회에 佛法을 弘布하려는 노력 여부는 분명치 않다. 이미 지적하였지만, 高橋亨는 의천사상의 핵심은 宗密이라는 입장으로, 宗密의 학설에 따라 고려 화엄종을 통일하여 敎觀並修를 주장하였다고 하였다.[82] 이에 대해 李永子는 의천의 사상이 澄觀에게 영향을 받았지만, 지향하는 바는 아닌 것으로 보았다.[83]

의천의 화엄종 9조설은 淨源의 7조설과 다르며, 특별히 의천이 보강했던 것은 唯識계통이나 지론계통이었다. 오히려 7祖에 들어간 宗密이 의천의 9祖 내에 빠져 있는데, 그는 敎禪一致를 내세우고 있다. 중국 화엄종이 性相融會思想에서 敎禪一致思想으로 나아갔고, 의천의 사상에서는 性相融會의 입장이 강화되고 敎禪一致的 사상을 가진 종밀이 소외되고 있어 사상 전개상 발전성에 의문이 제기되기도 하였다.

한편 최병헌은 의천이 澄觀의 사상적 영향을 받아 그의 화엄사상에 공감하고, 宗密의 禪敎一致사상은 받아들이지 않은 것으로 보았다. 결국 의천의 불교사상은 귀족적인 성격을 벗어나지 못했고, 절충적인 단계를 완전히 벗어나지 못했다고 평가한다.[84] 최병헌의 주장에 대하여 이병욱은 의천의 사상을 전기와 후기로 구분하고 입송구법 이후 전기는 澄觀의 사상에 의지한 性相兼學을, 후기는 宗密과 원효의 사상에 의지해 會通思想을 전개한 것으로 보았다.[85] 이병욱의 연구는 의천에게 사상적인 영향을

81) 崔柄憲,「義天이 均如를 비판한 이유」『아세아에 있어서 화엄의 위상』, 大韓傳統佛敎研究院, 1991, 147~175쪽.
82) 高橋亨, 앞의 논문, 1956, 138, 142쪽.
83) 李永子, 앞의 논문, 1993.
84) 崔柄憲,「韓國 華嚴思想史上에 있어서의 義天의 위치」『韓國華嚴思想研究』, 東國大佛敎文化研究所, 1980, 179~210쪽 ;「大覺國師義天の天台宗創立と佛敎界の改編」『朝鮮學報』118, 1986.

44

준 인물에 대하여 그의 생애 전·후기로 구분하여 분석하였으나, 전기와 후기의 구분이 불명확하고 사상적 연관성을 구체적으로 밝히지 못하였다.

또한 張愛順은 의천이 澄觀과 宗密 양자를 강조했다는 折衷說을 제시하였다. 의천 화엄사상은 澄觀과 宗密의 사상에 영향 받은 것으로 귀결되나 중국 화엄종의 정통인 法藏과 淨源 등의 영향이 산견되는 바, 종합적인 검토가 요구된다. 의천은 法藏系 華嚴宗의 정통을 계승하는 淨源에게서 問道하고 傳法하였다. 오히려 의천은 입송구법 이후 중국 화엄종의 정통인 法藏을 추구한 것으로 보인다. 최근 박용진은 의천 편찬서에 대한 분석을 통하여, 唐의 화엄3가인 智儼, 法藏, 澄觀을 중시하였고 특정 부분에 있어서 그 강조하는 바가 달랐음을 제시하였다. 또한 의천화엄사상의 구성에 있어 元曉와 法藏을 배제할 수 없다는 입장에 서 있다.86) 더 나아가 입송구법을 전후한 시기에 의천의 불교사상에 영향을 준 인물에 대한 구체적 분석이 요구된다.

의천의 천태사상에 대한 본격적인 연구는 조명기로부터 비롯한다. 조명기는 천태종의 입장에서 의천의 사상을 분석하였는데, 특히 화엄과 천태를 一佛乘으로 지양하기 위하여 定慧雙修를 실천한 것으로 이해하였다.87)

천태종 개창과 관련한 기존의 연구는 첫째, 화엄종의 입장에서 선종을 포섭하기 위하여 천태종을 개창하였다는 견해,88) 둘째, 천태종의 입장에서 화엄과 선의 사상적 한계에 따라 화엄교학과 대승적 교학을 일치시키면서

---

85) 이병욱, 「전기와 후기로 구분해서 본 의천의 철학」『한국종교』21, 1996, 64~88쪽.
86) 蔡尙植, 「一然의 思想」『한국의 사상』, 열음사, 1991, 133쪽. 의천은 문벌귀족과 밀착된 불교계의 개혁을 통하여 왕권 강화를 시도하였으며 이에 대한 이념적 기반은 元曉로 보았다.
87) 趙明基, 「大覺國師의 天台의 思想과 續藏의 業績」『白性郁博士頌壽記念佛教學論文集』, 1959 ; 『高麗 大覺國師와 天台思想』, 東國文化社, 1964, 재수록 ; 鄭世成, 「高麗大覺國師義天の研究」『佛教學論集』, 大正大學大學院佛教學研究會, 2000.
88) 崔柄憲, 「高麗時代 華嚴宗團의 展開過程과 그 歷史的 性格」『韓國史論』20, 國史編纂委員會, 1990.

觀門의 체계가 완벽한 天台敎學에 관심을 갖고 敎禪統合을 지향하였다는 견해[89] 등으로 대분된다.

의천의 사상을 보는 면에서 허흥식은 의천이 종파 불교의 갈등을 해소하려고 노력했지만, 그의 사후 천태종을 추가하는데 그쳤고, 그가 추구한 보편적 합리성은 무신란 이후 국수적 신비주의에 매몰되었다고 했다.[90] 또한 최병헌도 의천의 천태종 개창은 그의 사후 정체성을 확립하지 못하였고, 실제 선종과의 차별성이 없었던 한계를 지적하였다.[91] 반면 초기 일본학자의 연구를 비롯한 불교학자와 철학자들의 연구는 대부분 의천의 천태종 개창이 고려 불교계의 통합을 시도한 점을 들어 긍정적으로 평가하였다.[92] 물론 적극적으로 평가하지는 않았지만, 고려 천태종의 성립은 신라대 이래 선종의 墮落에 대하여 현종, 문종의 숙청, 인예태후의 천태신앙과 발원, 의천의 敎觀一致사상에 의한 것으로 정리한 견해도 주목된다.[93]

이에 대하여는 고려 불교계가 분립되어 어떠한 역기능을 내었기에 통합하는 것이 긍정적이었는지의 여부, 종파로 극명하게 분립하였는지의 여부 등 당대의 사회상으로서의 기능과 역할 등을 심도있게 검토한 이후에

---

89) 李永子,「義天의 天台宗 開創과 佛敎界의 動向」『천태종전운덕총무원장화갑기념 불교학논총』, 1999. 한편 고영섭은「義天의 通方學」『天台學硏究』7, 2005에서 一乘과 圓宗에 대한 새로운 인식기반을 마련하여 화엄 일종을 넘어서는 '通方學'으로 고려 불교사상과 교단통합을 의도하였다는 견해를 제시하였다.
90) 허흥식,「의천의 사상과 시련」『정신문화연구』17, 1994.
91) 崔柄憲,「大覺國師 義天의 天台宗 創立과 宋의 天台宗」『인문논총』47, 서울대학교 인문학연구원, 2002.
92) 洪庭植─禪敎 상쟁을 바로잡고, 천태사상을 국가적으로 활용하여 국태민안 의도 (「高麗天台宗 開立과 義天」『韓國佛敎思想史─崇山朴吉眞博士華甲紀念』, 1975) ; 이재창─호국 애종적 발상에서 성립(「大覺國師 義天의 天台學 開立」『韓國天台思想研究』, 東國大佛敎文化硏究所, 1983) ; 박종홍─이론과 관법을 함께 닦는 교관병수의 전통 확립과 주체성의 선양(『한국사상사』, 서문당, 1999 개정판) ; 高橋亨─고려의 천태종 미개립을 보완하려는 의도, 고려 불교계의 통일을 성취(「大覺國師義天の高麗佛敎に對する經綸に就いて」『朝鮮學報』10, 天理大 朝鮮學會, 1956).
93) 金昌奭,「高麗天台宗成立의 歷史的考察」『佛敎學硏究會年報』13, 駒澤大學大學院佛敎學硏究會, 1979.

결론을 내리는 것이 가능할 것이다.

　의천의 천태사상이 송대의 山家派 사상과 가깝고, 균여의 사상이 山外派 사상과 연관되는 것은 기존의 연구성과가 있다.[94] 다만 의천이 산외파의 사상과 연고되는지는 확실하지 않은데, 앞으로 사상적인 측면에서 더 심층적으로 분석되어야 한다. 위의 김두진은 융합된 法相의 差別性을 인정하는 점에서 均如와 대립되고, 이는 天台의 具相論과 함께 華嚴論理로 통합되는 山家派와 연결되므로 山外派의 사상 경향과는 다소 거리가 있다는 입장에 서 있다.

　다음은 의천사상의 전승에 대하여 살펴보기로 한다. 의천의 화엄종과 천태종은 그의 사후 기존의 정치권력과 연결된 불교계가 새로이 분립되는 현상을 보임에 따라 다소 침체되고 禪宗이 재흥하게 되었다.[95] 이렇듯 불교계가 再編되면서 의천의 사상은 제대로 傳承되지 못하였다. 허흥식은 『圓宗文類集解』를 소개하면서 간단하게 그 내용을 소개하였는데, 3권 가운데 中卷만 現傳하지만 의천의 화엄사상의 계승을 이해할 수 있는 귀중한 자료이다. 日本學界에서는 『圓宗文類集解』의 검토를 통하여, 의천의 화엄사상은 元曉와 法藏을 중시한 것으로 보는 한편 의천 화엄사상의 계승을 보다 분명히 하였다.[96] 박용진도 『圓宗文類集解』卷中에 대하여 의천의 『圓宗文類』의 체재와 내용을 상호 비교하여 고려중기 화엄사상의 전승적 측면을 살펴보았다.[97]

---

94) 金杜珍, 「均如의 '性相融會' 思想」『歷史學報』90, 1981, 76~79쪽.
95) 蔡尙植, 「普覺國尊 一然에 대한 硏究」『韓國史硏究』26, 1979, 47쪽.
96) 柴崎照和, 「廓心「円宗文類集解」卷中の研究－(一)廓心과 『圓宗文類集解』卷中の成立の背景について」『印度學仏教學研究』8, 1960 ; 吉津宜英, 「廓心「円宗文類集解」卷中の研究－(二)廓心과 『圓宗文類集解』卷中の教學の特色について」『印度學仏教學研究』8, 1960.
97) 朴鎔辰, 「의천의 『圓宗文類』編纂과 그 의의」『史學研究』82, 韓國史學會, 2006 ; 「고려중기 華嚴文類의 編纂과 그 사상적 전승－『圓宗文類』와『圓宗文類集解』」『震檀學報』101, 震檀學會, 2006.

최근 박용진은 義天의 門徒에 대하여 華嚴宗과 天台宗으로 구분하여 살펴보았다.[98] 여기에서는 碑陰의 자료를 중심으로 분석하고, 문도의 사상 경향을 살펴보았다. 화엄종 문도는 '樂眞－澄儼－戒膺－廓心'으로 계승되었는데 廓心의『圓宗文類集解』를 통하여 사상 경향을 검토하였다. 의천의 천태종 문도는 그의 문하로 바로 들어온 直投門徒와 선종의 五門學徒로 구분되는데 현전하는 자료의 限界로 五門學徒의 사상 경향을 중심으로 분석하였다. 이를 통하여 고려중기 화엄과 천태교학의 계승의 일면을 밝힌 바 있다. 이와 관련하여 고려후기의 王師나 國師 역임자를 통한 의천 계열의 전개를 살펴본 연구,[99] 고려후기 高麗大藏經 再彫 판각사업에 있어 화엄종 계열에서는 의천계와 균여계가 참여한 것으로 추정한 연구[100]도 방법론적 측면에서 검토의 여지가 있다.

3. 義天과 그의 사상에 관한 연구의 전망

고려중기와 후기의 사상사를 繼起的으로 이해할 수 있는 의천의 불교사상 및 불교계에서의 역할의 중요성 때문에 그간 꾸준히 연구되었음에도 불구하고, 그의 사상에 대한 입장은 분기한다. 이는 의천의 사상이나 신앙을 알 수 있는 저술 등 자료의 한계에 기인한다고 볼 수 있다. 최근 의천의 찬술 분석이나 주변 제국의 자료 활용은 기존의 연구방법과 범위를 보다 확대시킬 수 있다. 이상은 의천과 그의 사상에 관한 연구의 현황을 제시한

---

98) 朴鎔辰,「大覺國師 義天의 天台宗 門徒와 그 思想傾向」『中央史論』24, 韓國中央史學會, 2005. 한편 朴昭映,「高麗 天台宗의 法脈 相承에 대한 硏究(1)」『天台學硏究』6, 2004에서 고려 천태종의 법맥 상승에 대하여 의천과 백련결사를 중심으로 분석하였다. 조사 상승에 대한 인식을 토대로 고려후기 백련사 계통의 천태종은 선봉산문을 계승한 것으로 추측하였지만, 인맥이나 사상적 경향성을 보다 분명히 한 뒤에야 이러한 결론이 가능할 것이다.
99) 朴胤珍,『高麗時代 王師・國師 硏究』, 景仁文化社, 2006, 220~223쪽.
100) 최영호,『江華京版 <高麗大藏經>의 판각사업연구』, 景仁文化社, 2008.

것이라면, 다음은 방법론이나 밝혀야 할 문제점 등을 생각해 보기로 한다.

첫째, 의천의 사상이나 신앙에 대한 다양한 분석이 요구된다. 그의 사상은 화엄과 천태의 어느 하나의 입장에서 추구되었지만, 律·淨土·唯識·念佛 등 현재 제시되어 있는 자료의 종합을 통해 제시될 필요가 있다. 고려중기 이후 의천사상은 화엄문도와 천태문도에 의해 전개되었고, 이들 문도의 교학사상과 차이를 설정해야 한다. 의천계 화엄종 문도 廓心의 『圓宗文類集解』는 의천의 『圓宗文類』를 계승한 것으로 의천사상의 계승과 전개라는 측면에서 심도있게 연구되어야 한다. 천태사상의 경우에도 '直投門徒'와 '五門學徒'로 전개되었고, 뒤의 了世의 白蓮結社와 사상 경향의 차이를 분석해야 한다. 특히 고려후기 천태종 了世의 문도인 天頙에게는 『禪門寶藏錄』이 있고, 지눌의 修禪社 보다 철저한 선종의 경향성을 보인다. 또한 천태종 백련사의 경우 淨土·念佛의 문제도 함께 천착되어야 한다.

둘째, 의천의 사상 및 신앙과 관련하여 현전 자료에 대한 철저한 분석이 요구된다. 의천의 편저로 『大覺國師文集』, 『新集圓宗文類』, 『新編諸宗敎藏總錄』, 『釋苑詞林』, 『成唯識論單科』, 『八師經直釋』, 『消災經直釋』, 『三家義疏』 등이 있었다. 그 가운데 『大覺國師文集』, 『新集圓宗文類』, 『新編諸宗敎藏總錄』이 전하고, 『釋苑詞林』의 일부가 전한다. 고려의 국내 불교 관련 저술, 宋·遼 등 외국의 저술을 비교하고, 저술들을 종파별, 저자별로 분류하여 의천의 華嚴 및 天台思想을 구체적으로 밝히는 방향의 추가적인 연구 진행이 필요하다.

셋째, 의천의 사상은 한문불교문화권 제국의 불교계 동향과 연계하여 분석되어야 한다. 한반도에 있어 고려를 비롯한 諸國의 사료 부족은 연구 진전에 근본적인 제약을 가져왔다. 이를 극복하기 위한 연구방법론으로서 주변 제국의 자료를 적극 활용할 필요가 있다. 『圓宗文類』 3권과 『新編諸宗敎藏總錄』은 모두 일본에 전존하고 있으며, 특히 『圓宗文類』는 일본 화엄종의 동대사계, 고산사계 湛睿 등에 의해 활용되었다. 의천이 11~12세기에 간행한『華嚴經隨疏演義鈔』등 敎藏(이른바 續藏經) 교류와 관련하여 검토가 요구된다. 또한 의천의 宋·遼 등과의 교류가 주목된다. 의천은 入宋求法時 화엄·천태·律·唯識·禪宗 등 諸宗의 인물과 교류하는 한편 전법하였던바, 이들의 사상 경향을 구체적으로 분석하여 영향 관계 등을 확인할 필요가 있다.

의천은 입송구법시 송의 淨源과 有誠 등 화엄종 승려와의 교류를 통한 사상교류가 주목되는 바, 관련 인물들의 저술 등을 분석하여 사상 경향을 유추할 필요가 있다. 천태사상은 從諫과의 교류가 주목된다. 從諫으로부터 法을 전해받은 의천은 그의 천태사상의 많은 부분이 從諫에 의해 갖추어졌을 법하다. 從諫의 천태사상에 대한 분석이 요구되며, 기존 연구에서 산가파, 산외파의 영향 등이 지적되었다. 그러나 최근 연구에서 산가파, 산외파는 당시의 호칭은 아니고, 후대 志磐의『佛祖統紀』편찬 단계에서 구분된 것임이 제기된 바 있다.

의천의 戒律 이해는 송의 元照와 관련이 있다. 의천은 元照에게서 계율을 청강하였을 정도였다. 그의 계율 이해는 元照의 영향이 추측된다. 또한 元照의 사상 경향은 계율과 정토가 주목되는 바, 宋代 兼學 경향 등에 대해서도 함께 검토되어야 한다. 이렇듯 의천의 사상 경향은 송대 불교계와 어떠한 형태로든 관련이 있기 때문에 바른 이해 없이 그의 사상 경향을 단정하기 어렵다. 따라서 의천사상에 대해서는 국내외적으로 어떤 한 종파의 입장에 선 편향적 태도는 지양되어야 하며 종합적인 검토가 요구된다.

넷째, 의천사상이 고려불교사 상 어떠한 위치에 있는지를 설정하려는 노력이 요구된다. 고려시대 '宗'觀念과 宗派認識의 도출을 통하여 의천의 종파 경향성을 추적하는 작업을 진행하여야 한다. 최근 종파명이 구체적으로 제시되지 않았음을 근거로 종파성립을 부정하는 견해가 제기되었다. 실제 사료에서 華嚴宗, 法相宗, 戒律宗, 天台宗 등의 종파명이 구체적으로 나타나지 않으며, 종파명으로 제시되어도 학파적 성격과 종파적 성격이 중첩되어 구분하기가 쉽지 않다. 이에 대한 해명없이 의천의 사상 경향을 지적하기 어렵고, 또한 고려중기 불교사의 바른 이해는 어렵.

다섯째, 역사학계의 의천 관련 연구는 정치·사회·문화와 사상과의 관련성을 살펴보는 것에서부터, 당시 한문불교문화권의 국제관계에 주목하여 宋·遼와의 외교관계, 의천의 입송에 따른 국제관계를 밝혔다. 宋·遼의 국내 정치상황, 인물, 사상 교류 등과 관련한 의천의 역할에 대하여 후속 연구의 필요성이 있다. 의천이 遼와 인식을 함께한 부분이 있었는데, 바로 遼 道宗이 禪宗 관련 서적인『六祖壇經』과『寶林傳』을 불태운 사실에 동조한 것이다. 당시 宋에서는 선종이 유행하였는데 대외관계와 관련하여 遼와의 관계는 보다 추구되어야 한다.

4. 맺음말

한국불교사에 있어서 의천은 일찍부터 주목되어 온 인물이고, 연구 업적도 적지 않아 수많은 논저가 발표되었으며, 개별 주제로 다루어진 분야는 그의 정치·사회적 활동, 사상 편력만큼이나 다양하였음을 살펴보았다. 본고에서는 의천의 연구 전반을 살펴보려 의도하였으며, 의천의 생애와 정치적 입장, 의천의 편찬, 의천의 사상과 전승, 의천과 그의 사상에 관한 연구의 전망으로 대분하여 살펴보았다.

의천의 생애와 정치적 입장은 1910년대 이래 지속적으로 검토되었지만, 의천 불교사상의 구체적 발현으로서의 경세론이나 문벌귀족과의 관계 등에 대해서는 다소 미흡한 것으로 정리하였다. 특히 의천의 사회사상이나 경륜 등에 대해서는 구체적으로 밝혀진 바 없다. 물론『大覺國師文集』에 수록된「鑄錢論」이 고려 숙종대 用錢에 조력하였음은 연구되었지만, 의천의 사회사상에 대하여 보다 종합적으로 검토될 필요가 있다.

　의천 당대 중앙집권적 귀족 관료제 사회에 있어 의천의 정치적 입장은 문벌귀족과 대립되는 가운데 왕권 강화를 강조하였고, 화엄이나 천태사상의 圓融이나 會通思想에 의거하였을 법하다. 이러한 의천사상의 대체는 전근대의 인물의 그것과 같이 소략하고, 구체적인 저술이 전하지 않아 밝히기 어려운 점이 상존한다. 의천의 현전 찬술서 가운데 대표적인 것으로는 『圓宗文類』, 『新編諸宗敎藏總錄』, 『大覺國師文集』 등으로 이들에 대한 연구성과를 집중적으로 검토하였지만 이러한 연구 역시 일부에 그치고 본격적인 종합적 연구는 이제부터라 할 수 있다.

　의천의 화엄 및 천태사상에 대하여, 會通이나 圓融思想은 꾸준히 제기되어 온 바이다. 최근 그의 사상에 대하여 교종과 선종의 교선 교섭사상으로 정리하고, 신라대 이래 한국불교사라는 관점에서 검토한 연구는 의미가 있다. 의천사상의 중요성은 고려시대 사상사 상 전기와 후기를 계기적으로 이해하는 관건이라는 데 있다. 특히, 의천의 경우는 11~12세기 한문불교문화권의 국제적 교류와 관련하여 보다 주의가 요구된다. 바로 동아시아 불교계 동향과 교류 인물 등에 대한 폭넓은 이해를 염두에 둘 필요가 있다. 의천의 동아시아 불교계에 있어서의 활약과 업적은 아무리 강조해도 지나치지 않다. 즉 의천의 사상을 분석할 때 당시 송, 요, 일본 등 동아시아 제국의 불교계 동향을 비교사적으로 검토할 필요가 있다. 그러할 때 단순하게 사상의 내용만을 비교하는 것을 넘어 그 사상을 배태한 정치, 사회, 문화 등 전반을 검토해야 함은 물론이다.

제2장 義天의 生涯와 活動

제1절 出家와 入宋求法

1. 出家와 修學

의천이 활동한 고려 문종에서 숙종대까지는 문벌귀족이 성립됨과 아울러 왕권이 안정되는 속에, 華嚴이나 法相宗 등 敎宗 중심으로 禪宗까지 융합하려는 불교사상이 논리적으로 심화되었다.[1] 그 가운데 현종대에 부상한 法相宗보다는 국왕과 왕실에서 지원한 華嚴宗이 주류로 등장하였다.[2] 이러한 시대적 분위기 속에 의천의 출가와 수학은 화엄종을 중심으로 이루어졌다. 의천은 입송구법 이후 華嚴敎學 및 天台敎學의 宣揚을 시도하였으나 여러 차례 반대를 겪은 후에 좌절하여 해인사에 은거하였다. 본고에서는 이 점에 주목하여 의천의 입송구법과 귀국 후 활동을 살펴보려 한다.

의천은 고려 제12대 국왕 문종과 李子淵의 장녀 仁睿太后 이씨의 넷째아들로 1055년 9월 28일 궁중에서 태어났다. 당시 李子淵은 문종에게 세 딸을 納妃하여 외척으로서 왕실의 외호자 역할을 수행하였다.[3] 비록 이

---

1) 金杜珍,「高麗時代 思想의 歷史的 特徵」『韓國思想史大系』3, 韓國精神文化硏究院, 1988, 138~143쪽.

2) 許興植은 의천과 그의 계승자들을 화엄종의 시대 구분상 제4기에 배대하여 명종시까지 화엄종에서 주도적인 위치를 차지하였던 것으로 본다.

3) 문종 연간에는 국왕권과 신료 간의 대립 가운데 국왕권이 우위를 점하는 정치적 변화가 있었다(朴宗基,「11세기 고려의 대외관계와 정국 운영론의 추이」『역사와

시기는 왕권과 문벌귀족과의 대립이[4] 본격적으로 전개되지는 않았지만, 국왕권과 신료 간의 대립 가운데 국왕권이 우위를 점하는 정치적 변화가 있었다.[5] 의천은 이러한 분위기에서 출생하였고 문종의 의도대로 화엄종 승려로 출가하였다.

　의천은 11세가 되던 해인 1065년 5월 14일 靈通寺 爛圓의 문하로 출가하였다. 의천의 출가 사유에 대해서는 여러 자료가 있다. 우선 朴浩撰 墓誌에 따르면 의천의 영오함이 남달랐던 때문으로 기술하고 있으며,[6] 靈通寺 碑文에서는 여러 왕자 가운데 福田의 이익을 지을 승려로서 의천이 자청한 것으로 서술하고 있다.[7] 한편 僊鳳寺 碑銘에 따르면 문종의 宿志를 받들었던 것으로 되어 있다.[8] 이로 보아 문종은 興王寺 준공에 즈음하여,[9] 국왕권의

　　현실』 30, 한국역사연구회, 1998). 李子淵의 세 딸은 문종의 2, 3, 4妃가 되었으며, 제2비인 仁睿太后는 10男 4女, 제3비 仁敬賢妃는 3男 2女로서 李子淵의 왕실 외손은 왕자 13명, 공주 6명이었다. 李子淵은 문종 15년(1061)에 사망하였다.

4) 朴宗基,「12세기 高麗 政治史 硏究論」『擇窩許善道先生停年紀念韓國史學論叢』, 一潮閣, 1992, 162~185쪽. 정치세력 분류 문제와 정치 諸세력간의 대립 구조를 중심으로 정리하였다. 왕권으로 상징되는 실체는 국왕과 그를 보좌하는 측근 세력을 포함하는 포괄적인 개념으로 파악하였다(朴宗基, 위의 논문, 1992, 180쪽). 본고에서도 왕권을 국왕과 보좌 측근세력을 포함하는 포괄적인 개념이며, 의천 역시 측근세력으로 분류한다.

5) 朴宗基,「11세기 고려의 대외관계와 정국 운영론의 추이」『역사와 현실』 30, 1998, 169쪽. 내치위주, 문치주의 성향의 정국 운영론이 대세를 장악하면서 역설적으로 왕권이 그만큼 신장되었던 것으로 본다.

6) 朴浩,「興王寺大覺國師墓誌」(『朝鮮金石總覽』 권상, 1919, 293쪽).

7) 金富軾,「開城靈通寺大覺國師碑」(李智冠,『校勘譯註 歷代高僧碑文』, 高麗篇 3, 伽山 佛敎文化硏究院, 1996, 117쪽), "上一日 謂諸子曰 孰能爲僧 作福田利益乎 師起曰 臣有出世志 惟上所使 上曰善 母后以前夢貴徵竊惜之而業已受君命曰 如之何 乙巳五月十四日 徵景德國師於內殿剃髮 上再拜之許隨師出居靈通寺".

8) 林存,「僊鳳寺大覺國師碑」(『朝鮮金石總覽』 권상, 1919, 330쪽), "年十一 承文祖宿志 投景德國師剃度 受賢首敎觀". 李永子는 출가계기를 의천의 주체적 의지 발로로 보았으며(『한국사』 16, 국사편찬위원회, 1993), 許興植은 촉망받는 출가를 통하여 학문의 길을 실현하고 왕자 출가를 통한 국왕 건강 회복이라는 계기를 들었다(許興植,「義天의 思想과 試鍊」『精神文化硏究』 54, 1994).

9) 문종 21년(1067)에 흥왕사가 낙성되었다.

54

우위를 점하는 정치적 변화에 따른 불교계 영도자로서 의천을 염두에
두었던 듯하며, 의천 또한 승려가 되고자 하는 염원이 있었다. 곧 의천이
승려가 된 것은 부왕의 뜻과 본인의 소망이 부합하여 이루어진 것으로
보인다.

　의천은 문종 19년(1065) 5월 14일 靈通寺 爛圓(999~1066)의 문하로 출가하
였고, 동년 10월에는 佛日寺 戒壇에서 具足戒를 받았다. 의천은 영통사
爛圓 문하에서 華嚴敎學을 수학하였다. 다만 爛圓은 의천이 출가한 이듬해
인 1066년 10월 8일에 입적하였기 때문에[10] 어느 정도 수학하였는지 분명치
않다. 의천은 爛圓의 법통을 계승한 이후에도[11] 賢首敎觀을 배우고 강의하
는 등 修學 및 講學에 주력하였다. 다음의 자료를 통하여 초기 의천의
모습을 살펴보기로 한다.

　① 景德國師가 입적함에 大覺國師가 그 法門을 계승하였고 당세의 佛學에
　　는 戒律宗·法相宗·涅槃宗·法性宗·圓融宗·禪寂宗이 있었다. 국사
　　는 이 六宗에 있어서, 모두 그 연구가 지극한 경지에 이르렀다. 밖으로는
　　六經과 七略 등의 서적에도 각각 그 심오한 뜻을 터득하였으므로 文宗이
　　포상하여 '廣知開宗弘眞祐世僧統'으로 삼았다.[12]
　② 나이 어려서부터 장년이 되기까지 더욱 부지런히 힘써서 이른 아침부터
　　밤까지 쉬는 일이 없이 博覽强記에 힘썼다. 항상 정한 스승이 없이 도가
　　있는 곳이면 누구에게든지 좇아가서 배웠다. 賢首敎觀으로부터 頓漸大
　　小乘의 經律論 章疏를 모두 탐색하였다. 또한 外學에도 힘을 써서 견문

---

10) 金富佾, 「陜川般若寺元景王師碑」(『朝鮮金石總覽』 권상, 1919, 318쪽). 樂眞은 碑文에
　　따르면 1066년 10월 8일에 입적하였다.
11) 金富佾, 「陜川般若寺元景王師碑」(『朝鮮金石總覽』 권상, 1919, 318쪽), "景德門遷化
　　大覺傳繼法師".
12) 朴浩, 「開城興王寺大覺國師墓誌」(『朝鮮金石總覽』 권상, 1919, 293~294쪽), "洎景德
　　歸寂 師繼法門 而當世之學佛者 有戒律宗 法相宗 涅槃宗 法性宗 圓融宗 禪寂宗
　　師於六宗 並究至極 外及六經七略之書 各發醇趣 故文考褒爲 廣智開宗弘眞祐世僧
　　統".

을 넓혀, 유교와 도교 서적, 子史集錄과 諸子百家의 학설에 이르기까지
그 청화를 일찍이 익혀서 그 근저를 찾았다. 그러므로 의론이 종횡무진
하고 그 설명함이 무궁하여 老師 宿德이라도 스스로 미칠 수 없다고
여겼다. 그 명성이 널리 퍼져 당대 법문의 宗匠으로 일컬어졌다.[13]
③ 나이 11세에 文宗의 宿志를 이어 景德國師에게 나아가 剃髮得度하였다.
賢首敎觀을 배웠으며 스승인 景德國師가 입멸하자 문도와 더불어 講學
을 그치지 않았고, 여러 종파의 학자들을 모아 서로 강론하니 무릇
그 얻은 바가 탁월하여 老師 宿德이 미치지 못하였다.[14]

　의천은 화엄종 爛圓의 법문을 계승하여 賢首敎觀을 배우고 강의하였다.
위의 자료에 따르면 의천은 나이가 어린 데도 불구하고 諸宗派의 학자들과
강론하는 등 화엄사상 및 諸宗 敎學 연구가 지극한 경지에 이르러 있었다.
또한 6經 등 儒敎經典 등에도 조예가 깊었기 때문에 문종은 의천을 우세승통
으로 임명하였다.[15] 이후에도 순종과 선종이 법호를 累加하였다고 하나
자료에는 잘 나타나지 않는다. 아마 문종 당시에 祐世僧統으로 임명되고
순종과 선종대에 '弘眞'의 법호가 더해졌고, 숙종대까지 '廣智開宗' 등의
法號가 累加된 것으로 판단된다.[16]
　의천은 爛圓에게 출가하였지만 이듬해 스승이 입적함에 따라 정상적인
수학은 어려웠던 듯하다.[17] 때문에 의천의 화엄교학은 昶雲, 理琦, 樂眞

---

13) 金富軾,「開城靈通寺大覺國師碑」(李智冠,『校勘譯註 歷代高僧碑文』, 高麗篇 3, 伽山
　　佛敎文化硏究院, 1996, 118~119쪽), "至年甫壯益 自勤苦 早夜矻矻 務博覽强記 而無
　　常師 道之所存則 從而學之 自賢首敎觀 及頓漸大小乘經律論章疏 無不探索 又餘力外
　　學 見聞淵橫 自仲尼老聃之書 子史集錄 百家之說 亦嘗玩其菁華 而尋其根柢 故議論
　　縱橫馳騁 浩浩無津涯 雖老師宿德 皆自以爲不及 聲名流聞 時謂法門有宗匠矣".
14) 林存,「仁同僊鳳寺 大覺國師碑」『朝鮮金石總覽』권상, 1919, 330쪽, "年十一 承文祖宿
　　志 投景德國師剃度 受賢首敎觀 景德卒與其徒 講學不止 又廣會諸宗學者 相與講論
　　凡有所得卓爾 非凡老師宿德之跂".
15) 僊鳳寺碑銘에는 문종 23년(1069)에 우세승통이 되었다고 하였다.
16) 의천,「祭宣王文」『대각국사문집』권16(『한국불교전서』권4, 555쪽), "維年月日
　　海印寺退居 弘眞祐世僧統".

(1045~1114) 등에 의해 이끌어진 것으로 보인다.[18] 특히 의천과 낙진의 관계는 각별하여 동문이면서 전법 제자가 되었다.[19] 낙진은 의천의 입송구법 때 함께 하였고 이후 송나라 晉水淨源과의 불교 경전 교류에도 조력하는 등[20] 華嚴敎學에 대하여 서로 영향을 주고받았다.[21]

의천의 출가 이후 입송구법 이전인 1067년부터 1085년까지의 생애는 자세하지 않다. 다만 1073년 「代世子集敎藏發願疏」를 쓰고 敎藏을 結集하는 일과, 1077년 「貞元新譯華嚴經幷疏」 50권을 처음 講論한 이후 말년까지 폐지한 일이 없었다고 한 점으로 미루어 敎藏 結集과 講論 등 修學에 힘썼던 것을 알 수 있다.

위 자료 ②에 따르면 의천은 성장하면서 法藏과 澄觀의 敎學으로부터 頓漸과 大小乘의 經律論, 章疏에 이르기까지 모두 탐구하였다. 또한 유교나 도교의 서적은 물론 諸子百家 등 經史子集의 諸書 전반에 걸쳐 理致를 發明하였다.

한편 의천은 초기에 賢首敎觀을 중심으로 諸宗 학자들과 講學하고, 戒律宗·法相宗·涅槃宗·法性宗·圓融宗·禪寂宗 을 修學하였다고 하나, 이것은 의천이 출가한 초기의 모습은 아니고 생애의 전반에 걸친 내용을 서술한 것으로 보인다.

의천의 초기 교학의 중심에는 賢首敎觀이 자리하였는데, 賢首敎觀이라 함은 法藏만을 지칭하는 것이 아닌 화엄종 전반을 의미한다. 의천은 출가

---

17) 爛圓이 의천에게 깊은 감화를 주었다고 말하기는 어렵다(許興植, 『高麗佛敎史硏究』, 1986, 197쪽).

18) 許興植, 위의 책, 1986, 639쪽.

19) 金富佾, 「陜川般若寺元景王師碑」(『朝鮮金石總覽』 권상, 1919, 318쪽).

20) 의천, 「大宋沙門淨源書 五首」 『대각국사외집』 권3(『한국불교전서』 권4, 572쪽), "注金剛經 洎遺敎經節要七部 附慈應樂眞 已下習講 各宜檢至 其餘心緖 筆舌奚書".

21) 의천, 「聽樂眞大師講」 『대각국사문집』 권19(『한국불교전서』 권4, 563쪽), "佛祖垂文緣低事 只應傳授化群萌 近來講主皆荒怠 君獨循循異衆情" ; 의천, 「送樂眞大師歸奉先寺」 『대각국사문집』 권19(『한국불교전서』 권4, 562쪽), "光揚吾道知君在 莫忘扶顚護法心".

후 수학에 주력하였는데, 꿈에 澄觀의 글을 전해 받고 慧解가 날로 진척되었다고 하였다. 의천은 23세부터 『貞元新譯華嚴經疏』 10권[22]을 강의하기 시작하여 46세가 되는 숙종 5년(1100)까지 강연을 계속하였다.[23] 이로 보건대 의천의 華嚴敎學은 澄觀의 화엄경소에 유념하였으며, 澄觀의 華嚴敎學이 수학 기반이었다.[24]

이러한 수학의 결과 불교계에서 法門의 宗匠으로 불리게 되었다. 의천은 입송구법 이전에 불교계의 법문의 종장으로 추앙될 정도로 佛敎 敎學에 조예가 깊었으며, 이러한 바탕 위에 입송구법을 전개하고 華嚴敎觀 및 天台敎觀의 비판적 수용이 가능하였다.

2. 入宋求法과 諸宗敎學 傳法期

의천의 입송구법은 14개월의 단기간에 걸쳐 이루어졌다. 공식적인 국왕의 허가를 얻은 입송의 절차를 밟진 않았지만 사후 추인의 과정을 거쳐 송 황제와 접견 후 공식 館伴使를 대동하고 불교계의 고승들을 歷訪하였다. 이 시기는 의천이 宋에서 폭넓게 사상을 교류하면서 국제적이고 보편적인 사상 체계를 성립시킨 시기로서, 귀국 후 전개되는 고려 불교계의 재편 구도와 밀접하게 연관되기 때문에 사상 경향의 추적에 있어 중요한 부분이다.[25]

---

22) 『貞元新譯華嚴經疏』는 모두 十卷으로 되어 있으며, 唐代 澄觀이 撰하였다.
23) 의천, 「庚辰六月四日國淸寺講徹天台妙玄之後言志示徒」『대각국사문집』권20(『한국불교전서』권4, 566쪽), "予自二十三歲始講 貞元新譯花嚴經幷疏 共五十卷".
24) 澄觀은 중국 九朝 七帝를 위하여 講經하고 著作이 많았는데 『大方廣佛華嚴經疏』六十卷·『隨疏演義鈔』九十卷·『華嚴經綱要』三卷·『五蘊觀』·『三聖圓融觀門』等 30여 종이었다. 또한 국사를 역임하는 등 澄觀의 경력은 의천 화엄사상 형성의 초기에 유념할 여지가 충분하다.
25) 기존 연구는 첫째 입송구법의 동기·목적·계획, 둘째 의천에 대한 송의 태도와 외호, 셋째 의천이 방문한 사찰과 고승 등에 대하여만 문제 제기하였다. 본서 역시 이러한 문제점들을 차례로 살펴보는 가운데 최근의 연구성과를 소개하면서

58

1085년 제자인 壽介, 良弇 등과 함께 入宋한 의천은 1085년 5월 21일 引般使 主客員外郎 蘇注廷의 수행으로 汴京에 들어가 哲宗황제를 만나고, 화엄종 승려인 有誠法師를 만났다. 그 후 晋水淨源을 만나기 위하여 주객원외랑 楊傑을 관반사로 汴京을 떠나 항주로 가서 淨源의 문하에 들어갔다.[26] 의천은 有誠과 淨源과의 교류 속에서 화엄사상에 대한 이해를 심화하였다. 특히 新法黨과 연결된 화엄종 승려 晋水淨源의 관계는 간단히 취급될 수 없다. 晋水淨源은 宋의 新法黨 관료들과 지역적 기반을 통하여 그들과 연결되었다. 그리고 의천은 바로 淨源에게서 중국 정통 화엄종을 傳法하였던 것이다.

한편, 고려에서는 송의 神宗이 사망하고 哲宗이 즉위하자, 1085년 8월 弔慰使와 賀登極使를 보내면서 의천의 귀국을 요청하는 서신을 보냈으며, 송 철종은 의천을 다시 汴京으로 불러 귀국케 하였다. 사실 의천이 입송구법한 시기는 철종의 즉위에 따라 정국이 급변하여 신법당에서 구법당으로 주도권이 바뀌어 가고 있었다.[27] 神宗은 의천이 입송하기 직전에 사거하였으나 아직 조정에는 新法黨 관료들이 있었으며, 신임 황제인 철종과 섭정인 선인태후가 직접 수공전에서 의천을 맞았던 점은 대고려정책에 있어 여전히 聯麗制遼를 유념하였음을 알 수 있다.

의천의 입송구법은 수년간의 준비 기간을 거쳐 단행되었다. 기본 자료가 되는 「靈通寺碑銘」과 「僊鳳寺碑銘」에 따르면 의천이 일찍이 송에 들어가 법을 구할 것을 청하였으나 문종에게 허락을 받지 못하였다. 선종 즉위 이후에도 여러 번 주청하였으나, '王弟의 무거운 신분으로 바다를 건너는 것은 마땅치 않다'[28]라고만 하였다. 이로 보아 의천은 문종 때부터 입송구법

비교하기로 한다. 특히 의천이 송에서 교류한 관료와 僧侶를 통하여 그의 생애와 사상 경향을 살펴보려 한다.
26) 의천, 「乞就杭州源闍梨處學法表」『대각국사문집』 권5(『한국불교전서』 권4, 536쪽).
27) 李範學, 「蘇軾의 高麗 排斥論과 그 背景」『韓國學論叢』 15, 國民大, 1992.
28) 林存, 앞의 비(앞의 책, 330~331쪽).

의 의지를 피력하였음을 알 수 있다.

의천의 入宋求法 動機와 目的에 대해서는 다양한 의견이 제시되었다.[29] 의천의 입송 동기를 밝히는 것은 의천의 불교계 재편 의도와 變法思想이 肅宗代 改革政治로 전개되는 것과 관련하여 중요한 의미를 갖는다.[30] 의천의 입송 동기과 관련해서는 먼저 의천이 송의 晋水淨源과 서신 왕래를 한 사실이 주목된다. 의천은 편지로 淨源과 교류하면서 '師僧之禮'를 올렸고 화엄의 法義를 咨問하였는데 이러한 사전 교류가 入宋의 계기가 되었던 것이다.[31] 의천이 송나라의 淨源이 '지혜와 행실이 배우는 자의 스승이 됨을 알고' 상인의 배편에 부탁하여 서신을 보내자, 淨源도 서한을 보내어 의천을 초청한 기록이 있는데,[32] 이때가 1084년에 해당된다. 다음해인 1085년 4월에 의천은 「入宋求法表」를 宣宗에게 올린 후에 쌍계사 曇眞, 제자인 壽介 등 11인과 함께 국왕의 허락 없이 入宋하였다.[33] 이러한 사실로 미루어 의천의 入宋은 그 자신의 소원과 淨源의 초청이 직접적인 동기가 되었던 것이다.[34] 의천의 入宋 목적과 동기를 전하는 사료를 제시하

---

29) 趙明基-淨源과의 교류를 통하여 佛法 問道 ; 李永子-고승과의 논의를 통해 獨學 지식 검증 ; 金相永-善知識 敎學전수, 章疏收集, 화엄학 전수 ; 崔柄憲-章疏의 수집, 華嚴學과 天台學의 조화 가능성을 타진 ; 박노자-諸宗의 투쟁을 종식시키고 諸宗 敎藏을 續藏經 結集. 이상의 연구성과로 보건대 章疏收集과 求法問道는 공통적인 지적사항이다.

30) 의천의 귀국 후 宣宗代 행적에서는 變法思想이 나타나지 않지만 宣宗의 사망을 전후하여 해인사로 퇴거한 모습과 은거에 따른 유감의 표시는 선종대에 이미 국왕권의 강화와 變法의 시행 노력이 있었던 것으로 추측된다. 이러한 일련의 경험이 肅宗代의 改革政治에 접목되었던 것으로 이해된다.

31) 曾旼,「宋杭州南山慧因敎院晋水法師碑」(『玉岑山慧因高麗華嚴敎寺志』 권8)에 "高麗 國王 遙申禮敬 元豊中 寓舶人致書 以黃金蓮花手爐爲供 明州以聞 神宗皇帝 恩旨特聽 領納彼國王子義天 出家號祐世僧統 以書致師承之禮 棄問法義 歲時不絶 至元祐初 航海而至 因有司自陳 願禮法師親近承聽 朝廷從之".

32) 의천,「請入宋求法表」『대각국사문집』 권5(『한국불교전서』 권4, 533쪽).

33) 의천,「請入宋求法表」『대각국사문집』 권5(『한국불교전서』 권4, 534쪽).

34) 이 부분에 대해서 이범학은 일찍이 蘇軾의 高麗 排斥과 관련하여 의천과 淨源, 新法黨官僚의 3자 사이에 단순한 불교 敎理 교섭 이상의 정치적인 관계가 존재하

60

면 다음과 같다.

① 여름 4월에 중 煦가 몰래 송나라로 들어갔다. 당초에 煦가 불법을 구하려고 송나라에 가고자 하였으나 文宗이 허락하지 않았다.[35]

② 王煦가 宋에 가서 佛法을 구하고자 하니 왕이 불허하였고 宣宗 때에 이르러 자주 청하였으나 宰臣 諫官이 극히 불가하다 하였다.……王煦가 사방을 周遊하여 佛法 묻기를 청하니 詔를 내려 主客員外 楊傑로 館伴을 삼았다.[36]

③ 元祐 初에 중국에 들어가 問道하였다. 의천이 表文을 올려 賢首教를 전할 것을 요청하였다. 조칙으로 兩街僧錄司에 수법할 만한 자를 추천하였는데 東京 覺嚴 誠禪師였다. 有誠은 錢唐 惠因寺의 淨源으로 自代하였다.[37]

④ 국사는 일찍부터 송나라에 가서 구도할 뜻을 가지고 있었는데 마침 晋水淨源法師가 지혜와 행실이 배우는 자의 스승이 됨을 아시고 상인의 배편에 부탁하여 서찰로서 예를 갖추어 전하였더니, 源公도 국사가 비상한 사람임을 알고 곧 서한을 보내어 초청하니 이로 말미암아 송에 가고 싶은 마음이 더욱 간절했다.[38]

⑤ 송에 들어가 법을 구할 것을 청하자 文宗도 마음으로는 허락하였으나

였다고 파악하였다. 즉 의천의 입송은 표면적으로는 淨源에게서 화엄학을 배우고 教理와 佛典을 교류하는 것을 표명하였으나, 실제는 宋 神宗의 적극적인 聯麗政策을 배경으로 하여 新法黨 정부가 계획적으로 의천을 招諭하였거나, 入宋의 객관적 조건을 조성하고 입송 이후 그의 활동을 지원한 것으로 보고 있다.
李範鶴,「蘇軾의 高麗 排斥論과 그 背景」『韓國學論叢』15, 國民大, 1993, 104~105쪽 ; 鄭修芽,『高麗中期 改革政治와 北宋新法의 受容』, 서강대 박사학위논문, 1999, 50~55쪽.
35)『高麗史節要』권5, 宣宗 2년 4월.
36)『高麗史』권90, 열전3, 宗室 文宗條.
37)『佛祖歷代通載』권16, "元祐初入中國問道 義天上表乞傳賢首教 敕兩街舉可授法者 以東京覺嚴誠禪師 對誠舉 錢唐惠因淨源以自代".
38) 金富軾,「開城靈通寺大覺國師碑」(李智冠,『校勘譯註 歷代高僧碑文』, 高麗篇 3, 伽山佛教文化研究院, 1996, 119쪽), "師嘗有志 如宋問道 聞晋水淨源法師 以慧行爲學者師 託舶賈致書以修禮 源公知師非常人 卽復書相招 由是欲往滋甚".

결단의 명을 내리지 못하였으며, 宣宗이 즉위함에 자주 청하였다.……
국사가 가서 법을 구한 것은 두루 참방하고 법을 문답하여 마음에 기억
하는데 그치지 않았고, 그 구해 온 경서는 대부분 일찍이 우리나라에서
유행하지 않는 것들이었다.39)

이상의 자료는 『高麗史』, 『高麗史節要』, 墓誌銘, 「靈通寺碑銘」, 「僊鳳寺碑
銘」 등에 수록된 入宋求法 관련 내용이다. 이들 가운데 비교적 상세하게
서술된 것은 사료 ④의 「靈通寺碑銘」으로 송나라 승려인 晋水淨源과 사전
교류가 있었고 그의 초치를 통하여 入宋하는 내용을 보여준다. 위의 사료
①~⑤가 공통적으로 지적하는 入宋 動機는 求法問道였다.

한편 의천이 입송하기 전에 교류한 淨源이라는 인물에 대해 주목할
필요가 있다. 淨源은 당시 宋의 주도적 정치세력인 新法黨 관료들과 지역적
기반을 통하여 연결되어 있었다. 따라서 의천의 입송 동기에는 佛教 求法
이외에 정치적인 관계가 존재할 가능성이 충분하다. 곧 의천의 입송은
神宗의 적극적인 聯麗制遼政策과 짝하여 이루어진 계획적 招致의 가능성이
있다.40) 이와 관련하여 의천이 정원에게 보내는 편지가 상인에 의해 송나라
명주지사에게 바쳐지고 이 書狀이 다시 송 신종 황제에게 보고된 점은
주목할 만하다. 곧 송 조정에서도 의천과 정원의 교류를 주목하고 있었던
것이다.41) 그러나 의천이 신법당과 적극적으로 연결되는 모습은 잘 찾아지

39) 林存, 「仁同僊鳳寺 大覺國師碑」(李智冠, 『校勘譯註 歷代高僧碑文』, 高麗篇 3, 伽山佛
教文化研究院, 1996, 181~183쪽), "嘗請入宋求法 文祖心許 未降指揮 宣祖即位
屢請不已……師之往求法 非止遍參歷問 記在靈府 其所求來經書大半本朝所未嘗行
者".
40) 이범학, 앞의 논문, 1992, 104쪽 ; 정수아, 앞의 논문, 1999. 이범학과 정수아는
신법당과 정원 등의 계획적인 초청으로 본다. 그러나 양결과 포종맹을 제외하고는
신법당의 인물과 적극적으로 연결되지 않아 의천이 신법당과 적극적으로 교류하
였는지는 추가적인 검토가 요구된다.
41) 『續資治通鑑長編』 卷345, 神宗元豊七年, "詔高麗人齎王子僧統書及金銀遺秀州僧淨
源有答書卽明州移牒報之".

지 않는다. 다만 의천이 숙종대에 鑄錢論을 건의하는 등 變法思想을 전개한 사실은 淨源을 통한 新法黨 관료와 교류하였을 가능성을 보여준다.

위의 사료 ⑤「僊鳳寺大覺國師碑」에서 나타나는 의천의 입송 목적은 '求法問道'였으며, 송 황제를 비롯하여 다양한 종파의 승려 50여 인을 歷訪하였다. 사실 의천의 입송 당시 宋國의 입장은 '遊學非入貢'이라 하여 遊學이지 入貢이 아님을 분명히 하였다.[42] 따라서 의천은 入宋을 통하여 諸宗의 승려와 교류하고 佛敎 章疏를 수집하는 것이 일차적인 목적이었다. 다만 정원과의 교류는 신법당 관료의 교류와 함께 송의 정치 현실을 목도하고 경험할 수 있는 기회였다. 淨源을 통한 新法黨 관료와의 교류에 의해 영향을 받은 결과 의천은 숙종대에 鑄錢論을 건의하는 등 變法사상을 전개하였던 것이다.

의천은 1086년 5월 12일 明州를 떠나서 송에 갔던 본국의 사신 일행과 함께 5월 19일 바다로 나와 5월 29일 예성강으로 입국하였다.[43] 이상의 14개월여의 입송구법을 『大覺國師文集』,「靈通寺碑銘」,「僊鳳寺碑銘」,「興王寺墓誌銘」 등 2碑 1誌의 기본 사료를 통하여 차이점을 살펴보고 순차적으로 검토키로 한다.

---

42) 李燾,『續資治通鑑長編』卷345, 神宗元豐七年條, "丙戌詔高麗王子僧統從其徒三十人來遊學非入貢也 其令禮部別定餼勞之儀 吏部乞於四選補算學博士闕從之".

43) 의천,「至本國境上乞罪表」『대각국사문집』권8(『한국불교전서』권4, 540쪽), "於今月十二日 離明州 十九日放洋 已到國境". 또한 김부식,「靈通寺碑銘」『대각국사문집 외집』권12(『한국불교전서』권4, 592쪽), "夏五月二十日 隨本國朝賀回使放洋 二十九日(缺落)". 의천이 직접 작성한 乞罪表가 정확한 것이며, 5월 29일 도착한 것으로 판단된다.
鮑志成,『高麗寺與高麗王子』, 中國 杭州大學出版社, 1995, 104쪽은 1086년 5월 29일 도착하였으며 윤2월을 포함하여 14개월로 본다 ; 崔柄憲은 1086년 5월12일 명주 출발, 5월 19일 放洋, 6월 18일 예성강 도착, 송에 머문 것은 13개월로 본다(崔柄憲,「大覺國師 義天의 渡宋活動과 高麗·宋의 佛敎交流」『震檀學報』71·72집, 1991, 363쪽) ; 진경부는 1086년 5월 12일 明州 출발, 5월 19일 放洋, 5월 29일 예성강 도착의 14개월(윤2월) 체재로 본다(진경부,『天台學硏究』창간호, 2000) ; 조명기, 천혜봉은 1086년 5월 20일 弔賀回使에 隨伴 귀국, 6월 국경 도착으로 본다.

1085년 4월 8일 의천은 제자 壽介 등과 함께 정주에서 송나라 상인 임영의 상선을 타고 떠났다.[44] 의천의 입송을 확인한 宣宗은 제자 樂眞, 慧宣, 道隣을 급파하였고, 禮賓丞 鄭僅 등도 파견하여 외교적 대비를 하였다. 1085년 5월 2일 송나라 密州 板橋鎭에 도착하여 知密州使 朝奉郎 范鍔이 영접하는 한편 송황제인 哲宗에게 入宋求法의 始末을 전하는 表를 올렸다. 동년 5월 21일에는 철종이 主客員外郎 蘇注廷을 보내어 의천의 일행을 수도로 引伴케 하였다.[45]

6월 7일에는 密州에서 출발하여 해주에 도착하였고, 황제의 使臣 黃永錫이 勅旨를 전하는 한편 의천 일행에 연회를 베풀어 주었다.[46] 6월 13일에도 中使가 勅旨와 함께 차 20각, 약 1은합을 전하였고, 숙주를 지나 南京에 도착한 것이 7월 1일이었다. 이때에도 勅旨와 함께 齋食을 전하였다.[47] 7월 6일 수도 汴京의 근방에서 외국 사신을 맞이하는 禮에 준하여 郊外에서 환영하는 儀禮를 행하였다.[48] 이후 의천은 引伴使에 의해 啓聖院에 안내되었고, 송 조정에서는 의례적으로 中使를 보내 긴 여정의 수고를 위로하는 勅旨와 함께 中書舍人 范百祿으로 하여금 시위케 하였다.[49] 7월 21일 송 철종은 의천을 垂拱殿에서 拜謁하는 儀禮를 賓禮로 거행하였으며,[50] 많은

---

44) 문집의 「請入宋求法表」에는 쌍계사 曇眞 등 緇素 11인과 함께 간다고 하였다. 禪僧 曇眞의 동행 여부에 대하여 김상영은 영통사비명, 고려사 列傳의 기록을 근거로 渡宋前 입송 유학 간청 과정에 쓰인 것으로 본다(金相永, 「高麗中期 禪僧 惠炤國師와 修禪社」『李箕永古稀論叢』, 1991, 363쪽). 이에 대하여, 정수아는 『續資治通鑑長編』 권369, "己酉高麗國祐世僧統求法沙門僧義天已下十人朝見"의 내용을 근거로 동행하였다고 본다. 內藤雋輔, 「高麗大覺國師に關する硏究」에서 문집의 「請入宋求法表」는 문종에게 바친 것으로 본다. 본서에서는 동행한 것으로 본다. 문집의 편찬시 입송구법 과정의 전반적인 내용을 순차적으로 배열하였을 것으로 보기 때문이다.

45) 의천, 「謝差引伴表」『대각국사문집』 권5(『한국불교전서』 권4, 534쪽).

46) 의천, 「謝賜海川御齋表」『대각국사문집』 권5(『한국불교전서』 권4, 534쪽).

47) 의천, 「謝賜南京御齋表」『대각국사문집』 권5(『한국불교전서』 권4, 535쪽).

48) 의천, 「謝郊迎表」『대각국사문집』 권5(『한국불교전서』 권4, 535쪽).

49) 의천, 「謝撫問表」『대각국사문집』 권5(『한국불교전서』 권4, 535쪽).

64

예물을 하사하는 한편 中書舍人 錢勰을 보내어 啓聖院에서 御齋를 주관토록
하였다.51)

7월 22일 의천은 表를 올려 承嗣受業토록 요청하였고 황제의 允許로
有誠法師를 만나게 되었다. 송 조정에서는 의천의 입송에 따라 僧政을
주관하는 兩街僧錄司에서 有誠法師를 천거하여 응대토록 하였다. 有誠은
'同志一乘 同修萬行'을 말함에 의천이 一乘의 법문을 청문하였지만 구체적
인 대답은 전하지 않는다. 오히려 「僊鳳寺碑銘」에 '賢首와 天台 敎判의
異同과 兩宗의 幽渺한 뜻을 曲盡旣說하였다'52)라고 하여 화엄의 일승법문
만이 아닌 화엄종과 천태종의 敎相判釋과 관련하여 諮問한 것으로 보인다.
의천은 啓聖院의 별원에 있으면서 유성과 상종하며 불교의 奧義를 문답하
였고, 특히 화엄종과 천태종에 대한 의견이 많이 교류되었던 듯하다. 또한
相國寺에서 宗本을, 흥국사에서 西天三藏 天吉祥을 만나 禪宗과 西天의
일을 詳問하는 등 汴京 주위의 다양한 宗派의 승려를 만나 보았다.53)

의천은 汴京에서 화엄종 有誠法師 등과의 한 달여 교류와 佛法問道를
마치고 1085년 8월 초에는 「乞就杭州源闍梨處學法表」를 올려 杭州의 晋水淨
源에게서 賢首敎를 수업하여 그의 평소의 소원을 달성할 수 있기를 요청하
였다. 이에 송 철종은 항주 혜인원 講所에 가서 수업할 수 있도록 所請을
허락하고 主客員外郞 楊傑을 館伴使로 파견하여 의천의 求法 旅程을 主管토
록 하였다.54) 이 과정에서 주목되는 한 가지 사실은 의천이 潤州 金山에서

50) 金富軾, 「開城靈通寺大覺國師碑」(李智冠, 『校勘譯註 歷代高僧碑文』, 高麗篇 3, 伽山
佛教文化研究院, 1996, 117쪽).
51) 의천, 「謝朝見日賜物表, 謝皇太后同前表, 謝朝見日賜齋表, 謝皇太后同前表, 謝賜沐
浴表, 謝皇太后同前表」『대각국사문집』 권5(『한국불교전서』 권4, 534~538쪽).
52) 林存, 「仁同僊鳳寺 大覺國師碑」(李智冠, 『校勘譯註 歷代高僧碑文』, 高麗篇 3, 伽山佛
教文化研究院, 1996, 180~188쪽), "是日往返問答賢首天台判教同異及兩宗幽眇之義
曲盡基說".
53) 林存, 위의 글, 1996, 180~188쪽, "後日詣相國寺參元炤禪師宗本元炤昇堂說法繼而說
偈云誰人萬里洪波上爲法忘軀效善財想得閻浮應卒有曇花向火中開又詣興國寺參西
天三藏天吉祥禪問西天事甚詳".

佛印了元을 만났는데, 그는 선종 계열인 雲門宗의 승려였다. 그러나 의천의 문집에는 禪宗 관계 자료가 많이 누락되어 있으며, 김부식의 「靈通寺碑銘」에도 了元을 만난 기록은 생략되었다. 또한 선종 승려와의 구체적인 교류 모습은 잘 나타나지 않는다.[55] 이는 의천이 화엄종 승려로서 선종의 사상 경향과 일정한 거리를 두었음을 의미한다.

의천은 1085년 8월 詔勅을 받들어 館伴使 楊傑과 함께 汴京을 나와 변수를 따라 회수, 사수에 도달하고 杭州에 이르러 晋水淨源을 만났다. 淨源은 중국 法藏系 華嚴宗을 계승하였는데, 혜인원에서 賢首敎를 진작하여 宋代 華嚴宗을 일시 중흥시켰다. 淨源이 의천을 招致한 여러 목적 가운데 화엄종의 교계를 진작시키는 것이 있었을 법하다. 실제 의천이 송에 머물렀을 때 館伴使 楊傑이 항주지사 및 동료들과 함께 이를 주선하여, 賢首敎藏과 賢首敎의 祖師像을 모시도록 하였는데 의천도 돈을 희사하여 藏經 7천여 권을 奉納하였다. 의천은 귀국 후에도 華嚴經 3本을 보내고, 재물을 시납하는 등 高麗寺의 주요 檀越이 되었다.[56]

의천이 晋水淨源을 만난 이후 1086년 2월까지의 행적은 자세하지 않다. 『대각국사문집』 권11 狀, 上淨源法師書 四首, 見大宋淨源法師致語, 上大宋淨源法師狀 三首, 上大宋淨源法師書 三首, 문집 권14 疏文 請本講晋水法師講法界觀疏 등 다양한 晋水淨源과의 교류문을 통하여 보건대, 귀국 요청이 있는 1086년 초까지는 賢首敎觀 즉 華嚴敎學 수업과 귀국시 휴대한 3천여 권의 章疏를 수집하는 활동이 집중적으로 전개되었을 듯하다. 淨源은 賢首敎를 포용하면서 澄觀이나 宗密의 華嚴經觀을 전수 받았을 뿐만 아니라 중국 화엄종의 傍系인 李通玄의 華嚴論에 접하였으며, 그의 스승인 長水子璿

---

54) 의천, 「乞就杭州源闍梨處學法表, 謝依允所請表, 謝差送伴表, 謝皇太后同前表」 『대각국사문집』 권5, 권6(『한국불교전서』 권4, 539~543쪽).

55) 『釋苑詞林』에는 雲門宗 승려의 碑文을 수록하였다. 본서 2장 참고.

56) 金富軾, 「開城靈通寺大覺國師碑」(李智冠, 『校勘譯註 歷代高僧碑文』, 高麗篇 3, 伽山佛敎文化硏究院, 1996, 117쪽).

의 영향을 받아 楞嚴經에 밝았다. 의천은 이 시기 淨源의 문하에서 화엄경관과 楞嚴經 사상을 주목하였고, 圓覺經이나 起信論 또는 法華思想에 대한 이해를 깊이 할 수 있었다.[57]

한편 의천은 8월에 汴京을 출발, 항주에 도착하여 淨源과 교류하였는데 이때 華嚴敎學을 咨決하는 한편 諸宗의 碩德을 만났다. 이는 "3개월 사이에 정법을 일으켜 선비나 불자들이 모두 승통을 향하게 하였으니 전에 없던 일이었다"[58]라고 한 점에서도 알 수 있다.

1085년 12월경에는 고려 宣宗이 송 철종에게 表文을 올려 仁睿太后가 의천을 걱정하는 뜻을 포함하여 귀국시켜 줄 것을 요청하였다. 이 시기는 고려의 對外政策이 對거란 우위 정책으로 선회함에 따라 舊法黨이 득세하는 송에서의 체류는 외교관계에서 문제의 소지가 있었다.[59] 哲宗은 詔書를 내려 의천을 汴京으로 돌아오게 하였다. 의천의 귀국과 관련하여 慈辯從諫의 권유가 있었다. 그는 귀국시 의천에게 전별시 한 수를 지어주고 손 향로와 여의주를 증정하였다.[60] 의천은 항주에서 여러 宗門의 法義를 많이 問道하였는데 천태종의 정통인 山家派의 慈辯從諫에게서 傳法하고 귀국 후 天台宗을 開創하였다.

1086년 2월 13일 송 조정에서는 汴京으로 들어가는 郊外의 영령선원에서 의천 일행을 賓客의 禮로 맞았으며, 朝散郎試中書舍人 滿中行을 館伴使臣으로 파견하여 同文館에서 유숙하는 일련의 절차를 주관케 하였다.[61] 윤2월 19일에 哲宗과 太后를 조알하고 작별함에 이르러 은그릇 1천 량과 채색비단 1천 필 등 예물을 하사하고 연회를 베풀어 주었다. 이는 의천이

---

57) 金杜珍, 앞의 논문, 2003, 4쪽.
58) 可久, 「大宋沙門可久書」『대각국사외집』 권8(『한국불교전서』 권4, 583쪽), "兩三月 使正法興擧 黑白依向 諒未嘗有也".
59) 朴宗基, 앞의 논문, 1998.
60) 林存, 「仁同儞鳳寺 大覺國師碑」(李智冠, 『校勘譯註 歷代高僧碑文』, 高麗篇 3, 伽山佛敎文化硏究院, 1996, 180~188쪽). 의천의 천태사상 부분에서 상론키로 한다.
61) 의천, 「表」『대각국사문집』 권7(『한국불교전서』 권4, 537~541쪽).

철종 황제의 용흥절을 맞아 祝聖壽時 불상과 金器 등을 함께 올린 데 대한 賜與로 판단된다.[62] 3월 2일 의천이 출발할 때 楊傑을 재차 館伴使로 파견하여 그의 귀국 여정을 주관케 하였다.[63] 3월 7일 경사를 떠남에 宋 哲宗은 文宗의 眞容과 금향로, 향합 등의 선물을 내렸다.[64] 의천 일행은 京師를 떠나 秀州 眞如寺에 이르러 子璿의 탑 수리를 위하여 財施하고, 4월에는 항주 혜인사로 돌아왔다. 晋水淨源은 1085년 의천이 항주에서 京師로 귀경시 동반한 이래 華嚴敎學의 傳法을 계속하였는데, 이때 華嚴大義를 講하는 것을 마치고 경서, 향로, 불자를 주어 傳法의 신표로 삼았다.[65]

의천은 淨源과 이별하고 天台山 定光佛籠에 올라 智者大師塔 下에서 天台敎觀을 宣揚할 것을 誓願하였고, 楊傑과 天台宗 山家派의 沙門 中立이 이를 기록하여 비석을 세웠다. 이는 의천이 화엄종 외에 천태종에 유념하였음을 의미한다.

5월초 의천은 天台山에서 明州로 갔고 여기에서 育王 廣利寺에서 雲門宗의 大覺懷璉을 참방하였는데 懷璉은 법좌에 올라 설법하고 시를 지어 전별하였다. 5월 12일에는 明州를 떠나 定海(영파 진해)로 갔고 20일에는 정해에서 高麗 朝賀回使의 배편으로 14개월여의 입송 구법을 마치고 귀국의 길에 올랐다. 5월 29일에는 예성강에 도착하여 「乞罪表」와 「謝放罪表」를 올리고 봉은사에서 宣宗과 仁睿太后 등 百官을 조견하였다.

그런데 의천이 入宋求法한 시기에 교류한 승려의 종파별 구분을 통하여

62) 의천, 「謝朝辭日賜禮物表」, 「謝朝辭日餞筵表」『대각국사문집』 권7(『한국불교전서』 권4, 539쪽) ; 『續資治通鑑長編』 卷369, 哲宗元祐元年閏二月條, "高麗國僧統進奉皇帝興龍節祝聖壽佛像幷金器等詔學士院降獎諭朝辭日賜衣著一千匹銀器一千兩"이라 하여 동일한 내용을 전하고 있다.
63) 의천, 「謝差送伴表, 謝皇太后同前表」『대각국사문집』 권7(『한국불교전서』 권4, 539쪽).
64) 의천, 「謝賜銀器彩帛表, 謝賜本國文王眞容表, 謝賜金香爐香合表, 謝賜明州御齊表, 謝再賜御筵表」『대각국사문집』 권8(『한국불교전서』 권4, 540~541쪽).
65) 의천은 중국 화엄종의 정통인 淨源에게서 傳法하고 귀국 후 화엄종의 정통을 계승하였음을 자임하였다. 본서 제4장 의천의 불교사상 참조.

그들의 사상 경향을 살펴보는 한편 교류한 관료군까지 검토하여 의천의
變法思想을 검토해볼 필요가 있다. 이는 의천의 불교사상과 변법사상이
무관하게 전개된 것은 아니기 때문이다. 의천의 활동에서 이들의 사상
경향 전체를 확인할 수 없으나 입송구법시 교류한 인물과 승려의 분류를
통하여 일반적 경향을 확인하려 한다.

의천은 입송구법시 30여 명의 승려와 교류하였다.[66] 다음 <표 1>의
교류 인물 가운데 화엄종, 천태종, 운문종의 승려가 주목된다.

<표 1> 의천의 入宋求法時 交流 僧侶

宗派	交流 僧侶
華嚴宗	有誠 淨源 善聰 宗喜 慧淸 希仲 道璘 晉仁 顔顯 (希俊 智生 道亭 履淵)
天台宗	從諫 元淨 中立 法隣 惟勤 辯眞 (仁岳 可久)
禪宗	宗本 了元 懷璉 法圓 (慧圓 淨因)
戒律宗	擇其 元照 沖羽
法相宗	慧林 善淵
西天梵學	天吉祥 紹德
宗派未詳	希湛 守長 澄流 □喜 守明 德懋 宣英 (希辯 利涉 行端)

의천이 입송 시 처음 만난 인물은 화엄종 有誠法師였다. 1개월여의
有誠과 교류 후 의천의 요청에 의해 항주의 晉水淨源에게 나아갔다. 淨源
역시 화엄종 승려로 法藏系의 正統華嚴을 이은 長水子璿을 계승하였다.[67]
의천이 宋에 있을 때 상당 기간을 함께 하였는데, 1085년 8월 이후 1086년

---

66) 교류 승려 가운데 ( ) 안의 인물은 『대각국사문집』에 서신 교류 사실이 전하며
직접 만났는지의 여부는 분명치 않다. 仁岳, 可久는 천태종의 승려이지만 의천의
입송 이전에 입적하였기 때문에 만날 수 없었다. 또한 서신 교류도 불가능하였을
것으로 판단된다.
67) 希仲, 晉仁은 淨源의 문도였다. 이들은 혜인원을 敎院으로 바꿀 것을 蒲宗孟에게
요청하였다(「勅賜杭州慧因敎院記」,『慧因寺志』6, 59쪽). 「慧因敎院記」는 章衡이
썼으며, 晉仁·履淵·曇眞·道璘 등이 참여하였다. 특히 希仲은 淨源의 法子로
慧因院 華嚴閣記를 楊傑에게 부탁하였다(「杭州慧因敎院華嚴閣記」,『慧因寺志』6,
60쪽).

2월까지 약 6개월여를 淨源과 함께 하며 華嚴教學을 傳法하였다. 이에 대해서는 의천의 화엄사상에서 다시 논의하겠지만, 의천은 淨源과의 교류 시 華嚴教觀을 수학하였고, 여러 종파의 교학을 두루 접할 수 있었다.

귀국 직전에는 천태사상에 관심을 표방하면서 비교적 많은 천태종의 인물들과 교류하였다. 천태종 정통 山家派의 從諫, 元淨, 中立, 法隣을 직접 만나 교학을 교류하였다. 中立과 法隣은 천태종 山家派 神智鑑文의 法嗣로 廣智의 3세와 4세가 된다. 그런데 의천이 중립과 교학을 토론하였지만 承嗣受業하지는 않았다.[68] 오히려 의천은 從諫에게서 天台教觀을 稟受하고 귀국 후 천태교학을 크게 일으키고자 천태종 사찰을 창건하고, 거기에 종간의 저술을 받들어 모시는 한편 종간의 상을 세워 천태종의 初祖로 삼았다.[69] 의천은 귀국 후에도 從諫과 서신을 주고받았으며, 天台宗 從諫을 정통으로 계승하였음을 강조하였다.

의천은 雲門宗의 宗本, 了元, 懷璉을 직접 만났지만 긍정적으로 묘사되지는 않았다. 김부식의 영통사비문에서는 전혀 이들을 소개하지 않았으며, 중국 측 자료에도 의천의 교학에 대하여 비판적 태도였다.[70] 특히 佛印了元이 의천의 禮를 앉아서 받는 모습은 異域僧으로 對한 것 이외에 宗派間의 대립을 유추할 수 있다. 중국 측 佛教史書에서는 의천과 圓照宗本의 교류 모습 또한 교학 면에서 열등한 것으로 서술하였다. 특히 화엄경의 三身에

---

68) 志磐, 『佛祖統紀』 권14, 法師中立傳(『大正藏經』 권49, 220쪽), "元祐初 高麗僧統義天遠 來問道 甫濟岸遇師升堂 歎曰 果有人焉 遂以師禮見 傾所學折其鋒竟不可得" ; 『釋氏稽 古略』, "初抵鄞師事明智中立而友法鄰 請跋教乘(草庵教苑遺事)入天台山拜智者塔 渡浙 造杭州上竺 以弟子禮事慈辯從諫 受天台教觀". 中立을 스승으로, 法鄰을 법우로 하고 天台智者塔의 참배를 우선 한 것으로 하였다. 從諫에게서 教觀을 들은 이후에 天台智者塔으로 나갔다. 佛祖統紀의 내용이 보다 정확한 것으로 판단된다.

69) 志磐, 『佛祖統紀』 권14, 僧統義天傳(『大正藏經』 권49, 223쪽), "及見天竺慈辯 請問天 台教觀之道 後遊佛隴智者塔 爲之誓曰 己傳慈辯教觀 歸國敷揚 願賜冥護 見靈藝大智 爲說戒法 請傳所著文 旣還國 乃建利號天台 奉慈辯所傳教文 立其像爲初祖".

70) 「佛祖歷代通載」 권19, 『대정장』 권49, 672쪽, "謁圓照宗本禪師示以宗旨至金山佛印坐 納其禮楊傑驚問印曰義天異域僧耳".

대한 문답에서 의천의 화엄경 法身에 대한 이해가 낮은 것으로 취급하였다.[71]

이와 달리 林存의 「僊鳳寺碑銘」에는 宗本, 了元, 懷璉을 만난 것을 기록하면서 佛道가 계합하는 것으로 서술하였다.[72] 의천의 僊鳳寺碑는 천태종 直投門徒들에 의해 수립되었으며 이들의 출신은 禪宗이었던 바, 위의 운문종 승려들과 입장이 크게 다르지 않았기에 우호적으로 서술한 것으로 판단된다.[73]

그 밖에도 의천이 송에서 교류한 승려들은 法相宗의 慧林, 善淵, 戒律宗의 擇其, 元照, 西天梵學의 天吉祥, 紹德 등이 있었다. 그러나 이들과의 구체적인 교류 모습과 敎學에 대하여는 기록에 잘 나타나지 않는다.

의천은 14개월여 입송구법 이후 1088~1090년 사이에 편찬한 『圓宗文類』 말미에 "興王寺 住持 傳賢首敎觀 兼 講天台敎觀 南山律鈔 因明等論 等觀普應圓明福國慈濟 廣智開宗弘眞祐世僧統 臣 義天 編定"이라는 서술로 賢首敎觀을 전하고, 天台敎觀 · 南山 · 因明 등을 講한다고 하였다. 이는 의천이 송에서 교류한 승려들의 宗派와도 일치한다. 의천이 이후 지속적으로 敎學과 佛敎서적을 交流하였음은 문집의 外集 書文에서 알 수 있다.

다음으로 의천이 입송구법할 때 교류한 관료군을 살펴보면 다음과 같다.

---

71) 「佛祖歷代通載」 권19, 『대정장』 권49, 677쪽, "高麗僧統義天以王子奉國命使于我朝闓師道譽請以弟子禮見師問其所得以華嚴經對師曰華嚴經三身佛報身說耶化身說耶法身說耶義天曰法身說本曰法身遍周沙界當時聽衆何處蹲立義天茫然自失欽服益加".

72) 林存, 「仁同僊鳳寺 大覺國師碑」 『한국불교전서』 4, 595쪽, "詣相國寺 圓炤禪師宗本 圓炤昇堂說法 繼而說偈……過金山 謁佛印禪 師了元 稀世之遇 如夫子見溫伯雪子目擊而道存……往眞王廣利寺 謁大覺禪師懷璉 仁宗尤重 此老 以爲福曰 今歸老於此屬師 至昇堂說法甚契".

73) 林存, 「仁同僊鳳寺 大覺國師碑 陰記」에 "故居頓神□靈岩高達智谷 五法眷 名公學徒 因命會合 其外 直投大覺門下 諸山名公學徒 三百餘人 與前五門學徒 無慮一千人"이라고 하였다. 이하에서는 '直投大覺門下'의 문구에 의거 '直投門徒'로, '五法眷 名公學徒, 與前五門學徒'의 문구에 의거 '五門學徒'로 구분하여 부르기로 한다.

의천은 송에 있을 때 외국 사신에 준하는 예우를 받았는데, 이때 引伴使, 接伴使, 隨行館伴使 官僚들은 學識과 佛敎敎學에 대한 깊은 이해가 있었다. 이들 가운데 관반사 楊傑, 蘇注廷, 蘇軾 등과 구법 행로에 따른 지방장관들이 주목된다. 이들 교류 관료군을 구분하면 다음의 표와 같다.

의천은 국왕의 허가 없이 入宋하였지만 그의 일행이 密州 板橋鎭에 도착하자 宋에서는 외국 사신의 禮에 준하는 賓禮로 맞았다. 당시 宋國의 입장은 '遊學非入貢'[74]이라 하여 遊學으로 보고 의천의 구법 여정을 주관하였다.

<표 2> 의천의 入宋求法時 交流 官僚[75]

區分	官職 및 姓名	交流 內容	備 考
館伴官僚	主客員外郎 蘇注廷 主客員外郎 楊傑 禮部郎中 蘇軾 中書舍人 滿中行	引伴使 隨行 館伴使 接伴使, 義天朝京師時 館伴使	淨源, 中立
地方長官	知密州 朝奉郎 范鍔	密州 板橋鎭 도착 (1085.5)	
	知杭州 浦宗孟	교류 승려 소개	淨源, 從諫
	知宿州, 宿州通判		
	海州, 南京留守, 南京少尹, 知台州, 台州通判		
皇帝使臣	供奉官 黃永錫 中書舍人 范百祿 中書舍人 錢勰 龍圖閣待制 趙彥若	內侍省內西頭供奉官 啓聖院 啓聖院 齋筵 饒筵	中使

의천의 在宋 활동은 諸宗 승려의 歷訪과 불교 전적의 求得으로 요약되며 송의 官僚들과 교류한 경험은 귀국 후 국왕권 강화를 통한 개혁 정치에 도움이 되었을 것으로 판단된다.

---

74) 李燾, 『續資治通鑑長編』 권345, 神宗元豊七年條, "丙戌詔高麗王子僧統從其徒三十人 來遊學非入貢也 其令禮部別定儐勞之儀 吏部乞於四選補箄學博士闕從之".
75) 교류관료 표는 『대각국사문집』에 의하였다.

위 <표 2>에서 구분한 관료군은 館伴官僚, 地方長官, 皇帝使臣 등이다. 이들 가운데 의천의 行路에 있는 지방장관 및 파견 皇帝使臣들과는 긴밀하게 교류할 수 없었을 것이며 의례적인 만남으로 의천에게 영향을 준 것으로 보이지는 않는다. 이와 달리 의천이 송에 머물 때 상당한 期間을 함께한 館伴官僚와 오랜 기간 체류한 항주 지역의 지방장관은 간단히 취급될 수 없다. 그 가운데 主客員外郎 楊傑, 知杭州 浦宗孟이 주목된다. 이들은 新法黨 관료들이었다. 의천은 慧因院에 財施와 전적을 기증하였는데, 楊傑 과 杭州의 知州事인 蒲宗孟은 慧因院을 華嚴道場으로 바꾸어 운영토록 하였다. 의천은 이 시기에 화엄종의 淨源과 華嚴教學을 논하였으며, 杭州의 知州事인 蒲宗孟을 통하여 천태의 慈辯 從諫과 교류할 수 있었다.

浦宗孟은 신법당의 핵심 인물인 呂惠卿의 측근이었다. 神宗은 즉위하여 王安石을 재상에 임명하고는 개혁 정치를 단행하였는데, 여혜경은 왕안석의 실질적인 정책 입안자로 활동하였다.[76] 왕안석은 부국강병적인 성격의 變法改革論을 주장했는데,[77] 이에 대해 蘇軾은 舊法을 옹호하였다. 舊法에 대해 變法의 옳음을 주장하기 위해 실제로 소식과 맹렬한 논쟁을 주도한 사람은 呂惠卿이었다.[78] 양걸은 물론 뒷날 의천의 행적을 기록으로 남긴 章衡도 新法黨에 속한 人物로 이해되며,[79] 慧因寺와 淨源은 신법당 관료들과 긴밀한 관련을 맺고 있었다. 정원은 여혜경과 同鄉 출신일 뿐 아니라 일찍부터 그와 親交를 맺었다.[80]

의천과 교류한 宋 官僚는 신법당 계열로 분류되며 佛敎敎學을 전법한

76) 『宋史』 권471, 呂惠卿傳, "事無大小必謀之 凡所建請章奏 皆其筆". 또한 王安石은 呂惠卿에 대해 "學先王之道 而能用者 獨惠卿而已"라 했다.
77) 李範鶴, 「王安石 改革論의 形成과 性格 — 新法의 思想的 배경에 대한 一試論 —」 『東洋史學研究』 18, 1983, 66~72쪽.
78) 李範鶴, 「司馬光의 正名思想과 人治主義의 展開」 『東洋史學』 37, 1991, 161쪽.
79) 『敕賜杭州慧因敎院記』를 찬술한 章衡은 哲宗이 親政할 때에 新法의 부활을 주도한 신법당의 巨頭 章惇의 近親이었다.
80) 李範鶴, 「蘇軾의 高麗排斥論과 그 背景」 『韓國學論叢』 15, 1992, 108쪽.

淨源과 從諫 역시 이들과 긴밀히 연계되었다. 양걸과 浦宗孟뿐만 아니라
여혜경도 불교 교학에 깊은 이해가 있었다. 呂惠卿은 일찍이 華嚴法界觀을
注하는 등 내외 교전에 박학하였다.[81]

한편 의천은 京師에서 철종을 조견할 때 接伴使 蘇軾에 의하여 안내되었
다.[82] 소식은 관반사 양걸이 의천과 함께 항주 지역으로 떠날 때 양걸에게
시를 지어 전별하였다.[83] 의천과 소식이 교류한 모습은 구체적으로 나타나
지 않지만 의천이 귀국하고 난 3년 후인 1089년부터 약 3년간 杭州知事로
부임하여 고려와의 교역에 부정적인 입장을 견지했던 것으로 미루어진다.

위의 <표 1·2>를 통하여 살펴본 의천의 활동은 송 조정의 주선과
배려에 의하여 가능하였다. 의천의 구법활동에 조력한 관반사 양걸은
신법당계 인물로 같은 계열의 관료들과 교류할 수 있도록 주선하였다.
이들 관료 역시 천태종의 從諫을 소개하는 등 불교계 승려들을 歷訪할
수 있도록 조력하였다.

의천은 송에서 다양한 활동을 전개하였는데 佛敎 諸師와 寺院을 歷訪하였
다. 그들과 사상 교류는 물론 宋의 불교계 상황을 몸소 체험하였다. 이는
『대각국사문집』에 수록된 詩와 『圓宗文類』, 『新編諸宗敎藏總錄』, 『釋苑詞
林』 등에서 확인이 가능한데 '結社'에 대한 인식을 제고하고 고려 사회에
소개하였다.[84] 특히 화엄종 승려였던 의천의 입장에서 華嚴結社는 주목의
대상이었고, 이를 『圓宗文類』에 편입하는 한편 詩文으로도 남겼다. 『圓宗文

---

81) 「釋氏稽古略」 권4, 『대정장』 권49, 672쪽, "學通內外 嘗注華嚴法界觀 及出新意解莊
子".
82) 「釋氏稽古略」 권4, 『대정장』 권49, 672쪽, "義天朝京師 禮部郎中蘇軾接伴" ; 「佛祖
統紀」 권14, 『대정장』 권49, 223쪽, "乃主客楊傑送至慧因受法 諸刹迎餞如行人禮
初至京師 朝畢禮部蘇軾館伴".
83) 蘇軾, 「送楊傑詩」 『大覺國師外集』 권11 ; 『한국불교전서』 4, 589쪽, "無爲子嘗奉使
登太山絶頂 鷄一鳴見日出又嘗以事過華山 重九日飮酒蓮花峯上 今乃奉詔與高麗僧
統遊錢塘 皆以王事而從方外之樂 善哉 未嘗有也 作是詩以送之……三韓王子西求法
鑿齒彌天兩勍敵 過江風急浪如山 寄語舟人好看客".
84) 秦星圭, 「高麗後期 修禪社의 結社運動」 『韓國學報』 36, 一志社, 1984, 4~6쪽.

74

類』의「昭慶寺淨行社」 등의 기록에서 이를 살펴볼 수 있다. 이외에도 의천은
14개월 동안 송의 문물과 제도 등에 관심을 가졌으며 특히 신법당 주도의
變法에 대한 이해가 있었을 것으로 추정된다. 이는 귀국 후 숙종대 鑄錢論을
통하여 福國安民의 개혁정치에 조력한 점에서 근거를 찾을 수 있다.

제2절 귀국 후 활동과 興敎

1. 귀국 후 불교계 활동과 海印寺 隱居

의천은 1086년 5월 29일 14개월여의 입송구법을 마치고 敎藏 3천여
권을 수집하여 귀국하였다. 그는 예성강으로 들어와 국경에 도착하여
兄王인 宣宗에게「乞罪表」,「謝放罪表」를 올려 귀국하였음을 報告하였다.
우선 의천의 귀국은 宣宗의 요청과 哲宗의 귀국 통보를 통하여 급거 이루어
졌다. 宣宗이 귀국토록 한 사유는 고려의 대거란 우위 정책에 따른 대외관계
의 미묘한 변화에 기인한 것이었다. 1086년 이후 거란 우위 외교정책에
따라 송과의 국교는 비공식적으로 전개되었다.[85] 또한 宋 朝廷 내에서는
新法黨에서 舊法黨으로 정치 세력이 교체되는 시기였다. 따라서 新法黨과
緣故된 의천으로서는 체류할 수 없는 불리한 상황이 전개되었다. 우선
의천의 귀국 전후 사정을 表文에서 살펴보기로 하자.

① 지난번에 목숨도 탐하지 않고 위험도 꺼리지 아니하여 만리의 큰 파도
를 건너고 百城의 좋은 벗에게 나아갔습니다. 참된 가르침을 갖추어
찾는 데는 聖上의 위엄을 온전히 힘입었습니다.……지금 송 황제가 내
린 聖考의 御容과 아울러 많은 부처님의 사리와 55인 선지식의 화상과
花嚴大不思議論 등 諸宗敎藏 3천여 권을 받들고, 이달 12일에 명주를

---
85) 朴宗基,「高麗中期 對外政策의 變化에 대하여－宣宗代를 中心으로－」『韓國學論叢』
   16, 國民大, 1993, 21~24쪽.

떠나 19일 동안 배를 타고 이미 국경에 이르렀습니다.[86]

② 煦가 예성강에 이르니 왕이 太后를 모시고 奉恩寺에 나가 맞았다. 그 맞아들이는 의식이 매우 성대하였다. 煦가 釋典 및 經書 1,000권을 바쳤다. 또 興王寺에 敎藏都監을 둘 것을 아뢰고 서적을 遼와 宋에서 사오게 하여 많기가 4,000권에 이르렀는데 모두 다 간행하였다. 처음으로 天台宗을 개창하여 國淸寺에 두었다. 그 후에 南遊하여 명산을 편력하고 후에 海印寺에 퇴거하였다.[87]

위 자료는 의천이 국경에 이르러 귀국 보고의 성격을 가진 表文으로 사전 허락을 未得한 입송구법의 사유를 간곡히 개진하였다. 의천이 귀국시 송 황제 하사의 文宗 御容, 부처 사리, 55善知識像, 華嚴大不思議論 등 諸宗 敎藏 3천여 권을 가지고 국경에 도착하였음은 入宋의 목적이 어디에 있었는지를 확인할 수 있는 대목이다. 의천은 "성상의 은혜를 받으니 마치 다시 살아난 듯하오며 옛날에 임천으로 돌아가 은서하여 부지런히 연창하여 이 작은 이룸을 바치어서 큰 은애에 다소 보답코자 합니다"[88]라고 하여 입송구법 이전의 사찰로 돌아가려는 의지를 피력하였다. 그러나 의천의 이러한 요청은 받아들여지지 않았고, 이후 의천은 흥왕사에 敎藏都監을 두고 宋, 遼, 日本 등지에서 구득한 諸宗 敎藏을 간행하는 사업에 주력하였다. 또한 위의 자료 ②에 따르면 의천은 천태종을 개창하여

---

86) 의천, 「至本國境上乞罪表謝放罪表」『대각국사문집』권8(『한국불교전서』권4, 540쪽), "往者無貪性命 不憚艱危 涉萬里之洪波 衆百城之善友 備尋眞敎 全賴聖威……今奉勅賜聖考御容 幷諸佛舍利 五十五知識像 花嚴大不思議論等 諸宗敎藏 三千餘卷 於今月十二日 離明州 十九日放洋 已到國境".

87) 『高麗史』열전3, 宗室條, "煦至禮成江 王奉太后出奉恩寺 以待其迎導儀甚盛 煦獻釋典及經書一千卷 又於興王寺 奏置敎藏都監 購書於遼宋 多至四千卷 悉皆行 始創天台宗 置于國淸寺 已而南遊 歷名山後退居海印寺".

88) 의천, 「賜放罪表」『대각국사문집』권8(『한국불교전서』권4, 540쪽), "察臣遠涉畏途 爲求敎觀 謂臣早被緇服 奉福邦家 忽降綸言 寵招瑣質 示之以棄瑕之澤 加之以踰衷之褒 退揣包容 但增慶幸".

국청사에 두었다. 국청사 始創이 선종 5년(1089)이기 때문에 천태종의
본산으로 할 수는 없었다. 이는 의천의 천태종 개창 사실을 전반적으로
서술한 것으로 판단되며, 귀국 후 天台敎學의 선양과 관련이 있다.
　의천이 귀국 직후 흥왕사의 住持가 된 것과 관련하여 다음의 자료를
참고하기로 하자.

① 국사가 탄생하던 해에 처음 기틀을 만들었고 이미 이루어져 여러 해를
　지났다. 국가에서 매번 그 주인 될 만한 사람을 의논하였으나 알맞은
　사람을 얻기가 어려웠다. 이에 이르러 敎理를 선양 전포하여 신묘함을
　다하니　학자들이 많이 모여들었으며, 이는 일찍이 전에 없었던 일이
　다.89)
② 그 다음해에 본국으로 돌아오라고 말하게 된 것은 정한 이유가 있었다.
　宣宗은 文宗이 興王寺를 창건하였으나 종래 主掌이 없어 조칙으로 국사
　를 주지로 삼았다. 부단히 연속하여 禪敎를 정밀하게 강연한 것이 여러
　해였다.90)

　우선 의천이 귀국하게 된 사유에 대하여 자료 ② 興王寺墓誌에 따르면
父王 文宗이 창건한 興王寺에 오랫동안 主掌할 인물이 없어 급거 귀국케
하였다. 위 자료 ①의「靈通寺大覺國師碑」에 따르면 국사가 탄생하던 해인
1055년에 터를 닦아 완성하고 여러 해 동안 국가에서는 그 主掌을 의논하였
으나 적임자를 찾지 못하였다. 흥왕사는 문종 21년(1067)에 완성되었는데
여러 해 흥왕사의 主掌이 없었던 사유는 의천이 年少하였음에도 기인하지

89) 金富軾,「開城靈通寺大覺國師碑」(李智冠,『校勘譯註 歷代高僧碑文』, 高麗篇 3, 伽山
　佛敎文化硏究院, 1996, 122쪽), "師誕年 肇基旣成 多歷年 國家每議其主而難其人
　至是宣演敎理 盡妙窮神 學者海會 得未曾有".
90) 朴浩,「開城興王寺大覺國師墓誌」(『朝鮮金石總覽』권상, 1919, 294쪽), "明年言還本
　國者 定有所以也 宣宗以文考創成興王寺 從來無主掌 詔國師爲主持 爲演講橫亘禪敎
　精密者有年矣".

만, 僧政을 주관할 최고 사원으로서의 지위를 부여하기에는 顯宗의 願利인 法相宗 玄化寺 등이 존재하였기 때문에 쉽게 興王寺를 최고 사원으로 하기 어려웠을 것이다.

이는 宣宗의 佛敎政策과 관련이 있다. 즉, 父王 文宗代 '興王'의 논리가 강조되어 창건된 흥왕사를 중심으로 불교계를 再編하고 華嚴宗 위주의 전환을 의도하였던 것으로 추측된다. 선종대에는 國師, 王師의 冊封이 나타나지 않는 시기였다.[91] 문종대에 國師와 王師를 華嚴宗과 法相宗의 승려로 동시 임명하였던 점은 兩敎에 모두 주의하였다는 사실을 시사하는 것이고, 이러한 점은 문벌귀족과의 관계가 일정 부분 작용하였음을 추측케 한다.

의천의 귀국 이후 3~4년간 행적은 분명치 않다. 위의 사료 ① 「靈通寺大覺國師碑」에 따르면 "이에 이르러 국사가 敎理를 講說하여 妙함을 다하고 싱그러움을 밝히자 학자들이 많이 모여들었으니 이는 일찍이 전에 없었던 일이다"라고 한 것은 흥왕사 住持가 되어 敎學을 강의한 내용을 기록한 것이다. 의천의 敎說이 神妙하여 전에 볼 수 없었을 정도로 많은 학자들이 모였는데, 이는 宣宗의 佛敎政策에 짝하여 의천이 흥왕사를 主掌하면서 華嚴敎學을 闡揚하는 모습이다. 이 시기에는 『圓宗文類』를 편찬하였는데, 이는 화엄종에 입각한 후학 지도서로서 華嚴敎學의 요체를 정리하였다.

의천은 송에서 귀국할 때 經書 및 敎藏 3천여 권을 求得하여 돌아왔다. 이 가운데 1천여 권의 불교 전적 및 經書 1천 권을 宣宗에게 올리고 흥왕사에 두었다. 의천은 선종 3년(1086)부터 흥왕사에서 敎學을 강의하는 한편 諸宗 敎藏의 수집에 주력하였던 듯하다. 이미 文宗 27년(1073)에 『代世子集敎藏發願疏』를 올려 章疏를 하나의 章典으로 모아 유통케 하려는 의지를 피력한 이래[92] 선종대에는 『代宣王諸宗敎藏彫印疏』를 올려 諸宗 敎藏을 雕印하는 疏를 올려 散逸된 章疏를 雕印하였다.[93] 의천이 敎藏을 雕印한

91) 許興植, 『高麗佛敎史硏究』, 一潮閣, 1986, 420쪽.
92) 의천, 「代世子集敎藏發願疏」 『대각국사문집』 권14(『한국불교전서』 권4, 552쪽).

것은 입송구법시에 구득한 3천여 권의 章疏와 동아시아 각국의 章疏 求得과
충분한 정보를 바탕으로 宋·遼·日本 등에서 수집한 1,010부 4,759권의
撰述로서『新編諸宗教藏總錄』을 통하여 가능하였다. 教藏總錄은 선종 8년
(1092)에 찬술된 것으로 되어 있지만 踰年稱元에 따르면 선종 재위 7년이
되며 1090년 8월에 新編된 것이다. 따라서 教藏 雕印 역시 教藏總錄 편찬
이후가 된다. 의천은 教藏을 수집하기 위하여 남쪽으로 내려가 4천여
권을 구서하였고 흥왕사에 教藏都監을 두어 義學 沙門들이 重校, 詳校
등 校正하는 과정을 거쳐 雕印하였다.

이 시기에 의천은 元曉, 普德 등에 유념하였는데『海東僧傳』을 통하여
諸宗派의 고승 기록을 搜訪하여 정리하는 시기로 국내 불교의 역사를
정리하는 계기가 되었다. 또한 그는 僧史인『海東僧傳』을 통하여 정체성을
찾고 搜訪 대상 승려와 지역 조사를 사전 계획 후『教藏總錄』을 편찬하고
이를 간행하였다.

의천의 教藏總錄 편찬은 불법 홍포의 의지를 담은 教藏의 정리라는
측면 이외에도 국가적 불교의 입장에서 諸宗의 教藏을 중앙집권화하여
체계화했던 데 그 의미를 찾을 수 있다. 이는 국가적 관념에 합치하는
教藏의 入藏이라는 측면과 화엄종을 중심으로 한 일정한 宗派의 관점에서
教藏總錄 編纂이었다.

의천은 일찍이 天台教學에 대하여 관심을 가졌으며 천태종 개창 시도는
선종대에 이미 시작되었다. 의천은 귀국 후 화엄종 위주의 교학을 폈지만
천태교학을 배제한 것은 아니었다. 그것은 의천이 教藏總錄을 편찬하면서
화엄과 천태 章疏를 集錄한 점에서 알 수 있다.

의천은 송에서 귀국하여 화엄종을 중심으로 天台宗을 開創하려 하였다.
이미 화엄종과 천태종의 상호 연관성과 교학적 상통성에 대해서는 입송구

---

93) 의천,「代宣王諸宗教藏彫印疏」『대각국사문집』권15(『한국불교전서』권4, 553쪽).
   仁睿太后의 장수를 기원한 것으로 보아 1092년 이전으로 판단된다.

법시 否決하였으며, 귀국 후에도 서면 질의를 통하여 華嚴敎學과 天台敎學
을 교류하였다.[94] 다음의 자료가 참고된다.

　　저는 화엄경을 필두로 늙어서는 법화경을 주석하였는데, 두 경은 불교
의 표리이고 모두 문장의 최고의 조예가 되는 바, 제가 얻어서 마쳤으니
어찌 평소의 뜻과 바램의 다행이 아니겠습니까.……문인에게 부탁하여
승통 법자께 부치며 여기에서 결별합니다. 주석한 바의 『법화경』은 따로
12권을 만들고 그것을 베낀 『묘법연화경』을 부치니 청컨대 저를 위하여
상세히 교정하고 개판하여 무궁토록 유전케 하면 어찌 오직 저의 마음의
소원만이겠습니까. 그것은 오히려 또한 부처님의 본회를 창달하는 것이
니 승통이 아니면 누가 하겠습니까.[95]

　의천은 귀국 이후 중국 諸師들과 『법화경』 등 천태사상의 교류를 지속하
였다. 이 시기 의천사상은 화엄종이 강조되는 가운데 천태종을 개창키
위한 시도가 다각적으로 전개되었다. 위 사료에 나타나지만, 의천은 淨源과
법화경을 교류하는 등 천태종의 근본 所依經에 대한 기본적 정리를 시도하
였다.
　의천의 천태종 개창 시도는 선종 6년(1089) 국청사 시창과 선종 9년(1092)
白州 見佛寺에서의 天台宗禮懺法 設行[96]과 관련이 있다. 이와 관련하여
의천은 천태종에 대한 관심을 일찍이 표명한 바 있었다.

　肅宗이 蕃邸에 있었을 때이다. 하루는 국사가 함께 仁睿太后를 배알하고

---

94) 金杜珍, 「義天의 天台宗과 宋·高麗 불교계와의 관계」『인하사학』10, 인하사학회,
　　2003, 184쪽.
95) 淨源, 「大宋沙門淨源書」『대각국사외집』권3(『한국불교전서』권4, 572쪽, 중~하),
　　"吾首於花嚴 老注法花 二經爲佛敎之表裏 始終之絶唱 吾得而畢之 豈非夙之幸
　　乎……內附門人 寄吾子僧統 決別於此 所注法花 離爲一十二卷 使其施寫 妙經附去
　　請爲吾詳校開板 流之無窮 豈惟吾心之願乎".
96) 『高麗史』권10, 선종 9년 6월.

80

이야기하던 중 우연히 그에 대해 언급하여 말하기를 "天台三觀은 最上眞乘이지만, 이 땅에는 宗門이 세워져 있지 않아 매우 아쉽습니다. 臣이 宗門을 세울 뜻이 있습니다". 태후가 이 말을 듣고 크게 기뻐하였으며, 肅祖도 또한 外護가 되기를 원하였다.[97]

위 자료는 의천이 天台宗에 대한 관심을 갖고 宗門을 세울 의사가 있음을 표명한 것이다. 의천은 仁睿太后, 鷄林公과 함께 만나 대화하는 가운데 天台敎觀을 최상의 眞乘이라고 하였다. 이보다 앞서 의천은 입송구법시 天台敎觀에 대하여 힘이 다하도록 전하여 떨칠 것을 맹세하였다.

의천은 入宋求法時 天台宗 慈辯從諫에게 受法하고 智者塔下에서 天台敎觀을 선양할 것을 다짐하였다.[98] 귀국 후 의천이 天台敎觀을 선양하는 모습은 국청사 시창과 天台宗禮懺法의 設行으로 나타났다. 선종 6년(1089)에는 국청사의 工役을 시작하고,[99] 선종 9년(1092)에는 의천의 모후인 仁睿太后가 天台宗禮懺法을 見佛寺에서 설행하는 등 천태종 개창 시도가 있었다. 이 시기 白州 見佛寺에서 설행되는 天台宗禮懺法은 화엄종 사원에서 이루어져 高麗前期의 天台道場에서 강조된 華嚴觀行의 전통이 고려후기 이후에도 계속 이어진 것과 관련이 있을 법하다.[100] 홍왕사와 유관 사찰로 판단되는 見佛寺는 누대 화엄종 승려가 주지하였는데, 이로써 의천의

---

97) 林存, 위의 비(위의 책, 330쪽), "肅祖在蕃邸 當一日 同謁太后 偶語及之曰 天台三觀 最上眞乘 此土宗門未立 甚可惜也 臣竊有志也 太后深垂隨喜 肅祖亦願爲外護".
98) 林存, 위의 비(위의 책, 331쪽), "慈辯大師 從諫 著詩一首 贈手爐如意 師在本國 聲開慈辯高誼之日久矣 旣至杭 特請慈辯 講天台一宗終論 每與主客及諸弟子聽受 故今有是付囑……次詣天台山 謁智者大師浮圖 逃發願文 誓於塔前", "嘗聞大師 以五時八敎 判釋東流 一代聖言 聲無不盡 本國古有諦觀者 傳得敎觀 今承皆久絶 予發憤忘身 尋師問道 今己錢塘慈辯講下 承稟敎觀 他日還鄉 盡命傳揚". 물론 이 내용은 「大宋天台塔下親參發願疏」에 조금 더 자세한 내용으로 나와 있다.
99) 『高麗史』 권10, 선종 9년 6월.
100) 金杜珍, 「高麗前期 法華思想의 變化」『韓國思想과 文化』 21, 韓國思想文化學會, 2003, 272쪽. 고려후기 천태종 사원에서 華嚴禮懺法을 설행한 모습은 의천 이래 천태종의 사상적 전통과 관련이 있을 법하다.

화엄종과 천태종이 상호 교류하면서 사상적 공통성을 확보하였음을 알
수 있다.

의천의 천태종 개창을 통한 불교계 개편은 母后인 인예태후와 潛邸의
숙종과 행보를 같이 하였다. 의천의 귀국 후 일련의 천태종 개창 시도는
宣宗의 후원 하에 가능하였다. 1089년 국청사의 시창은 국청사가 송의
천태종 사원임을 알고 진행되었으며, 1092년 천태종 예참법의 法華道場
역시 천태종 개창에 근접한 것으로 이해된다. 그러나 宣宗 재위 당대에
천태종 개창을 통한 불교계 재편은 이루어지지 못하였으며, 화엄종을
위주로 한 국가불교의 정리에도 일정한 한계가 있었다.

의천은 화엄종을 중심으로 천태종을 개창하려는 노력이 좌절되면서
1094년 2월에는 홍원사로 옮겨 住持가 되어 敎學을 강의하였다. 이 시기
흥왕사에는 門閥貴族 仁州李氏 李資義의 2子인 '智炤'가 있었다. 이들과의
대립 관계는 분명치 않으나 '敎門에 이룬 功業없음을 부끄럽게 여기고
이때에 道를 행하는 것은 헛수고'라는 의천의 所懷는 불교계의 주도권
장악에 실패하고 천태종 개창의 의지마저 좌절되면서 해인사로 이거하였
음을 알 수 있다.

의천은 선종 11년(1094) 5월 선종의 사망을 전후로 하여 해인사에 은거하
였다.[101] 의천의 해인사 은거는 華嚴宗을 위주로 天台敎觀을 선양하려는
노력이 좌절되었음을 의미한다. 의천이 해인사에 퇴거하여 그의 性情을
읊은 시를 통하여 당시의 상황을 살펴보자.

敍懷[102]

---

101) 의천의 해인사 은거 사유에 대하여는 견해가 대립된다.
崔柄憲 - 인주이씨 법상종세력에 패퇴(『한국사』 6, 국사편찬위원회, 1975) ; 陳景
富 - 선종 승하에 따른 왕위 계승 암투 조짐이 있어 해인사에 퇴거하여 권력쟁탈
모순에 빠지지 않기 위함(『天台學研究』 2, 2000).
102) 의천, 「敍懷」 『대각국사문집』 권20(『한국불교전서』 권4, 565쪽).

82

教網頹綱足可悲　교법의 그물 벼리가 끊어지니 참으로 슬픈 일
有心弘護有誰知　불법을 홍호하려는 마음을 그 누가 알리.
無功早退雖堪恥　공적 없으면서 일찍 물러남이 부끄럽지만
爭奈林泉役夢思　임천에 은거하려는 마음을 꿈에나 잊으리오.

　　海印寺退居有作四首[103)]
屈辱多年寄帝京　치욕을 당해 가며 여러 해로 서울에 살면서도
教門功業恥無成　교문에 이룬 공업 없어 부끄럽기만 하도다
此時行道徒勞爾　이때에 道를 행한 것은 공연한 헛수고였으니
爭似林泉樂性情　어찌하여 산골에서 성정을 즐기는 것만 같으랴
事去幾廻興嘆息　일이 지난 뒤에 몇 번이나 탄식을 일으켰던가
年來無計報君親　해가 바뀌어도 君親의 은혜에 보답할 방법 없네.

　　의천이 해인사에 퇴거한[104)] 시점에 그의 감회를 잘 알 수 있는 것은
문집 권20에 실려 있는 詩文에서이다. 그의 詩 「舒懷」와 「海印寺退居有作四
首」는 해인사 퇴거에 대한 심경이 錯綜되어 있어 분명히 해석키는 어렵지만,
이는 두 가지 측면에서 살펴볼 수 있다.[105)] 의천의 개경 생활은 불교계에서
역량을 발휘하였을 법하다. 다만 그가 개경에서의 생활이 '屈辱'이 많았던
것으로 서술한 점은 이채롭다. 의천의 불교인식은 像法과 正法이 쇠퇴하고
教綱이 쇠퇴하는 시기로 보았으며, 이에 대해 불법을 弘護하려는 의지는

103) 의천, 「海印寺退居有作」 『대각국사문집』 권20(『한국불교전서』 권4, 565쪽).
104) 金富軾, 「開城靈通寺大覺國師碑」(李智冠, 『校勘譯註 歷代高僧碑文』, 高麗篇 3, 伽山
　　佛敎文化硏究院, 1996, 117쪽), "海印寺溪山自適浩然有終焉之志"라고 하여, 1094년
　　5월에는 물러나 해인사에 거하며 산천에 유유자적하고 호연하게 여생을 마칠
　　뜻을 가졌다고 하였다.
105) 詩文으로 본 의천의 양면적 입장은 의천의 수도자적 모습으로 ① 林泉의 생활을
　　그리워함 ② 廬山 혜원의 수도 생활과 같은 평소의 뜻을 이루려 하는 것이지만,
　　의천의 정치적 모습으로는 ① 敎綱이 퇴망 ② 개경의 생활은 굴욕의 점철 ③
　　敎門에 이룬 공업이 없음 ④ 영화 부귀와 존망의 덧없음을 강조한 점은 수도적
　　입장과 정치적 입장을 반영한 것으로 이해된다.

있었으나 여의치 않아 敎門에 기여한 공로가 없음을 한탄하였다. 의천의
이러한 불교 현실인식은 당시 불교계의 상황과 연계하여 살펴 볼 필요가
있다.

의천이 시를 통하여 밝힌 은거하여 수도하는 생활, 즉 廬山慧苑의 뜻을
실천하는 은거 修道는 그의 본의가 아닌 것으로 판단된다. 그의 퇴거
사유는 敎門에 이루려 한 功業의 내용을 밝혀야 하는데 이는 화엄종 내부의
문제, 華嚴宗과 法相宗의 문제, 天台宗 開創을 통한 불교계 재편과 관련이
있다. 이는 의천의 개경에서의 활동이 굴욕으로 점철된 것으로, 그의 소신과
천태종 개창 노력이 좌절되었음을 의미한다. 이에 대하여 순차적으로
살펴보기로 한다.

화엄종 교단 내에 다양한 입장의 승려 군이 있었음은 여러 자료에서
살펴 볼 수 있다. 이 시기에 의천과 대립되는 非義天系 화엄종 세력이
상정된다. 의천이 홍원사로 물러난 시기에 흥왕사에는 李資義의 2자인
智炤가 있었다. 다음의 자료를 통하여 은거 전후 화엄종 교단의 상황을
살펴보기로 한다.

① 내가 敎觀에 마음을 다해 힘쓰는 이유는 이 말을 명심하기 때문이다.……
  이에 華嚴經을 傳授하면서도 觀을 배우지 않는 자에 대해 비록 講主라
  하여도 나는 믿지 않는다.106)
② 하물며 近世에 우리 종파에서 이단을 좋아하는 무리들이 근본을 버리고
  末을 쫓아서 억설이 분분하였다. 결국 祖師의 깊은 뜻이 막히어 통하기
  어렵게 된 것이 열에 일곱·여덟이나 되었다. 敎觀에 정통한 자가 어찌
  크게 탄식하지 않겠는가.107)

---

106) 의천, 「示新参學徒緇秀」『大覺國師文集』 권16(앞의 책 권4, 556쪽 중~하), "吾之所以
  盡心於敎觀者 佩服斯言故也……是知傳大經而不學觀門者 雖曰講主 吾不信也".
107) 의천, 「新集圓宗文類序」『大覺國師文集』 권1(앞의 책 권4, 528쪽 상~중), "況近世
  吾宗好異之輩 棄本逐末 臆說紛然 遂令祖師玄旨 壅而難通者 十七八焉 精於敎觀者
  豈不爲之大息矣".

이상의 자료에 따르면 觀門을 중시한 義天系 華嚴宗은 당시 이에 배치되는 '華嚴義學者'에 의해 배척되거나 대립되었음을 알 수 있다. 의천은 이들을 '吾宗의 好異之輩'라고 하였으며 臆說이 紛然하다고 하여 異說이 있었음을 시사한다. 의천 당대에 華嚴大經을 전하면서 觀門을 중시하지 않는 講主가 주목된다. 의천계 화엄종은 敎觀의 양자를 강조하였고 非의천계 화엄종은 觀門을 배제하고 敎學에 치중하였음을 알 수 있다.

다음의 「宣宗祭文」에서 시사하듯이 敎門과 觀門을 중시한 의천 화엄학은 이들에 의해 좌절되었고, 해인사에 은거하기에 이른 것으로 판단된다. 선종 9년(1092) 9월 仁睿太后가 西京에서 사망하고, 인주이씨 李資義가 권력을 전횡하였다. 불교계 역시 홍왕사에서 이자의의 아들인 智炤와의 대립이 예견되었고,[108] 결국 의천의 은거로 이어졌다. 다음의 「宣宗祭文」은 의천이 해인사에 은거하여 쓴 것이다.

> 海印寺에 은퇴해 있는 弘眞祐世僧統 臣 의천은 삼가 차와 과실 등 깨끗한 제수를 정성으로 받들어 大行大王 영전에 공손히 제사 올립니다.……신은 宗室의 은혜는 깊으나 佛門의 덕은 적습니다. 돌아보건대 좋은 때를 만나지 못하여, 품은 뜻이 있으나 많이 어긋나 이미 산속에 숨어지낸 지 오래입니다.[109]

의천은 "신은 종실의 은혜는 깊으나 空門의 덕이 적어 좋은 때를 만나지 못한 데에 품은 뜻이 있으나 펼 수 없으므로 이미 산속에 숨어지낸 지 오래입니다"라고 하여 그의 所懷를 서술하였다. 의천은 입송구법 이후 1094년 2월 홍원사 住持를 거쳐 해인사에 은거하기까지 약 8년의 기간

---

108) 숙종은 李資義를 제거하고 왕위에 오른 후 興王寺 智炤, 綽 등 李資義 일족을 伏誅하였다(『高麗史』 권127, 열전40, 반역1, 李資義).
109) 의천, 「祭宣王文」『대각국사문집』 권16(『한국불교전서』 권4, 555쪽), "海印寺退居 弘眞祐世僧統 臣某 謹以茶菓淨之奠 敬祭于大行大王之靈……而臣宗室恩深 空門德 寡 顧良時之不與 在夙志以多違 旣藏拙於山林".

동안 화엄종을 강조하는 한편 천태종을 개창키 위한 다양한 시도를 전개하였지만 실패한 것으로 판단된다.

그 후 숙종이 李資義 등 상대 세력을 진압하고 왕위에 올라 4차례의 詔書를 통하여 부른 이후에 개경 흥왕사로 돌아와서 天台宗 開創 등을 통하여 불교계의 개혁에 노력하였다. 이에 의천의 해인사 퇴거를 인주이씨 중심의 法相宗 세력에 의해 밀려난 것으로 이해하기도 한다.[110] 그러나 왕권과 문벌귀족 간의 대립 관계가 의천의 정치적 입지를 약화시키긴 하였어도 법상종 교단 및 인주이씨와의 대립만으로 해인사에 퇴거하였다는 것은 설명이 다소 부족하다.[111] 이에 의천이 은거하는 헌종 즉위 전후의 사정을 李資義를 중심으로 살펴보기로 한다.

宣宗 사망을 전후로 하여 獻宗의 후원 세력으로 仁州李氏의 李資義가 대표 세력이 되었는데, 선종은 정치 세력과 군사력 등에서 이자의가 헌종을 후원할 수 있는 적당한 인물로 판단하였을 것이다.[112] 이에 대해서는 이자의가 "재화를 탐하고 무뢰한 용사를 모아 활 쏘고 말달리는 것을 일삼았다"[113]라는 기록으로 보아 軍事力과 財力을 소유하였음을 알 수 있다. 헌종 즉위년에 이자의는 知中樞院事, 李子威는 門下侍郎平章事가 되었는데 이자의 등 측근에 대한 배려로 파악된다.[114]

110) 崔柄憲, 「천태종의 성장」『한국사』6, 국사편찬위원회, 1975.
111) 崔柄憲, 위의 논문, 1981. 이에 대하여는 대립되는 연구가 있다. 추만호와 이병욱은 왕실과 인주이씨 간의 세력 대결이 불교계에서 나타났지만 화엄종과 법상종의 구도는 아닌 것으로 본다. 이는 의천과 韶顯이 친분을 유지한 점, 인주이씨 一族의 참여가 아닌 점, 韶顯과 仁睿太后는 李資義 난에 연루되지 않은 것에 근거한다(秋萬鎬, 「李資謙의 軍士基盤 理解(上)」『史鄕』2, 1985 ; 이병욱, 「의천의 天台思想 受容의 두 段階」『普照思想』11, 普照思想研究會, 1998). 이에 대해서는 종합적으로 검토되어야 할 것으로 본다.
112) 李資義는 1089년에 大僕卿, 1090년에 戶部尙書로 송나라에 파견되었던 점은 정치적 입지가 제고된 것으로 이해된다.
113) 『高麗史』권127, 列傳40, 叛逆1, 李資義, "資義貪冒貨財集無賴勇士以騎射爲事常曰主上有疾朝夕難保外邸有窺覦者汝輩宜盡力奉漢山侯勿令神器歸于他人 聚兵禁中欲擧大事".

헌종 즉위 이후 이자의가 병약한 헌종 대신 왕위에 옹립하려 한 漢山侯
왕윤은 그의 누이인 李珽의 3녀 元信宮主의 아들이다. 또한 李碩의 딸인
思肅太后는 선종의 후비로 獻宗의 생모가 되며, 선종의 妃인 貞信賢妃는
李子祥의 直系 李預의 딸이다. 따라서 이들은 李子淵系와 李子祥系로 구분될
수 있으나 분명한 결연과 배척의 모습은 나타나지 않으며 양측적 친속
관계를 유지하면서 정치적 입장을 달리한 것으로 이해된다.[115] 요컨대
인주이씨 一門이 국왕 및 왕실과 대립한 것은 아니었다. 따라서 의천의
해인사 은거가 인주이씨 일문 전체와의 대립 결과는 아니었으며, 法相宗
韶顯과의 대립으로 보기도 어렵다.

한편 이오는 法相宗 慧德王師 韶顯의 碑文을 쓴 일이 있는데, 인주이씨
일족이지만 李資義 난 때 연루되지 않고 官界에서 활동하였다. 인주이씨
李資訓과 李預가 연루될 때에도 李預와 형제인 李顗나 李資訓과 형제인
李資謙은 연루되지 않았다. 이후 인종대 李資謙의 난에서도 부계친족의
일부만 연루되었는데 6촌인 李公壽, 그의 아들 李之氐는 정치적으로 대립되
면서 李資謙의 난 진압에 적극적으로 참여하였다. 따라서 외척 세력의
族黨 구성이 획일적이지 않았음을 전제할 필요가 있다.[116]

선종 말경에 의천은 '인주이씨' 이자의 세력에 의해 顚倒된 정치 상황에
좌절하였을 법하다. 의천은 36세를 전후한 시기에 僧科를 주관하였는데
화엄종의 經論에 정통치 못하게 된다는 이유로 어사대의 비판을 받았다.[117]

---

114) 金光植, 「高麗 肅宗代의 王權과 寺院勢力」『白山學報』36, 1989 ;『의천』, 예문서원,
    2002, 114쪽 재수록. 이자위를 중앙집권 세력 내 李資義 지지 세력으로 보았으며
    숙종 즉위 후 처형 또는 유배에서 근거를 구하였다.
115) 盧明鎬, 「李資謙 一派와 韓安仁 一派의 族黨勢力－高麗中期 親屬들의 政治勢力化
    樣態－」『韓國史論』 17, 1987, 169쪽.
116) 채웅석, 「한국사」 5, 한길사, 1994, 199쪽.
117) 義天, 「與內侍文冠書」『대각국사문집』권13(『한국불교전서』권4, 550쪽 中), "比緣
    御史臺所奏論 臣不合掌于試 僧表白文字事云 是若使僧統 知于表白試選 則後進義學
    志在求掌表白之試 攻乎章句之學 以致本宗經論 未至精通者".

이는 의천의 불교계 활동이 다른 세력에 의해 제약되는 모습으로 판단된다. 특히 당시 득세하던 李資義, 李子威와 밀접히 연결되었던 흥왕사 智炤와는 교학적 대립까지 있었을 것으로 추측되나 분명치는 않다.

　의천은 기본적으로 왕권을 강화하여 문벌귀족을 개혁하려는 입장을 취하고 있었다. 인주이씨의 이자의, 흥왕사 지소의 세력에 밀려 해인사에 퇴거하였던 의천은 숙종이 이자의 세력을 누르고 일족을 伏誅한 이후 숙종의 4차례에 걸친 中使 파견에 응하여 개경으로 돌아왔다. 다음의 자료가 참고된다.

　　贈天車金侍郞[118]
　只爲看經心願在　마음으로는 經典만 보려 하니
　不能强遂使車歸　억지로 사신 수레를 따라 돌아갈 수 없네.

　　赴闕次留題故寺 二首[119]
　北闕猶難違召命　임금의 부르시는 명을 어기기 어려웠는데
　東林還恥負幽閑　동림의 그윽하고 고요한 도량 저버림 부끄럽네
　反權終爲道推移　권위가 뒤엎어져 정법의 도가 끝내 변해 버렸다
　行藏雖繫緣深淺　머물고 감이 인연의 깊고 얕은 데 매었으나
　倦鳥知還會有期　게으른 새 돌아올 줄 알고 모임도 때가 있네.

　의천은 숙종의 4번째 詔書를 임하여서는 正法의 道가 변해 버린 현실과 이를 弘護하여야 함을 自任하고, 오히려 時節因緣이 도래하여 그 適期임을 詩로 쓰고는 개경으로 돌아왔다. 이후 그의 행보는 興王寺, 國淸寺 住持, 천태종을 개창을 통한 불교계 재편 등 왕권 강화의 정치적 입장을 오로지 하였다.

118) 의천, 「贈天車金侍郞」『대각국사문집』 권20(『한국불교전서』 권4, 565쪽).
119) 의천, 「赴闕次留題故寺 二首」『대각국사문집』 권20(『한국불교전서』 권4, 565쪽).

2. 天台宗 開創을 통한 佛敎界 再編과 興敎

의천은 해인사 퇴거 이후 헌종과 숙종이 6차례의 中使를 파견한 招致에 응하여 숙종 1년(1096) 개경의 흥왕사로 다시 돌아와 주지가 되어 講學하였다. 숙종 2년(1097) 5월에는 국청사가 완공되었고 흥왕사 住持를 겸하면서 天台敎觀 즉 天台止觀을 강의하였다.[120]

이 시기 의천의 불교계에서의 역할은 화엄종과 천태종의 병립을 통한 불교계 재편이었다. 이는 흥왕사와 국청사 주지를 겸임하면서 천태교관을 강의한 점 그리고 1098년에는 숙종의 4자 澄儼이 의천의 문하에서 剃髮 得度한 일에서 알 수 있다. 이러한 일련의 불교계 재편은 숙종의 불교정책과 분리되어 전개된 것은 아니다. 숙종대 불교계 재편에 대하여는 다음 기록을 참고하기로 하자.

> 大覺國師가 송나라에 유학하여 華嚴敎義와 아울러 天台敎觀을 배우고 哲宗 元祐 元年(1086) 丙寅에 귀국하여 智者를 존숭하는 별도의 宗家를 세웠다. 이때에 禪宗 승려 가운데 天台宗으로 옮긴 자가 10중 6·7명이나 되었다. 대사는 祖道가 衰落해짐을 哀悼하면서 확고한 결심으로 외롭게 서서, 몸을 바쳐 그것을 지켰다. 大覺國師가 사람을 보내어 여러 번 권유하였으나, 끝내 그의 명을 받아들이지 않고, 이에 □□山 □峯寺에 은둔하여 열반할 곳으로 삼았다.[121]

위의 자료는 學一의 碑文으로 尹彦頤가 찬술하였다. 윤언이는 의천이 선종 2년(1086) 귀국 후 智者를 존숭하여 따로 宗家를 세웠다고 하였다.

---

120) 金富軾,「開城靈通寺大覺國師碑」(李智冠,『校勘譯註 歷代高僧碑文』, 高麗篇 3, 伽山 佛敎文化硏究院, 1996, 117쪽).

121) 尹彦頤,「淸道雲門寺 圓應國師碑」『朝鮮金石總覽』권上, 349쪽, "大覺國師西游於宋 傳華嚴義 兼學天台敎觀 以哲宗 元祐元年 丙寅□尊崇智者 別立宗家 于時藜林納子 傾屬台宗者十六七 師哀祖道凋落 介然孤立 以身任之 大覺使人 頻輪而卒不受命 乃□ □□□山□峯寺□終焉之□".

앞에서도 언급하였지만 의천은 귀국 후 천태종 개창을 시도하였으나 다양한 반대세력에 의해 좌절되었다. 결국 숙종대에 와서야 국청사를 낙성하고 天台宗을 개창하였다. 의천의 천태종 개창은 불교계의 재편을 통하여 가능하였는데 禪宗 산문의 문도를 중심으로 개창하였다.

의천이 천태종을 개창할 때 여러 山門의 승려들이 참가하였다. 10명중 6·7명이 禪宗山門에서 天台宗으로 옮겼다. 또한 의천은 學一을 천태종에 동참시키고자 하였다. 學一은 선종 승려들이 천태종으로 기울어지는 세태를 비판하고 의천의 제의를 거절하였다. 그 후 숙종 4년(1099)에도 의천은 弘圓寺에서 圓覺經 法會를 개최하면서 講師로 學一을 초청하였으나, 그는 "禪과 講이 交濫하는 일을 감당할 수 없다"고 하면서 사양하였다.[122] 아마 학일은 圓覺經 法會에서 선종보다는 교종이 강조되는 사상 경향을 용납할 수 없었던 것으로 이해된다.

의천은 숙종 5년(1100)에 국청사에서 天台智顗의 『法華玄義』 10권을 우리말로 번역하여 강의하고 뜻을 기술하여 學徒들을 교육하고, 숙종 6년(1101) 2월에는 天台宗 僧科 大選을 실시해서 40명을 선발하였다.

이보다 앞서 의천은 숙종 4년(1099) 국왕의 삼각산 行幸에 왕비, 군료들과 함께 하였다. 이는 국왕권의 강화를 위한 南京 개창과 관련이 있었다.[123] 한편 의천이 國家의 大小事에 영향을 미쳤음은 다음의 비문에서도 확인된다.

어떤 이가 고하기를 "영신의 앞길은 바로 많은 군현에서 출입하는 곳으로 예전에는 館과 院이 있었으나 훼손되어 없어졌다"라고 하니 곧 문인에게 지시하여 새로 짓게 하시고 이름하여 관은 指南, 원은 兼濟라 하시었다. 예종대에 전지를 하사하셨다.……국사가 이미 일국의 존친이 되시어서는

---

122) 윤언이, 위의 비(위의 책, 349쪽), "我肅王四年 宋紹聖五年 戊寅 大覺於弘圓寺 還圓覺會 以師爲副講師 辭曰 禪講交濫 不敢當之".

123) 南仁國, 『高麗中期 政治勢力 硏究』, 신서원, 1999 ; 서성호, 「숙종대 정국의 추이와 정치세력」『역사와 현실』9, 1993, 25쪽.

90

큰 정무가 있으면 반드시 친밀히 의론하여 결정하였으므로 국왕과 더불어 의논한 바 국가의 정사가 매우 많아 백성에게 음덕을 끼침이 또한 두터웠다.124)

의천의 활동 가운데 국가의 사업으로 '指南館', '兼濟院'을 복구하여 民의 편익을 도모하였고, 국가의 중대사를 자문하였음을 알 수 있다. 특히 그는 숙종에게 鑄錢을 건의하여 시행하였다.

의천은 고려의 개혁 정치에도 깊이 관여하여 鑄錢의 疏를 올려 화폐제도를 개혁하려 했고, 그것을 통하여 숙종의 개혁 정치에 조력하였다. 다음의 자료는 의천이 제도 개혁을 통한 '福國安民'의 사상을 전개한 내용이다.

　　제도를 새롭게 하지 않고 오히려 지켜 잃지 말라고 하였으니 잘못이 아니겠습니까. 그러므로 후세에 식견 있는 선비들이 몹시 애석하게 여겼습니다.……엎드려 원하옵건대 전하께서는 밝은 지혜로 홀로 결단하시어 과감하게 실행하면, 비단 국가의 복이 될 뿐만 아니라 만세토록 백성들의 복이 될 것입니다. 혹 조정에 우려하는 자가 있으면 臣의 건의를 公卿大夫들에게 보여 마땅함과 마땅하지 않음을 보여 주십시오.125)

위의 자료는 의천이 숙종 때에 제도를 새롭게 만들어 개혁할 것을 건의한 내용이다. 의천은 제도개혁이 福國安民으로 연결됨을 제시하여 숙종의 과감한 결단을 요구하였다. 여기에서의 새로운 제도는 바로 돈의

---

124) 金富軾,「靈通寺大覺國師碑銘」『大覺國師外集』권12(앞의 책 권4, 593쪽 下), "或告永新前路是百郡之所出入 舊有館院而壞亡 卽指授門人作新之名 館曰指南 院曰兼濟 至睿考 錫以土田……師旣爲一國尊親 有大政事 必款密諮決故 所與上論列國家事甚多而有陰德於人民".
125) 義天,「鑄錢論」『大覺國師文集』권12(앞의 책 권4, 549쪽), "不新制作 反言遵而勿失 無乃謬乎 是故 後世有識之士 深爲之痛惜也……伏願 殿下至明獨斷 果敢必行 非獨國家之福 萬世蒼生之福也 儻或朝有疑慮 亦乞下臣之議 以示公卿大夫 當與不當 宜與非宜".

사용을 의미한다.

숙종 2년(1097)에 鑄錢官이 설치되어 숙종 7년(1102)에 海東通宝를 사용하였다. 의천의 鑄錢論은 숙종대 왕권 강화와 관련이 있다.[126] 의천은 숙종의 적극적인 지원 아래 개혁 정치에 참여하였고, 鑄錢論으로 대표되는 變法을 통하여 국왕권의 강화를 내용으로 하는 개혁정치에 조력하였다.

의천의 이러한 정치적 행보는 숙종 6년(1101) 10월 持病으로 사망하면서 중지되었는데 경기도 장단의 摠持寺에서 救病 중 숙종이 행차하여 문병한 지 열흘이 못 되어서 사망하였다. 그가 언제 총지사에 돌아갔는지는 정확치 않다. 다만 총지사는 摠持宗과 관련이 있을 것으로 보이지만 華嚴과도 무관치는 않다. 의천은 持病인 瘁病으로 오래 앉아 講經하는 데 어려움이 있음을 토로하였다. 그의 말년의 사상 경향은 經典과 止觀을 병행하는 형태로 전개되었다. 또한 의천의 敎學的 관심은 華嚴과 天台에 있어『釋苑詞林』의 편찬을 의도하였지만 완성치 못하고 입적하였다. 의천이 17세 이래 30여 년간 諸宗 敎藏을 搜訪하여『圓宗文類』,『新編諸宗敎藏總錄』등을 정리하였는데,『釋苑詞林』의 편찬 의의는 다양한 불교관련 문류 정리라는 점에서 의의가 있다.

의천의 사후 불교계는 재편되어 화엄종과 천태종 문도들은 분열하였다. 의천의 화엄종 문도들은 무신집권기 均如계 화엄종과 대립되었으며, 法眼宗 系列의 五門學徒와 禪宗 山門 出身의 直投門徒로 성립되었던 천태종은 의천 사후 直投門徒에 의하여 法統이 계승되었다. 이후 의천의 華嚴과 天台思想은 제대로 전승되지 못하였고 그의 사상과 계보를 달리하는 均如系 華嚴宗과 法眼宗을 유념하는 白蓮社 結社 了世의 천태종이 고려후기 불교계를 주도하였다.

---

126) 서성호, 위의 논문, 1993, 25쪽 ; 남인국,『고려중기 정치세력 연구』, 신서원, 1999, 80~90쪽에 관련 내용이 정리되어 있다.

제3장 義天의 著述

제1절 『大覺國師文集』의 編纂과 缺落 檢討

1. 『大覺國師文集』의 編纂

『大覺國師文集』은 모두 20권이며 그 編次는 序·辭·表·狀·論·書·疏文·祭文·詩 등으로 구성되어 있다. 또한 『大覺國師外集』은 宋과 遼나라 僧俗으로부터 받은 書翰을 모아 놓은 書와 記, 詩, 碑銘 등 13권으로 구성되어 있다. 이러한 『大覺國師文集』의 편찬과정은 잘 나타나지 않는다. 우선 의천의 화엄종 문도에 의해 편찬된 문집의 관련 기록을 검토하여 편찬주체 등 그 과정을 살펴보기로 한다.

① 문인이 (국사가) 지은 시문을 모았다. 殘編과 斷藁로 남아있는 것이 얼마 없어 뽑아내어 편차하니 20권이 되었다. 이들은 모두 가볍게 쓴 것이고 후세에 전하려 한 것이 아니었다. 그러므로 생전에도 그 글을 써서 새긴 것이 있으면 그 판을 거두어 태웠다.[1]

② 西湖僧 惠素는 내외 典籍에 해박하였으며 詩文에 매우 재주가 있었고 필적도 현묘하였다.……항상 국사가 계신 곳을 따라 문장을 토론하였다. 국사 사후 『行錄』 10권을 지었으며, 金侍中이 그 내용을 撫取하여

---

1) 金富軾, 「開城靈通寺大覺國師碑」(『校勘譯註 歷代高僧碑文：高麗篇 3』, 伽山佛教文化研究院, 1996, 117쪽), "門人集所著詩文 殘篇斷藁 存者無幾 紬次爲二十卷 此皆卒爾落筆 非將以貽後也 故於生前有以其文寫而刻之者 取其板焚之".

碑의 내용을 삼았다.2)

『大覺國師文集』은 위의 사료 ①에 따르면 의천의 문인이 詩文의 잔편
단고를 모아 가려 뽑아 20권으로 만든 것이다. 이는 모두 가볍게 쓴 것이고
후세에 전하려 한 것이 아니었으며, 의천 생전에도 그 글을 써서 새긴
것이 있으면 판을 거두어 태워버렸다. 의천 생전에 그의 글이 雕板되었지만
그것이 문집이었는지는 분명치 않다. 현전 문집의 글도 모두 가볍게 쓴
것이고 후세에 전하려 한 것이 아니었던 점으로 미루어 생전에 문집의
출간은 없었을 것으로 추정된다.

문집의 편찬을 주관한 것은 문인이라고 하였지만, 구체적인 편찬주체를
알려주는 내용은 잘 찾아지지 않는다. 이와 관련하여 문집의 書者인 慧觀을
주목할 필요가 있다. 현행 문집은 法性寺 住持 慧觀에 의하여 쓰여 文集과
外集으로 갖추어 간행되었다. 이것이 現行本의 바탕이 되었음은 文集 권8,
12, 16과 外集 권4, 9의 末尾에 「法性寺住持賜紫沙門臣慧觀書」라 기재되어
있는 데서 알 수 있다.3) 또한 문집의 권4, 20은 마지막 부분이 缺張되어
있어 분명치 않지만 「慧觀書」가 기재되어 있었을 것으로 추정된다.4)

문집의 書者인 法性寺 住持 慧觀은 생몰이 정확치 않으며 그가 주지한
법성사 또한 잘 알 수가 없다.5) 다만 「영통사비문」에 의천의 문인으로
중대사 승계의 화엄종 승려 慧觀이 기록되어 있어 동일 인물로 추정된다.

---

2) 李仁老, 『破閑集』 권上, "西湖僧惠素 該內外典 尤工於詩 筆跡亦妙……常隨國師所在
  討論文章 國師歿 撰行錄十卷 金侍中摭取之以爲碑".
3) 「法性寺住持賜紫沙門臣慧觀書」, 『大覺國師文集』 권8, 12, 16과 外集 권4, 9의 末尾에
  기재되어 있다. 조명기는 4卷 1冊 80餘紙로 철책된 것이 六冊 一秩로 간행된
  것으로 보았다. 趙明基, 『高麗 大覺國師와 天台思想』, 東國文化社, 1964, 142쪽.
4) 외집의 경우 권9 말미에 있으므로 나머지 부분에 기재되어 있었을 것으로 추정되
  며, 서문이나 발문이 존재하지 않아 그 내력을 살펴볼 수 없는 점이 아쉽다.
5) 윤용진, 「法水寺址의 高麗懸板」, 『韓國文化의 諸問題』, 시사영어사, 1982, 52~57쪽.
  法水寺址의 慧觀記 高麗懸板에 따르면 1129년 가야산 신흥사 주지를 거쳐 법성사
  주지가 되어 대각국사문집을 편찬한 것으로 추정된다.

94

慧觀은 인종 3년(1125) 이후에 작성된 「영통사비문」에 의천의 문도로 기재되어 있으며, 인종 7년(1129) 가야산 신흥사에 주지하였다. 현재 해인사 사간판고에 보존되어 있는 판목은 慧觀이 書한 것을 판각한 것으로 판단된다.[6]

慧觀이 문집을 직접 편찬하였는지 아니면 書만 하였는지는 분명치 않다. 문인으로서 편찬자들과 함께 종류별로 분류하고 板下本을 淨書하였다고 보는 것이 자연스럽다. 또한 '賜紫沙門 臣'이라는 용어는 간단히 개인 문집의 차원을 넘어선 왕명에 의한 찬집을 시사한다. 즉 혜관을 비롯한 문인들이 行錄을 갖추어 상주하고 왕명을 받아 간행하였을 법하다.

의천의 문집편찬과 관련하여 『大覺國師實錄』 또는 『行錄』 10권이 전하여졌다면 분명하겠으나 이들 역시 전해지지 않는다. 위의 사료 ②에서 보듯이 김부식은 惠素의 『行錄』 10권 내용을 발췌하여 「靈通寺碑文」을 작성하였기 때문에, 문집의 편찬과 관련한 내용 역시 『行錄』 10권에는 있었겠지만 전하지 않아 알 수 없다. 또한 一然은 『三國遺事』의 勝詮髑髏條에서 『大覺國師實錄』이 있었던 사실을 전하고 있다.[7] 일연이 『삼국유사』를 편찬한 13세기 후반까지는 實錄이 존재하였던 것이다. 다만 이 실록이 김부식이 본 20권 문집과 의천의 문도인 惠素의 行錄 10권의 내용과 어떠한 상관성이 있는지 분명치 않지만 현행 혜관이 書한 내, 외집의 내용이 많이 포함되었을 법하다.

金富軾은 「영통사비문」에서 의천의 남아있는 시문을 모아 편찬한 문집은 20권이었음을 전하고 있다.[8] 김부식이 보았다는 『文集』 20卷은 그

---

6) 『대각국사문집』, 『대각국사외집』은 1914년 關野貞이 해인사에서 版木을 발견하여 학계에 소개하였다. 內藤雋輔, 「高麗의 大覺國師에 關하는 硏究」 『支那學』 3-9 · 10, 1924 ; 京都大東洋史硏究會, 『朝鮮史硏究』, 中國印刷株式會社, 1961, 1쪽.

7) 『三國遺事』 義解－勝詮髑髏條, "其他事迹, 具載碑文, 如大覺國師實錄中". 국사의 高弟인 惠素의 『國師實錄』을 읽고 김부식이 비문을 지었다. 실록에 대하여는 李仁老의 『破閑集』, 『三國遺事』의 勝詮髑髏條에 대각국사실록이 있었던 사실을 전한다. 일연이 『三國遺事』를 편찬한 당시까지는 존재하였던 것으로 판단된다.

정확한 내용을 알 수 없으나, 澄儼이 靈通寺碑의 건립을 발의한 1125년 이후 20권 문집이 편찬되었음을 알 수 있다. 다만 현행 외집에 실려 있는 宋·遼의 인물의 서간문이 20권 문집에 편입되어 있었는지는 분명치 않다. 이로 보건대 김부식이 「영통사비문」에서 언급한 20권본 문집의 존재를 상정할 수 있다.

또한 현행의 慧觀이 書한 문집과 외집을 들 수 있다. 이 문집에는 仁宗 연간에 金富軾이 撰文한 「靈通寺大覺國師碑文」과 林存이 찬문한 「僊鳳寺大覺國師碑文」이 外集의 마지막인 권12와 권13에 실려 있는 것으로 미루어, 혜관의 손을 거친 이 현행 문집이 체제를 갖춘 것은 인종 16년(1138) 전후의 일로 볼 수 있다.[9]

現行本 文集은 내집 20권과 외집 13권으로 체제를 갖춘 판본이 있으며, 한편 異板이 있어 23권의 문집이 있었던 것으로 판단된다. 현행본 문집의 마지막 磨滅이 심한 3紙는 각각 그 版心이 『大覺國師文集』으로 되어 있으나, 이를 現行本 外集과 비교하여 보면 차례로 권11 제1紙 目次, 권4 제4紙 希仲書, 권7 제2紙 從諫書와 같은 부분이다. 특히 이들 3紙 가운데 제2紙에는 '大覺國師文集 卷第二十三'이라고 되어 있는데 이 내용은 외집의 卷第四 希仲의 서간문과 같다.[10] 이로 보아 文集과 外集을 따로 나누지 않고 23권 이상으로 編次하여 한 책으로 엮은 『大覺國師文集』 異板이 간행되었음을 알 수 있다. 또한 磨滅된 3紙의 版木이 남아 慧觀書의 現行本인 文集 끝에 混入된 것으로 또 다른 판본의 존재가 있었음을 알 수 있다.[11] 이로 보아

---

8) 河村道器 등 기존의 견해는 4종의 異板과 현재 2종의 板本을 주장하였다. 한편 '板'의 해석을 문집 板木으로 해석하기 어렵기 때문에, 의천 당시 조판 후 소각판이 있었다는 견해에 이의를 제기하였다(박용진, 「大覺國師文集의 編纂과 그 의미」, 한국중앙사학회 월례발표회, 2006. 11, 토론자 하혜정). 본서에서도 '板'의 해석을 문집 板木으로 해석할 수 없다고 보아 의천 당시 판본은 없는 것으로 본다.
9) 河村道器 등 기존의 연구는 圓明國師 澄儼이 대각국사비의 건립을 발의한 인종 3년(1125) 이후로 본다.
10) 「希仲書 第四」 『대각국사외집』 권4(『한국불교전서』(4), 573쪽).

慧觀이 書한 문집과 외집의 합집본, 慧觀이 書한 문집, 외집으로 구분된 별책본 등 2종의 板本을 추가할 수 있다.[12] 앞서 김부식이 「영통사비문」에서 언급한 20권본 문집을 포함하면 모두 3종의 판본이 있었음을 알 수 있다.

2. 『大覺國師文集』의 내용

현행 문집은 『대각국사문집』 20권과 『대각국사외집』 13권으로 구성된 판본이 비교적 완성된 체제를 갖추고 있다.[13] 문집은 序・辭・表・狀・論・書・疏文・祭文・詩로 구성되어 있고, 외집은 宋과 遼나라 僧俗들로부터 받은 書翰들을 모아 놓은 書 외에 記, 詩, 碑銘 등 13권으로 구성되어 있다. 또한 문집의 편찬자인 의천의 문도는 외집에 의천의 생애를 구체적으로 밝힐 수 있는 2개의 비문을 추가 補入하여 편찬하였다.[14]

내집은 문집으로서 갖추어야 할 항목이 대부분 포함되어 있어 형식상 완전한 체제를 갖추고 있다. 또한 편찬자는 내집에는 의천의 저작을 수록하였고, 외집에는 의천의 저작이 아닌 외국 승려 등의 書文과 詩文을 수록하였다. 다만 외국의 승려와의 교류서신 일부는 의천과의 직접적인 관련을 제시하기 어려운 것도 있다.[15] 의천의 碑는 화엄종과 천태종 문도에 의해

11) 河村道器, 「大覺國師集の異版について」『靑丘學叢』4, 1931, 147~148쪽. 4版이 있었는데, ①의천 당시 조판 후 소각판, ②김부식이 영통사비문에 언급한 20권본, ③慧觀이 書한 문집, 외집, ④慧觀이 書한 문집, 외집 합집으로 보았다.

12) 河村道器, 위의 논문, 147~148쪽.

13) 본서에서는 慧觀이 淨書한 문집 20권과 외집 13권의 현행본을 분석 대상으로 하였다.

14) 趙明基, 『高麗 大覺國師와 天台思想』, 東國文化社, 1964, 145쪽.

15) 천태종의 仁岳(992~1064), 선종의 契嵩(1007~1072) 등은 의천 보다 앞선 시기의 인물이었다. 仁岳의 몰년에 대해서는 陳垣, 『釋氏疑年錄』, 中華書局, 1964, 217쪽에는 建中錄에 의거 1077년으로 하였지만, 기존의 연구는 『釋門正統』권5, 『卍新纂續藏經』75 ; 『佛祖統紀』권21, 『대정장』49의 "治平元年春 謂門人曰 我翌日午刻當行 果留偈安坐而亡 時三月二十五日也"의 기록에 의거, 治平 元年 즉 1064년을 沒年으로 본다. 仁岳과 관련하여 동명이인으로 추정되는바, 추가 검토가 요구된다. 논문

인종대에 각각 建立되었으며, 의천의 문도는 그 碑文을 외집에 수록하여
현행 문집의 체제를 완성한 것이다. 이는 의천의 불법 교류 업적을 분명히
하는 한편 국제적으로 존숭된 인물이었음을 제시한 셈이다.

『大覺國師文集』의 卷次에 따라 문집의 내용과 年紀를 살펴보면, 序文은
경전, 목록, 文類 등의 편찬 시말을 기록한 것으로서 모두 5수였으나「八師經
後序」는 全落으로 그 내용을 알 수 없다. 권1에 실려 있는 서문은「新集圓宗文
類序」,「新編諸宗敎藏總錄序」,「刊定成唯識論單科序」,「八師經後序」,「消災
經直釋詳定記」로 모두 5수이다.「唯識論單科序」는 권1의 5~6장이 결장됨
에 따라 중반 부문이 누락되었다.「八師經後序」는 9~14장이 결장됨에
따라 그 내용을 전혀 알 수가 없다. 권2 역시 1~8장이 결장되었고, 권2의
마지막 부분은 新譯華嚴經疏 序文의 마지막 부분일 것으로 추정된다.[16)
권1의「圓宗文類序」는 정확한 편찬 시기를 알 수 없으나 1090년 전후로
추정된다.[17) 권2의 缺題文을 제외하면 대체로 시기별로 편찬되었음을
알 수 있다. 권2에는「刊定成唯識論單科序」보다 후대 편찬이 주로 배치되었
을 것으로 추정되나 분명치 않다.[18)

문집 권3의「國淸寺開講辭」는[19) 1097년 5월로 추정된다.「靈通寺碑文」에
따르면, 의천이 왕명으로 개경에 돌아와 국청사의 주지가 되었음을 전하고
있다. 이 시기 의천은 국청사를 낙성함과 동시에 주지로 임명되면서 天台敎
觀을 강하였다. 나머지 6수는 그 연대를 추정할 수 있는 단서를 찾기

심사시 심사자의 교시에 따라 문집의 作品年度 등을 재검토하는 등 일부를 수정
보완하였다. 지면을 통하여 감사를 드린다.
16) 韓國精神文化硏究院,『國譯 大覺國師文集』, 1989, 14쪽.
17) 朴鎔辰,「의천의『圓宗文類』編纂과 그 의의」『史學硏究』제82호, 韓國史學會,
2006.
18) 권1의 單科序가 1095년으로 추정되며, 권2의 年紀는 1094년 2월 20일로 서문
말미에 기재되어 있어 권1에서 권2까지 연속하여 시기별로 편찬하였다. 문집과
외집의 전반적인 편찬 방식은 대부분 文種에 따라 시간순으로 배정하였다.
19) 漢文 文體의 하나로서 疏 및 賦와 비슷한데 흔히 韻語를 씀. 騷의 변화. 諸橋轍次,
『大漢和辭典』권10, 大修館書店, 1985, 1087쪽.

98

어렵다. 「盂蘭盆經講辭」와 「遺敎經講」에 대하여는 年紀를 알 수 있는 단서가
보이지 않는다. 그러나 遺敎經의 경우 '晋水淨源의 강하에서 높은 법문을
얻어 들었다'[20]라는 내용으로 보아 의천이 귀국한 뒤인 1086년 6월 이후에
나 있었을 법하다.

圓覺經 講經은 圓應國師 學一의 碑文에 따르면 무인년에 홍원사에서
원각경 법회가 개설되었는데, 학일을 부강으로 초청하였으나 그에 응하지
않았던 사실을 관련 근거로 들 수 있다.[21] 1086년 의천이 有誠과 교류한
시에 따르면, 이미 고려에서 「圓覺經疏」가 유행하였던 점으로 미루어 「圓覺
經講經辭」가 1099년에 지어진 것으로 단정하기는 어렵다. 다만 「國淸寺開講
辭」는 1097년, 圓覺經은 1099년에 강경한 것으로 본다면 유교경과 화엄경
十通品도 1099년 이후 의천이 말년에 저술한 것으로 추론할 수 있다.

문집 권제5, 6, 7, 8은 모두 表文으로서 43수를 전하고 있다. 결장이
된 부분이 있어 이보다 더 많은 내용이 있었겠지만 정확치는 않다. 의천의
입송구법 전후 기록이기 때문에 쉽게 편년이 가능하다. 「請入大宋求法表」
에 따르면 '작년 8월에(1084년 8월) 송나라 兩浙華嚴闍梨 淨源법사가 보낸
한 통의 글을 받아 보았다'라는[22] 내용은 의천이 고려에서 송나라 淨源의
초청 편지를 받은 것이며, 이 表文을 쓴 때는 의천이 壽眞 등 승속 11명과
함께 정주에서 배에 올라 떠난 1085년 4월이다.[23] 권8의 表文 5수는 모두
1085~1086년 사이에 지어진 것이다. 의천은 1086년 6월 귀국하여 「乞罪表」

---

20) 義天, 「講遺敎經發辭」『大覺國師文集』 권3(『한국불교전서』 권4, 532쪽), "某重法輕
身 求師問道 幸於講下 獲聽圓音 今所講者 則我晋水 新集節要是也".
21) 尹彦頤, 「淸道雲門寺 圓應國師碑」(『朝鮮金石總覽』 권上, 349쪽), "我肅王四年 宋紹聖
五年 戊寅 大覺於弘圓寺 還圓覺會 以師爲副講師 辭曰 禪講交濫 不敢當之".
22) 의천, 「請入大宋求法表」『대각국사문집』 권5(『한국불교전서』 권4, 534쪽), "於去年
八月 得大宋兩浙 華嚴闍梨 淨源法師書一道".
23) 金相永, 「義天의 天台宗 開創과 관련한 몇 가지 問題」『중앙승가대학교교수논문집』
8, 중앙승가대, 1999, 281쪽 ; 鄭修芽, 『高麗中期 改革政治와 北宋新法의 受容』, 서강
대 박사학위논문, 1999, 55쪽.

를 올리고 또한「謝放罪表」를 지었다.

기타 정확한 年紀를 알 수 없는「上大遼皇帝曉公章疏表」[24]와 의천이 개경으로 돌아온 이후인 1095년 11월 이후로 추정되는「上唯識論單科表」, 숙종이 즉위함에 따른「賀肅王新卽位表」는 1095년 10월 15일에 작성되었으며, 숙종이 즉위하여 의천을 초치하였으나 이에 대한 사양의 입장을 표하는 表文이 1095년 10월 22일과 11월 3일 이후에 각각 지어졌다.[25]

狀은 문집 권9에 수록되어 있으며, 대부분 입송구법시인 1085년과 1086년 사이에 작성되어진 것이다. 3장에서 6장이 缺張되어 제목만 전하는 11수와 왕의 교서를 사양하는 편지[26] 외에는 모두 입송구법시 이동 경로의 지방관들에게 전하는 내용이다.[27] 문집 권10의 狀文은 제1장에서 4장, 제9장, 제10장이 결장되어 있으나「上淨源法師書」四首는 남아 있다.[28] 권11에는 1086년과 1088년 사이에 작성된 의천과 淨源간의 교류 서장을 포함하여 모두 1085년 이후에 이루어진 것이다.[29]

---

24) 의천은 1090년에『新編諸宗教藏總錄』3권을 편찬하였는데 남유하여 잔간을 찾은 수집서가 전후 합하여 4천여 권이었다. 따라서 요나라에 장소를 보냄과 동시에 수집 요청도 함께 하였을 것이다. 1086년 이후 1091년의 어느 시점으로 보여진다.

25)「辭赴闕表二首」『大覺國師文集』권8(『한국불교전서』권4, 542쪽), "臣沙門某言 十月二十二日 樞密院左承宣吏部侍郎金德均等 至奉傳教書 一道 伏蒙王慈 令臣赴闕者……臣沙門某言 今月初三日 樞密院遞到教書一道 賜臣促令赴闕者". 숙종이 즉위 후 10월22일에 이어 11월3일에도 중사를 보내 입궐을 재촉하였음을 알 수 있다.

26)「□□王教書狀」『大覺國師文集』권9(『한국불교전서』권4, 542쪽).

27) 따라서 입송구법시 汴京으로 이동하는 주요 지역 지방장관들에게 전하는 편지는 모두 1085~1086년에 지어진 것이다.

28) 1086~1088년 淨源 입적 이전의 글이다. 첫 번째 글에는 "천리의 돌아가는 배에 의탁하여 한 장의 예의 편지를 올리면서"라는 문장에 의거, 1083년 상인 이원적이 귀국 길에 쓴 글로 판단된다. 네 번째 글에는 "존자께서 선형 국왕의 홍서에 멀리서 위문해 주시고 또 항주 상부사 왕자원에서 특별히 명복을 빌기 위해 追薦의 齋를 올리신 뒤 이어 그 공덕을 비는 疏文을 부치시니"라고 한 글에 의거, 순종의 齋日과 관련된 것으로 보인다. 귀국 후의 글로 추정된다. 한편 제10권 1~4장은 결장되었는데, 그 마지막 부분은 송나라에서 작성한 것으로 1085년에 해당한다.

29) 1089년 與大宋善聰法師狀 三首, 1089년 與大宋淨因法師書 二首, 1089년 答大宋元炤

書는 문집의 권11에 4수, 권13에 2수이며 나머지는 缺張으로 인하여 알 수가 없다.[30] 이는 1089년, 1090년에 지어진 것이다. 書文은 문집 4수, 외집 74수 모두 78수가 전하고 있다. 이들에 대한 편년 역시 書文의 내용으로 추측 가능하며 대체로 송나라 승려들과의 서간문이 대부분을 차지하고 있다. 編者는 이들을 연대순으로 편찬하였으리라 여겨진다. 문집의 편찬자는 의천이 입적 후 관련 사실을 잘 알면서 年代順으로 集錄하였다.

권14는 疏文 12수로 구성되어 있으며,[31] 권15 역시 疏文이 실려 있다. 1083년 10월 「大行大王靈駕疏」, 1084년 10월 「順王忌日禮懺疏」, 1084년 「蘭盆日燒臂發願疏」, 1091년 「代宣王諸宗教藏彫印疏」,[32] 「般若道場疏」[33] 등이 권15에 실려 있으나 구체적인 年紀를 추정할 단서는 잘 찾아지지

律師書, 1090년 이후 與大宋行者顔顯書(顔顯書가 적어도 1090년에 쓰였다고 추정하는 근거는 본문 중에 "요즈음 임금님의 뜻을 받들어 여러 宗의 章疏를 수집하여 수천 권을 출판하던 중에 우선 먼저 부치니"라는 내용에 근거한다). 1090년에 『新編諸宗教藏總錄』을 편찬하였고, 교장도감에서 章疏를 간행하였다.

30) 「與內侍文冠書」『대각국사문집』 권13(『한국불교전서』 권4, 550쪽), "早歲幸蒙先君恩度 爲僧 賴以宿因 自十六 七歲已來 從事于西方聖人之教 二十載于玆矣 然釋氏之教 流通中國者 百不一二矣 今所傳三藏正文 僅六七卷 其他古今賢哲注疏之家 一千年來 無代無之 此又不能悉數也 雖有拔萃之器 信乎終身不能究其業也 況中下之人乎 予固不敏 而知學之難 所以頃歲 重道輕生 問津中國者 志在於何 在乎效聖人之用心也". 이로 보아 1086년 이후 작성이 자연스럽다.

31) 「疏文」『대각국사문집』 권14(『한국불교전서』 권4, 551쪽), "大宋相國寺祝聖壽齋疏, 祝皇太后同前疏, 大宋法雲禪院祝聖壽齋疏, 大宋普炤王寺本國王生晨齋疏, 大宋啓聖院本國文王忌晨齋疏, 請本講晉水法師講法界觀疏, 大宋天台塔下親參發願疏, 寄日本國諸法師求集教藏疏, 捨金塔納大宋慧因院疏, 追薦大宋淨源法師百日齋疏, 捨黃金奉塔疏, 代世子集教藏發願疏" 등이 수록되어 있다. 大宋相國寺祝聖壽齋疏에서 大宋天台塔下親參發願疏까지는 1085년에서 1086년 송나라에서 지은 것이다. 1086~1091년 寄日本國諸法師求集教藏疏, 1089년 捨金塔納大宋慧因院疏, 追薦大宋淨源法師百日齋疏, 捨黃金奉塔疏, 1073년 代世子集教藏發願疏로 편년할 수 있다.

32) 『新編諸宗教藏總錄』이 1090년에 편집되었고, 仁睿太后가 1092년 9월에 사망하였기 때문에 '어머니의 수명이 더욱 길어지기를' 기원하는 願文에 따르면 1091년과 1092년 9월 사이에 쓰였을 것으로 추정된다.

33) 陳景富는 『고려사』의 반야도량 설행 기사에 근거, 1073년으로 추정하였다. 陳景富, 「대각국사 문집 작품 계년(1)」『월간금강』, 1997년 8월호, 66쪽.

않는다.

문집 권16은 祭文 12수와 眞影讚文 1수, 學徒들에게 보이는 示文 5수로 구성되어 있다. 본권에서도 3장과 4장이 缺張됨에 따라 「祭景德國師文」 1수,「祭順王文」,「祭居頓寺智宗國師文」이 결장되었고, 7, 8장이 결장되어 「祭慧德王師文」이 빠져 있다. 또한 14장, 15장이 빠져 「示學徒文」 五首 가운데 1수가 결장되어 있다.[34] 문집 권16은 祭文과 示文이 위주가 되어 있으나 年紀를 분명히 할 수 없다. 제문의 특성상 주기적으로 祭를 행하는 것 때문에 사망한 그 해를 작성 시점으로 볼 수 없다. 제문에서의 특기 사항은 법상종 승려들에 대한 제문이 다수 보이는 점이다. 居頓寺 智宗, 磧川寺想祖師를 제외하면 金山寺寂法師, 慧德王師, 龍頭寺祐詳大師 등은 모두 법상종 승려로서 의천은 이들과 교류하며 불교계에서 활동한 것으로 판단된다.

문집에 수록된 의천의 시는 107수, 외집에 27수이며 『동문선』과 『보한집』에도 2수가 실려 있어 이를 모두 합하면 136수이다. 缺落되거나 마멸된 것을 합하면 더 많겠으나 판독 가능한 것이 그렇다.[35] 문집의 詩를 詩體別로 보면 5언절구 16수, 7언절구 76수, 7언율시 11수, 6언시 1수로 구성되어 있다. 외집의 권10, 권11에는 외국의 승속으로부터 받은 27수가 실려 있으며,

---

34) 1085년 祭文王文, 1066년 祭景德國師文 二首(陳景富는 1076년으로 보았지만 「景德國師墓誌」『韓國金石全文』 中世上, 499쪽을 확인하지 못한 듯하다), 1083년 祭順王文, 缺張 祭居頓寺智宗國師文, 미상 祭磧川寺想祖師文, 1095년 祭宣王文('해인사에 은퇴해 있는 신 의천'이라는 문구에 의거), 1091년 11월 祭芬皇寺曉聖文, 1091년 祭金山寺寂法師文, 1096년 祭慧德王師文, 미상 祭弘濟僧統文, 1096년 祭龍頭寺祐詳大師文, 미상 澄遠僧統眞讚, 1086년 이후 示學徒文 五首.

35) 의천이 지은 詩의 대부분은 현실인식이나 시대 상황을 그렸다기보다는 불교적 담론, 승려 등과 교류한 시로 분류된다. 따라서 그의 시에서 현실인식과 시대 상황을 추론하기는 대단히 어렵다. 의천이 쓴 詩에 대한 연구는 다음이 참고된다. 최한술, 「대각국사 의천의 시세계」, 계명대 석사논문, 1985 ; 이종찬, 「義天의 折衷的 文學觀」『韓國漢文學研究』, 1980 ; 朴在錦, 「의천의 불교시」『韓國禪詩研究 : 무의자 혜심의 시세계』, 국학자료원, 1998.

偈, 頌, 7언절구, 7언율시, 5언당율시, 고시 등으로 구성되어 있다.

문집에 수록된 시의 내용은 불법에 관련된 시와, 자연과 서정을 담은
것으로 승려로서의 불법 중흥과 인간적 정서의 세계를 보여주고 있다.[36]
의천은 생전에 그의 글을 실은 판을 거두어 태웠는데, 그 가운데 다수의
시가 포함되었을 것이다. 이미 지적하였듯이 문집 권17부터 권20까지는
詩가 집록되었다. 우선 이들 시에 대하여는 구체적으로 年紀를 정할 수
없다. 대부분 승려들과의 교류시와 林泉에서의 性情을 읊은 詩文으로 시대
상황이나 현실인식을 파악하기는 쉽지 않다. 또한 일정한 편집 원칙에
따랐을 것으로 판단되나 저작 시기가 혼합되어 있는 점은 이를 구분하기
어렵게 한다. 문집 권17, 18, 19, 20에 수록된 詩文 가운데 비교적 年紀를
확정하기 쉬운 것은 권20에 실린 詩文으로 干支가 분명하며, 의천 末年의
작품들이 다수 수록되어 있다.[37]

『대각국사외집』에는 詩文 27수, 書簡文 74수가 수록되어 있다. 외집의
권1에서 권8까지는 서간문 74수이며, 입송구법시 교류한 승려, 宋朝 관료의
書簡文이 대부분이며, 귀국 후의 對宋 교류 서문이 포함되어 있다. 이들의
年紀는 분명치 않지만 宋에서 교류한 서문 이외에는 대부분 1086년 이후의
것이다.[38] 문집의 편찬자는 의천이 입적 후 관련 사실을 잘 알면서 年代順으

---

36) 박재금, 위의 책, 1998, 40~41쪽.
37) 「詩」『대각국사문집』권20(『한국불교전서』권4, 564쪽). 詩文은 1094년부터 1101년
까지 의천 후기의 저작들이다. 작성 추정 시기는 다음과 같다. 1094년 敍懷, 1094년
上獻王三首, 1094년 海印寺退居四首, 불명 講金剛經, 불명 讀海東敎迹, 送海座主,
宿天城寺, 示學徒寫眞, 贈天車金侍郎, 1095년 赴闕次留題古寺二首, 불명 聞資善大師
論議, 讀唐朝襄相公發菩提心文, 1099년 呈副君殿下, 불명 見隴西大尉預和□再吟
竊聞扶餘公新創菩提房 和學院有作 奇廣化長老 端居有作 謝木防己枕子, 1097년 悼
慧德王師, 불명 送悟禪師請老歸山, 和曹郎中韻述自意五首, 1100년 庚辰六月四日國
淸寺講徹天台之後言志示徒妙玄, 1101년 秋講隱子牌病屢作.
38) 『外集』권1, 1085년 大宋哲宗皇帝詔書 二首, 大宋誠法師答辭三首, 1086년 大宋源法
師答辭/ 권2, 1084년 大宋國 兩浙傳賢首祖敎老僧淨源書白高麗國僧統法子, 1085년
10월 大宋沙門有誠書 二首, 1086년 1월 大宋沙門仁岳書, 1086~1088년 大宋沙門淨
源書 五首/ 권4 1086년 이후(추정)/ 권5 1088년 이후(추정)/ 권6 1088년 大宋沙門善聰

로 輯錄하였다.

『대각국사외집』에서 詩文은 권10과 권11의 兩卷에 실려 있고, 대부분 입송구법시 송나라 고승 또는 관료들과 교류한 詩文이다. 따라서 이들 詩文의 年紀는 1085년에서 1086년 사이로 볼 수 있다. 또한 입송구법시 교류의 차원을 넘어 전법과 사자상승의 의미를 담고 있는 일종의 전법시도 포함되어 있다. 이러한 고승들과의 교류시를 제외하면 의천을 안내한 송나라 관료 蘇軾, 楊傑의 시 3수와 遼 天慶寺 승려 智佶과의 교류 시문으로 모두 35수이며 缺落된 것을 제하면 27수이다.

외집 권12, 권13에는 靈通寺, 僊鳳寺碑文이 실려 있다. 「靈通寺碑文」은 1125년, 「僊鳳寺碑文」은 1132년 건립 발의 이후 어느 시기에 작성된 것이다. 따라서 의천의 문도들이 현행의 『大覺國師文集』에 비문을 補入하여 편성한 시기는 대각국사비가 건립 완료되는 1138년 전후인 것으로 추정할 수 있다.

『대각국사외집』의 특징은 수록된 書信 및 詩文의 분석을 통하여 보다 분명히 할 수 있다. 外集 권13에는 다양한 종파의 승려와 교류한 詩文과 書文이 수록되어 있다. 의천과 서신을 교류한 인물은 승려 26명, 遼의 관료 1명 등 27명이었고, 詩文은 승려 19명, 송의 관료 2명 등 모두 21명이었다. 중복된 인물을 제외하면 모두 39명이다.[39] 詩文은 書信 교류시 함께 보내거나 宋에서 만났을 때 직접 전한 것이었다. 『대각국사문집』의 권10과 권11에는 의천이 宋의 淨源, 善聰, 淨因, 元炤, 顔顯에게 보낸 서문이 수록되어 있다. 문집에 수록된 서문과 시문은 의천이 직접 지은 것이지만 외집은 외국의 승속으로부터 받은 것을 주로 수록하였다.

書 七首(淨源의 입적 사실 기록) / 권7 1089년 大宋沙門從諫書 四首 大宋沙門智生書 二首, 1097년 大宋沙門法隣書/ 권8 1086년 이후(추정) 疏文.

39) 崔柄憲, 「大覺國師 義天의 渡宋活動과 高麗 宋의 佛敎交流 : 晋水淨源과 慧因寺와의 關係를 중심으로」 『震檀學報』 第71·72號, 震檀學會, 1991, 365쪽.

3. 『大覺國師文集』의 缺落 내용과 그 의미

1) 文集 缺落의 檢討

『대각국사문집』은 내집 20권의 缺落이 120장, 외집 13권에 20장이며, 내집의 21, 22, 23권은 전권이 缺落되어 있다.[40) 이 現行本의 高麗板木이 지금 海印寺 寺刊板庫에 보존돼 오고 있으나 진작부터 없어진 것이 적지 않아 現行本 文集에는 缺紙가 많다. 예컨대 권6은 총11紙 가운데 제3·4· 5·6·7·8·9·10紙가 없으며, 또 권12는 주전론의 내용인데 총 16紙 가운데 제1·2·3·4·11·12紙가 없다. 권19만이 14紙를 제대로 갖추고 있을 뿐이다.

한편 流通되고 있는 現行本 文集 가운데는 이 奎章閣 藏書本과는 달리 권3에 제2紙가 없을 뿐만 아니라 外集 권10 제8紙 右葉의 守長書와 제5紙 左葉의 惟勤書에 해당되는 異板 1紙가 덧붙여 있어 磨滅된 異板이 도합 4紙로 되어 있는 것이 있는가 하면, 또 異板이 末尾에 전혀 붙어 있지 않는 것도 있다.[41)

이렇듯 판본이 다양하게 존재하였음에도 불구하고 결장이나 缺落이 많다는 것은 후대에 많은 편집이 행해졌거나 의천의 사상이나 사적이 제대로 전승되지 못하였음을 시사한다.[42) 이러한 문집의 缺落은 의천에

---

40) 전체의 모습을 살펴볼 수 있는 것은 20권 본이며, 23권이 있는 것은 異板으로 추정된다(河村道器, 앞의 논문, 1931, 147~148쪽).

41) http://koreanhistory.or.kr/한국역사정보통합시스템/대각국사문집해제. 본서에서는 건국대본, 精神文化研究院本을 비교 참고하였다.

42) 기존의 연구에서 이에 대한 가능성을 언급하여 화엄종과 천태종의 입장에서 훼손한 것으로 지적하였다. 여기에 대해서는 다음의 논문들을 참고할 수 있다. 金杜珍, 「의천의 圓頓사상과 그 불교사적 의미」『北岳史論』10, 北岳史學會, 2003, 147쪽 ; 金杜珍, 「義天의 天台宗과 宋·高麗 불교계와의 관계」『인하사학』10, 인하사학회, 2003, 174쪽 ; 高喬亨, 「高麗佛敎の經綸について」『朝鮮學報』10, 1956, 131쪽. 여기에서는 문집에 천태종 관련 문장이 대부분 누락되었다는 것은 의천의 문도 가운데 화엄종 문도들이 의도적으로 천태 관련 기록을 누락시킨 것으로 보았다.

대한 후대의 평가가 제대로 이루어지지 못했거나 의천의 사상이 잘 전승되지 못했음을 알 수 있다.

여기에서는 缺落 부분에 대하여 詩文을 제외한 전권을 살펴 缺落 내용을 확인하고 그 의미를 살펴보려 한다.

제1권 서문 가운데 缺落은 「刊定成唯識論單科序」, 「八師經後序」, 「消災經直釋詳定記」이며, 「唯識論單科序」는 1권의 5～6장이 缺落되어 중반 부문이 누락되었다. 「消災經直釋詳定記」, 「八師經後序」는 9～14장이 결장됨에 따라 그 내용을 전혀 알 수가 없다. 「刊定成唯識論單科序」는 의천이 해인사에 은거 이후 작성한 것으로 成唯識論單科를 刊定하면서 쓴 序文이다. 이는 法相宗의 所依經인 成唯識論을 單科한 것으로 의천이 法相宗을 貶下하려는 의도로 찬술한 것은 아니다.

2권 역시 1～8장이 결장되었고, 권제2의 마지막 부분은 新譯華嚴經疏序文의 마지막 부분일 것으로 추정됨에 따라 권1, 2에서 唯識論單科序의 중반, 八師經, 消災經에 대한 부분이 缺張되었다.

3권에는 1, 2장이 缺落되어 「新創國淸寺開講辭」의 후반부가 缺落되었다. 이 開講辭의 끝부분은 의천이 국청사 낙성에 따른 의지의 표명과 개강시 사용하는 天台 文籍 등이 서술되었을 것이다.[43] 4, 5장의 缺落은 盂蘭盆經과 圓覺經의 중간 부분에 해당되므로 어떠한 경전의 講經辭이었는지 분명치 않다. 7, 8장의 缺落은 消災經 강경의 缺落 부분이다. 消災經略疏로서 圓覺經을 講經하는 내용이며 첫 강경사의 후반부가 누락되었는데 '廣略疏鈔現行于世也'[44]에 의거한다면 圓覺經의 주요 내용이 소개되었을 것이다.

문집 권4는 1～5장, 9～11장이 缺落되어 그 내용은 분명치 않다. 다만 중간 부분에 '지금 강의하려는 것은 大方廣佛華嚴經 十通品'이라 하여

---

43) 이는 문집 권제3의 圓覺經, 遺敎經, 華嚴經, 盂蘭盆經 講經辭에 공통으로 제시된 부분이다.
44) 의천, 「講華嚴經十通品(題名推定)」『大覺國師文集』 권4(『한국불교전서』 권4, 532쪽).

그 주제가 華嚴經 十通品 講經이었음을 알 수 있다.[45]

문집 권5, 권6, 권7, 권8은 表文 총 66수 가운데 현존 43수의 표문으로 6개의 표문만 국내에서 작성되고 기타 表文은 모두 입송구법시 작성한 것이다. 이들 表文은 형식적이고 절차적인 성격이 강하기 때문에 缺落이 되었다고 하더라도 그 자체에서 큰 의미를 부여하는 것은 자연스럽지 않다. 결락 23수 가운데 권6의 「謝賜詔書獎諭表」, 「謝賜白銀表」 등이 주목된다. 그 이유는 송 철종의 조서로 대외 교린의 관계가 서술되어 있을 가능성이 있기 때문이다. 다만, 고려의 왕자이지만 승려 신분으로 입송구법한다는 점을 분명히 하였던 바,[46] 구체적인 내용의 개진은 아니었을 것으로 판단된다. 이들은 모두 공식적이고 의례적인 표문이며, 특히 권5의 내용상 「謝撫問表」의 후반은 「謝皇太后同前表」가 이어지기 때문에, 이를 의도적 缺落으로 보기 어렵다.

권8의 주요 缺落은 「上大遼皇帝曉公章疏表」, 「上唯識論單科表」이다. 요나라 황제에게 원효의 章疏를 올리는 表文과 唯識論單科를 올리는 표문은 모두 의천의 후반기 작으로 보인다. '돌아보건대 이 실추된 교전은 聖師로부터 나온 것으로'[47]라고 하였고, 그 뒷부분이 缺落되어 있다. 원효 章疏의 내용과 敎判 등을 서술하였을 것으로 판단되며, 唯識論單科는 앞의 「刊定成唯識論單科序」와 동일한 것이다. 의천이 해인사에서 唯識論單科를 찬술하고 개경에 돌아와 이를 간정하면서 서문을 낸 것인데, 유식학의 이해를 도우려는 게 목적이었다. 이는 의천의 연학이 법상종의 유식학에까지 깊이를 더한 것으로 판단된다. 따라서 元曉와 唯識의 어느 부분을 의도적으

---

45) 이로 보아 화엄경에 대한 부분만 의도적으로 남긴 것인지 아니면 화엄경을 훼손하였는지는 不分明하다.

46) 『續資治通鑑長編』 권345, 神宗元豊七年條, "詔高麗人賓王子僧統書及金銀遺秀州僧淨源源有答書卽明州移牒報之".

47) 의천, 「上大遼皇帝曉公章疏表」 『大覺國師文集』 권8(『한국불교전서』 권4, 540쪽), "臣僧某言 臣聞法待時 顯敎籍緣興 惟敎法之傳 通繫時緣之冥 會顧妓墜典 發自聖(卷八第七~八張缺落)".

로 누락시키려는 목적은 아니었다고 추측된다.

권9~권11은 書狀이다. 권9는 의천이 汴京으로 가는 이동 경로의 지방관에게 보낸 서문으로 缺落의 내용은 큰 의미가 없다. 권10~권11은 宋僧 淨源과의 교류 서신이 다수이며, 기타 宋僧과의 서신이 수록되어 있다. 그가 宋僧과 교류한 佛學의 내용과 사상의 기초를 파악하는 데 큰 도움이 된다. 그러나 缺落이 書狀의 본의를 해치지는 않는 것으로 판단된다. 이 역시 의도적 缺落으로 보이지 않는다.

권12는 鑄錢에 관한 상소로 1~4장과 중반부 11~12장이 缺落되었다. 주전의 이점을 서술하고 이어지는 부분이 缺落되어 분명치 않으나 고려의 현실을 적극적으로 개혁하여야 한다는 당위성을 서술하였을 것으로 판단된다.

권13은 書文으로 1~4장이 缺落되어 목록이 없으나 화엄종 문도와 내시 문관에게 보낸 서간문이 들어 있다. 法兄에게 보낸 書簡은 의천이 행한 불교계 재편에 동참을 요청한 것으로 판단된다. 전반부의 누락은 화엄종의 문도에게 보낸 것이라면 동참을 요청한 대상자의 인적 사항이 기록되었을 것이고, 화엄사상의 비교를 언급하였을 가능성도 있다.[48]

권14~15는 疏文 12首 이상으로 구성되었을 것이나 현재 남아 있는 것은 권14의 12題이다. 권14의 「代世子集敎藏疏」를 제외하면 宋 등 중국과 관련이 있다. 권14의 3~4장이 缺落되었는데 이는 송나라에서 행한 聖壽齋 祝願疏와 晉水 淨源에게 法界觀 강의를 요청하는 疏가 缺落되었다. 禪宗 사원인 禪院에서 聖壽齋를 설행하였지만 祝聖壽 疏文의 성격상 특별한 종파적 편향성은 찾을 수 없다. 또한 晉水 淨源의 法界觀 강의를 청하는 疏文은 다소 이론의 여지가 있을 수 있다. 法界觀에 대한 敎判의 문제와 관련이 있기 때문이다.

---

48) 이는 후대 의천과 사상적 경향을 달리하는 다른 화엄종 문도들에 의해 의도적으로 누락되었을 가능성이 짙다.

권15의 疏文은 1~4장이 缺落되어 분명치 않다. 우선 문종이나 순종의 기일예참소로 추정되는 疏文의 缺落과「代宣宗諸宗敎藏雕印疏」는 원효로부터 의천까지의 계통을 서술한 이후가 缺落되어 있어, 의천 화엄의 연원이나 교학의 이견이 제기된 것은 아닌지 의심스럽다.

권16은 祭文이 11題, 眞贊 및 示學徒文으로 구성되어 있다. 祭文은 그의 사상적 경향성과 祭文 대상 인물과의 연관을 볼 수 있어 주목된다. 우선 문종, 순종, 선종은 父王과 兄王으로 혈연 관계상 祭文 찬술은 당연하다.「祭景德國師文」二首 중 1수가 缺落되었고, 祭弘濟僧統文, 示學徒文 2首가 缺落되었다. 이들은 모두 화엄종 승려로 爛圓은 의천을 체발 득도케 하였고, 홍제승통도 화엄종으로 분류되며, 학도에게 주는 문장에서 학도는 화엄종 문도를 의미한다. 따라서 화엄종 관련 내용이 다수 缺落되었음을 알 수 있다.

이어지는 祭順王文, 祭居頓寺智宗國師文, 祭磧川寺想祖師文, 祭金山寺寂法師文, 祭慧德王師文을 살펴보면, 智宗은 禪宗, 金山寺寂法師와 韶顯은 法相宗 승려로 분류된다. 그러나 법상종의 우상, 화엄종의 징원승통, 화엄종 학도에게 보내는 5수의 문장은 이러한 근거를 추정하기에 어렵게 한다. 또한 爛圓의 祭文에서 후대 화엄에 대한 불리한 부분이 채택되지 않았을 가능성을 상정할 수 있으나 분명치 않다. 新參學徒 緇修에게 보낸 示文의 마지막 부분인 제14장과 뒷부분의 화엄 학도에게 보내는 示文이 缺落되어 있다. 다섯 명의 학도는 緇秀, 지웅, 혜수, 덕칭 등이며 1명은 示文이 缺落되어 있다.

권17~20까지는 모두 詩文으로 구성되어 있다. 권17에는 적어도 31題 이상의 詩文이 수록되어 있다. 缺落은 입송구법시 지은 4수 이외에 5~6장에서 寄大宋淸華嚴上宣王, 應命和駕辛弘護寺, 和慶讚國淸寺 二首, 和長源亭雨中遠望, 慶讚歸法寺藏堂, 寄尹學士灌 二首 등이 缺落되었다. 이들 詩 가운데 홍호사, 귀법사는 화엄 사찰이고, 국청사는 천태종에 속한다. 그러나 윤관에게 보낸 두 편의 詩가 缺落된 것은 다소 이채롭다. 비문 건립과 문집 편찬의 즈음에 정치적 지향을 달리하였기 때문에 의도적으로 제외하였을 가능성이 있다. 다음의 표를 통하여 종파별 누락 내용을 확인키로 하자.

<표 3> 宗派別 缺落 內容

區分	華嚴宗	法相宗	天台宗	禪宗	其他
題目	1. 賢首華嚴經舊疏別章 2. 講華嚴經十通品 3. 遼皇帝元曉章疏表 4. 晋水法界觀要講疏 5. 代宣王諸宗敎藏雕印疏 6. 祭景德國師文 7. 祭弘濟僧統文 8. 示學徒文 2首 9. 應命和駕幸弘護寺 10. 寄大宋慧淸華嚴 11. 慶讚歸法寺藏堂 12. 祭磧川寺想祖師文 등	1. 刊定成唯識論單科序 (중반) 2. 唯識論單科表 3. 祭金山寺寂法師文 4. 祭慧德王師文	1. 新創國淸寺開講辭 (하단) 2. 和慶讚國淸寺 二首 3. 遊天台院	1. 講圓覺經發辭 2. 大宋法雲禪院祝聖壽齋疏 3. 祭居頓寺智宗國師	1. 八師經 2. 消災經 3. 盂蘭盆經 4. 答大宋元炤律師書

위 <표 3> 종파 관련 缺落을 비교하면 화엄종 관련 文類의 缺落이 가장 많음을 알 수 있다. 또한 시문 가운데에도 다수의 화엄종 사원 관련 詩題가 보인다.[49] 『대각국사문집』의 저자인 의천이 화엄종 승려이기 때문에 화엄 관련 내용이 많았을 것은 의문의 여지가 없다. 또한 의천의 문도들이 편찬한 20권 문집 역시 화엄 문도들에 의한 편찬이기 때문에 다른 종파인 천태나 선종 관련 문류의 수록은 사실상 어려웠다.[50] 특히 의천의 선종에

---

49) 문집 권제18에 수록된 詩題는 다음과 같다. 和題弘化寺 和題福興寺 和李翰林讚花嚴寺石壁經 芬皇寺禮曉聖像 大伯山鷲□寺 浮石寺禮想師影 興敎寺神林祖師影 楞伽山淨藏蘭若 寶月山師子寺 和鷄林公聽花嚴經 贈機法師 ; 문집 권제20에 수록된 시제는 다음과 같다. 留題實際蘭若 留題修定蘭若.

50) 許興植은 의천의 문집에 송 禪僧과의 대화가 실려 있지 않은 것은 문집 파손이

대한 태도는 비판적이었고 선종 인물과의 교류도 없었기 때문에 文類가 남아 있지 않다.

위의 <표 3>중 화엄종 2, 3, 5번 원효 관련 문장의 缺落이 주목되는데 문집의 편찬자들이 의도적으로 원효의 교학을 배제하려 하였는지는 의문이다. 또한 爛圓과 홍제승통, 화엄 학도에 대한 缺落은 의천의 화엄교학과 대립되는 또 다른 화엄 일파를 상정할 수 있다.[51] 의천이 활약하던 당시 均如, 범운, 진파, 영윤 등의 고려초기 이래 전승되어 온 일군의 화엄학파가 영향력을 행사하고 있었을 것으로 추정되기 때문이다.[52] 고려후기에는 의천의 화엄교학 외에 守其, 天其 등 均如의 계통을 잇는 화엄 의학들이 그의 저서를 대거 고려대장경에 입장하였다. 이는 의천의 화엄사상이 후대에 제대로 전승되지 못한 점과 관련이 있을 법하다. 추후 연구는 문집의 缺落 내용에 나타난 의천의 화엄과 고려후기 화엄과의 비교를 통하여 사상의 차이를 밝히는 방향으로 나아가야 할 것이다.

4. 『大覺國師文集』編纂의 정치사회적 배경

의천의 사상과 교학을 알 수 있는 『大覺國師文集』에는 「영통사비문」과 「선봉사비문」이 실려 있어, 인종대(1122~1146)에 현행 『大覺國師文集』의 체제가 갖추어져 편찬되었음을 알 수 있다. 이와 관련하여 대각국사비가 건립되고 이를 보입한 문집이 편찬되는 시대적 배경과 인종대 불교계의 동향을 살펴보기로 한다.

이유일 수도 있으나 入宋時 탐탁치 못한 대우를 받았던 상봉에 기인한 것으로 본다(許興植, 「의천의 思想과 試鍊」, 1994, 345쪽).
51) 그의 대표적 계승자인 無碍智國師 戒膺이 태백산으로 은둔한 사실도 의천에 공격받은 전통적 화엄종단의 반격 때문으로 추측한다(許興植, 「대각국사 의천」 『修多羅』 5, 1990, 323쪽 ; 許興植, 「의천의 사상과 시련」 『정신문화연구』 17, 1994, 341쪽).
52) 의천, 「示學徒文 五首」 『大覺國師文集』 권16(『한국불교전서』 권4, 555~557쪽).

의천이 1101년에 사거한 이후 김부식과 임존에 의해 비문이 찬술된 「영통사비」와 「선봉사비」가 1138년경에 각각 건립되었다.[53] 이렇듯 오랜 시간이 지난 인종대에 다시 大覺國師 의천에 대한 관심이 제고된 이유는 무엇 때문일까. 이에 더하여 김부식과 임존이 비문을 撰文한 정치적 배경과 불교계와의 친연성 등은 무엇이었는지에 대해 살펴보기로 한다. 우선 「영통사비」, 「선봉사비」의 비문에서 撰文시기와 건립시기를 알 수 있는데 다음의 자료를 살펴보기로 하자.

① 金紫光祿大夫 檢校守大尉守司徒 中書侍郎 同中書門下平章事 判尙書禮部事 修國史 上柱國 臣 金富軾 奉宣撰……상께서 위를 이으신 지 4년인 을사년(1125) 가을 7월 경오일에 대각국사의 문인인 都僧統 澄儼 등이 국사의 행장을 갖추어 상께 아뢰기를 "국사께서 세상을 떠나신 지 오래 도록 아직 그 비명을 짓지 못하여 그 덕업이 마멸되어 기록하지 못할까 걱정이 됩니다."……신 부식에게 행장을 주시면서 말씀하시기를 "그대 가 비명을 지으라" 하심에 신이 사양하였으나 허락을 얻지 못하였다.[54]

② 上이 在位하신 지 10년만인 辛亥年(1131) 8월 7일에 臣 存에게 海東 天台宗의 始祖 大覺國師의 碑銘을 지을 것을 命하셨다.……陰記 强圉荒 落年(1137) 應鍾月(10월) 南崇山寺 天台始祖碑陰記[55]

---

53) 기존의 연구는 中書侍郎同中書門下平章事에 주목하여 1133년경으로 보았다. 최연 식, 「大覺國師碑의 建立過程에 대한 새로운 고찰」『한국사연구』제83호, 1993, 39쪽 ; 박용진, 앞의 논문, 2004. 비문찬술의 발의는 영통사비가 1125년, 선봉사비 는 1131년이지만, 碑의 건립시 찬자의 관직을 보면 1138년과 1137년에 해당된다. 따라서 비문 찬술의 命 이후 13년과 6년이 경과한 셈이다. 결국 영통사비문의 찬술시기는 澄儼이 건립 발의를 한 1125년 이후, 건립은 김부식의 관직에 의거 1138년 무렵으로 추정된다.

54) 金富軾, 「開城靈通寺大覺國師碑」(李智冠, 『校勘譯註 歷代高僧碑文 : 高麗篇 3』, 伽山 佛敎文化硏究院, 1996, 117쪽), "金紫光祿大夫檢校守大尉守司徒中書侍郎同中書門 下平章事 判尙書禮部事修國史上柱國臣金富軾奉宣撰"……"上嗣位之四年乙巳秋七 月庚午 大覺國師門人都僧統澄儼等 具師之行事以聞曰 吾先師卽世久矣 而碑銘未著 常懼其德業有所磨滅而不記……授臣富軾以行狀曰 汝其銘之 臣讓不獲".

55) 林存, 「仁同僊鳳寺大覺國師碑」(李智冠, 위의 책, 180쪽), "上御字十年在大淵獻壯月

112

위의 자료에 따르면 「영통사비」는 인종 3년(1125) 7월 都僧統 澄儼의
상주에 의하여 왕명으로 김부식에 의해 찬술되었다. 金富軾은 인종 14년
(1136) 3월 檢校太保守太尉 門下侍中 判尙書吏部事 監脩國史 上柱國 兼 太子太
保에 보임되고, 인종 16년(1138) 8월에 判禮部事에 임명되므로 1125년 7월
이후에야 비문 찬술이 가능하며, 비의 건립 또한 1138년 무렵에 이루어진
것으로 보는 것이 자연스럽다.56) 또한 자료 ②에 따르면 「僊鳳寺碑」는
인종 9년(1131) 국왕의 命으로 林存이 撰文한 것으로 약 6년이 경과한
인종 15년(1137)에야 건립되었다.

인종 즉위 초 澄儼은 五敎都僧統에 임명되었는데 인멸된 「대각국사비」의
재수립을 시도하였다. 이는 의천계 화엄종의 재흥과 실추된 종세의 재정립
과 관련이 있을 법하다. 당시 이러한 澄儼의 노력은 1125년 국왕의 명에
의해 김부식이 의천의 비문을 찬술하기에 이르렀지만, 이자겸의 천권은
그의 아들인 玄化寺 義莊과 불교계에서의 대립이 예견되었다.57) 이에 대하
여는 다음의 기록을 살펴보기로 한다.

① 병오년(인종 4, 1126)에 귀신사로 물러나 거주하였다.……이때에 이르러
  외척이 천권하여 왕실을 위태롭게 하려함을 알고, 초연히 세속을 벗어
  날 뜻으로 글을 올려 물러나기를 청하였다.……그 때 종실과 이름난
  신하들이 서로 잇달아 배척되거나 축출되었으나, 국사는 홀로 태연하여
  환란이 미쳐오지 않으니 당시 사람들이 그의 선견지명에 탄복하였다.
  ……신해년(인종 9, 1131)에 임금이 화란을 평정하고 국정을 회복하자,

  七日詔臣存撰海東天台始祖大覺國師之碑銘".
56) 『高麗史』 列傳, 金富軾傳. 한편 『高麗史』 仁宗 14년 3월에는 "檢校太保守太尉 門下侍
  中 判尙書吏部事"라고 하였다. 또한 인종 16년 8월에는 김부식을 判禮部事로
  임명하였다. 다시 12월에는 檢校太師 集賢殿大學士 太子太師로 임명하였다. 열전
  에는 判禮部事의 기록은 나오지 않는다.
57) 『高麗史』 列傳, 李資謙, "子僧義莊爲首座 王出乾德殿門外親傳詔書……義莊自玄化
  寺率僧三百餘人 至宮城外 在宮內者 無敢出".

중사를 보내어 서울로 불러 와 홍왕사에 머물게 한 지 무릇 10여 년이었
으며, 국사를 태숙으로 존경하고 예우하였다.[58]
② 인종 초에 國戚 李氏가 천권하자, 그의 아들로 중이 된 자가 玄化寺에
있으면서 그 권세를 믿고 위세를 부렸다. 9老師와 有德의 승려를 겁박하
여 문도로 삼았다. 그러므로 권세를 쫓는 자들이 매일 그의 문하에
가득하였다.……병오년(인종 4, 1126)에 대궐 내에서 禍亂이 일어나자
이씨의 아들도 승도를 거느리고 바로 서울로 올라왔다.……그 해 여름
5월에 李黨이 패하자 왕이 그를 가상히 여겨 三重大師를 더하였으며,
大興寺로 옮겨 주지케 하고 首座를 더하였다.[59]

　澄儼은 1125년을 전후하여 의천비 수립을 시도하였지만, 1126년에는
귀신사로 물러났다. 바로 위의 자료 ①과 같이 외척의 천권으로 왕실뿐만
아니라 인종의 숙부인 화엄종의 澄儼 조차 위태하였음을 알 수 있다.
이러한 사정은 불교계에서도 예외는 아니었던 듯하다. 위의 자료 ②에서
보듯이 이자겸의 아들로 현화사에서 승병을 주관하고, 이자겸의 난에
승병을 동원한 首座 義莊의 불교계에서의 위세를 충분히 짐작할 수 있다.
결국 澄儼은 이자겸과 법상종 玄化寺 義莊 등의 세력에 밀려 은거한 셈이
고,[60] 그들이 완전히 제거되고 인종이 초치하는 인종 9년(1131)에야 개경으
로 돌아와 홍왕사에 주지할 수 있었다. 그 후 澄儼은 인종의 불교계 재편의지
에 부응하여 화엄종을 중심으로 불교계를 주도하려 하였다. 그렇지만

58) 權適,「興王寺圓明國師墓誌」(『韓國金石全文 : 中世上』, 631~633쪽), "丙午退居歸
　　信……至是知外戚擅權 欲危王室 超然有遁世之志 抗章乞退…其時宗室名臣相踵斥
　　逐 而師獨泰然 不及於難 時人以此服其先知……辛亥上旣平禍亂乾斷萬幾 遣中使召
　　還京師居興王寺凡十餘年 以師太叔之尊禮遇".
59) 黃文通,「圓證僧統德謙墓誌」(『韓國金石全文 : 中世上』, 694~698쪽), "仁王初 國戚李
　　氏擅權 其子爲浮屠者 居玄化倚勢乘威 劫諸老師有德爲門弟 故趨炎炙手者日盈其
　　門……會丙午禍起大內 李氏子率僧徒方趨京……是年夏五月李黨敗 仁王嘉之 加三
　　重大師 移住大興寺. 又加首座".
60) 韓基汶,「高麗中期 興王寺의 創建과 華嚴宗團」『高麗寺院의 構造와 機能』, 민족사,
　　1998, 70~71쪽.

114

의천계 천태종을 완전히 배제한 것은 아니었다. 이는 「영통사비」와 「선봉사비」가 상호보충적인 성격을 지녀 일방을 폄하하거나 배제한 것이 아닌 점에서도 그렇다.[61]

이제 김부식과 임존의 정치적 입장 그리고 그들이 대각국사비문을 찬술하는 과정을 살펴보기로 한다. 이들이 활동하였던 인종 초에는 권력이 외척인 이자겸에게 집중되면서 왕권의 제약이 되었고, 왕권 강화에 동조하는 측근세력은 물론 관료정치를 추구하는 세력과 충돌하였다. 인종 4년 (1126) 內侍 金安・安甫鱗 등의 근신들이 일부 무신들과 함께 이자겸 세력을 제거하려고 시도하기도 하였다. 이후 이자겸 세력을 제거한 金安 등의 측근관료, 妙淸・鄭知常 등의 서경세력, 이들과 결탁관계에 있던 文公美・林景淸 등이 정국을 주도하였다. 이후 정국은 주지하듯이 묘청의 난을 진압한 김부식을 중심으로 한 관료들에 의해 주도되었다.[62]

김부식은 1111년경 인멸된 것으로 추정되는 尹瓘 撰 「대각국사비문」을 대신하여 1125년 이후 어느 시기에 왕명으로 「영통사비」를 撰文하였다.[63] 이렇듯 김부식이 국왕의 명에 의해 의천의 비문을 찬술한 배경은 무엇일까. 다음의 자료를 통하여 김부식과 의천의 관계를 살펴보기로 한다.

① 국사가 일찍이 신의 선형 승려 玄湛을 불러 노닐기를 즐겼으니 그 때의 친분이 백아와 종자기의 교분과 같았다. 신이 이로 말미암아 한번 뵐 수 있었는데, 용모와 신색이 맑고 청명하여 마치 청천백일을 보는 것과

61) 최연식, 「大覺國師碑의 建立過程에 대한 새로운 고찰」『한국사연구』제83호, 1993, 52쪽 ; 朴鎔辰, 앞의 논문, 2004, 252쪽.
62) 오영선, 「인종대 정치세력의 변동과 정책의 성격」『역사와 현실』제9호, 한국역사연구회, 1993, 78~83쪽 ; 채웅석, 「고려중기 사회변화와 정치동향」『한국사(5)』, 한길사, 1994, 207쪽 ; 南仁國, 『高麗中期 政治勢力 研究』, 신서원, 1999, 168쪽.
63) 최연식, 위의 논문, 1993, 38쪽 ; 金炳仁, 「金富軾과 尹彦頤」『전남사학』제9호, 전남사학회, 1995, 39쪽 ; 김두진, 앞의 논문, 2003, 146쪽 ; 김두진, 앞의 책, 2006, 362쪽 ; 박용진, 앞의 논문, 2004, 247쪽에서 1112년의 어느 시점으로 보았다.

제3장 義天의 著述 115

같았다.……다른 날 자주 칭찬하며 이르시길 "湛師의 아우 또한 才士로다"라고 하였다. 그 후 얼마 되지 않아 국사께서 입멸하셨다. 아, 선비가 진정 자기를 알아주는 사람을 위하여 쓰이게 되면 설령 죽어도 다시 사는 것이요, 비록 머리카락을 펴고 깔아 밟게 하더라도 또한 기꺼이 사모할 바이거늘, 하물며 문사로써 비석아래 이름을 거는 일이야 어찌 영광과 다행이라 말하지 않겠는가.[64]

② 서호의 승 惠素는 내외전에 해박하고 시에 특히 재주가 뛰어났으며 필적 역시 절묘했다. 항상 대각국사를 스승으로 섬겨 고제가 되었다.……언제나 國師가 계신 곳을 따라다니며 문장을 토론하였다. 국사가 돌아가시자 行錄 20권을 찬하였으며, 김시중이 이것을 취하여 비문을 작성하였다.……시중이 致仕한 뒤에 나귀를 타고 자주 찾아가서 날이 저물도록 道를 談論하였다.[65]

　　김부식은 「영통사비」에서 家兄 승려 玄湛을 통하여 의천을 만난 일에 대하여 특기하였다. 의천과 玄湛은 期牙와 같은 교분이 있었다. 이러한 인연으로 의천을 만나 周易과 老莊의 大義를 문답하였음을 전하는 한편 비문을 찬술하게 되어 영광임을 서술하였다. 그가 「영통사비문」 찬술시 참고하였던 『행록』 10권은 의천의 직계 화엄종 문도인 惠素가 찬한 것이었다. 惠素와 시문을 교류하고 수시로 道를 담론하였다는 위의 자료 ②는 김부식의 불교이해와 의천계 화엄종 문도와 긴밀히 연고되었음을 알려준다.[66] 이렇듯 김부식은 의천과의 연고, 의천계 화엄종 문도인 都僧統

---

64) 金富軾, 「開城靈通寺大覺國師碑」(李智冠, 앞의 책, 126쪽), "召臣先兄釋玄湛與之遊甚歡 相知之分啻期牙 臣 由是 得以一謁 容色睟淸 若覩靑天白日……他日數稱之曰湛師弟亦才士也 居無何師入滅 噫士爲知己者用 假令死而可作 雖布髮而藉足 亦所欣慕焉 況以文字 卦名於碑石之下 豈不論榮幸也哉".

65) 李仁老, 『破閑集』 권中, "西湖僧惠素 該內外典 尤工於詩 筆跡亦妙 常師事大覺國師爲高弟……常隨國師所在討論文章 國師歿 撰行錄十卷 金侍中撝取之以爲碑……侍中納政後 騎驢數相訪 竟夕談道……".

66) 家兄 玄湛의 존재, 말년에 觀蘭寺 원찰을 소유한 점, 설당거사로 자칭하고 惠素와 교류한 모습에서 김부식의 불교이해가 깊었으며 만년에 불교에 심취하였음을

澄儼의 상주를 계기로 비문을 찬술하게 된 점, 불교에 대한 관심과 이해
등의 여러 요인으로 비문을 찬술하게 된 것이다.

林存이 「선봉사비」의 비문을 찬술할 당시 관직은 朝散大夫 翰林侍讀學士
左諫議大夫 尙書吏部侍郎 知制誥였다. 그는 知制誥였기 때문에 왕명에 따라
비문을 찬술하였겠지만 천태교학 등 불교적 이해가 있었을 법하다. 다만
그의 정치활동이나 불교계와의 관련성은 잘 찾아지지 않는다. 그러나
김부식과 같은 국왕권 강화의 입장으로,[67] 윤언이 등의 칭제건원이나
금국정벌론이 대두될 때 김부식과 같은 정치적 입장에 있었음을 지적할
수 있다.[68] 이렇듯 인종대 정치적인 상황과 불교계의 입장이 정리된 이후
의천의 兩碑가 建立될 수 있었다.

인종대 불교정책과 관련하여 大覺國師 의천이 강조되는 배경과 의천계
화엄종 및 천태종 등 불교계의 동향을 살펴보기로 한다. 인종 즉위년(1122)
에 법상종의 德緣과 선종의 學一이 각각 국사와 왕사로 임명되었으며,[69]
화엄종의 澄儼이 불교계를 통합하는 5敎都僧統에 除授된 것은 인종이
그의 숙부인 澄儼에 대한 배려의 측면과 함께 불교계의 종파 안배를 의도한

알 수 있다. 또한 김부식은 「興王寺弘敎院華嚴會疏」(『동문선』 권110), 의천의 嫡嗣
戒膺이 있었던 각화사의 비와 澄儼이 있었던 歸信寺의 비를 지었다(『櫟翁稗說』
후집2).

67) 鄭求福은 김부식이 "왕의 지위는 神器라고 하여 신성시하고 있고, 신하가 함부로
할 수 없는 높은 지위라는 생각은 있었다"라고 하여 국왕의 권위에 대한 인식을
지적하였다(鄭求福, 「金富軾과 『三國史記』」『한국중세사학사(1)』, 集文堂, 1999,
269쪽). 슐츠는 김부식의 『삼국사기』가 논찬 등에서 12세기 사건을 많이 인용하였
는데, 인종 재위시의 사건들 자체에 직간접으로 적용하여 역사적 교훈을 통하여
경고하였으며, 반역 사건을 들어 왕위의 존엄성은 손상될 수 없음을 강조하였다
(Edward J. Shultz, 「김부식과 삼국사기」『韓國史研究』 제73호, 韓國史研究會, 1991,
14쪽). 이는 국왕권의 권위를 강조하는 모습으로 이해된다.

68) 林存은 이자겸이 한안인 세력을 제거할 때 시어사의 관직으로 유배되었고, 이듬해
돌아와 1132년에는 이부시랑이 되었다. 묘청의 난에도 김부식과 같은 정치적
입장을 유지한 것으로 판단된다.

69) 『高麗史』 世家, 仁宗 즉위년 6월.

것은 아닌가 한다.

學一은 예종 때 부흥한 선종계열로 왕사가 된 지 6년만인 인종 7년(1129)에 하산하면서 왕사의 印과 狀을 반납하였지만 바로 돌려받은 것으로 보아 인종 22년(1144)까지 왕사직을 유지한 것으로 이해된다.[70] 또한 국사인 德緣은 법상종 승려로 이미 예종 12년에 왕사가 되었고 인종 즉위년에 국사가 되었다. 이자겸의 천권시 그의 아들인 義莊과 함께 玄化寺에 있었을 것으로 추정되나 德緣의 활동은 잘 나타나지 않는다. 다만 德緣의 법통을 계승한 것으로 추정되는 圓證僧統 德謙이 義莊에게 동조하지 않은 점으로 미루어 德謙과 동일한 입장을 유지한 것으로 판단된다.

한편 1126년 이자겸의 난 이후 妙淸 계열이 등장하였다. 묘청은 음양비술로 표현되는 신비사상가였고 토착신앙과 관련된 均如계 화엄종 승려로 추정하는 견해가 있고 보면,[71] 의천계 화엄종 澄儼이 1131년 인종의 초치로 개경에 돌아오는 점이 주목된다. 이 시기는 묘청이 빈발하는 災異로 정치적 입장을 달리하는 김부식 등에 의해 지속적으로 비판받은 시기였다. 특히 묘청이 설행한 불교의례는 無能勝道場, 呀吒波拘神道場 등이었다.[72] 이는 천신의 힘으로 국토를 수호하고 중생을 수호한다는 밀교적 불교의례의 경향을 띠었다.[73] 이 무렵 이와 대립되는 의천계 華嚴宗의 재흥에 대해서는 김부식의 「興王寺華嚴法會疏文」에서 살펴볼 수 있다.

---

70) 朴胤珍, 『高麗時代 王師·國師 研究』, 고려대 박사학위논문, 2005, 45쪽.
71) 許興植, 「화엄종의 계승과 소속사원」 『高麗佛敎史研究』, 일조각, 1986, 196~197쪽 ; 한기문, 「고려중기 흥왕사의 창건과 화엄종단」 『고려사원의 구조와 기능』, 민족사, 1998, 70~78쪽.
72) 『高麗史』世家, 仁宗 8년 8월, 10월조에 "8월 임자일에 명령을 내려 弘慶院에는 啊吒波拘神道場을, 選軍廳에서는 般若經道場을 각각 14일 동안 베풀게 하였다. 이는 묘청의 말대로 시행한 것이었다. 겨울 10월 정축일에 無能勝道場을 選軍廳에 베풀어 21일 동안 계속하였다. 이는 묘청의 말대로 시행한 것 이었다"라고 하였다.
73) 金炯佑, 『高麗時代 國家的 佛敎行事에 대한 研究』, 東國大 博士學位論文, 1999, 146쪽.

118

大覺國師가 敎理를 선양하고 큰 이익을 지었습니다. 그 뒤 30년이 가깝
도록 敎義는 점점 쇠퇴하여졌으나 능히 계승하는 이가 없었습니다. 제자
들이 공손히 유지를 이어 중흥하기를 생각하고, 大覺國師의 高弟 戒膺과
學徒 160인을 초청하여 弘敎院에서 이 달 某日부터 시작하여 약 37일
동안 華嚴法會를 열었습니다.……이제 은거하는 高弟들을 일으켜 講堂을
主管하게 하였습니다.……국가와 더불어 경사를 함께 하여 王業이 기울어
지지 않게 하소서.74)

의천 입적 후 30여 년간 敎義가 점점 쇠퇴하였지만 계승할 華嚴宗門의
高弟가 없었다. 김부식이 華嚴法會疏文을 작성한 시기는 인종 12년(1132)
무렵으로 숙종의 아들인 澄儼이 개경으로 돌아오는 등 의천계 화엄종의
재흥이 주목된다. 澄儼은 귀신사에 은거한 지 6년만인 1131년에 인종의
초치에 의해 개경에 돌아와 흥왕사에 10여 년간 주지하였고 인종의 태숙으
로 예우되었다.75) 澄儼은 은거하였던 의천의 嫡嗣 태백산 각화사 戒膺
등을 초치하는 한편 김부식의 華嚴法會疏文을 중심으로 국가 불교의례인
華嚴法會를 개설하였다. 또한 戒膺은 국왕의 초치에 따라 개경에서 華嚴經
을 講經한 것으로 보아 이 시기에 활동을 재개한 것으로 추정된다.76)
의천계 화엄종의 불교의례의 경향은 華嚴敎學과 觀法에 대한 이해를 중심
으로 화엄사상이 구체적으로 발현된 것이었다.77) 묘청과 정치적 입장을
달리한 김부식은 의천계 화엄종 문도와 긴밀히 연고되었던바, 바로 서경세

---

74)『동문선』110,「興王寺弘敎院華嚴會疏」, "大覺國師 宣揚敎理 作大利益 厥後近三十
　　年 敎義浸衰 莫有能繼 弟子虔尋遺志 思有以重興 請國師高弟弟子戒膺及學徒一百六
　　十人 於弘敎院 始自今月某日起 約三七日修設華嚴法會……起高弟於嘉遯 俾主盟於
　　講堂 四事莊嚴 多以益辦 六時禮念 勤而無疲……與國同慶 置神器於不傾".
75) 權適,「興王寺圓明國師墓誌」(『韓國金石全文：中世上』, 631~633쪽), "辛亥上旣平禍
　　亂乾斷萬幾遣中使召還京師居興王寺凡十餘年以師太叔之尊禮遇".
76)『高麗史』世家, 仁宗 12년 8월, "招山僧繼膺講華嚴經".
77) 朴鎔辰,「고려중기 義天의 佛敎儀禮와 그 認識」『한국중세사연구』제22호, 한국중
　　세사학회, 2007, 147~173쪽.

력의 핵심인 묘청에 대한 견제책의 일환으로 의천계 화엄종을 주목하였을
법하다.

한편 1132년에 찬술한 임존의 「선봉사비문」에 大禪師 順善과 禪師 敎雄,
流情이 의논하기를 "스승의 업적을 새긴 비문이 없음은 후세에 그 허물을
우리에게 돌리는 바가 되지 않겠는가"[78]라고 하여 「영통사비」의 존재를
몰랐던 것처럼 서술하였다. 즉, 1125년 12월 이후에 김부식이 왕명으로
찬술한 「영통사비」가 있었다면 그 존재를 알았을 것이나, 의천의 천태종
문도가 師僧인 의천의 비가 없어 허물이 될까 우려한 이유는 무엇일까.
이는 「영통사비」 비문이 1125년 7월에 찬술되지 않았거나 찬술되었더라도
비가 건립되지 않아 그 존재를 알 수 없었음을 의미한다. 즉 「영통사비」의
건립주체였던 澄儼의 상주에 의해 1125년 7월 왕명으로 찬하려 하였으나
이자겸의 난 등으로 정치상황은 급전하여 비문을 찬술할 수 없었고, 또한
澄儼이 귀신사로 은거함에 따라 더 이상 건립 추진이 어려웠을 것이다.
그러나 澄儼이 개경으로 돌아온 1131년 이후에도 비의 건립은 쉽지 않았고
묘청의 난이 완결된 이후 1138년경에 이루어진 것으로 이해된다.

澄儼은 지방에 은거하였던 천태종의 敎雄을 추천하여 1115년에 개경으
로 복귀시켰다. 이보다 앞서 의천이 天台宗을 開創한 것은 불교계의 재편을
의도한 것이었다. 이때 천태종은 여러 山門이나 宗派의 學徒로 구성되었는
데, 그 가운데 德麟・翼宗・景蘭・連妙 등은 제자들을 거느리고 곧 바로
의천의 문하에 들어갔다.[79] 이들 가운데 翼宗의 문하가 敎雄, 順善 등으로
이어지면서 가장 번창하였고, 결국 이들에 의해 僊鳳寺碑가 건립되었다.[80]

<hr>

78) 林存, 「仁同僊鳳寺大覺國師碑」(李智冠, 앞의 책, 185쪽), "大禪師順善禪師敎雄流情
皆師之法孫 相謂曰我之宗門 此土未行 遇師首唱而力創 如達摩大士爲震旦禪那始祖
今未有碑記 其事後世其有所歸咎哉".
79) 林存, 「仁同僊鳳寺 大覺國師碑」(『조선금석총람』 권상, 333쪽), "於是 募可與弘道者
德麟翼宗景蘭連妙 各率其徒 齒於弟子".
80) 「僊鳳寺碑銘」은 德麟이 1132년 이후 삼중대사로서 天壽寺 義學, 月南寺 住持의
승직을 띠고 碑文과 篆額을 썼다. 그러나 僊鳳寺碑 수립 발의는 순선, 敎雄, 유청이

천태종의 敎雄은 仁宗이 즉위하자 外帝釋院으로 옮겼고, 인종 13년(1135)에
는 국청사로 옮겨 주석하였으며 大禪師가 되었다. 즉 교웅은 인종 13년
대선사에 제수되면서 불교계에서의 천태종의 역할을 확대하였던 것으로
이해된다.[81] 또한 의천의 화엄종 문도와 천태종 문도가 교류한 모습도
나타나는데, 결국 그들의 師僧인 의천에 대해 상호보완적인 兩碑를 건립한
것으로 이해된다.[82] 「선봉사비」 또한 1132년 12월에 찬술되어 1137년에
건립된 것은 묘청의 난과 관련이 있을 법하다.

　대각국사 의천의 「영통사비」는 인종의 불교계 재편의지에 부응하여
왕권 강화를 목적으로 의천계 화엄종 문도와 연고된 김부식에 의해 찬술되
었다. 또한 임존이 찬술한 천태종의 「선봉사비」에도 화엄종의 「영통사비」
와 종파적 대립이나 폄하가 없으며, 임존 역시 김부식과 같은 정치적
입장에 있었다. 이렇듯 인종대 정치적인 입장과 불교계의 입장이 정리된
이후 대각국사 의천의 兩碑가 건립될 수 있었고, 비문을 『대각국사문집』에
收錄하여 그들의 입장에 맞는 문집이 나오게 된 것이다. 결국 인종의
불교계 재편 의도에 부응하여 의천계 화엄종의 정통성 강조와 정체성
확립을 위하여 대각국사비를 건립하고 문집을 편찬하는 일련의 불교계
활동을 전개한 것으로 이해된다.

없는데 유청은 바로 연묘의 문도였다. 주목되는 점은 碑銘과 碑陰의 제작 시기는
서로 달라 碑銘 부분은 1132~1135년 사이에 쓰였고 碑陰記는 敎雄이 대선사가
된 해인 1135년 이후에 쓰였다.
81) 「國淸寺妙應大禪師敎雄墓誌」(『韓國金石全文 : 中世上』, 634~636쪽), "上卽位賜紫
繡貼袈裟一領仍轉月峰寺又轉外帝釋院至乙卯歲轉住國淸寺仍授大禪師賜滿繡袈裟
一領並官誥一道".
82) 澄儼이 1131년부터 개경 흥왕사에 주지하였고, 敎雄은 1135년 국청사로 옮겨
大禪師가 되었다. 이로보아 인종대 화엄종과 천태종의 중심사원은 의천계 문도에
의해 주관되었을 법하다. 또한 의천계 화엄종과 천태종 문도의 교류 근거는
澄儼이 천태종의 敎雄을 추천하여 개경에 복귀시킨 점, 敎雄이 해인사에서 유가서
4천권을 구한 점 등을 근거로 들 수 있다.

제2절 『圓宗文類』의 편찬

1. 『圓宗文類』의 편찬

1) 편찬시기

『圓宗文類』는 의천의 편찬서 가운데 비교적 초기의 것으로 이는『大覺國師文集』(이하 문집) 내에서 序文의 集錄 編次 상 처음에 두어진 점으로 보아『圓宗文類』가 가장 먼저 편찬되었을 가능성을 가졌다.[83] 『圓宗文類』가 편찬되는 시점은 다양한 종파 가운데 화엄교학이 강조되는 분위기였을 법하다. 이와 관련하여『圓宗文類』의 편찬 시기를 살펴보는 이유는 의천 화엄사상의 성립과 경향의 추이를 알 수 있기 때문이다.

기존의 연구에서『圓宗文類』의 편찬 시기에 대한 견해는 의천이 귀국하여 6~7년이 경과한 뒤에 사업을 착수한 것으로 보아 1092년이나 1093년에 편찬한 것으로 보는 설이 있다.[84] 또한『圓宗文類』권22의 원본에 宣宗의 이름인 "運"자가 결획되었기 때문에 선종 또는 헌종대에 개판되었음을 지적하기도 하였다.[85] 더 나아가 문집의 수록 편차 상 가장 먼저 실린 점을 들어『圓宗文類』는 의천 최초의 편저로 파악하기도 하였다.[86] 이상의 여러 주장을 유념하면서 그것의 편찬 시기를 구분하여 살펴보기로 한다.

『圓宗文類』의 편찬 시점에 대한 주요 근거는 다음과 같다. 첫째,『圓宗文類』권1의 詳校者, 重校者인 의천 화엄종 문도의 법호가 주목된다. 문집의「示新參學徒緇秀」示文은 1086년 입송구법 이후에 작성되었다. 그렇다면

---

83) 許興植,「의천의 圓宗文類와 廓心의 集解」『書誌學報』5, 1991, 49쪽 ; 朴鎔辰,『大覺國師 義天 硏究』, 國民大 博士學位論文, 2004, 82~85쪽.

84) 또한 궐자나 선종의 避諱를 근거로 조판 年代는 宣宗이나 獻宗朝인 것으로 추정하였다(大屋德城,『高麗續藏雕造攷』, 便利堂, 1937, 126~129쪽, 補遺 5의 9쪽).

85) 大屋德城, 위의 책, 補遺 5, 9쪽.

86) 許興植,「의천의 圓宗文類와 廓心의 集解」『서지학보』5, 1991, 49쪽.『圓宗文類序』가 문집의 가장 첫머리에 실린 점은 다른 편저보다 앞설 가능성이 큰 것으로 보았다.

緇秀가 '興王寺弘敎院講賢首敎觀義學沙門賜紫臣 緇秀 詳校' 즉, 詳校者로『圓宗文類』의 편찬에 참여할 수 있는 시기는 언제일까. 의천이 홍왕사에 住持하는 것은 1086년 이후이며, 賢首敎觀을 전법한 것 역시 1086년 송에서 귀국한 이후이다. 緇秀는 의천의 화엄종 문도이며 영통사비가 建立되는 1125년경에 그의 僧階는 重大師였다. 따라서 그는 의천의 귀국 후 홍왕사에 머물면서 賢首敎觀을 강학하는 義學沙門으로서『圓宗文類』편찬에 참여한 것이다. 다만 그 시기는 준비 기간을 거친 1086년 이후로 추정된다.

둘째, 의천의 관칭은 '傳華嚴大敎沙門'이라 하여 그가 화엄대교를 傳한다는 내용이 주목된다. 의천은 1085년에서 1086년까지 입송구법하였고, 귀국시 송나라 淨源에게서 화엄전법의 의미로 偈와 拂子를 받았다. 따라서 의천이 위의 관칭을 사용할 수 있는 것은 1086년 6월 이후이다. 또한 의천이 홍왕사의 주지가 된 것은 귀국 후의 일로 1086년 6월 이후이다.

셋째, 의천은 송의 승려들과 지속적으로 교류하였는데, 특히 정원과는 그의 입적시까지 서신을 교류하였다. 그 가운데 "「慧因敎藏記」와 「능엄대사탑기」는 우리 불교의 본말을 모두 서술하고 종풍을 현양하였으며……仁宗 三寶讚은 이미 국왕께 올렸습니다"라고 하여 「慧因敎藏記」와 宋 仁宗의 三寶讚이 주목된다. 「慧因敎藏記」는 章衡이 1086년 12월 18일에 記文을 쓴 것으로 의천이 仁宗의 三寶讚과 함께 받을 수 있는 시기는 적어도 1086년 12월 이후가 되는 것이다. 의천은『圓宗文類』권22, 「讚頌雜文類」에 仁宗의 三寶讚을 수록하였기 때문에『圓宗文類』의 편찬은 1087년을 전후로 이루어진 것으로 볼 수 있다. 따라서『圓宗文類』의 편찬 시작은 1086년 6월 이후이며 본격적인 작업은 1087년 전반기였을 것으로 추정된다. 결국 『圓宗文類』의 편찬 하한은 의천이 입송구법을 마치고 귀국하여 홍왕사에서 주지한 1086년 12월 이후가 된다.

다음으로『圓宗文類』편찬의 상한을 살펴보기로 한다. 우선 송나라 승려 辯眞이 의천에게 보낸 서신에 '『圓宗文類』를 10년 가까이 참고하였고 잠시도 이를 놓을 수 없다'[87]는 내용에 의거, 늦어도 10년 전에 간행되었음을 알 수 있다. 의천이 송나라 승려 辯眞에게 보낸 서신은 1096~1101년 사이의 것으로 추정되는 바, 이를 역산하면 1086년과 1091년 사이에 간행된 것으로 볼 수 있다.

둘째, 의천은 송승 淨源의 行者인 顔顯에게 내린 서신 가운데 "요청한 대선법사의 글은 「新集文類」 가운데 대략 그 말을 인용하였지만 법선의 記文「解釋刊定記」는 慧苑을 承習하였기 때문에 성행하지 못하였다.……요즘 王旨를 받들어 諸宗 章疏를 구집하고 수천권을 간행하였다. 지금 우선 某集과 某冊 약간을 부치니 秀州에 이르는 날에 仲闍梨位通 화상에게 나아가 말로써 이 뜻을 전하여 주기 바라네"[88]라고 하여 『圓宗文類』에 法銑의 글을 수록하였음을 암시한다. 결국 의천은 안현을 통하여 정원에게 章疏를 전달하는 가운데 『圓宗文類』가 있음을 제시하였는데, 정원은 1088년에 사거하므로 그 이전에 『圓宗文類』가 편찬되었음을 알 수 있다.

셋째, 『圓宗文類』 권1의 말미에는 道隣과 慧宣이 詳校하고 理琦가 重校하였음을 싣고, 다시 『圓宗文類』에 詳校, 重校者로 참여한 화엄종 승려 16명을 수록하였다. 그 가운데 樂眞, 道隣, 慧宣이 주목되는데, 문집 권19에는 이들이 『圓宗文類』의 편찬을 마치고 소속 사원으로 돌아가는 듯한 여운을 남기고 있다.[89] 樂眞은 戊辰歲 仲春 즉 1088년 2월에 본래 거주하던 사원 봉선사로 돌아갈 것을 청하였고, 의천은 그에게 전별시를 주고는 화엄종을

---

87) 辯眞, 「辯眞書第二」 『대각국사외집』 권5(『한국불교전서』 권4, 574쪽), "辯眞啓 曾奉書馳問 兼承惠及圓宗文類 將近十年 于今披未 未嘗暫忘". 또한 「辯眞詩」 『대각국사외집』 권10(『한국불교전서』 권4, 586쪽), "先年伏承附到圓宗文類全部 日夕披閱 未嘗釋手".

88) 義天, 『대각국사문집』 권11(『한국불교전서』 권4, 546~547쪽).

89) 義天, 「送門人樂眞大師歸奉先寺」 『대각국사문집』 권19(『한국불교전서』 권4, 562쪽), "吳越江山懶重尋 舊栖歸隱白雲深 光揚吾道知君在 莫忘扶顧 護法心, '門人慧宣大師以住持告別因以贈之' 錢唐高會資承久 智異精藍主領時 傳敎得人誠 不易 吾門多幸賴扶持".

크게 떨칠 것을 부촉하였다.[90] 『원종문류』 편찬과 관련하여 주목되는 바는 의천이 道隣의 新篇을 보고 頌을 지어 장려한 것이다.[91] 학도대사 道隣이 文類 편찬을 사양한 사유도 분명치 않거니와 해가 바뀌어 처음 신편을 본 그 해도 분명치 않다. 다만 의천의 『圓宗文類』 편찬이 1087년에 시작되었다면 新篇을 본 것은 1088년에 해당된다.

이상의 자료를 통하여 『圓宗文類』의 편찬시기를 살펴보면 늦어도 1087년 초에 시작하여 1088년 1월에는 어느 정도 완성되었음을 알 수 있다. 이러한 편찬 작업이 완료되었기 때문에 樂眞, 慧宣이 소속 사원으로 돌아가고, 의천이 道隣의 문류 편찬에 대한 수고를 시로써 위로한 것이다.

한편 의천은 입송구법 전 약 3년간 화엄 문류 즉 '智儼－法藏－澄觀'의 搜玄記, 探玄記, 華嚴經疏 등에 대하여 뜻과 의리를 밝힌 「義疏」를 찬술하였다.[92] 이는 의천이 17세 이후 꾸준히 화엄교학을 연학한 결과였다. 의천은 『圓宗文類』를 편찬하기 이전에 이미 화엄 諸家의 義疏에 대한 이해가 있었다. 다시 이를 송의 정통 화엄 계승자인 淨源에게서 전법함으로써 고려 국내에서 의천의 정통 화엄에 대한 입지를 공고히 하였다. 의천의 입송구법은 이렇듯 화엄교학의 완성과 전법을 통한 화엄종 정통 계승에도 그 목적이 있었던 것으로 판단된다. 결국 의천의 『圓宗文類』는 화엄종의 입장에서 불교계를 재편하려는 의지를 보이면서 입송구법 이후 1087년에서 1088년 사이에 편찬되었다.

---

90) 金富佾, 「陜川般若寺元景王師碑」(『韓國金石全文』 中世上, 1984, 569쪽), "師丙寅歲仲夏二十九日 自大宋還(결략)袈裟 戊辰歲仲春 師請歸所住□□去 大覺(결략)一柄爲餽贐曰 昔晋水法師以爐拂傳我 我以傳之於子 宜勉之發揚吾道(결략)白雲深 光□吾道知□在 莫忘扶顚護法心 壬申(결략)".

91) 義天, 「見學徒大師道隣謝文類啓以頌奬之」(『대각국사문집』 권19『한국불교전서』 권4, 562쪽), "賢首宗途識者稀 一廻沈想一歔欷 年來始見新篇後 爐拂方知有所歸".

92) 淨源, 「書 二」(『대각국사외집』 권2『한국불교전서』 권4, 569쪽)에 "今法師紋三家之義疏 與夫向者 示諸來學 煥然冥契"라 하였다.

2) 편찬 참여자

의천은 華嚴宗 僧統의 僧階로 흥왕사 주지의 지위에 있었으며 당시 불교계를 주도하는 가운데 『圓宗文類』를 편찬하였다. 편찬 과정을 살펴보면 의천이 總裁하고, 그 아래에 많은 校勘者가 있었다. 『圓宗文類』 권1에 수록된 편찬 참여자인 詳校, 重校者를 도표로 분류하고 그 역할을 살펴보면 다음 <표 4>과 같다.[93)]

<표 4>『圓宗文類』 권1에 수록된 編纂 參與者

소속사원	編定	詳　校	重校	備　考
興王寺	義天	講賢首教觀：道隣, 慧宣, 緇秀, 景宜, 惟儼		弘教院
佛日寺		講賢首教觀 覺之 講賢首教觀 稟賢	傳賢首教觀 住持 處淵	寶王院 龍臺院
眞觀寺		講賢首教觀 承謂		道樹院
妙智寺		講賢首教觀 精坐		德海院
奉先寺		傳賢首教觀 樂眞		住持
松川寺		傳賢首教觀 靈悟		住持
歸信寺		傳賢首教觀 應闡		住持
華嚴寺		傳賢首教觀 俊韶		住持
海印寺		傳賢首教觀 處元		住持
興教寺			傳賢首教觀 理琦	住持

위의 <표 4>에서 보듯이 의천은 『圓宗文類』를 편정하였고, 그의 문도를 포함한 화엄종 승려 16명은 詳校, 重校者로 참여하였다.[94)] 이들 편찬자는 모두 화엄종의 승려이며, 傳賢首教觀 또는 講賢首教觀의 명칭을 띠고 詳校, 重校의 역할 분담을 통하여 편찬 사업에 참여하였다. 『圓宗文類』 권1의 편찬시 詳校는 흥왕사 홍교원의 5명 등 14명이, 重校는 개경의 불일사와

---

93) 『圓宗文類』 권1, 「諸部發題類」 원문은 다음의 자료를 참고하였다. 吉津宜英・柴崎照和, 「義天編纂『圓宗文類』卷第一」 『駒佛紀要』 56, 駒澤大, 1998.

94) 매권마다 상교, 중교, 서자를 달리한 것으로 본다(大屋德城, 앞의 책, 1936, 127~128쪽).

흥교사의 주지인 處淵과 理琦 등 2명이 담당하였다. 현전 『圓宗文類』 권1의 마지막 부분에 "祕書省楷書臣 鄭先 書, 興王寺 弘敎院 講賢首敎觀 義學沙門賜紫臣 道隣, 慧宣 詳校, 興敎寺住持 傳賢首敎觀……首座 理琦 重校"라고 하여 道隣과 慧宣이 詳校하고 理琦가 重校한 것을 鄭先이 淨書하였음을 알 수 있다. 사실 『圓宗文類』 권1 諸文發題類, 권22 讚頌雜文類의 편찬은 원문과 동일한 내용을 전재한 것이기 때문에 별반 어려움이 없었겠지만, 제14권 諸文行位類 부분은 華嚴三家 즉 智儼, 法藏, 澄觀의 章疏를 완전히 이해한 위에 편찬이 가능하다. 즉 현전 제14권 諸文行位類의 내용을 살펴보면 探玄記, 五敎章, 搜玄記, 孔目章, 至相問答에서 行位와 관련된 부분을 전재한 것이다. 또한 제14권 諸文行位類 이외에 三生類, 宗趣類, 佛位類, 佛土類, 發心類, 佛身類, 斷障類 등의 類門이 있었다. 따라서 類門에 대한 완전한 이해 위에 화엄종의 다양한 문류에서 자료를 취사선택한 것이다. 또한 『圓宗文類』는 의천의 단독 편찬이라기보다는 위의 편찬 참여자인 16명의 義學沙門과 공동 편찬인 것이다. 다음의 자료를 통하여 『圓宗文類』의 편찬 참여자에 대한 내용을 확인할 수 있다.

① 임금께서 그러한 것을 아시고 이에 華嚴義學者들을 모아 편찬하는 일을 의논케 하고, 그 많은 章疏를 추려 이 요람을 만들게 하셨다. 유별로 모으고 22권으로 분리하였다.[95]

② 見學徒大師道隣謝文類啓以頌獎之[96]
학도대사 道隣이 文類 편찬을 사양하므로 頌으로 권면
賢首宗途識者稀 一廻深想一歔欷
현수종의 길 아는 이 드무니 한번은 깊이 생각하고 한번은 탄식하네
年來始見新篇後 爐拂方知有所歸

---

95) 의천, 「新集圓宗文類序」『대각국사문집』 권1(『한국불교전서』 권4, 528쪽)에 "王上
知其然 乃集義學 俾議纂修 略彼廣文 爲妓要覽 以類鳩集 離爲二十二卷"이라 하였다.
96) 의천, 「見學徒大師道隣謝文類啓以頌獎之」 『대각국사문집』 권19(『한국불교전서』
권4, 562쪽).

해 바뀌어 처음으로 신편을 본 후에야 향로와 불자가 돌아갈 곳 알겠네

『圓宗文類』는 국왕의 명에 따라 華嚴義學者들이 모여 편찬을 의논하고, 華嚴宗과 관련있는 다양한 문류를 추려 22권으로 만든 요람이었다. 위의 자료 ①의 화엄의학자에는 의천을 비롯한 그의 문도들이 포함되었을 것이다. 또한 자료 ②의 道隣은 바로 '興王寺 弘敎院 講賢首敎觀 義學沙門賜紫臣 道隣'으로 興王寺 弘敎院에서 華嚴敎觀을 강론하는 義學僧으로『圓宗文類』의 편찬에 참여하였다. 특히 1085년 의천이 몰래 입송하자 宣宗은 樂眞과 慧宣, 道隣 등에게 명하여 追從토록 하였다.[97] 宣宗이 樂眞, 道隣 등을 급파한 이유는 의천과의 친연성, 爛圓의 동문인 점 등이 고려되었을 것이다. 이에 더하여 이들의 華嚴敎學이 상당한 수준으로 의천의 입송구법에 조력의 여지가 있었기 때문으로 이해된다.

결국 의천이 편찬체제와 내용을 編定하고, 詳校者인 華嚴敎觀 義學沙門 14명이 정리한 내용을 處淵과 理琦가 重校하였을 것이다. 특히 출가 초기 의천의 화엄교학은 昶雲, 理琦, 樂眞(1045~1114) 등에 의해 이끌어진 것으로 보이는데[98] 바로 이들이『圓宗文類』편찬의 주역인 셈이다. 靈通寺 大覺國師 碑銘의 「大覺國師門徒職名開坐碑陰」에는 승통 理琦, 俊韶, 樂眞, 慧宣, 수좌 道隣, 중대사 緇秀가 의천의 문도로 기록되어 있다. 이들 이외에 앞 <표 4>『圓宗文類』의 편찬 참여자들이 영통사비에 잘 나타나지 않는데 이는 결락 부분이 밝혀져야 알 수 있겠지만 대부분 의천의 문도로 볼 수 있을 것이다. 이들은 「영통사 대각국사비명」이 찬술되는 1125년 전후에 首座, 僧統 등이 되어 의천계 화엄종세의 확장과 전법에 주력하였다. 곧『圓宗文類』편찬에 참여한 理琦 등 6명이 인종대에 고위 승계로서 의천계 화엄종을

97) 金富佾, 위의 비(위의 책, 318쪽), "商船浮海 上聞之驚歎 命師及大師慧宣道隣等 追之". 같은 내용이 「靈通寺大覺國師碑」에 실려 있다. 1085년 4월 대사 僧階인 혜선과 道璘은 영통사비가 建立된 1122년 이후에는 각각 승통과 首座의 僧階였다.
98) 許興植, 앞의 책, 1986, 639쪽.

계승하였음을 알 수 있다.

3) 편찬배경

의천이 활동한 고려 문종에서 숙종대까지는 문벌귀족이 성립됨과 아울러 왕권이 안정되는 가운데, 華嚴이나 法相宗 등 敎宗 중심으로 禪宗까지 융합하려는 불교사상이 논리적으로 심화되었다.[99] 그 가운데 현종대에 부상한 法相宗보다는 국왕과 왕실에서 지원한 華嚴宗이 주류로 등장하였다.[100] 의천은 입송구법 이후 華嚴敎學을 기반으로 天台敎學의 宣揚을 시도하는 등 불교계의 활동이 주목되는바, 이러한 시대적 분위기 아래 편찬된 『圓宗文類』의 편찬배경을 보다 구체적으로 살펴보기로 한다.

> 우리 국가가 一統三韓한 것이 근 2백년이 되었는데, 삼보를 빛내어 드날리어 본성을 잃고 미혹된 중생을 인도하여 도와주었으며,…… 다만 이치가 은미한데 이르러서는 제가의 저술이 광대하여 문답의 즈음에 인증하기가 매우 어려웠다. 하물며 근세에 우리 종에서 이단을 좋아하는 무리들이 근본을 버리고 말단을 따라 억설이 분연하니, 마침내 조사의 현지로 하여금 막혀서 통하기 어려운 것이 열에 일곱, 여덟은 되었다. 교관에 정통한 자가 어찌 그것을 깊이 탄식하지 않겠는가?
> 국왕께서 그 연유를 아시고 이에 의학을 모아 찬수를 의론하여 저 광문을 요약하여 이 요람을 만들었다. 유별로 널리 모으고 분리하여 22권을 만들어 새로 배우는 자들에게 베푸니,[101]

의천은 『圓宗文類』의 序文을 썼다. 위 서문의 국왕이 불교에 의해 당세의

---

99) 金杜珍, 「高麗時代 思想의 歷史的 特徵」, 『韓國思想史大系』 3, 韓國精神文化硏究院, 1988, 138~143쪽.
100) 許興植은 의천과 그의 계승자들을 화엄종의 시대 구분상 제4기에 배대하여 명종시까지 화엄종에서 주도적인 위치를 차지하였던 것으로 본다.
101) 의천, 「新集圓宗文類序」 『대각국사문집』 권1(『한국불교전서』 권4, 528쪽).

중흥과 교화를 이루고 불법을 널리 유포한다는 내용으로 미루어 국가
불교를 상정할 수 있다. 각종 법회와 仁王會의 개설은 국가 불교의례이
다.102) 그런데 여러 종파의 교의를 논의함에 이치의 깊고 미묘한 부분에서는
여러 말이 汗漫하여 문답을 이해하기가 어려웠다. 또한 화엄종 異端의
무리가 근본을 버리고 지엽 말단을 추종함에 이르러 억설이 분분하여
'祖師玄旨'가 불통하게 된 것이다. 당시 불교계의 현안은 바로 이런 것이었
으며, 이 때문에『圓宗文類』를 편찬하게 된 것이다. 위의 서문에 나타난
"우리 종에서 이단을 좋아하는 무리들"은 화엄종단 내의 다른 유파를
상정할 수 있다. 즉, 의천과 입장을 달리하는 화엄종 계열이 있었음을
추측할 수 있다. 의천은 이들을 敎觀에 정통하지 못하고 어느 한쪽에
치우쳐 바른 수행을 하지 못하는 편벽된 수행자로 평가하였다. 그리하여
의천은『圓宗文類』를 편찬하여 화엄종의 여러 가지 이설을 종합 정리하고,
새로이 배우는 학도가 면학에 참고토록 한 것이다. 의천은 祖師玄旨라
할 수 있는 法藏, 澄觀 등의 敎學 전승 체계를 분명히 하고, 敎觀에 정통할
것을 밝혔다. 더 나아가 국왕의 명에 의해 화엄학자들을 모아 편찬을
의논케 하고, 類別로 모아 요약하여 요람을 만들었다. 이는 국왕의 화엄종에
대한 배려이자 국가적 편찬 사업이었음을 알려 준다. 다음의 의천 碑銘은
이에 대한 이해를 보다 분명히 할 수 있다.

　　國師는 또 후세에 길이 전할 글을 남기려 했으나, 뜻을 이루지 못했으며,
　　여러 文言이 汗漫한 때문에 그 精要한 것을 간추려서 類別로 나누어 圓宗
　　文類라 명하였다.103)

---

102) 朴鎔辰,「고려중기 인왕경신앙과 그 의의」『한국중세사연구』14, 2003, 182~183쪽.
103) 金富軾,「開城靈通寺大覺國師碑」(李智冠,『校勘譯註 歷代高僧碑文』, 高麗篇 3, 伽山
　　佛教文化研究院, 1996, 126쪽), "師欲立言 以垂不腐 而志莫之遂 嘗以群言汗漫 撮其
　　精要 類別部分 名曰圓宗文類".

130

김부식 역시『圓宗文類』의 서문을 보았다. "文言이 汗漫한 때문에 그 정요한 것을 간추려서 종류별로 나누어『圓宗文類』라 명하였다"라고 한 기록은『원종문류』의 序文을 인용한 것에 지나지 않는다. 의천은『원종문류』를 문인들과 함께 편찬하였으며, 편찬 방침 등에 대하여는 의천이 주관하였다. 따라서 이러한 편찬 방침에서 의천의 華嚴思想의 일단을 유추할 수 있다.『원종문류』는 특히 새로 배우는 신학도들에게 배움의 길로 나아가는 방법을 알게 하려는 화엄종의 요람이었다. 이 요람을 통하여 疏와 鈔를 통하고 經의 뜻을 알게 하며, 經을 통하여 진리를 깨닫도록 하는 데에『원종문류』의 편찬 목적이 있었던 것이다.

또한 당시 仁王百高座 등의 국가 불교의례를 설행할 때에 敎學의 논의에 반드시 선용되었던 華嚴經 관련 전적 및 仁王經에 대하여 분명한 기준이 없이 서로의 주장만 앞세우는 폐단이 있었다. 또한 祖師의 현지가 잘못 이해되는 당시의 현실 때문에 국왕은 華嚴義學者를 모아 要覽을 편찬케 하였는데 바로 이것이『원종문류』였다.

2.『圓宗文類』의 구성과 내용

『원종문류』는 화엄종의 연학 지침을 제시하기 위하여 화엄경 관련 문류를 종류별로 나눈 것으로 모두 22권이었다.『원종문류』는 의천의 생존시에 완성되어 국왕으로부터 賜名되었으며, 권제1 諸部發題類, 권제14 諸文行位類, 권제22 讚頌雜文類 등이 현전한다.[104] 즉, 권1과 권14 및 권22의 全文이 전하며 나머지는 전하지 않는다.[105]『圓宗文類』권1은「諸部發題類」로서

---

104) 趙明基는 '권14의 諸文行爲類가 주로 智儼의 요문을 집합하여 화엄의 교상판석에 따라 유취하였다'고 하였다(조명기,『高麗 大覺國師와 天台思想』, 동국문화사, 1965, 32쪽).
105) 大屋德城의『高麗續藏雕造攷』에는 권1「諸部發題類」의 목록만 소개되었다(大屋德城, 앞의 책, 1936, 124~125쪽).

화엄종 관련 문류에서 서문 등 '發題'의 文類를 類聚한 것이다. 『圓宗文類』 권14 「諸文行位類」(上)은 智儼, 法藏의 搜玄記와 探玄記를 중심으로 '修行位'와 관련된 부분을 발췌한 것으로 의천 화엄사상의 근간을 알려 주며, 중권과 하권의 존재를 추측할 수 있다.[106] 『圓宗文類』 권22 「讚頌雜文類」는 화엄경과 화엄종 고승에 대한 찬송문 등이 주를 이루고 있다. 다만 잡문으로 분류하여 수록한 기준은 분명치 않다. 권22는 권1과 상통하는 서문도 있으나 중요성이 떨어지는 잡문을 수록한 것으로 이해된다.[107]

이하에서는 현전 3권의 구성과 내용을 구분하여 살펴보기로 한다.

1) 『圓宗文類』 권1 「諸部發題類」

『圓宗文類』 권제1 「諸部發題類」는 다양한 화엄문류의 서문에 해당되는 부분을 집록한 것이다.[108] 현전하는 권1 「諸部發題類」의 구성과 내용을 알기 쉽게 <표 5>로 구분하여 살펴보기로 한다.

『圓宗文類』 권1 「諸部發題類」는 序文 등 26건이 集錄되었다. 다음의 <표 5>와 같이 表 1, 總目 1, 引文 3, 序文 21건으로 화엄종과 관련된 내용을 수록하였다. 「諸部發題類」에 수록된 諸文의 저자는 15명으로 그 가운데 法藏 7, 澄觀 3, 宗密 2, 元曉 1건, 遼天佑帝 1건 등이 주목된다. 문제는 그것이 華嚴經에 국한되지 않았음에 있다.

---

106) 권1은 화엄사상과 관련 있는 모든 번역과 저술의 進·序·表와 書文 그리고 引文을 수록한 것으로, 권14 「諸文行位類」는 화엄사상의 분석적 연구에 해당하는 저술을 모은 부분이라고 하였다(許興植, 「義天의 圓宗文類와 廓心의 集解」 『書誌學報』 5, 1991, 49쪽).

107) 許興植, 위의 논문, 50쪽.

108) 圓宗文類는 현재 권1, 권14, 권22가 현전하여 모두 日本에 남아있다. 권1, 권14는 龍谷大學에, 권22는 奈良 東大寺에 현전한다. 필자가 확인한 바로는 圓宗文類 권1은 高麗板本으로 추정되며 1950년 이전에는 최남선이 소장했던 것으로, 日本 京都에 있는 龍谷大學이 1954년에 대학원연구 기초설비 문부성 보조금으로 구입하였다. 한국에서 반출된 경위는 분명치 않다.

<표 5> 『圓宗文類』 권1 「諸部發題類」

所依經	제 목	찬술자	所依經	제 목	찬술자
華嚴經	進新譯華嚴經表	弘景 等	般若經	般若心經略疏	法藏 述
	新譯大方廣佛華嚴經總目	-		金剛般若經纂要序	宗密 述
	御製新譯華嚴經序	-		仁王般若經疏序	良賁 述
	晉譯華嚴經探玄記序	法藏 述	楞嚴經	首楞嚴經疏序	王隨
	續新華嚴略經疏刊定記序	慧苑 述	梵網經	梵網經疏序	法藏
	新譯華嚴經疏序	法詵 述	起信論	起信論疏序	法藏/元曉
	新譯華嚴經淸凉疏序	陸長源 述		釋摩訶衍論通玄鈔引文	遼天佑帝
	新譯華嚴經疏序	澄觀 述	法 界 無差別論	法界無差別論疏序	法藏
	隨疏演義鈔序	澄觀 述	十二門論	十二門論疏序	法藏
	貞元新譯華嚴經疏序	澄觀 述	華嚴經	華嚴妄盡還源觀序	法藏
圓覺經	圓覺經略疏序	裵休 述		注華嚴法界觀門序	裵休
	圓覺經略疏序	宗密 述		華嚴經隨品讚引文	姚景喜
			諸宗止觀	諸宗止觀引文	劉詵

권14, 권22의 諸文行位類, 讚頌雜文類는 모두 화엄경과 관련되어 있으나, 권1 「諸部發題類」에는 華嚴經 이외에 圓覺經, 般若經, 楞嚴經, 梵網經, 起信論 등을 入錄하였다. 바로 이 부분은 의천의 『新編諸宗敎藏總錄』의 편찬 체재 와도 일치하는데, 다음의 표를 통하여 살펴보기로 한다. 의천은 권1 「諸部發 題類」 편찬시 經·律·論 등으로 크게 3대분하여 經部에서는 華嚴經, 圓覺 經, 般若經, 楞嚴經을, 律部에서는 梵網經을, 論部는 起信論, 法界無差別論, 十二門論을 배치하였다. 『新編諸宗敎藏總錄』의 經部에서는 화엄경 등 의천 이 중요시하였던 순서로 편성하였고 율부에서도 四分律이나 十誦律의 부수와 권수가 梵網經이나 遺敎經보다 많음에도 후반부에 배열한 것은 의천의 관심과 敎學觀에 기초하여 梵網經, 瓔珞經, 遺敎經을 선순위에 배열 하였기 때문이다.[109]

---

109) 朴鎔辰, 『大覺國師 義天 硏究』, 國民大 博士學位論文, 2004, 제3절 『新編諸宗敎藏總 錄』과 『釋苑詞林』의 編纂 참조.

<표 6> 『圓宗文類』 권1 「諸部發題類」와 教藏總錄 章疏 配列

區分	經典收錄順序
圓宗文類	華嚴經, 圓覺經, 般若經, 楞嚴經/ 梵網經/ 起信論
教藏總錄	經疏：華嚴經 涅槃經 法華經 楞伽經 楞嚴經 圓覺經 維摩經 金光明經 仁王經 金剛般若經 般若理趣分經 大品般若 般若心經 律疏：梵網經, 遺教經, 四分律 論疏：大乘起信論, 釋摩訶衍論, 成唯識論

또한 論疏는 大乘起信論, 釋摩訶衍論, 成唯識論의 순서로 배열하였는데, 의천은 선종 계통의 이론적 취약성을 경계하면서 唯識과 起信論을 겸학하여 圓融한 華嚴法門의 경지에 이르도록 주장한[110] 것에 비추어 보면 양서의 체제는 대동소이함을 알 수 있다. 결국 화엄종의 所依經典은 華嚴經 하나의 경전에 국한되지 않아 위의 여러 經典도 화엄종의 註疏로 활용되었다. 의천은 圓宗에 화엄경을 비롯하여 大乘 眞實 圓滿의 敎義를 갖춘 경전을 포함한 것이다.

「諸部發題類」에서 화엄경과 관련된 것은 10건으로 의천 동 시대의 것은 아니며 모두 唐代에 작성된 것이다. 弘景 등이 올린 「進新譯華嚴經表」는 신역화엄경 즉 실차난타가 번역한 80권 화엄경의 완성을 고하는 표문이다. 이어 나오는 「新譯大方廣佛華嚴經總目」은 신역화엄경을 7처와 9회로 나누어 39품으로 배대한 총목이며, 「御製新譯華嚴經序」는 則天武后가 證聖 元年(695)에 遍空寺 화엄경 譯場을 방문하여 序文을 煥發하고 앞부분에 題名品을 쓴 것과 관련이 있다.[111] 의천은 總目과 御製序 2건에 대하여는

---

110) 의천,「刊定成唯識論單科序」『대각국사문집』 권1(『한국불교전서』 권4, 529쪽), "以謂起信唯識二論 是性相兩宗之樞要 學人之所宜盡心者矣 然起信論 亦嘗粗習 但於 唯識 未盡其功……是知不學俱舍 不知小乘之說 不學唯識 寧見始教之宗 不學起信 豈明終頓之旨 不學花嚴 難入圓融之門".

111) 智昇,『開元釋教錄』 권9, 沙門實叉難陀條(대정장 55, 566쪽 상)에 "以天后證聖元年乙 未 於東都大內遍空寺譯 大方廣佛花嚴經一部 天后親臨法座煥發序文 自運仙毫首題 名品"이라 하였다. 吉津宜英・柴崎照和,「義天編纂『圓宗文類』卷第一」『駒佛紀要』 56, 駒澤大, 1998, 91쪽. 모두 측천무후가 쓴 것으로 보았다.

134

撰述者를 밝히지 않았다. 총목은 역경시 편찬체제가 있었고 측천무후가 직접 編定한 것은 아니었으며 首題名品을 仙毫한 것 즉 御書이며, 御製序에 는 문장 내에 '朕'의 용어가 2회 나오지만 측천무후를 구체적으로 지칭하는 지 분명치 않다. 바로 이 점 때문에 의천은 찬술자를 밝히지 않은 것으로 보인다.

또한 위의 <표 5>에서 주목되는 바는 慧苑과 法詵의 서문을 수록한 점이다. 慧苑의「續新華嚴略疏刊定記序」의 내용은 十門을 개립하여 80권 화엄경을 주석한「續華嚴經略疏刊定記」의 서언에 해당되는 부분으로 일찍 이 혜원은 법장의 유지를 계승하여 이 간정기를 지었지만 글 가운데에는 背師自立의 說이 적지 않아 澄觀이 나와 華嚴大疏鈔를 지어 그 이설을 破斥하였다. 法詵의 新譯華嚴經疏序는 慧苑의 刊定記序와 유사하여 世主妙 嚴品을 소개하는 부분까지 제시되었다. 慧苑은 法藏의 제자로 異說을 제기 하여 정통에서 제외된 인물이다. 의천 또한 이들을 이단으로 지적하였 다.112) 그러나 略疏刊定記序나 新譯華嚴經疏序는 비교에 참고하기 위하여 수록하였을 법하다.

陸長源의 新譯華嚴經淸凉疏序와 澄觀의 新譯華嚴經疏序, 隨疏演義鈔序, 貞元新譯華嚴經疏序는 모두 澄觀의 新譯華嚴經疏와 大方廣佛華嚴經隨疏演 義鈔와 관련이 있다. 澄觀은 80화엄경의 注釋書인 華嚴經疏를 찬술하고 그 후에 華嚴經疏를 상세히 해설 부연하여 大方廣佛華嚴經隨疏演義鈔를 찬술하면서 "진역비전에 대해서는 법장이 자못 그 문을 얻었지만 唐翻靈篇 은 後哲이 그 깊음을 보지 못하였다"라고 하여 간접적으로 慧苑과 法詵을 비판하고 찬술 동기를 밝혔다. 貞元新譯華嚴經疏序는 40권 화엄경의 강요 를 서술하고 그 文義를 해석하여 十門을 세운 것이다. 華嚴觀法과 관련해서

---

112) 顏顥,「顏顥書」『대각국사문집』권11(『한국불교전서』권4, 546~548쪽)에 "新集文
類中 略引其說 然詵師□□解釋刊定記 承習苑公故不盛行 外有法詵師疏 三十餘卷
解釋大經文類中 亦□□云親見賢首 故知與詵公有別 其疏雖立吾敎 亦涉異端"이라
하였다.

는 法藏의 華嚴妄盡還源觀序와 裵休의 注華嚴法界觀門序를 수록하였다.

圓覺經 부분에서는 裵休와 宗密이 찬술한 圓覺經略疏序를 수록하였다. 裵休는 종밀의 圓覺經略疏에 대해 서문을 썼고, 대소 3권, 대초 13권, 약소 양권, 소초 6권, 도량수증의 18권이 세상에 유행한다고 하였다.[113]

般若經에서는 法藏의 般若心經略疏, 宗密이 찬술한 金剛般若經纂要序, 良賁의 仁王般若經疏序를 수록하였다. 金剛般若經纂要序는 금강반야경을 종밀이 주석하면서 서문을 쓴 것이다. 또한 良賁의 仁王般若經疏序는 不空譯 의 『仁王護國般若波羅蜜多經』 2권의 疏文에 대한 서문이다. 不空譯 인왕경 의 注疏者에 良賁・淨源 등이 있다.

다음으로는 楞嚴經, 梵網經, 起信論 관련 서문에 대하여 살펴보기로 한다. 우선 首楞嚴經疏序는 북송초 인종대(1022~1062)의 王隨가 찬하였는 데 子璿(965~1038)의 首楞嚴義疏注經 20권에 대한 서문이다. 法藏의 梵網經 疏序는 그가 찬한 梵網戒本疏의 서문으로 梵網戒疏・梵網法藏疏라고도 하며 梵網經 卷下 菩薩戒本을 詳解한 것이다.

起信論에 대하여는 元曉와 法藏의 起信論疏序를 실었으며, 의천과 교류가 있었던 遼 天佑帝의 釋摩訶衍論通玄鈔引文을 수록하였다. 遼 志福의 釋摩訶 衍論通玄鈔 4권에 대하여 서문을 쓴 것으로 『新編諸宗敎藏總錄』에는 요와 관련된 4건의 자료가 모두 수록되었다.[114]

고려중기의 자료로서 遼와의 불교교류를 전하는 3건의 자료가 주목된다. 姚景喜의 華嚴經隨品讚引文은 道宗 御製의 華嚴經隨品讚 1권에 대한 서문이 며, 또한 遼의 劉詵이 撰述한 諸宗止觀引文은 道弼의 『大乘諸宗修行止觀要訣』 3권에 대한 서문이며, 遼 天佑帝의 釋摩訶衍論通玄鈔引文과 함께 引文이라는 용어를 사용한 점은 요대 불교계의 독특한 불서 문체의 형식을 제시한

---

113) 吉津宜英・柴崎照和, 앞의 논문, 『駒佛紀要』 56, 駒澤大, 1998, 115쪽.
114) 大屋德城, 『高麗續藏雕造攷』, 便利堂, 1937, 42~43쪽. 補遺(一)에서 道弼의 『大乘諸 宗修行止觀要訣』을 추가하였으며, 劉詵이 撰述한 諸宗止觀引文이 있음을 제시하 였다.

것으로 주목된다.[115]

의천은 중국 정통파 화엄종인 法藏의 사상을 계승한 淨源과 교류하면서 法藏의 화엄교학과 관련된 많은 章疏를 수집하였다.『원종문류』권1에서는 위에서 제시한 5건 이외에 法界無差別論疏序 즉『大乘法界無差別論疏』권수의 序文과『十二門論宗致義記』의 서문에 해당되는 十二門論疏序를 수록하였다. 특히 의천은 중국 화엄종의 정통인 '智儼-法藏-澄觀'의 장소를 집중 수록하였는데, 법장 7건, 징관은 육장원이 찬술한 것을 포함하여 4건, 종밀은 배휴가 찬술한 注華嚴法界觀門序를 포함하면 4건으로 전체 26건 가운데 15건으로 이는 그들의 저술과 사상 경향에 대한 관심의 반영이라 볼 수 있다. 의천은 국내 승려로 원효의 기신론소를 수록하고 이단으로 분류한 혜원과 법선의 자료를 수록하여 비교케 하는 등 화엄종의 敎學에 도움이 되는 문류로 編定하였다. 특히 遼와의 불교교류를 알 수 있는 자료를 수록한 점은 동아시아권 불교계의 교류와 현상을 살펴볼 수 있다는 점에서도 의의가 크다.

2)『圓宗文類』권14「諸文行位類」

『圓宗文類』권14「諸文行位類」는 探玄記, 五敎章, 搜玄記, 孔目章, 至相問答 등의 화엄 章疏에서 行位 부분을 뽑아내어 분류한 것이다. 화엄 관련 주요 저술 가운데「諸文行位類」(上)이라고 하여 중권 또는 하권의 존재를 상정할 수 있고, 智儼-法藏-澄觀 등의 주요 저술을 발췌하였다.『圓宗文類』권14의 「諸文行位類」에는 도처에 생략을 나타내는 '云云'과 함께 다른 類門의 근거를 확인할 수 있는데, 다음 <표 7>과 같다.

---

115) 吉津宜英・柴崎照和, 앞의 논문,『駒佛紀要』56, 駒澤大, 1998, 97쪽.

<표 7> 『圓宗文類』 권14 所收 推定 類門

推定類門	출전근거	내용	비 고
三生	教義分齊章 卷中 探玄記제4 제2회	三生成佛의 略稱, 教義	한불전4, 599/600 한불전4, 606 상
宗趣	探玄記제1 宗趣	經, 論書 等의 主要 旨趣	한불전4, 600
佛位	探玄記제4 제2회	佛果位・佛果菩提	한불전4, 601/601
佛土	探玄記제4 제2회	佛國・佛國土・佛界 10문 2석	한불전4, 602/603
發心	探玄記제4 제2회	梵行發心 2품 見發心類	한불전4, 604 하
	探玄記제5 제3회	菩提心은 一切諸佛 種子	한불전4, 607 하
	探玄記제7 제5회	金剛幢菩薩回向品 21	한불전4, 610 중
佛身	探玄記제15	不思議品 28	한불전4, 615 상
斷障	探玄記제16	菩薩 所證의 十地位 普賢菩薩行品 31	한불전4, 617 하
十地宗要	探玄記제9 제6회	十地品 22	한불전4, 613 상

위의 <표 7>은 『圓宗文類』 권14에서 찾을 수 있는 또 다른 類門들이다. 이들은 모두 권14 「諸文行位類」의 본문 가운데 서술된 것으로, 서술 방법은 '行位'와 직접 관련된 내용이 아니면 다른 類門 즉, 佛位・佛身・佛土・三生・宗趣・發心・斷障・十地宗要類 등의 類門에서 찾아보도록 하였다.

한편 의천의 『圓宗文類』가 宋代에 유행하던 如吉의 『重編天台諸文類集』, 繼忠의 『類集口義』[116]와 편집의 형식을 같이한 것이라는 견해가 있다.[117] 그러나 이들의 편찬 체재를 살펴보면 반드시 모방이라고 보기는 어렵다. 『重編天台諸文類集』의 찬자 四明如吉은 천태 승려로, 『佛祖統紀』 권13에 따르면 尙賢의 법사로 소개되었다. 如吉의 문류집과 함께 類集 편찬이 세상에서 유행하였다는 내용의 기록[118]과 의천이 教藏總錄 3권에 集錄한 것을

---

116) 如吉編, 『天台文類』 10권, 繼忠錄, 『類集口義』 13권(『新編諸宗教藏總錄』 권3, 高麗沙門義天錄 海東有本現行錄 下).

117) 大屋德城, 앞의 논문, 122쪽 ; 柴崎照和, 「義天『円宗文類』の研究―四明如吉と高麗義天」, 『印度學仏教學研究』 88(44-2), 1996.

118) 『佛祖統紀』 권13, 如吉條, "於是參而三部之文 節略成類而行於世"(大屋德城, 앞의 논문, 122쪽. 재인용).

근거로 그 존재를 알았다고 하였다.[119] 그러나 유문의 내용에 동일한 항목
구분이 없는 것으로 미루어 모방이라는 주장은 어렵다. 『圓宗文類』의 편찬
항목과 『重編天台諸文類集』의 항목을 대비하여 아래의 표로 구분하였다.

<표 8> 『圓宗文類』와 『重編天台諸文類集』의 類門 比較

『圓宗文類』	『重編天台諸文類集』
發題類 行位類 讚頌雜文類 三生類 宗趣類 佛位類 佛土類 發心類 佛身類 斷障類 十地宗要類(11門)	經體 經王 隨緣 習氣 觀法 二空 被接 敎證 壽量 四土(10門)

위의 표로 類門을 比較하여 보면, 형식은 다소 유사하나 분류 내용에
있어서는 전혀 상이함을 알 수 있다. 우선 『重編天台諸文類集』의 類門을
통하여 그 체제나 내용의 유사성을 살펴보기로 한다. 현전하는 『重編天台諸
文類集』은 권10 「諸文習氣類」가 전한다.[120] 천태종에서의 十類는 經體,
經王, 隨緣, 習氣, 觀法, 二空, 被接, 敎證, 壽量, 四土類로 구성되었다. 이들
類文의 관계는 經體에서 四土類까지의 차례가 긴밀한 인과관계를 갖는다.
천태종에 있어서 諸法은 我心을 떠나지 않는다고 하며, 十類가 비록 다르나
循環宛轉하고 逆順生起하여 그 相은 처음과 끝이 된다.[121] 이러한 諸法이
마음에서 떠나지 아니함을 알고 天台文類를 익히도록 하였다.

『圓宗文類』 권14는 「諸文行位類」라는 題下에 探玄記, 五敎章, 孔目章,
搜玄記, 至相問答의 5권에 대하여 주요 부분을 발췌하였다.[122] 이하에서는

---

119) 『重編天台諸文類集』 『大日本續藏經』 권57, 49~52쪽. 諸文習氣類만 실려 있다(大屋
   德城, 앞의 논문, 122쪽).
120) 『重編天台諸文類集』 『大日本續藏經』 권57, 49쪽.
121) 『台宗十類因革論』 『大日本續藏經』 권57, 132쪽, "是則十類雖異 循環宛轉 逆順生起
   相爲始終 一道而已矣".
122) 조명기는 修行 行位의 差別에 대하여 논술한 것으로 화엄의 敎相判釋에 따라
   類聚한 것으로 보았다(조명기, 『高麗 大覺國師와 天台思想』, 東國文化社, 1964,
   32쪽). 한편 許興植은 의천의 화엄사상의 분석적 연구에 해당하는 저술을 모은
   부분이라고 하였다(許興植, 앞의 논문, 1991, 49쪽).

『圓宗文類』권14「諸文行位類」를 순차적으로 살펴보기로 한다.

<표 9> 『圓宗文類』 권14 「諸文行位類」 전반부123)

구 분	내 용
探玄記第一	華嚴教起의 연유(總辨, 別顯) 別顯 중 顯位故, 成行故
教義分齊章 卷中	華嚴一乘教義分齊章 卷第二 三行位分齊

위의 <표 9>에서 제시한 探玄記 제1과 教義分齊章 卷中은 『圓宗文類』
권14「諸文行位類」의 서문적 성격을 띠고 있으며, 또한 探玄記 제1은 탐현기
의 총론에 해당하는 부분으로 화엄경 教起의 10종 연유를 총별로 구분하여
제시한 것이다.124) 여기에서는 別顯의 10義125) 가운데 제6 顯位故와 제9
成行故의 行位에 대한 내용을 발췌하여 불교에서의 수행 계위와 수행에
따른 지위를 총론적으로 제시하였다. 顯位故에서는 보살이 佛因의 一道를
수행하여 果에 이를 때도 五位를 갖추는데, 이에는 次第行布門과 圓融相攝門
으로 나뉜다. 다시 次第行布門은 十信・十解・十行・十廻向・十地를 채운
이후에 佛地에 이르는 것으로 階位가 漸次함을 보여준다. 圓融相攝門은
一位의 가운데 즉하여 一切 前後의 諸位를 겸하므로 하나하나의 位가
채워지면 모두 佛地에 이르게 된다. 또한 위의 2문은 無碍하다. 결국 화엄경
흥기의 연유로서 수행계위는 漸次하지만 '一位卽一切位'로 圓融相攝함을
제시하였고 이는 화엄경의 전반에서 설하는 것과 같다. 제9 成行故는
諸法을 보아 여러 菩薩로 하여금 보현행을 이루어 '一行卽一切行'이 되게
하는데, 이 또한 2종이 있어 '바로 多行을 이루는 것'과 '두루 普行을
이루는 것'으로 나뉜다. 위의 '바로 多行을 이룸'은 '一行卽一切行'을 의미하
며, '遍成普行'은 次第行布로 이것은 화엄종의 수행론으로 화엄경 흥기의

123) 義天, 『圓宗文類』 권14(『한불전』 권4, 597~600쪽).
124) 義天, 『圓宗文類』 권14(『한불전』 권4, 597쪽 중), "探玄記第一 將釋此經 略開十門
一明教起所由(云云) 十隨文解釋".
125) 法爾故, 願力故, 機感故, 爲本故, 顯德故, 顯位故, 開發故, 見聞故, 成行故, 得果故이다.

연유를 밝히려는 목적이다.

다음 「敎義分齊章 卷中」은 法藏의 『華嚴一乘敎義分齊章』 권2에 해당된다. 오교장은 一乘敎義를 10문 즉, 建立一乘·敎義攝益·古今立敎·分敎開宗·乘敎開合 起敎前後·決擇其意 施設異相·所詮差別·義理分齊 등으로 구분하였다. 원종문류 권14에서는 제9 所詮差別의 行位分齊에 대한 내용을 수록하였다. 所詮差別은 華嚴敎學과 기타 佛敎敎學의 관계를 意識·佛性·修行 등의 문제와 결부하여 해설하였다.126) 제3행위차별은 一明位相·二辨不退·三明行相으로 나뉘며 五敎 즉, 小乘敎·大乘始敎·終敎·頓敎·圓敎와의 관련성을 중심으로 行位 차별을 서술한 부분을 전재하였다.

이상 행위류의 총론에 해당되는 부분에 대하여 각론이라 할 수 있는 『圓宗文類』 「諸文行位類」 卷上에서 제시된 探玄記의 권차별 내용을 살펴보기로 한다.

「探玄記 제1」은 法界因果를 宗趣로 하고 五周因果의 내용을 제시하였다. 「探玄記 제2」는 법장의 화엄경 체재 분류 가운데 제10 隨文解釋에 해당하며, 7처 8회 34품의 분류로서 3분설·혜원의 4분설·法藏 자신이 구분한 敎起因緣分·擧果勸樂生信分·修因契果生解分·託法進修成行分·依人入證成德分 등 5분설의 내용을 발췌하였다. 「探玄記 제3」은 정종분의 최초인 盧舍那品이며 경문을 개별적으로 해석하는 가운데 화엄경 8회 가운데 請問의 내용을 제시하였다.

여기에서는 장행과 게송을 사용하는 10가지의 이유와 상호관계에 『수현기』의 23구 가운데 因行을 묻는 내용에 해당한다. 「探玄記 제4」는 普光堂法會의 6품 가운데 명호품, 명난품, 현수품이 해당된다. 여래명호품의 석문에서 보살의 請分에 관한 경문 해석은 念請, 念問, 念現 중 念問의 제설에서

---

126) 所詮差別은 다시 10문으로 나뉘는데, 所依心識, 明佛種性, 行位分齊, 修行時分, 修行依身, 斷惑分齊, 二乘迴心, 佛果義相, 攝化境界, 佛身開合 등이다. 본장에서는 行位分齊에 대한 내용을 중심으로 촬요하였다.

<표 10> 『圓宗文類』 권14 「諸文行位類」 중반부

구분	화엄경(7처 8회 34품)	내용
探玄記제1 宗趣		法界因果를 宗趣, 五周因果
探玄記제2		화엄경 체재 제10 隨文解釋 序·正·流通分에 대한 3說
探玄記제3	제1 寂滅道場會 盧舍那佛品제2 擧果勸樂生信分	釋文 大衆疑請分(諸會請問, 本文의 장행해석)
探玄記제4 제2회	제2 普光明殿會 修因契果生解分 如來名號品제3 明難品제6 普賢菩薩品제8	名號品 釋名 來意 宗趣 釋文(請分, 說分) 明難品 來意 料簡 宗趣(定位, 行相, 除障, 成德) 普賢品 釋文 (선문후답 明能廣攝行位, 無方大用分)
探玄記제5 제3회	제3 忉利天會 佛昇須彌頂品제9 菩薩十住品제11 明法品제14	釋文 6품 菩薩十住品 釋文(제4本分, 제5說分) 明法品 釋文(請問의 文 해석)
探玄記제6 제4회	제4 夜摩天宮會 佛昇夜摩天宮品15 功德華聚菩薩十行品17	佛昇夜摩天宮自在品 十行品 宗趣(三乘位, 乘行法, 普賢行) 釋文(本分, 說分, 重頌分)
探玄記제7	제5 兜率天宮會 如來兜率天宮品19	寶殿品 釋文(此會 3품에 勝進이 없는 이유) 金剛幢菩薩十回向21 宗趣 釋文(本分, 說分 大廻向位)
探玄記제8	제5 兜率天宮會 金剛幢菩薩十回向品21	10廻向 중 釋文을 位行과 位果로 나누어 해석
探玄記제9 제6회	제6 他化自在天會 十地品제22	來意 釋文(加分, 本分)
探玄記제14	제10 法雲地	釋文(正說分의 문을 해석 : 8분 총설분과)
探玄記제15	十明品제23 佛不思議法品제28 如來相海品제29	釋名 來意 釋名 來意 宗趣 釋文 宗趣 8문(종류, 建立, 明業用)
探玄記제16	佛小相功德品제30 普賢菩薩行品제31	釋文(略說, 廣說 해석 離垢三昧 二位 등) 釋文 來意 釋文(普賢行品과 性起品의 관계, 普賢行品의 長行 해석 중 普賢行)
探玄記제17 제7회	제7회(普光法堂重會) 離世間品제33	釋名 來意 釋文(三昧分, 請分, 說分 중 行位)
探玄記제18 제8회	제8회(逝多林會) 入法界品제34	釋名 宗趣 釋文(本會, 末會 해석, 末會 10門 攝二位統收 등)
探玄記제20	彌勒章	54位

* 義天, 『圓宗文類』 권14(『한불전』 권4, 600~621쪽).

행위에 대한 부분이다. 說分은 앞의 청문에 대한 답을 설한 경문을 해석한 것으로 2分되며 集衆顯圓, 對緣正說에서 行位 부분을 발췌하였다. 明難品 제6은 修因契果生解分中의 地位와 因位 가운데 어떠한 지위에 있는가를 여러 설을 들어 소개하였다. 또한 종취에서는 명난, 정행, 현수품의 信에 관계있는 3품의 종취를 통론하고, 별론 3품의 공통된 종취를 8문으로 구분하였다. 또한 信의 位를 정하는 제4 定位, 제5 行相信의 行相을 始·終·圓敎의 3교에 배대해서 분별하는 부분을 발췌하였다.

현수품은 보현행의 位와 體 및 相用이 광대무변해서 시종을 갖추어 포괄하고 信門에서 諸位를 諧攝하여 佛의 妙果를 이룬다는 내용이다. 또한 攝諸行位分에서 信이 攝하는 位를 밝힌 것으로 십신·십주·십행·십회향·십지의 諸位를 융섭하는 것을 밝힌 것이며 行布·圓融에 들어가 信中에 諸位를 융섭하는 내용이다.

「탐현기 제5」는 忉利天會로서 6품이 있는데, 앞의 1품은 果德이 갖추어진 것을 밝히고, 그 다음은 十住의 位 가운데 因果를 갖추고, 宗이 원만하게 갖추어졌음을 드러내었다는 부분을 발췌하였다. 十住品의 釋文은 도리천회의 正說分의 대강을 제시한 것으로 十住品의 本分에서 諸位와 대비하여 體를 밝히고 種性의 名과 體를 밝히는 가운데 行과 位에 대한 부분을 발췌하였다. 十住義는 十門으로 분별되며 所行行·所攝位 등이 있으며 說分에서 因分과 果分으로 구분하여 果分은 圓融不可說이며 因分은 普賢自體行과 普賢位의 相임을 제시하였다.

明法品의 釋文은 請分, 說分 등으로 그 처음인 請分에서 '圓敎普賢行中大位有二門 各攝法界'라 하여 普賢行과 大位로 구분하고 각기 法界를 융섭한다는 내용을 전재하였다. 즉, 의천은 『원종문류』 권14 「諸文行位類」를 편찬하면서 佛昇須彌頂品 제9, 十住品 제11, 明法品 제14에서 行位와 관련된 주요 부분을 전재하였다. 그 가운데 十住品은 보살이 位의 不退를 얻기 때문에 '住'라고 하였으며, 다른 品에 비하여 비교적 많은 분량을 차지하고 있다.

「탐현기 제6」은 佛昇夜摩天宮品 제15, 功德華聚菩薩十行品 제17 등 2품의
내용을 발췌하였다. 十行品에서는 종취와 석문에 대한 부분을 주로 한다.
종취는 三乘의 位와 行法, 圓敎의 普賢行에 의해 宗趣를 밝혔다. 釋文의
주요내용은 야마천회의 正說의 大綱으로 初品은 所行을 밝히고 후품은
그 所成을 드러내었으며 각각 位와 行에 해당된다. 十行品의 조직은 7분으로
本分은 십행품의 본문에 해당되며, 行의 體와 相을 설명한 것으로 십행의
體에는 10종의 行不思議가 있고, 십행의 相에는 십행의를 十門으로 분별하
였다. 說分에서도 십행은 果分不可說의 십행과 因分可說의 십행으로 구분하
였고, 重頌分은 偈頌을 해석한 것으로 長行과 偈頌과의 文勢가 다른 다섯가
지의 사례가 있는 부분을 제시하였다.

「탐현기 제7」 도솔천회는 3품으로 구성되었으며 『원종문류』 권14 「諸文
行位類」에서는 一體寶殿品 제19의 釋文 일부와 金剛幢菩薩廻向品 제21의
2品이 제시되었다. 一體寶殿品의 석문은 兜率天會에 勝進品이 없는 이유를,
廻向品에서는 宗趣와 釋文을 발췌하였다. 廻向品의 종취는 10종의 대행을
3처에 회향하는 것을 '宗', 普賢法界의 德用을 성취하는 것을 '宗趣'로
한다. 釋文은 6分되며[127] 本分에서 體와 相을 분과하여 해설한 부분을
제시하였다. 說分에서는 大廻向位를 果分不可說의 廻向과 因分可說의 廻向
으로 구분하였다.

「탐현기 제8」 10廻向 중 法界等無量廻向에 4門이 있으며 그 釋文에 長行을
位行과 位果로 구분하며 所成의 行을 밝힌 부분이다.

「탐현기 제9」는 제6회 他化自在天會 十地品 제22에 해당되며 來意와
釋文의 내용을 제시하였다. 釋文은 제3 加分·제5 本分으로 구성되었으며,
本分의 釋文 중 3門은 地體·地相·地要이며 다시 地體는 5門으로 釋名·通
辯地體·地持瑜伽六決定相攝·分行相·釋文이 된다.

---

127) 釋文에서 6분은 三昧分·加分·起分·本分·說分·証成分이며 10廻向의 설명문
을 해석.

144

「탐현기 제14」는 法雲地에 해당하며 제2 正說分 가운데 行位의 내용이
있는 方便滿足地分・得三昧分・得受位分・入大盡分을 발췌하였다. 이어
서 三昧分과 受位分의 문장을 해석하였다.

「탐현기 제15」에는 十明品 제23, 佛不思議法品 제28, 如來相海品 제29로
구성되었으며, 十明品[128])에서는 釋名과 來意, 佛不思議法品은 釋名・來
意・宗趣・釋文・如來相海品은 總別로 하여 宗趣를 밝혔으며 別釋 8門
그 가운데 種類・建立・業用의 부분을 제시하였다.

「탐현기 제16」에서는 佛小相光明功德品 제30의 釋名・來意・宗趣・釋
文과 普賢菩薩行品 제31의 釋名・來意・釋文의 일부를 발췌하였다. 功德品
의 釋文은 略說과 廣說로 구분되며 그 가운데 廣說을 해석하여 如來의
神光이 惡道를 구하고, 하늘의 妙音聲이 天上을 饒益케 한다는 부분 등에서
行位와 관련된 내용을 발췌하였다. 제4 釋文 가운데 행위와 관련된 주요
내용으로는 離垢三昧의 二位는 因의 終과 果의 初로 나누어지며, 제5 大段은
'聞法獲益'을 밝힌 단으로, 보현의 5位相攝의 大善巧法으로 譜法을 들으면
十地를 얻게 되며 三乘의 漸次敎와 다름을 밝혔다. 그 가운데 위를 얻는
이익, 행을 이룬 이익 등을 제시하였다. 제6 大段은 無盡行을 이루는 것을
밝힌 단으로 첫째는 法界供具를 내어 佛을 공양하는 것을 밝히고, 둘째는
供具가 이루는 바의 이익을 드러내는 것으로 2분된다. 그 중 香과 蓋의
이익이 있고, 蓋의 이익은 蓋를 보는 것으로 無量의 善根을 얻는 것, 王位가
교화하는 바의 이익, 所得의 이익의 相으로 구분된다. 그 가운데 行位와
관련된 내용으로는 佛・天子・輪王이 각각 十地를 얻는데 三位는 모두
같고, 동시에 각 塵數의 多類를 이룬다. 이를 如來의 一小相 중 하나의
光明力이므로 一小相이 그렇다면 나머지의 小相 뿐만 아니라 大相海 등도

---

128) 80권 화엄경에는 十地品의 뒤에 十定品이 있고, 십정품의 뒤에 十明品에 상당하는
十通品이 있다. 그리고 십정품은 重會로서의 寶光堂法會에서 설하는 것으로 제7회
가 된다.

같다. 또한 一에 一切를 攝한 것을 밝힌 것이며 塵劫에 一位를 다한다는
것은 一切에 一을 攝하여 無碍自在한 圓敎가 된다.

보살행품 제31에서는 釋名·來意·釋文의 내용을 발췌하였다. 釋名과
來意에서는 경전 가운데 보살행품의 위치를 밝힌 것으로 五分의 분류에
따르면 修因契果生解分에 해당하며, 五周因果는 위로 修生因果이며, 보살행
품을 포함한 아래 2품은 修顯因果로 각각 差別因果·平等因果에 해당되며,
다음은 自體의 因果를 밝힌 부분이다. 釋文에서는 보현행품의 普賢圓因과
性起品의 性起滿果를 밝히는데 보현행품은 長行과 頌으로 구성되어 있고
長行은 正說과 瑞証으로 해석하며 所因을 序說, 所說의 普賢行을 밝힌
부분을 제시하였다.

「탐현기 제17」 제7회에서는 離世間品 제33의 釋名·來意·釋文의 내용
을 발췌하였다. 釋名·來意를 살펴보면 託法進修成行分으로 行法에 依託해
서 正行을 修成하였다. 普光重會라 하고 解에 의해서 行을 일으킨 것을
밝혔다. 또한 앞의 性起品에는 成果의 수승함을 드러낸 것을 밝히고, 離世間
品에서는 性起品에 의해 일어난 바의 行用을 밝히기 때문에 그 다음에
온 것이다. 釋文은 序分·三昧分·起分·請分·說分·結勸分·表證分·偈
頌分 등 8분으로 조직하여 文을 해석하였으며, 그 가운데 三昧分·請分·說
分의 내용을 위주로 하였다. 三昧分은 普賢이 佛華嚴三昧에 들어가는 뜻을
설한 것을 해석하였다. 華嚴定은 4문으로 나뉘는데 釋名·體性·明業用·
明位地로 구분된다. 請分의 '明所問法' 200句는 십신의 행·십주의 행·십
행의 행·십회향의 행·십지의 證行으로 구분된다. 설분은 이세간품에서
諸 보살을 대표하는 普慧보살이 보현보살에게 總으로 시작하는 200句로
이루어진 보살행을 질문하고 보현보살이 차례로 답한 것이다. 2백의 물음은
하나하나가 十門으로 답하기 때문에 二千行法이 되며, 二千의 보현행법은
五門으로 因果·分行位·顯普別·明互攝·辨行相이다.

「탐현기 제18」 제8회는 입법계품으로 석명·종취·석문에서 내용을

발췌하였다. 석명은 依人入證成德分이며 逝多林會에 해당되며, 종취의 분별 2문은 約義・約法・約位로 구분된다. 釋文에서 입법계품은 本會와 末會로 二分하여 각각 과법계와 인법계・돈입법계와 점입법계・총과 別에 해당되며, 本末이 원융무애하다. 제8회는 序分・請分・三昧分・現淨土分・集斯衆分・擧劣顯勝分・偈頌讚德分・普賢開發分・豪光示益分・文殊述德分으로 分段된다. 請分 중에는 衆念請・念所請・念請現으로 3分되며, 소청에는 60句가 있는데 古德의 해석과 今釋으로 나뉜다.

다음은 본회에 이어 말회에 대한 내용이 인용되었으며, 本末無碍로서 함께 一品이 되며, 아래 해석의 文은 十門으로서 紋諸古說에서 6. 分成五相, 7. 圓攝始終, 8. 明法界人類, 9. 法界事義, 10. 隨文解釋이며, 그 가운데 紋諸古說에서는 光統・意法師 등의 설을 들었으며, 제2 明會數開合・제3 明會主多少에는 人과 會에 대해서 會는 55회, 主는 54가 있고, 會에 따르면 57인이 있는데 이는 55회 중에서 2곳에 각 1명을 더한 것이다. 제5에 攝二位의 내용은 55회로 문수・보현의 2인에 의해 統收되는데 문수의 位는 반야문에 보현의 位는 法界門에 속하고, 2인을 二位에 의하여 法界를 밝히며, 문수는 법계의 깊은 뜻, 보현은 법계의 광대한 뜻을 드러낸다. 이 때문에 二門은 相影하여 덕을 갖춘다. 제6 分五相은 보살의 5종의 行相으로서 高行・大行・勝行・深行・廣行이 있다. 제7 圓攝始終은 제회의 차별의 位 가운데 하나하나가 각 一切의 諸門을 攝한다. 이 때문에 一位에 55 및 110 아울러 刹塵 등이 있으며 一과 같이 一切도 또한 같다. 제10 釋文은 寄位修行相의 선지식을 해석하였다.

「탐현기 제20」 미륵장은 攝德成因相의 선지식을 해석하였다. 미륵보살은 그 53위에 해당되며, 법계를 보이는 것을 밝히는 가운데 선재가 행한 정진의 덕을 찬탄하는 110인의 古師 3釋이 있다. 전후의 선지식을 총괄하면 54위가 있고 德生童子 및 有德童女를 나누면 55인이 된다. 각기 自分과 勝進이 있기 때문에 110인이 된다. 이상은 「諸文行位類」의 중반부인 探玄記

의 권차별 내용을 살펴보았다.

다음은 「諸文行位類」의 후반부에 해당하며 智儼의 章疏를 중심으로
하였다.

<표 11> 『圓宗文類』 권14 「諸文行位類」 후반부129)

구분	화엄경 (7처 8회 34품)	내 용	비고
搜玄記 제1	盧舍那品佛 第二	釋文(對會 隨品)	智儼
至相問答 初卷	受職	敎義理事位等	智儼

「搜玄記 제1」은 盧舍那佛品 제2 正宗分의 내용으로 4門으로 분별되며
分文釋에는 對會와 隨品으로 나뉜다.130)

「孔目章」은 智儼(602~668)이 60권 화엄경의 난해한 부분을 해석한 것으
로 제1권은 18장, 제2권은 48장, 제3권 46장, 제4권 35장 등 모두 147개장으로
구성되었다.131) 『圓宗文類』 권14 「諸文行位類」에 수록된 孔目章의 篇目은
제2에 十住章·十波羅蜜章·十廻向章, 제3에 十地章·六決定章·受職章이
다. 十住章은 十住義와 종류를, 十波羅蜜章은 十波羅蜜의 종류와 十行法이
되는 내용을 설명하고 三乘과 一乘과의 관련성을 서술하였다. 十廻向章은
十廻向의 종류를 보여주고, 廻向의 세 가지인 實際·無上菩提·衆生이
있고 각각 二義가 있는데 三乘과 一乘을 배대하였다.

「十地章」은 『華嚴經內章門等雜孔目』 권3 「初明十地品十地章」에 해당되
며 전문을 수록하였다. 十地는 10종의 地位이며, 보살의 수행과정으로
52位中 제41에서 50의 位에 해당되며 歡喜地 등 10地이다. 본장에서는
10地의 종류와 함께 人天·三乘·大乘終敎·頓敎·一乘 등 5乘과의 分別을
제시하였다. 「六決定章」은 원전에서 「本分中決定章」에 해당되며 원문의

129) 義天, 『圓宗文類』 권14(『한불전』 권4, 621~625쪽).
130) 義天, 『圓宗文類』 권14(『한불전』 권4, 621쪽, 중).
131) 義天, 『圓宗文類』 권14(『한불전』 권4, 621쪽, 중-하).

148

가감은 없다. 六決定은 觀相善決定 등 6종의 決定으로 地上 즉 初地의 地位 이상의 보살이 聖智에 의해 眞을 證하고 理에 順하는 것으로, 6종의 善決定이 있다. 「受職章」은 「第十地受職章」으로 受職義는 事·理·事理受職으로 3분되며 理事受職은 보살이 位를 얻는 것과 같다.

『至相問答』 初卷은[132) 智儼의 『至相問答』 가운데 諸敎의 成佛受職을 小乘·三乘·一乘으로 구분하고 一乘受職에 의하면 敎義理事位 등을 갖추게 되어 화엄경설과 같다고 하는 부분을 제시하였다.

3) 『圓宗文類』 권22 「讚頌雜文類」

『圓宗文類』 권22 「讚頌雜文類」는 『圓宗文類』의 마지막 권에 해당하며, 화엄경과 고승 대덕에 대한 讚文·法界觀 頌·華嚴結社 등 雜文이 다수 실려 있다. 또한 의천은 송의 승려들과 교류하였는데, 그들의 글을 다수 수록하였다.[133) 이를 <표 12>로 분류하고 내용을 살펴보기로 한다.

「讚頌雜文類」는 『圓宗文類』 권22의 마지막에 배치되었다. 화엄경 관련 찬문 등 26건, 화엄종 조사 眞讚 8건, 화엄경 결사 및 社會願文 7건, 기타 송나라 승려 書信 5건 등이 있고, 이를 포함하여 신라와 고려의 인물로는 최치원과 박인량의 撰文 7건이 수록되었다. 모두 61건의 찬술 가운데 대부분이 화엄 관련 문류임은 서명으로 알 수 있으나, 圓覺經·楞嚴經 관련 2건이 실려 있어 이채롭다. 그것은 의천이 淨源과의 교류를 통하여 '法藏-澄觀-宗密-子璿-淨源'의 저술과 사상 경향에 대한 관심의 반영이며, 화엄종의 敎學에 도움이 되는 문류로 編纂한 것이다.

---

132) 義天, 『圓宗文類』 권14(『한불전』 권4, 624쪽 상).
133) 화엄사상이나 이에 조예가 있던 고승의 전기 발원문 등 다양한 문헌을 망라한 것으로 본다(許興植, 앞의 논문, 48쪽).

<표 12> 『圓宗文類』 권22 「讚頌雜文類」

제목	저자	비고	제목	저자	비고
三寶讚(讚佛, 讚法, 讚僧)	宋仁宗		約理事無碍和	思存	
大方廣佛華嚴經隨品讚	遼天佑帝		示圓宗周偏含容/依報/正報	〃	
大方廣佛華嚴經入法界品讚	宋 楊傑		眞空絶相觀頌(此下四首)	有誠	
華嚴利海變相讚	淸涼		理事無碍觀頌	〃	
毗盧遮那佛華藏世界圖讚	劉禹錫		周偏含容觀頌	〃	
華嚴宗主賢首國師眞讚	唐中宗		送花嚴法師傳教東歸	〃	義天전송
淸涼國師大和尙澄觀眞讚	唐文宗		送廣華嚴歸雪竇	仁岳	
終南山至相寺智儼尊者眞讚	崔致遠	4자 16행	示衆(此下五首)	元照	
海東華嚴始祖浮石尊者讚 幷序	朴寅亮	4자 16구	脩性齊	〃	
天后朝復禮法師問天下學士眞妄偈	復禮	690~702	資深齊	〃	
安國寺利涉法師答	利涉		隷業齊	〃	
興唐寺華嚴疏主澄觀答	澄觀	806~820	策門三道	淨源	
章敬寺大德懷暉答	懷暉	元和中人	賢首判論	〃	
安國寺洪滔禪師答	洪滔	章敬同學	判敎有差	〃	
雲華寺海法師答	海法師		儒釋言性	〃	
申明禮法師意	宗密	復禮譯經道場	賢首國師寄海東書	法藏	
還答前偈/和諍篇	-		華嚴經社石記	白居易	827년
證道頌	淸涼		大宋諸朝賢書大方廣佛華嚴經序	王欽臣	
黃蘗禪師頌	-	(?~850)	華嚴經讚序	朱長文	
羅漢和尙頌	-		華嚴九會禮文序	-	
依眞空絶相詠禪	白居易				
法界觀門抄序	-	995년	衆請僧傳講華嚴經成名疏 - 具寺院名額, 具請人位	-	僧家詞疏
新注法界觀序	呂參政	呂惠卿	請講大方廣佛華嚴經疏	楊傑	
法界觀門抄序	曇雅	1062년	衆請僧傳講楞嚴經成名疏	-	僧家詞疏

教義分齊章重校序	淨源		衆請僧傳講圓覺經成名疏	-	〃
還源觀疏抄輔解序	〃		皇明年齡億萬譁疏	-	〃
法界觀助修記序	〃		故修南山儼和尙報恩社會願文	崔致遠	
西湖昭廣寺結淨行社集總序	錢易	1010년	海東華嚴初祖忌晨願文	〃	
施華嚴經淨行品序	蘇易簡		華嚴社會願文	〃	
西湖結社詩序	丁謂	1007년	華嚴經社會願文	〃	
大宋杭州西湖昭慶寺結社碑銘 幷序	宋白	結社	華嚴佛國寺阿彌陀佛畵像讚	〃	

『圓宗文類』 권22 「讚頌雜文類」의 전반부는 唐 文宗이 지은 法藏과 澄觀의 眞讚, 송 인종의 佛法僧 三寶에 대한 三寶讚이 수록되었다. 遼 天佑帝의 華嚴經隨品讚은 권1 「諸部發題類」에 姚景喜의 華嚴經隨品讚引文이 있어 그 관련성을 살펴볼 수 있다. 이어 징관의 華嚴利海變相讚과 劉禹錫의 毗盧遮那佛華藏世界圖讚 등 讚文이 수록되었다.

다음은 天后朝의 復禮法師가 天下學士들에게 眞妄을 묻는 偈인 「天后朝復禮法師問天下學士眞妄偈」를 싣고, 安國寺 利涉法師答・興唐寺 澄觀答・章敬寺大德懷暉答・安國寺洪滔禪師答・雲華寺海法師答을 차례로 수록하였다. 이어서 宗密이 禮法師의 뜻을 밝히고 다시 앞의 게송에 대하여 答하는 「學人多謂 眞能生妄故 疑妄不窮盡 爲決此理 更述一番 還答前偈」와 「和諍篇」을 배열하였다. 이 자료가 讚文이라면 다음은 頌에 해당되는데 징관의 證道頌과 찬자를 알 수 없는 黃蘗禪師頌・羅漢和尙頌 등 2건의 頌을 수록하였다.

華嚴三觀과 관련하여 白居易가 眞空絶相觀에 의해 禪을 노래한 「依眞空絶相詠禪」에 대하여 思存이 理事無碍觀과 周偏含容觀을 제시하는 방법으로 「約理事無碍和」・「示圓宗周偏含容」을 수록하였다.

의천은 송의 화엄종 승려 有誠・淨源 및 戒律宗의 元照(1048~1116)와

교류하였다. 의천은 이들이 찬술한 문류를 수록하였는데 有誠 4건, 淨源
6건, 元照 5건으로 각자의 宗派와 관련이 있다. 有誠은 화엄종의 三觀인
眞空絶相觀·理事無碍觀·周偏含容觀에 대하여 頌을 썼으며, 의천을 전별
하는 詩「送花嚴法師傳敎東歸」를 지었다. 宋僧 淨源은 策門三道의 題下에
賢首判論·判敎有差·儒釋言性을 찬술하였다. 또한 그는 華嚴 章疏 출간과
敎學을 전하는 敎義分齊章重校序·還源觀疏鈔輔解序·法界觀助修記序 등
을 찬술하기도 하였다. 淨源은 화엄종 正統 法藏系를 계승하였으며, 일시
화엄종을 재흥하는 데 法藏의 저술을 중시하였다. 의천은 정원과 교류하면
서 原人論發微錄·還源觀疏鈔補解·盂蘭盆禮贊文·敎義分齊章科文 等 8
책을 받아 보았다.134) 이 가운데 還源觀疏鈔補解·敎義分齊章科文은 法藏의
저술에 대하여 정원이 科를 나누고 補解한 화엄종의 章疏이다. 의천은
이를 통하여 중국 화엄종의 정통인 법장계 화엄학에 접하였고 그것의
이해를 더하였다.

　元照의 찬술은「示衆」이하 脩性齊·資深齊·隷業齊 등 5건이다. 의천은
입송구법시 관반사 양걸의 소개로 元照를 만났다. 원조는 항주 출신으로
계율과 정토교에 귀의하였고 양걸과 친교가 있었는데, 그는 의천을 위하여
律宗의 綱要를 開講하였다.135)

　의천은 입송구법시 교류하였던 宋僧 및 관료들의 문류를 수록하였다.
그 가운데 양걸의「大方廣佛華嚴經入法界品讚」,「請講大方廣佛華嚴經疏」
등 2수, 呂惠卿의「新注法界觀序」를 수록하였다. 또 다른 官僚로는 宋白
1건, 錢易 1건, 蘇易簡 1건, 丁謂 1건, 王欽臣 1건, 朱長文 1건이다. 권22

---

134) 의천,「上淨源法師書 四首」『대각국사문집』권11(『한국불교전서』권4, 543쪽),
　　"去年八月十五日 都鋼李元積 至得捧二月書敎一通 幷手撰花嚴普賢行願懺儀 大方廣
　　圓覺懺儀 大佛頂首楞嚴懺儀 原人論發微錄 還源觀疏補解 盂蘭盆禮贊文 敎義分齊章
　　科文等八本 共盛一篋者 跪受以還 披閱無厭".
135) 道詢 集,「爲高麗僧統義天開講要義」『芝苑遺編』卷之下(『新纂大日本續藏經』권59,
　　日本 國書刊行會, 1985, 643~645쪽).

152

「讚頌雜文類」 뒷부분에 수록된 내용은 주로 華嚴結社 자료이다. 송대의
화엄결사 자료 수록은 錢易의 「西湖昭慶寺結淨行社集總序」(991년), 蘇易簡
「施華嚴經淨行品序」(1006년), 丁謂 「西湖結社詩序」(1006년), 宋白 「大宋杭州
西湖昭慶寺結社碑銘幷序」의 4편이다.[136) 위의 결사 자료 撰者들은 昭慶寺
結社에 참여하였고, 당시의 명사들이며 시문에 뛰어난 재능의 소유자였
다.[137) 화엄경 淨行品은 일상생활 내에서 기거동작의 청정을 요구하는
것으로 어려운 교리나 敎學的 내용이 아니기 때문에 쉽게 수용되어 실천
수행을 가능하게 했다. 이에 사대부와 관료 그리고 불교에 경도되지 않은
다양한 인물들이 참여하여 화엄경에서 요구하는 淨行을 실천하였다.

송에서 유행된 것으로 추정되는『僧家詞疏』에서 衆請僧傳講華嚴經成名
疏, 衆請僧傳講楞嚴經成名疏, 衆請僧傳講圓覺經成名疏, 皇明年齡億萬謹疏
등 4건을 수록하였다. 이는 대중이 승려를 청하여 특정 경전의 강경을
요청하고 成名한 疏文의 형식을 제시한 것이다.

의천은『圓宗文類』권22「讚頌雜文類」에 당대 자료와 국내의 자료를
다수 수록하였다. 그 가운데 최치원과 박인량의 撰述 7건이 주목된다.
최치원은 故終南山儼和尚報恩社會願文・華嚴社會願文・華嚴經社會願文
을 찬술하는 한편 義湘에 대하여는 海東華嚴初祖忌晨願文 등 화엄사회원문
4건, 華嚴佛國寺阿彌陀佛畵像讚, 終南山至相寺智儼尊者眞讚 讚文 2건 등

<hr>

136) 秦星圭, 「고려후기 수선사의 結社運動」『韓國學報』36, 5~10쪽. 고려시대에 와서
　　결사의 모습을 알려주는 것으로 문집이 있고 西湖 昭慶寺를 방문하여 결사의
　　모습을 보고 그 감정을 시로 표현하였다. 이러한 내용의 華嚴 結社는 의천에
　　의해 고려에 소개되었고,『대각국사문집』권19, 윤관의 結社 관련시가 참고된다.
　　西湖結社詩序 3수가 이에 해당된다.
137) 張戒環은 省常을 중심으로 결사의 이상을 추구하여 결사에 참가한 사람들이 화엄
　　경의 정행을 실천하는 것이 불교의 근본정신이라고 보았다(「중국의 佛敎結社」
　　『韓國佛敎學』, 韓國佛敎學會, 1992, 316쪽 ; 「송대의 소경사 결사에 대한 고찰」
　　『韓國佛敎學』28, 2000, 85쪽). 그러나『圓宗文類』에 수록된 華嚴社會願文들과 宋代
　　사회상과의 관련성, 고려중기 華嚴結社 등과 관련하여 연구가 진행되어야 할
　　필요가 있다.

모두 6건을 수록하였다. 박인량은 海東華嚴始祖浮石尊者讚에서 최치원의
靈遊畫像讚은 佛山石體寺의 승려인 能現이 꿈속의 일을 가지고 서술한
것이기 때문에 義湘의 본 모습을 제대로 구현하지 못한 것이라 하고[138]
새로 海東華嚴始祖로서 義湘에 대하여 讚하였다.

3.『圓宗文類』편찬의 불교사적 의의

　　의천의 편저로는『圓宗文類』,『新編諸宗敎藏總錄』,『釋苑詞林』,『成唯識
論單科』,『八師經直釋』,『消災經直釋』등이 있었다. 의천의 사상을 알 수
있는 화엄이나 천태 관련 저술은 대부분이 편찬과 번역이었으며, 그의
사상의 단편을 알 수 있는 것은 현재 남아 있는 일부 편찬 序文의 서술들
등이다. 의천은『圓宗文類』,『敎藏總錄』을 편찬하였고, 고금의 문장으로
불교에 도움이 되는 것을 모아『釋苑詞林』을 편찬하려 하였지만 직접
참여하지는 못하였다.[139]

　　의천의 편찬서 가운데 현전하는『敎藏總錄』,『釋苑詞林』등에서 화엄
관련 章疏 및 문류 인용을 확인하고 이들과의 비교를 통하여『圓宗文類』의
위치와 상관성을 살펴보기로 한다. 우선 다음의 표에 의천의『원종문류』에
수록된 화엄 관련 주요 章疏 및 인용 문류를 제시하였다.

　　<표 13>의『圓宗文類』에 수록된 화엄종의 主要 章疏 및 인용 서목을
살펴보면 法藏 14, 澄觀 7, 宗密 3, 智儼 3건 등이다.『원종문류』에는 현전
3권 가운데 많은 부분에 法藏의 저술이 포함되었으며, 그의 저술의 대부분
을 인용하고 참고하였다.[140]

---

138) 朴寅亮,「海東華嚴始祖浮石尊者讚 幷序」,(『圓宗文類』권22 ;『한불전』권4, 632쪽).
139) 金富軾,「開城靈通寺大覺國師碑」(李智冠,『校勘譯註 歷代高僧碑文』, 高麗篇 3, 伽山
　　佛敎文化硏究院, 1996, 126쪽), “師欲立言以垂 不腐而志 莫之逮 嘗以群言汗漫 撮其
　　精要 類別部分 名曰圓宗文類 又欲會古今文章 有補於敎 以爲釋苑詞林而 未及參定
　　至後乃成故 去取失當”.
140) 鎌田茂雄,「中國華嚴宗の典籍」『華嚴學硏究資料集成』, 東京大, 1983, 392쪽. 특히

<표 13> 『圓宗文類』에 수록된 主要 章疏 및 引用 資料

華嚴祖師 (총저작수)	권1 諸文發題類	권14 諸文行位類	권22 讚頌雜文類
法藏 (53)	探玄記序 般若經略疏序 梵網經疏序 起信論疏序 法界無差別論疏序 十二門論疏序 華嚴妄盡還源觀序	探玄記 五敎章	賢首國師眞讚 賢首判論 賢首國師寄海東書 敎義分齊章重校序 還源觀疏鈔補解序
澄觀 (38)	隨疏演義鈔 新譯華嚴經疏 貞元新譯華嚴經疏		華嚴利海變相讚 澄觀眞讚 證道頌 華嚴疏主澄觀答
宗密 (37)	圓覺經略疏序 金剛般若經纂要序		申明禮法師意
智儼 (17)		搜玄記, 孔目章, 至相問答	智儼尊者眞讚
慧苑/元曉	華嚴經刊定記序/ 起信論疏序		

　　의천은 『圓宗文類』 권1 「諸部發題類」에서 법장의 探玄記序 · 般若經略疏序 · 梵網經疏序 · 起信論疏序 · 法界無差別論疏序 · 十二門論疏序 · 華嚴妄盡還源觀序 등을 수록하였고, 기타 般若經疏 · 梵網經疏 · 起信疏 등을 두루 실었다. 또한 의천은 法藏의 探玄記 · 五敎章을 중심으로 『圓宗文類』 권14 「諸文行位類」를 편찬하였으며, 宋僧 淨源과 교류할 때 『妄盡還源觀疏鈔補解』를 전해 받기도 하였다.[141] 결국 의천의 『圓宗文類』는 전반적으로 '智儼－法藏－澄觀'의 중국 정통 화엄 조사들의 문류를 중심으로 編纂한 셈이다.

　　법장 저작은 53종으로 華嚴經探玄記 · 華嚴五敎章 · 大乘密敎經疏 · 梵網經疏 · 大乘起信論疏 · 法界無差別論疏 · 十二門論疏 · 華嚴妄盡還源觀 등이 현전한다.

141) 法藏의 『妄盡還源觀』은 華嚴 觀法의 책으로 禪宗에서 이용하였고, 淨源이 疏鈔를 補解하여 의천에게 전한 것으로 보아 華嚴觀法을 주목한 것으로 판단된다.

　의천의 『圓宗文類』와 비슷한 시기에 편찬된 교장총록에는 '杜順-智儼-法藏-澄觀-宗密-子璿-淨源'으로 이어지는 중국 華嚴 祖師들의 관련 문류를 대부분 수록하였다.[142] 특히 法藏系 正統 華嚴宗의 淨源을 계승한 의천은 法藏의 저술에 많은 관심을 기울였다. 이는 수록 수에서 살펴볼 수 있는데, 智儼 12종 29권, 法藏 26종 68권,[143] 澄觀 15종 57권,[144] 宗密 20종 120권,[145] 淨源 18종 34권의 章疏가 수록되어 있다. 章疏의 권수로는 宗密이 120권으로 가장 많지만 화엄경 관련 문류는 法藏이 19종 57권으로 가장 많다. 이들 화엄조사의 저작 수에 차이가 있음을 고려하여야겠지만, 敎藏總錄에 法藏의 疏鈔가 다수 수록된 점은 의천이 法藏 華嚴敎學을 유념하였음을 의미한다. 의천이 『圓宗文類』 권14의 「諸文行位類」를 편찬할 때 法藏의 『探玄記』를 중심으로 智儼의 『搜玄記』 등의 저술을 촬요하였음은 이와 궤를 같이한다.[146]

　『釋苑詞林』은 義天이 수집하였던 諸文을 그의 사후 樂眞 등 화엄종 문도가 類別로 편찬한 것이다. 『釋苑詞林』은 佛家의 文苑으로 250권이었지만 현재 권191에서 권195의 5권 1책이 남아 있으며, 권191에서 권193까지는 碑文이며, 권194는 碣·誌, 권195는 誄文이다.[147] 현전 『釋苑詞林』의 잔권으

---

142) 朴鎔辰, 『大覺國師 義天 硏究』, 國民大 博士學位論文, 2004, 112쪽.
143) 張元圭, 「華嚴學의 大成者 法藏의 敎學思想(1)」 『佛敎學報』 13, 1976. 法藏의 저술은 『華嚴經探玄記』 20卷, 『華嚴料簡』, 『華嚴五敎章』, 『大乘密敎經疏』 4卷, 『梵網經疏』, 『大乘起信論疏』, 『華嚴綱目』, 『華嚴玄義章』 20部 등 38종이 있었다.
144) 張元圭, 「華嚴宗의 守成期의 敎學思潮」 『佛敎學報』 16, 1979, 20쪽. 澄觀의 저술로는 『大方廣佛華嚴經疏』 60卷, 『隨疏演義鈔』 90卷, 『華嚴經綱要』 3卷, 『五蘊觀』, 『三聖圓融觀門』 等 29종이 전한다. 또한 그의 사상과 어록을 전하는 많은 인용서가 있는데 『圓宗文類』 권22에 수록되어 있는 『華嚴利海變相讚』 등을 들 수 있다.
145) 張元圭, 「圭峯의 敎學思想과 二水·四家의 華嚴宗再興」 『佛敎學報』 18, 1981, 9쪽. 宗密은 『華嚴經綸貫』 15卷, 『圓覺經大疏釋義鈔』 13卷, 『金剛般若經疏論纂要』 2卷, 『起信論疏注』 4卷, 『注華嚴法界觀門』 1卷, 『中華傳心地禪門師資承襲圖』 1卷 等 36종이 있었는데 圓覺經의 疏鈔가 많다.
146) 朴鎔辰, 앞의 논문, 2004, 97~100쪽.
147) 『釋苑詞林』 권191~195(『韓國佛敎全書』 권4, 동국대출판부, 1994, 648~678쪽) ; 許

156

로는 의천의 다른 문류와의 상관성을 살펴보기에는 부족하다.『釋苑詞林』
은 의천이 수집한 자료를 토대로 그의 화엄종 문도에 의해 국가적 사업으로
편찬되었는데, 이는 의천의 각종 문류 편찬이 국가불교의 입장에서 이루어
진 것과 궤를 같이한다.

　이상 의천 편찬서와 관련하여『圓宗文類』의 위치를 살펴보면, 의천은
17세 이래 敎藏을 수집하였고, 35세 되던 해인 1085년 입송구법시 구득한
3천여 권의 章疏를 기반으로 宣宗대에 敎藏을 雕印하였다. 이러한 일련의
흐름 가운데 의천은『圓宗文類』를 편찬하여 화엄종을 위주로 한 국가
불교의 입장을 정리하였고, 더 나아가 화엄종과 천태종을 중심으로 한
불교계의 재편을 주도하면서『新編諸宗敎藏總錄』을 편찬하였다. 의천의
『敎藏總錄』은 화엄종의 입장에서 편찬되었으며 천태종과도 깊이 관련되었
다. 敎藏總錄의 경・율・논부에 수록된 章疏의 첫 부분은 화엄종의 敎理에
충실한 경전의 註疏를 실었다. 또한 敎藏總錄에 중국의 화엄조사 智儼・法
藏・澄觀・宗密・淨源 등의 章疏를 수록하였다. 특히 의천은 입송구법
이후에 기존 澄觀의 화엄교학과 함께 法藏의 정통 화엄을 계승하였음을
분명히 하는 한편 이를 화엄교학의 준거로 삼았다.『釋苑詞林』은 이러한
정리 작업 이후 그가 평생 수집한 敎藏 章疏를 제외한 다양한 佛家의
文類를 정리한 것이다. 의천은 그의 찬술서인『圓宗文類』와『新編諸宗敎藏
總錄』에 고려초기 이래 국내 승려의 文類를 수록하지 않았지만『釋苑詞林』
에는 고려중기까지 전해진 碑文 등을 수집하여 불교에 보탬이 되고자
하였다. 이를 위하여 불교계의 동향을 유념하면서 고려초기 선종 승려
眞觀釋超 등 敎・禪宗 승려를 망라한 방대한 250권의 불교 文類를 집대성하
였다.

　한편 의천의 사상 경향을 밝힐 수 있는 것은 그의 화엄교학과 敎判에
따라 촬요하였을『圓宗文類』권14「諸文行位類」이다. 의천의 화엄교학의

<hr/>
興植,「智谷寺 眞觀禪師碑」『高麗佛敎史硏究』, 一潮閣, 1986, 599~600쪽.

핵심인『圓宗文類』는 그의 화엄종 문도에 의하여 전승되었는데, 특히 의천
계 화엄종 문도의 사상 경향은 無碍智國師 戒膺의 태백산 계열 廓心이
지은『圓宗文類集解』의 내용을 통하여 그 사상적 전승을 살펴볼 수 있다.
의천의 화엄종 태백산 계열의 전법 계보는 '爛圓−義天−戒膺−釋胤−廓
心'으로 전법되었다. 의천은 입송구법 이후 그의 華嚴敎學과 敎判에 따라
『圓宗文類』를 편찬하여 화엄종의 요점을 촬요하였다. 의천의『圓宗文類』에
대하여 태백산 문도인 廓心은『圓宗文類集解』를 편찬하였다. 廓心은 '海東
太白山傳敎沙門 廓心 集'이라 하여 고려의 태백산에서 華嚴敎를 전하는
것을 강조하였다. 또한 廓心은『圓宗文類集解』에 대하여 주요 내용을 본인
이 모았다는 의미의 '集'이라는 용어를 사용하였다. 廓心은『圓宗文類集解』
의 주요 내용을 모을 때 '集曰'[148]이라 하여 자신의 의견을 개진하였는바
의천계 화엄사상 경향이 전승되었을 것으로 판단된다.

廓心의『圓宗文類集解』는 3권 가운데 中卷 1권만이 남아있는데,『圓宗文
類』의 어느 부분을 주석하였는지는 분명치 않다.『圓宗文類集解』卷中은
宗要義·初會理智義·國土解義·宗趣義로 유별하는 한편『원종문류』에
서 발췌한 주제를 제시하고 華嚴諸家의 견해를 집해하였다. 즉『원종문류』
에서 宗要義·初會理智義·國土海義·宗趣義 등 4義를 法藏·澄觀·智
儼·원효 등이 찬술한 다양한 論疏를 활용하여 집해한 것이다.[149] 이 集解에
서 法藏과 澄觀을 兩師·兩祖라고 하고 그들의 저술을 중심으로 집해하는
태도를 보이며, 원효에 대하여는『十門和諍論』,『起信宗要』의 일부를 언급
하였다.[150] 이러한 특색으로 미루어 廓心은 의천 이래의 전통을 계승하였으

---

148) 廓心,『圓宗文類集解』卷中 34左, "集曰 上二所說皆有道理 學者應思". 澄觀이 十身을
    三身에 배대하면서 化身이라고 한 연유에 대해 廓心이 두 가지 說을 배치하고,
    마지막에 자신의 의견을 '集曰'이라 하여 배우는 사람들이 생각할 바를 제시하였
    다.
149) 廓心,『圓宗文類集解』卷中「國土海義」. 法藏의 探玄記를 集解하기 위하여 智儼,
    澄觀, 元曉 등을 언급하였다. 國土海義에서는 瓔珞經, 孔目章, 淸凉 등이 3회 인용되
    었다.

며, 의천이 원효를 중시하는 태도[151]가 廓心에게 그대로 전승된 것으로 보인다. 의천의 화엄사상은 法藏의 화엄사상과 유사하여 연기건립적이며 과상현의 입장에서 여러 법상이 건설됨을 강조하기 때문에 여러 法相의 泯滅보다는 그 실체를 인정하면서 차별상을 내세운다. 한편 원효의 화엄사상은 義湘이나 法藏과 일면 유사성을 보이는데, 法相을 융섭하면서도 그 실체를 인정하여 차별성을 설정하는 점에서 法藏의 사상과 유사한 측면이 있다.[152] 의천의 화엄사상을 계승한 廓心 역시 이러한 사상 경향과 크게 다르지 않았을 것으로 판단된다.

廓心이 태백산을 중심으로 華嚴法會와 敎學을 펴던 시기에는 기존의 문벌귀족 체제와 결탁된 불교계를 비판하면서 등장한 信仰結社로서 修禪社의 활동이 전개되었다. 知訥(1158~1210)은 수선사를 중심으로 불교계의 개혁 운동을 전개하였다. 廓心과 지눌의 종파는 각각 敎宗과 禪宗으로 구분되지만 화엄경을 중시한 점에서는 그 공통점을 지적할 수 있다. 지눌의 조계종 사상은 화엄사상을 중시하였는데 의상에서 均如로 이어지는 화엄사상의 맥과 상통할 수 있으며, 의천의 화엄사상과는 다른 면을 많이 가진 것으로 이해된다. 지눌은 李通玄의 『華嚴論』을 중시하여 『華嚴論節要』를 주석하였는데, 李通玄의 화엄사상은 의상의 화엄사상의 영향을 받아 형성되었으며,[153] 중국 화엄종의 傍系로서 法藏의 정통 화엄사상과는 대조되며 均如의 화엄사상과 상통하는 것으로 이해된다.[154] 의천은 『敎藏總錄』

150) 吉津宜英,「廓心『円宗文類集解』卷中の研究-(二)廓心と『圓宗文類集解』卷中の敎學の特色に對いて」『印度學仏敎學研究』86(43-2), 1995, 768쪽.
151) 金杜珍,「義天의 圓頓사상과 그 불교사적 의미」『北岳史論』10, 北岳史學會, 2003 ; 崔柄憲,「高麗 佛敎界에서의 元曉 理解-義天과 一然을 中心으로-」『元曉研究論叢』, 국토통일원, 1987.
152) 金杜珍,「元曉의 唯心論的 圓融思想」『한국학논총』22, 국민대, 1999, 40쪽.
153) 金杜珍,「의상 화엄사상의 불교사상사적 위치」『의상, 그의 생애와 화엄사상』, 민음사, 1995, 249~250쪽.
154) 金杜珍,「고려후기 사원 세력과 송광사」『순천시사』, 1997, 202~203쪽.

에서 李通玄이 撰述한『華嚴論』40卷을 기록하였지만,『圓宗文類』나 문집 등에는 잘 찾아지지 않는 점으로 미루어 이통현의 화엄사상에 동조하지 않은 것으로 판단된다. 의천 사후 화엄종은 의천계와 비의천계로 구분하여 살펴볼 수 있다. 의천계 화엄종 문도는 樂眞・理琦 등 靈通寺 碑陰記에 수록된 승려이며 이들과 嗣資相承 관계인 敎雄・戒膺・澄儼 등을 들 수 있다. 반면 비의천계는 고려후기 대장경을 조판하면서 均如의 저서를 입장하는 天其・守其 등이 일반적으로 지적되고 있다.[155]

요컨대 의천계 화엄 문도의 敎學은 法藏과 澄觀 등의 그것이 중심이 되었다. 이에 대해서는 廓心의『圓宗文類集解』에 대한 세밀한 분석의 여지는 있지만 의천이 강조한 智儼・法藏・澄觀 등 華嚴三家 중심의 華嚴敎學을 강조하였다. 의천의『圓宗文類』는 유문을 구분하여 華嚴章疏를 전재한 것이라면,『圓宗文類集解』는 화엄종의 다양한 해석을 제시하고 자신의 견해를 제시한 것이다.[156] 의천의『圓宗文類』와 廓心의『圓宗文類集解』의 상관성에 대한 보다 심도있는 분석이 필요하다.

제3절 『新編諸宗教藏總錄』과 『釋苑詞林』의 編纂

1. 義天의 『新編諸宗教藏總錄』 編錄과 體制

1)『新編諸宗教藏總錄』의 編錄

고려중기 의천이 활동했던 문종~숙종대는 문벌귀족의 연립과 상쟁이

---

155) 蔡尙植,「體元의 저술과 화엄사상－14세기 화엄사상의 단면－」『규장각』6, 서울대학교 도서관, 1982(『高麗後期佛教史研究』, 一潮閣, 1996 중판, 197~219쪽 재수록).
156) 許興植,「의천의 圓宗文類와 廓心의 集解」『서지학보』5, 1991, 53쪽 ; 柴崎照和,「廓心『円宗文類集解』卷中の研究－(一)廓心과『圓宗文類集解』卷中の成立の背景に對いて」『印度學仏教學研究』86(43-2) ; 吉津宜英,『廓心『円宗文類集解』卷中の研究－(二)廓心과『圓宗文類集解』卷中の教學の特色に對いて」『印度學仏教學研究』86(43-2), 1995.

160

뚜렷하게 부각되는 시기로 볼 수 있다. 문종대에는 인주이씨와 안산김씨 등이 문벌간 혼인관계를 맺는 한편, 왕실과도 중첩혼을 이루면서 대문벌화 하는 경향을 보였다. 또한 고려중기 정치지배세력을 구성하였던 왕실 및 문벌귀족은 불교의 호법 및 수혜자이기도 하였다. 이들 왕실 및 문벌귀족 출신 승려157)의 사원 활동은 왕실 및 지배층과의 관계로 점차 통치권과 밀착된 귀족불교로서의 특징이 여러 면에서 나타나고 있었다.158)

의천 출가 전후의 시기는 정국운영에서 국왕과 신료간의 대립으로 양상 이 바뀌면서 정책결정에서 국왕권이 주요 변수로 대두되었다.159) 이러한 점은 불교정책에서도 예외일 수가 없다. 문종 즉위년 12월에 왕의 생일인 成平節을 맞이하여, 국가는 外帝釋院에 祈祥迎福道場을 7일 간 설치하고 문무백료는 興國寺에서, 東西 兩京·4都護·8牧은 각각 소재지의 佛寺에서 설행함을 恒式으로 하였다.160) 또한 문종 9년에는 11년에 걸친 흥왕사 신창불사를 통하여 邦家의 복리와 왕실의 존엄성을 높이면서 국왕권을 강화하려 하였다. 이러한 모습은 문종 10년을 전후하여 국왕의 위상이 상대적으로 신료들보다 우위를 점하면서 '興王'을 강조할 수 있는 분위기임 을 짐작케 한다.161) 의천은 이렇듯 '興王'이 강조되는 분위기에서 성장하여 문종 19년(1065) 화엄종의 경덕국사 爛圓에게 출가하였다. 文宗 末 문벌귀족 정치를 개혁하려는 기운이 있었으며, 선종대 의천의 입송은 이러한 개혁정 치와 연결된 듯하다.162)

157) 이 시기 왕실 출신의 승려로는 義天, 道生僧統, 숙종 왕자 澄儼 등이 있었으며, 문벌 출신으로는 海麟, 爛圓, 韶顯, 智炤 등이 있었다.
158) 許興植,「佛敎와 融合된 社會構造」『高麗佛敎史硏究』, 一潮閣, 1986, 11쪽.
159) 박종기,「11세기 고려의 대외관계와 정국운영론의 추이」『역사와 현실』30, 1998, 169쪽. 내치위주·문치주의 성향의 정국운영론이 대세를 장악하면서 역설적으로 왕권이 그만큼 신장되었던 것으로 본다. 즉 국왕과 신료간의 대립에서 국왕권이 정국운영에서 주도권을 확보해 가는 과정으로 본다.
160)『高麗史』권7, 세가, 문종 즉위년 12월.
161) 박종기, 앞의 논문, 1998, 169쪽.
162) 선종 초 의천의 입송구법은 불법을 구하는 이상의 정치적 의미를 담았으며,

한편 의천이 활동한 고려중기 문종~숙종대는 華嚴이나 法相宗 등 敎宗 중심으로 禪宗을 융합하려는 불교사상이 논리적으로 심화되고 있었다.[163] 그 가운데 현종대에 부상한 법상종보다는 국왕과 왕실에서 지원한 의천의 화엄종이 주류로 등장하였으나, 왕실과 인주이씨 사이의 정치적 주도권 다툼은 불교계로 확산되어 일시 의천이 해인사에 퇴거하는 등 정치적 부침과 교단의 운명이 함께 하기도 하였다.[164]

고려초기 불교사상계의 교선융합사조는 고려중기가 되면 의천에 의하여 교종의 입장에서 선종사상을 융합하려는 사상적 통합운동으로 전개되었다. 의천은 국왕권 강화의 입장에서 문벌귀족과 연립 혹은 대립하는 불교계를 재편하려는 의지를 가졌다. 이러한 정치 사회적 배경 하에 전개된 선종대 불교정책과 관련하여 敎藏總錄 편찬의 배경과 목적을 살펴보기로 한다. 이에 대하여는 의천이 선종에게 올린 入宋求法表를 통하여 확인할 수 있다.

　주상께서는 왕위를 이어 서시고 세상을 위해 오시었습니다. 또한 보살의 因行을 오래 돈독히 하심으로 인해 현재 제왕의 지위로 감응하시었습니다. 부처가 계실 때의 바른 교화를 체현하고 부처가 입멸 후에 남기신 유풍을 드날리시며, 군주의 밝은 재지와 도덕으로 나라를 다스리고 慈悲喜捨로 백성을 두루 이롭게 하시니, 三尊이 의지하여 머물고 백성이 이를

송의 신법당의 변법사상을 받아들여 고려사회를 개혁하려는 의지를 담았던 것으로 이해하는 다음의 논고가 참고된다.
　李範鶴,「蘇軾의 高麗排斥論과 그 背景」『韓國學論叢』15, 국민대한국학연구소, 1993, 3~25쪽 ; 鄭修芽,「高麗中期 改革政策과 그 思想的 背景」『수촌박영석교수화갑기념 한국사학논총』권상, 1992, 456쪽.
163) 金杜珍,「제3장 高麗時代 思想의 歷史的 特徵」『韓國思想史大系』3, 한국정신문화연구원, 138~143쪽.
164) 의천과 그의 계승자들을 화엄종의 시대구분상 제4기에 배대하여 명종시까지 화엄종에서 주도적인 위치를 차지하였던 것으로 본다(허흥식,「화엄종의 계승과 소속사원」『고려불교사연구』, 1986, 일조각, 191쪽).

힘입어 경사롭고 즐겁습니다. 文敎를 제창하여 태평성대를 여시었으니
능히 군주의 위엄을 펴신 것일 뿐만 아니라, 또한 부처의 가르침을 전하여
군생을 이롭게 하시려 이에 부처의 교령을 펴셨습니다.[165)

의천은 1085년 4월 정주에서 송상의 배로 입송하면서 佛法을 구하기
위하여 떠난다는 요지의 表文을 올렸다.[166) 여기에서 의천은 宣宗에 대하여
불법을 홍전하여 중생을 교화하고 혜택을 베풀어 태평성대를 이루었다고
칭송하였다. 이는 의천의 美辭일 수도 있으나 선종의 治國 요체가 佛의
교화를 본받고, 부처의 교풍을 밝히는 佛法爲本에 있음을 전하고 있는
것이다. 따라서 선종대의 불교정책은 문종대 이래 큰 변화 없이 지속된
것으로 판단된다. 이와 관련하여 『고려사』 世家에서 전하는 宣宗 연간의
주요 불교관계 記事는 다음과 같다.

① 乙亥에 처음으로 駕幸할 때는 仁王般若經을 받들고 前導하게 하였으니
   宋制를 따름이다(『高麗史』 권10, 宣宗 2년 2월).
② 庚午에 王弟 승려 煦가 몰래 宋에 들어갔다(『高麗史』 권10, 宣宗 2년
   4월).
③ 辛酉에 王太后가 國淸寺 창건을 시작하였다(『高麗史』 권10, 宣宗 6년
   10월).
④ 丙午에 왕이 太后를 모시고 三角山에 행차하였다. 庚戌에는 僧伽窟에
   행차하였다가 드디어 藏義寺에 행차하고 癸丑에 仁壽寺에 행차하여 行
   香하였다(『高麗史』 권10, 宣宗 7년 10월).
⑤ 壬申에 王太后가 白州 見佛寺에서 天台宗禮懺法을 長期間 동안 설치하였
   다(『高麗史』 권10, 宣宗 9년 6월).

---

165) 의천, 「請入大宋求法表」 『대각국사문집』 권5(『한국불교전서』 권4, 534쪽), "伏遇主
   上承祚以立 爲世而來 宿敦菩薩之因 現感皇王之位 體佛在之正化 闡佛後之遺風 聰明
   文思 光被率土 慈悲喜捨 利治黎元 三尊仗以住持 兆民賴之慶樂 匪唯修文偃虎 克宣人
   主之威抑亦傳教利生 聿布法王之令".
166) 表文의 성격상 과다한 미사여구가 쓰이게 마련이나 무관한 사실로 보기는 어렵다.

선종 2년(1085)에는 국왕에게 불법을 付囑하고, 국왕의 우위를 설하는 인왕경에 대한 신앙을 분명히 하였다.[167] 송나라의 제도에 따라 국왕의 행차에 인왕경을 받들어 전도케 하고, 빈번하게 仁王道場을 설행한 것은 인왕경 신앙을 통하여 국왕의 권위를 제고하고 국왕권의 우위를 강조한 것으로 이해된다.

한편 의천과 인예태후의 천태종에 대한 관심은 일찍이 나타났다. 의천과 태후 그리고 潛邸의 숙종이 천태종에 대한 外護를 發願하였는데[168] 이로 보면 의천은 천태종 開立의 의지를 입송 이전부터 가지고 있었던 것으로 판단된다. 또한 의천의 天台智者塔 發願疏[169] 역시 天台敎觀의 선양을 서원한 것으로 천태종 개창의 의지를 피력한 것이다.[170] 의천이 송나라에서 귀국한 3년 뒤인 선종 6년(1089) 10월에는 의천 母后인 仁睿太后의 발원에 의해 국청사 신창 공사가 시작되었고, 선종 9년(1092)에는 백주 見佛寺에서 天台宗禮懺法을 설치하는 등 천태종 개창에 대한 움직임이 가시적으로 나타났다.[171] 그렇지만 국청사의 공역은 쉽게 진행되지 않았으며, 약 8년

---

167) 朴鎔辰, 앞의 논문, 1999 ;「高麗中期 仁王經信仰과 그 意義」『한국중세사연구』 14, 한국중세사학회, 2003. 고려중기 왕권과 인왕경 신앙의 연관성, 인왕경의 유행에 대하여 검토하였다.

168) 林存,「仁同僊鳳寺 大覺國師碑」(李智冠,『校勘譯註 歷代高僧碑文』, 高麗篇 3, 伽山佛敎文化硏究院, 1996, 180~188쪽), "肅祖在蕃邸 嘗一日同謁太后偶語及之日 天台三觀最上眞善 此土宗門未立 甚可惜也 臣竊有志焉 太后深垂隨喜 肅祖亦願爲外護".

169) 의천,「大宋天台塔下親參發願疏」(『대각국사문집』권14『한국불교전서』권4, 552쪽), "惟吾祖花嚴疏主云賢首五敎 大同天台 竊念本國 昔有人師 厥名諦觀 講演大師敎觀 流通海外 傳習或墜 今也卽無 某發憤忘身 尋師問道 今已錢塘 慈辯大師講下 承稟敎觀 粗知大略 他日還鄕 盡命弘揚 以報大師 爲物設敎 劬勞之德 此其誓也".

170) 智者大師塔에서 발원시 천태종 개창을 서원한 것으로 본다(金杜珍,「義天의 天台宗과 宋·高麗 불교계와의 관계」『인하사학』10, 인하사학회, 2003, 180쪽). 김상영은 국청사 성립의 과정 시에 형성된 것으로 본다. 본서에서는 의천이 천태종 개창의 의지를 표명한 것으로만 지적한다.

171) 이러한 의천의 천태종 개창은 일개 종파의 창립에 그치는 것이 아니라 불교계의 통합을 의도한 것으로 이해되며, 의천이 귀국 후 천태종을 개창하기 위한 불교계 재편 작업에는 여러 山門 宗派의 名公 學徒 1,000여 명이 모여들었다. 이는 의천의

후인 숙종 연간에야 완공될 수 있었다.[172] 의천과 관련된 일련의 천태종 개창 시도는 宣宗의 의지가 개입된 불교정책으로 판단되며, 의천은 국가불교 입장에서 편찬한 教藏總錄에 다수의 화엄종 및 천태종 章疏를 入錄하였다.[173] 즉 의천이 귀국한 선종 2년(1086) 이후부터 『圓宗文類』를 통한 화엄종의 문류 및 교학 정리, 천태종 개창을 위한 국청사의 始創 工役이 진행된 것으로 보아 고려중기 불교계의 재편은 화엄종을 위주로 한 천태종의 개창에 있었다. 이는 국왕권 강화를 꾀하던 宣宗에 의해 추진된 불교정책이었으며, 동시에 의천의 조력에 의해 추진될 수 있었다. 의천의 教藏總錄은 바로 이러한 배경 아래에서 편찬되었던 것이다.

의천은 教藏總錄 서문에서 '海東傳華嚴大教沙門 義天 敍'라고 하여 고려 화엄종 사문의 입장에서 教藏總錄을 편찬하였음을 분명히 하였다. 이러한 내용이 담겨 있는 다음의 자료를 통하여 教藏總錄의 편찬 배경과 목적을 살펴보기로 한다.

昇公의 護法의 높은 뜻을 본받아 그 教迹을 搜訪하는 것을 나의 임무로 삼아 쉬지 않고 힘쓴 지 이제 20년이 되었다. 이제까지 얻은바 新舊 製撰 諸宗 義章은 사사로이 감출 수 없어 간행하고, 후에 얻는 것이 있으면 또한 따라서 그것을 기록하려 한다. 빠지거나 후에 얻어지는 것은 函帙로 編次하여 三藏의 正文과 함께 오래 전해진다면 내 소원은 다하는 것이다. 때는 後高麗 제13대 宣宗 재위 8년 경오 8월 초 8일 海東傳華嚴大教沙門 某 敍[174]

역량과 의지와 관련이 있겠지만 숙종의 적극적 불교정책에 기인한 것으로 이해된다. 숙종 연간 불교정책으로서 천태종 개창에 대한 외호는 숙종의 불교계 통합 의지를 엿볼 수 있다.

172) 『高麗史』 권11, 肅宗 2년 5월.
173) 李永子, 「義天의 新編諸宗教藏總錄의 獨自性」 『佛教學報』 19, 1982, 187~192쪽.
174) 義天, 「新編諸宗教藏總錄序」 『대각국사문집』 권1(『한국불교전서』 권4, 528~529쪽), "輒效昇公護法之志 搜訪教迹 以爲己任 孜孜不捨 僅二十載于妓矣 今以所得新舊 製撰 諸宗義章 不敢私秘 敍而出之 後有所獲 亦欲隨而錄之 脫或將來篇次函帙 與三藏

의천이 敎藏總錄을 편찬한 목적은 무엇이었을까. 의천은 『開元釋敎錄』의 찬자 智昇의 호법의지를 본받아 章疏를 搜訪하였다. 의천은 章疏 수집을 자신의 임무로 삼아 쉬지 않고 힘쓴 것이 20년이 지났으며, 수집한 신구의 諸宗 敎藏을 사사로이 감출 수 없어 간행한다는 편찬 의도를 밝히고 있다. 의천은 章疏가 없기 때문에 교법을 바로 펼 수 없음을 인식하고 敎藏總錄을 편찬하였다. 즉 敎藏總錄의 편찬 목적은 章疏를 集錄하고 간행하여 弘法하는 데에 있었던 것이다.[175] 더 나아가 의천의 「代世子集敎藏發願疏」와 「代宣王諸宗敎藏彫印疏」를 통하여 편찬 목적을 보다 구체적으로 살펴보기로 한다.

① 비록 經과 論은 갖추어 있으나, 疏鈔가 빠져서 예부터 지금에 이르기까지 遼・宋 등지에서 百家의 科敎를 모아 一藏을 만들어 유통케 하고자 합니다.[176]
② 생각건대 元曉 聖師로부터 저에게 이르기까지 많은 善을 힘써 가꾸어

正文 垂之無窮 則吾願畢矣 時後高麗十三葉 在宥之八年 庚午 八月初八日 海東傳華嚴 大敎沙門 某 鈒".

175) 김상기-敎藏 수집 조판 목적(「大覺國師 義天에 對하여」,『國史上의 諸問題』3, 1959 ;『東方史論叢』, 서울大 出版部, 1974, 208쪽) ; 조명기-장소수집 목록편찬, 경전 疏鈔類의 목록 불비로 산일의 염려가 있어 목록작성(『高麗 大覺國師와 天台思想』, 東國文化社, 1964, 42쪽) ; 李永子-불법홍포의 의지, 궁극적 목적은 출판간행(「의천의 신편제종교장총록의 독자성」,『佛敎學報』19, 동국대불교문화연구소, 1982. 182쪽) ; 朴相國-완벽한 장소목록 구비(「義天의 敎藏-敎藏總錄의 編纂과 敎藏刊行에 대한 再考察」『普照思想』11. 普照思想研究院, 1998) ; 朴老子-수집 章疏를 편찬하여야 할 敎藏의 예비목록(「의천의 '新編諸宗敎藏總錄' 편찬, '교장' 간행의 문화사적 의미」『사학연구』58・59합집, 韓國史學會, 1999) ; 內騰雋輔-19세부터 수집한 章疏에 더하여 중국 것을 구하기 위하여 제작한 목록(「高麗の大覺國師に關する研究」『支那學』3-9・10, 1961 ;『朝鮮史研究』, 京都大 東洋史研究會 東京: 홍문당, 1924) ; 大屋德城-三藏의 正文과 함께 유전(『高麗續藏雕造攷』, 日本 京都: 便利堂, 1937, 35쪽).
176) 義天,「代世子集敎藏發願疏」『대각국사문집』권14(『한국불교전서』권4, 552쪽), "雖經論而具矣 然疏鈔以闕如 欲以于古于今 大遼大宋 凡有百家之科敎 集爲一藏以流通".

나라를 보호하고 至仁에 힘입어 사물을 기르려 하였습니다. 顯宗은 五千軸의 秘藏을 새기셨고, 文宗은 十萬頌의 契經을 새기셨습니다. 正文은 비록 멀고 가까운 데 퍼졌으나 章疏의 경우에는 거의 실추하였습니다. 만약 남아 있는 것을 널리 펴고 보존하려면 실로(以下 缺落)[177]

의천은 19세인 문종 27년(1073)에 세자인 順宗을 대신해서 敎藏을 수집한다는 발원의 疏文을 올렸다. 이 疏文은 의천이 1090년에 敎藏總錄을 내던 당시의 序文 내용과 같고, 宣宗을 대신하여 敎藏을 彫印한다는 소문에서도 동일한 내용을 싣고 있다. 의천은 당시를 정법이 쇠퇴하는 시기로 보고 疏鈔를 만들어 세상에 유통시키는 것을 시대적인 사명으로 인식하였다. 그리하여 의천은 이것을 평생에 걸쳐 자신의 임무로 삼겠다고 다짐한 것이다. 결국 經과 論은 갖추어 있으나 疏鈔가 갖추어져 있지 않아 교법을 바로 펼 수 없기 때문에 遼·宋 등 여러 나라의 科敎를 모아 章疏目錄을 편찬하고 이를 一藏으로 만들어 유통하려는 목적이 있었음을 알 수 있다.

2) 『新編諸宗敎藏總錄』 新編과 編纂體制

의천이 수집한 敎藏, 즉 章疏의 목록인 敎藏總錄은 그의 나이 19세가 되던 해인 문종 27년에 「代世子集敎藏發願疏」를 올리면서 敎藏을 수집하기 시작하였고, 36세 되던 해인 선종 7년에 완결되었다. 의천이 편찬한 敎藏總錄은 宋에서 諸宗 敎藏 3천여 권을 求得하여 귀국 후 이를 宣宗에게 올리고 흥왕사에 주지하면서 3년여에 걸친 정리 작업 이후에 완성한 것이다.

『新編諸宗敎藏總錄』의 新編은 기존에 있었던 목록을 대신하여 새로이 편찬하였다는 의미와 처음으로 편찬하였다는 두 가지의 의미로 생각할 수 있다.[178] 우선 의천의 입송을 전후하여 교장목록과 관련된 내용을

---

177) 義天, 「代宣王諸宗敎藏彫印疏」 『대각국사문집』 권15(『한국불교전서』 권4, 553쪽), "竊念 自從元聖 迄至妙躬 敦衆善以保邦 賴至仁而育物 顯祖則彫五千軸之秘藏 文考 乃鏤十萬頌之契經 正文雖布於邇遐 章疏或幾乎墜失 苟存弘護 寔在(缺落)".

『대각국사외집』의 다음 자료를 통하여 살펴보기로 한다.

① 근래 받들어 가지고 온 章疏目錄 1권을……이로써 上人은 법을 전하려
는 마음과 도를 배우려는 뜻을 잠시도 잊지 아니하였음을 충분히 알았
습니다.……上人은 임금의 후예로 힘이 미칠 수 있을 것이니 이 다음날
능히 간행하고 유포하여 부처님의 진리의 법등을 끊어짐 없이 서로
잇게 하고 그 광명이 온 세상에 비치게 한다면 그 이로움이 넓고 크지
않겠습니까.[179]
② 귀국에서 현행하는 敎乘目錄을 보여 주시고, 이곳의 諸家들이 撰錄한
것을 구했는데[180]
③ 지난번에 보인 귀국의 敎乘數目 가운데 僧叡法師의 注本 7권과 아울러
吉藏·元曉·憬興·玄一·神雄·大賢 등 여러 大德들의 저술이 보이는
데, 혹 올 봄에 온다면 本朝에서 하사받은 여러 文을 한 곳에 함께 모으
고, 그 글을 함께 모아 널리 유통하면 이 또한 큰 공이며 大用을 돕는
것으로 작은 인연은 아닙니다.[181]

위의 자료는 의천이 宋의 화엄종 승려인 有誠, 淨源과 교류시 章疏目錄
1권과 敎乘數目을 전한 내용이다.[182] 자료 ①의 『章疏目錄』 1권은 의천이

---

178) 吳龍燮,「新編諸宗敎藏總錄의 續藏 受容性」『서지학연구』 13, 서지학회, 1997,
257~259쪽. 이와 관련하여 서지학계에서는 목록이 있었으며 新編한 것으로 보았
다.
179) 有誠,「大宋沙門有誠書 二首」『대각국사외집』 권3(『한국불교전서』 권4, 571쪽),
"比承示及帶來 章疏目錄一卷……以斯足見上人 傳法之心 學道之志 頃食不忘矣……
上人 王者之後 力可及矣 它日如能刊印流布 俾燈燈相續 照耀華宇 則其利博哉".
180) 淨源,「大宋沙門淨源書 二首」『대각국사외집』 권2(『한국불교전서』 권4, 570쪽),
"所示貴國見行敎乘目錄 仍求此方諸家撰錄者".
181) 淨源,「大宋沙門淨源書 五首」『대각국사외집』 권3(『한국불교전서』 권4, 572쪽),
"昨示貴國敎乘數目 其間有叡法師注本七卷 幷吉藏元曉憬興玄一神雄大賢 諸德撰
述等文 或來春得至 本朝賚取諸文 共會一處 同集其辭 以廣流通 玆亦宏功 式助大用
非小緣耳".
182) 『敎乘數目』은 『章疏目錄』과 동일한 것으로 본다.

1085년 입송구법시 有誠에게 인편으로 전한 것이다. 의천은 有誠에게 장소
목록을 주는 한편 고려에 現行하는 불완전한 章疏에 대하여 중국에 있는
章疏의 正本과 全本을 요청하고, 纂集의 여부를 확인한 것으로 보인다.[183]
자료 ②는 淨源이 1084년에 의천에게 보낸 서신으로, 의천은 입송 이전에
宋僧 淨源과 사전 교류하면서『敎乘目錄』을 보내 諸家의 撰錄 章疏를 요청하
였다.[184] 즉 의천은 고려에 목록은 있지만 無本이기 때문에 송의 諸家들이
撰錄한 것을 구했음을 알 수 있다. 또한 의천은 입송하여 자료 ③과 같이
淨源에게 敎乘數目을 보였는데 이는 앞의『敎乘目錄』과 동일한 것으로
판단된다.

　한편 위의 章疏目錄, 敎乘目錄, 敎乘數目으로 표현된 목록은 고려에 現行
한 章疏의 目錄이었지만 有本 現行錄인지는 분명치 않다. 또한『新編諸宗敎
藏總錄』과 비교하여 보면 題名이 갖추어져 있지 않고, 章疏目錄 또는 敎乘目
錄으로 달리 지칭한 점은 의천 당대에 完本의 형태로 유행하였는지 의문의
여지가 있다. 특히 의천의『新編諸宗敎藏總錄』序文에서 장소목록의 전례가
있다면 소개하였겠지만 관련 내용이 전혀 없고, 대장경 목록인『開元釋敎錄』
을 편찬한 智昇의 호법의지를 본 받아 20년 동안 章疏를 수집한 점만을
특기하였다.[185] 의천은 19세인 문종 27년(1073)에 세자인 順宗을 대신해서

───────────

183) 有誠,「大宋沙門有誠書 二首」『대각국사외집』 권3(『한국불교전서』 권4, 571쪽),
　　"夙心數年來 採集本宗□ 晋及唐五敎 諸祖及著述章疏 或講解神□□爲一家傳文 且
　　欲助揚大敎 其如文集淪落 難求正本 以此纂集未成 今得上人花嚴傳五卷 又得康藏新
　　傳一卷 足爲龜鑑……圭峯 圓覺大疏 京師未聞有本 錢塘源師及浙右諸方敎院 可以尋
　　訪 發明唯識 綸貫花嚴 然序鈔中 略說源由 世闕全本 此嘗搜索 終未遂志 花嚴九會札
　　文印本 與右本小異 雖不成文字 且欲讚揚大法 用結來因 非無愧於作者 幷本朝致政張
　　小師 頃在朝日 親製疏詞 命山僧敷演大經一遍 好事者爲之刊石 因此 各呈納兩本 幸冀
　　檢至 神秀法師 花嚴妙理圓成觀三卷 略假一觀朝夕 同傳文 拜納次".
184) 淨源,「淨源書第二」『대각국사외집』 권2(『한국불교전서』 권4, 570쪽), "祖圖所謂馬
　　鳴造論 龍樹釋通 乃縉雲記主 面言心授焉 所示貴國見行敎乘目錄 仍求此方諸家撰錄
　　者 且西聖之言 源乎周派于漢 汪洋于隋唐 瀚漫于大宋 而諸師抗宗 略陳四家 所謂澄沼
　　戒律宗 慈恩法相宗 天台法性宗 賢首圓融宗 而各有本宗 義章名號 皆行于代 至若秦什
　　之四聖 晋遠之諸賢 雖有疏記 師資傳授而亡沿襲故 其垂法不成".

敎藏을 수집하기 시작하였고, 經論은 갖추어져 있지만 疏鈔가 없기 때문에 宋, 遼에 있는 古今 百家의 科敎를 모아 敎藏으로 유통코자 발원하였다. 현종과 문종이래 대장경의 조조가 완료되었지만 章疏가 실추되었고, 대장경의 완비가 대규모의 국가적 사업이었듯이 章疏의 결집 또한 일개 종파나 개인의 힘이 아닌 국가적 사업으로 진행되었다.[186] 따라서 의천에 의해 주도된 章疏의 결집은 一藏으로 모아 유통하려는 계획 아래 10여 년 이상 오랜 기간 추진되었으며, 당시 고려에 現行하거나 갖추어야 할 章疏目錄 또한 의천의 주관 하에 작성되었을 것이다.

요컨대, 章疏目錄·敎乘目錄 등은 완결된 목록으로 보기 어렵지만 의천이 章疏를 결집하기 위하여 작성한 것으로, 그 분량에 있어서도 章疏目錄은 1권이고 『新編諸宗敎藏總錄』은 3권으로 차이가 있다. 의천은 당시 고려에 現行한 章疏와 중국에서 구득한 章疏를 포함하여 一藏으로 결집하려 하였고, 고려에 現行하고 章疏가 실재한 총목록을 편찬하여 『新編諸宗敎藏總錄』이라 題名하였다.

다음의 자료는 의천이 교장총록을 편찬한 이후의 것으로 新編한 사실과 宋僧과의 상호교류 내용을 전하고 있다.

① 李綱首가 돌아와 받자온 해동 李頠가 지은『협주금강경』1책,『단의금강경』1책,『금강경집해』1책과 아울러『교장총록』2책,『유식론단과』3책은 공경히 받들어 받을 즈음에 실로 감격함이 더합니다.[187]

185) 의천,「新編諸宗敎藏總錄序」『대각국사문집』권1(『한국불교전서』권4, 528~529쪽).
186)『阿彌陀經通贊疏 卷下』刊記, "此慈恩所撰阿彌陀經通贊一卷者 祐世僧統於元豊元祐之間 入于中華 求將將到流通之本也 予助洪願 付於廣敎院 命工重刻 自戊辰十月十九日起首 至十二月十日畢乎矣"(大屋德城,『高麗續藏雕造攷』, 便利堂, 1937, 59쪽 재인용).
187) 辯眞,「辯眞書第二」『대각국사외집』권5(『한국불교전서』권4, 574쪽), "李綱首廻承惠及海東李公頠所著夾注金剛經一 斷疑金剛經一 金剛經集解一 敎藏摠錄二 唯識論單科三 灌手焚香 捧授之次 良增感愧".

170

② 法隣이 배움은 深淺하나 큰 뜻이 있기에……後序를 法師가 지은 것으
　　로……또한 저 新集敎乘目錄을 주셔서 경사로움을 더하였습니다.
　　……188)

　　위의 자료 ① 「辯眞書」는 1095년 이후의 서신에 해당되며 의천으로부터
『敎藏總錄』2책을 받았다는 내용이다.189) 또한 자료 ②는 국청사가 창건된
1097년 전후에 의천이 宋僧 法隣에게 받은 서신으로『新集敎乘目錄』을
받은 것에 감사하는 내용이 실려 있다. 의천의『新編諸宗敎藏總錄』에 대하여
「辯眞書」에서는『敎藏總錄』이 2책이라고 하였고, 法隣은『新集敎乘目錄』이
라 하여 책수와 서명이 동일하지 않지만, 章疏目錄・敎乘目錄・敎乘數目
등으로 불린 용례가 있고, 책수와 권수는 일치하지 않을 수 있기 때문에
『新編諸宗敎藏總錄』과 동일한 것으로 볼 수 있다.
　　의천은 입송 이전 宋僧과 교류하면서 목록을 통하여 章疏를 수집하였다.
또한 그는 1085년 입송시 求書 目錄으로서 章疏 목록을 작성하여 가지고
갔을 법하며 이를 통하여 章疏를 求得하였다.190) 그리고 귀국 후에 敎藏總錄
을 새로이 편찬하였다. 곧 의천의 敎藏總錄은 고려의 현행 章疏에 더하여
입송구법 이후 중국에 유행하는 章疏를 종합 보완하여 새로운 목록을
편찬한 것이다. 의천이 新編하기 이전 목록에 수록된 章疏는 고려에 존재하
였고 現行한 것을 대상으로 하였다. 의천의 敎藏總錄은 內題「海東有本見行

188) 法隣,「大宋沙門法隣書」『대각국사외집』권7(『한국불교전서』권4, 580쪽), "法隣學
　　甚淺 然有大志……後序乃法師製……又延慶寄彼新集敎乘目錄".
189) 서지학의 오용섭은 圓宗文類 雕造가 선종과 헌종대임을 인용하고, 의천이 귀국
　　후 淨源에게서 받은 宋 仁宗 三寶讚이『圓宗文類』권22에 수록된 점을 근거로
　　1086년 이후, 하한은 교장총록이 함께 있기 때문에 1090년 이후로 본다. 또한
　　변진이『圓宗文類』를 10년간 참고하였다는 점을 근거로 1096년 이후 1101년
　　이전의 편지로 본다(오용섭, 앞의 논문, 259쪽).
190) 의천,「上淨源法師書 추정」『대각국사문집』권10(『한국불교전서』권4, 541쪽),
　　"伏望大法師流通爲急 凡有古今諸家章疏 出目示之 貴得還鄕之日 集古今諸宗敎乘
　　摠爲一藏 垂於萬世 導無窮機 返本還源 是其本願也".

錄」이라 하여 '無本, 非現行'은 수록 대상에서 제외 하였으며, 實在하고 現行한 章疏의 목록이었다.

<표 14> 『新編諸宗敎藏總錄』에 수록된 疏鈔

海東有本現行錄 上					
章疏區分	부수	권수	章疏區分	부수	권수
華嚴經	177	1247	大寶積經	3	5
涅槃經	30	107	本生心地觀經	2	12
大日經	4	28	文殊說般若經	1	2
法華經	61	236	觀無量壽經	15	24
楞伽經	11	46	大無量壽經	3	3
楞嚴經	27	174	小阿彌陀經	19	31
圓覺經	18	94	稱讚淨土經	3	5
維摩經	19	141	彌勒上生經	9	23
金光明經	25	84	彌勒經	8	15
仁王經疏	12	48	藥師經	7	12
金剛般若經	29	73	灌頂經	1	1
般若理趣分經	7	10	方廣經	1	1
大品般若	1	3	四十二章經	4	6
般若心經	19	30	溫室經	1	1
六波羅蜜經	2	20	盂蘭盆經	15	24
金剛三昧經	2	10	報恩奉盆經	1	1
勝曼經	3	7	無常經	3	10
不增不減經	1	1	天請問經	2	4
諸法無行經	1	5	請觀音經	3	3
般舟三昧經	1	1	消災經	4	8
注思益經	1	10	八大菩薩曼陀羅經	2	6
解深密經	2	10			
無上依經	1	4	합계	561	2,586
海東有本現行錄 中					
章疏區分	부수	권수	章疏區分	부수	권수
梵網經	25	51	四分律	58	306
佛遺敎經	9	12	十誦律	48	86
四分律	58	306	瓔珞本業經	1	3
梵網經	25	51	地持經	1	10
佛遺敎經	9	12	합계	142	467

海東有本現行錄 下					
章疏區分	부수	권수	章疏區分	부수	권수
大乘起信論	34	88	因明論	27	98
釋摩訶衍論	6	31	正理門論	2	2
成唯識論	29	266	瑜伽論	21	230
大乘起信論	34	88	기타	73	293
釋摩訶衍論	6	31	攝大乘論	9	55
成唯識論	29	266	기타	103	614
百法論	14	69	합계	307	1,687

의천은 고려·宋·遼 등지에서 수집된 章疏를 集錄하여 敎藏總錄을 편성함에 있어 자신의 敎學觀에 의거 일정한 기준을 가지고 편찬하였다.[191] 의천은 『新編諸宗敎藏總錄』 권1·2·3에 각각 「海東有本見行錄」 상·중· 하를 配對하고 직접 集錄하였음을 기록하였다. 권1에는 經部의 疏鈔, 권2에 는 律部의 疏鈔, 권3에는 論部의 疏鈔를 각각 集錄하였다. 이를 疏鈔名, 권수, 부수로 구분하여 편찬 체재를 살펴보면 <표 14>와 같다.

『新編諸宗敎藏總錄』에 수록된 章疏는 經·律·論으로 3대분되고 『海東有本 現行錄』上·中·下에 각각 配對하여 경부 561부 2,586권, 율부 142부 467권, 논부 307부 1,687권 합계 1,010부 4,740권을 集錄하였다.[192] <표 14>에서 보듯이 經部에서는 화엄경을 필두로 涅槃經, 法華經 등의 순서로 편성하였고,

191) 『新編諸宗敎藏總錄』 體裁
　序文　海東傳華嚴大敎沙門 義天 序
　新編諸宗敎藏總錄 卷第一 高麗沙門義天錄
　(此是草本俟後重廣如有漏略觀者恕之)
　海東有本見行錄上 經典部
　新編諸宗敎藏總錄 卷第二 高麗沙門義天錄
　海東有本見行錄中　律部
　新編諸宗敎藏總錄 卷第三 高麗沙門義天錄
　海東有本見行錄下　論部
192) 李永子는 敎藏總錄에 수록된 章疏의 부수 및 권수에 대한 선행 조사를 제시하였다 (李永子, 앞의 논문, 1982, 186쪽). 조명기는 1,010부 4,740권, 林屋友次郎은 1,085부 4,857권, 李永子 1,010부 4,759권으로 조사하였다. 필자는 조명기의 견해와 같다. 권수가 이중 기재되어 있는 부분을 합산한 차이에 불과하다.

律部에서는 四分律, 十誦律의 부수와 권수가 梵網經이나 遺敎經 보다 많음에도 후반부에 배열한 것은 의천의 관심과 敎學觀에 기초하여 梵網經·瓔珞經·遺敎經을 선순위에 배열하였음을 보여준다고 할 수 있다.[193]

『敎藏總錄』에 수록된 章疏는 경전 名에 따라 모으고 분류한 것으로 편록 당시에는 經典의 소주제에 따라 群別 배열하였을 것으로 판단된다.[194] 이와 같은 敎藏總錄의 체제는 智昇의 『開元釋敎錄』 가운데 現定入藏錄과 刊定入藏錄의 편찬 방법을 참고하여 장·단점을 취사선택한 것이었다.[195] 『開元釋敎錄』은 刊定入藏錄에서 역자명, 現定入藏錄에서는 紙數 및 帙數를 기재한 점이 특징인데, 의천은 이를 참고하여 새로운 목록을 작성하였다. 곧 의천의 『敎藏總錄』은 智昇의 『開元釋敎錄』을 참고하기는 하였지만, 經典 목록에 對한 章疏 목록이라는 근본적인 차이점이 있으며, 經典의 소주제에 따라 群別 배열하는 등 독자적인 분류 체계와 배열을 볼 수

193) 초기 연구에서는 敎藏總錄 장소 배열이 화엄 5교의 敎判이나 천태 5시8교의 敎判에 의거하지도 않아 定準이 없고 無雜하다는 평가를 내렸다(大屋德城, 『高麗續藏雕造攷』, 便利堂, 1937, 37쪽 ; 「影印高山寺本新編諸宗敎藏總錄解說」, 앞의 책, 1937, 17쪽). 이에 대해 불교학계의 李永子, 서지학계의 鄭駜謨, 김성수, 오용섭 등은 일정한 기준에 의해 분류 배열하였다고 본다. 이들이 주장하는 경전별 장소 배열의 특징은 첫째, 諸宗 撰述 및 기타류에 관한 章疏를 제외하고는 章疏의 수록 부수가 비교적 많은 目의 배열 상태가 소주제 순으로 인접하여 있으며, 둘째, 화엄·열반·법화경 등에서 그 해당 經目의 배열 끝 부분에는 禮讚文 16, 碑文 3, 傳記行狀類 4, 書簡文 2 등이 실려 있는 것을 들었다.
194) 수시로 수록하기 위한 장부식 목록이라 명하고, 일괄 수록 당시에는 소주제별 군별 수록이 가능하지만, 후에 얻거나 강술한 순서대로 수록하면 소주제별로 수록할 수 없다고 하였다. 또한 여러 개의 疏가 분산 수록되어 있는 것으로 보아, 관련 小主題의 群別 收錄은 우연이라는 견해를 제시하였다(鄭駜謨, 『高麗佛典目錄硏究』, 1990, 165쪽).
195) 現定入藏錄은 大乘入藏錄과 小乘入藏錄, 賢聖集으로 구성되었다(『大正藏』 권55, 680쪽). 刊定入藏錄은 有譯有本錄·有譯無本錄을, 現定入藏錄은 刊定入藏錄 중의 有譯有本錄에서 經을 서사하고 經藏에 이것을 수록 작성한 현장의 목록이다. 有譯有本錄에 기재되지 않은 紙數를, 각각 경에 기재한 것과 실제로 정리된 질수를 기재하고 있는 점이 특징적이다. 또한 역자의 이름이 있고 없는 차이가 있다(李永子, 「義天의 新編諸宗敎藏總錄의 獨自性」『佛敎學報』 19, 1982, 182~186쪽).

있다.

3) 義天의 華嚴 및 天台 章疏 編錄

의천의 『敎藏總錄』은 독자적인 분류체계에 따라 經・律・論의 章疏를 배열하였는데 이에는 의천의 교학사상에 따른 經典・章疏觀이 반영되었다. 敎藏總錄 經部에는 華嚴經의 章疏가 177부 1,242권에 이르며, 涅槃經 30부 202권, 법화경은 60부 229권에 달한다. 律疏는 四分律 58부, 十誦律 48부, 梵網經이 28부이나 편차는 梵網經, 遺敎經 순으로 되어 있어 그 중요도와 권수에 있어 차이가 있다. 論疏에는 大乘起信論 34부 85권, 成唯識論 29부 265권, 天台 關係 章疏는 39부 140권이 된다.

의천의 敎藏總錄 분류체계는 우선 經部에서는 화엄경을 필두로 涅槃・法華・楞伽・首楞嚴・圓覺・維摩・金光明・般若・海深密經 순으로 배열하였다. 의천은 화엄종 출신으로 천태종을 개창하였는바, 그는 화엄경・열반경・법화경에 관심을 기울이고 중시하였다. 의천은 화엄경과 관련하여 23세부터 『貞元新譯華嚴經』을 강경하고, 智儼・法藏・澄觀 등에 대하여 三家義疏를 서술하였다. 또한 涅槃經에 대하여는 『南本涅槃經』 30권을 방언으로 번역하였고, 법화경에 대하여는 국청사에서 天台妙玄을 강의하고 『法花玄義』 10권을 번역하는 등 華嚴・涅槃・法華經 관련 3백여 권의 경전을 번역하였다.[196]

律疏는 梵網經・遺敎經・四分律의 순차로 수록되었으며 그 가운데 의천

---

196) 의천, 「庚辰六月四日國淸寺講徹天台妙玄之後言志示徒」 『대각국사문집』 권20(『한국불교전서』 권4, 566쪽), "二紀孜孜務講宣(予自二十三歲始講貞元新譯花嚴經幷疏共五十卷其年徹軸自後講演未嘗有廢) 錦䌷三百貫花詮(所有講演諸 部三百餘卷而花嚴三本 共一百八十卷 雖有古人相承之說 吾幷不用 但依本疏䌷譯方言 其南本涅槃三十六卷等亦爾 妙玄十卷等諸部 古無傳授者 不揆膚受 輒譯方言 亦有十餘部高僧傳云 䌷也者 如錦綺但花有左右耳 故云錦䌷) 憔勞愧乏傳燈力(予有心勞之病 近日漸增 看讀經書 每覺心痛 學業荒廢) 祇合匡廬種社蓮(仁睿太后 昔曾發愿 結社之事 所有宋本名畵廬山十八賢眞容 落在院門末 有安置堂閣 予欲仗此勝緣 修西方之業用 薦冥遊云爾)".

이 『遺教經』을 講經한 기록이 문집에 전하는데, 그의 화엄종 문도인 樂眞은 宋僧 淨源으로부터 『遺教經節要』 및 『金剛經』을 의천에게 전달하기도 하였다. 論疏는 大乘起信論・釋摩訶衍論・成唯識論의 순서로 배열하였으며, 의천은 선종 계통의 이론적 취약성을 경계하면서 唯識과 起信論을 겸학하여 圓融한 華嚴法門의 경지에 이르도록 주장하였다.[197] 이와 같은 배열 순서는 그의 敎學思想과 관심에 근거한 것이다. 특히 교장총록의 분류는 원효와 法藏의 敎判에 근거한 경전 分類體系와 비교하여 볼 수 있는데,[198] 이는 의천이 澄觀 이외에 法藏과 元曉 등의 華嚴敎學에도 유념하였음을 의미한다.

　<표 14>의 敎藏總錄에 수록된 章疏 분류에 따르면 화엄경 章疏가 177부 1,247권으로 가장 많이 入錄되었음을 알 수 있다. 이는 화엄경이 오랜 역사에 따라 경전의 수량이 방대함에 기인하기도 하지만 의천이 敎藏總錄을 編錄할 때 화엄종 입장에서 集錄하였기 때문이다.[199] 곧 의천은 화엄종을 중심으로 敎相判釋을 하였으며 그에 따라 敎藏總錄을 편찬한 것이다. 『敎藏總錄』 경・율・논에 수록된 章疏의 첫 부분은 예외 없이 화엄종의 敎理에 충실한 경전의 註疏를 실었다. 經部에서는 華嚴經・涅槃經의 章疏가 위치하고 있으며, 律部에서는 梵網經, 論部에서는 大乘起信論이 있어 대부분 화엄

---

197) 의천, 「刊定成唯識論單科序」 『대각국사문집』 권1(『한국불교전서』 권4, 529쪽), "以謂起信唯識二論 是性相兩宗之樞要 學人之所宜盡心者矣 然起信論 亦嘗粗習 但於唯識 未盡其功……是知不學俱舍 不知小乘之說 不學唯識 寧見始教之宗 不學起信 豈明終頓之旨 不學花嚴 難入圓融之門".

198) 敎相判釋 比較

區分	敎 相 判 釋 　 內 容		備考
義天	華嚴/ 涅槃 法華/ 楞伽 維摩 圓覺/ 勝鬘 解深密 般若		敎藏總錄
法藏	華嚴 法華/ 維摩/ 楞伽 勝鬘 起信/ 深密 般若 中論/ 小乘		五敎
元曉	華嚴(普賢)/ 梵網/ 瓔珞, 般若/ 深密		

199) 『新編諸宗敎藏總錄』 序文에 '海東傳華嚴大敎沙門 義天 敍'라고 하였으며 本文 앞에 "高麗沙門 義天錄"이라고 하였다. 이 또한 화엄종 승려의 입장에서 編錄한 근거로 볼 수 있다.

종의 章疏를 처음에 배치하였다. 또한 화엄종에서는 대부분 所依經을 화엄
경으로 하였지만 화엄경에만 국한된 것이 아니었고 般若經·涅槃經·梵網
經·圓覺經·大乘起信論 등의 경전에 대해서도 대부분 화엄종의 註疏로써
이용하였다.

『敎藏總錄』의 序文을 쓴 '海東傳華嚴大敎沙門' 의천의 입장에서 중시한
중국 華嚴 祖師를 확인키 위하여 『敎藏總錄』에 수록된 주요 화엄 조사의
章疏數를 비교하여 살펴보기로 한다. 교장총록을 편찬한 시기보다 후대의
일이지만 의천은 1101년 홍원사에 9조당을 만들고 화엄 9조를 배정하였
다.200)

<표 15> 華嚴宗 祖師別 經·律·論 章疏 比較

杜順	智儼	法藏	澄觀	宗密	淨源	子璿
華嚴經 2종 2권	華嚴經 6종 14권	華嚴經 19종 57권	華嚴經 15종 57권	華嚴經 6종 35권	華嚴經 9종 13권	
	金剛經 1	般若心經 1		圓覺經 10종 76권	圓覺經 1	
	楞伽經 1	無常經 1			首楞嚴 1	首楞嚴經 2종 23권
		梵網經 1종 3권			遺敎經 2종 6권	
	大乘起信論 2종 2권	大乘起信論 2종 4권		大乘起信論 2종 5권		大乘起信論 1종 7권
	攝大乘論 1	十二門疏 法界無差別論 2종 2권		金剛經 1종2권	肇論 3종 6권	金剛經 3종11권

---

200) 金富軾, 「開城靈通寺大覺國師碑」(李智冠, 『校勘譯註 歷代高僧碑文』, 高麗篇 3, 伽山
佛敎文化硏究院, 1996, 123쪽), "辛巳春二月 上 以洪圓寺九祖堂成 請師熏修而落之
前世爲祖譜不一 今以 馬鳴 龍樹 天親 佛陀 光統 帝心 雲華 賢首 淸凉 爲九祖 師所定
也". 晋水淨源(1011~1088)은 화엄종조로 4조인 澄觀과 5조인 宗密을 모두 넣었으
나, 의천은 그 중 宗密을 제외하였다. 이는 의천이 宗密의 사상을 화엄과 관련하여
상대적으로 중시하지 않았으며 法藏·澄觀의 敎判에 유념하였다는 방증이 될
수 있다.

의천의 9조설과 淨源의 7조설은 차이가 있지만, 杜順·智儼·法藏·澄觀에 대하여는 공통의 관심을 기울였다. 이들이 편찬한 章疏의 수록 수를 비교하면 위의 <표 15>와 같다. 이에 따르면 의천은 '杜順－智儼－法藏－澄觀－宗密－子璿－淨源'으로 이어지는 중국 華嚴 祖師들의 관련 문류를 대부분 수록하였다. 특히 法藏系 正統 華嚴의 淨源을 계승한 의천은 法藏의 저술에 많은 관심을 기울였다.

이는 수록 수에서 살펴볼 수 있는데 智儼 12종 29권, 法藏 26종 68권,[201] 澄觀 15종 57권,[202] 宗密 20종 120권,[203] 淨源 18종 34권의 章疏를 수록하였다. 章疏의 권수로는 宗密이 120권으로 가장 많지만 화엄경 관련 문류는 法藏이 19종 57권으로 가장 많다. 이들 화엄조사의 저작 수에 차이가 있음을 고려하여야겠지만, 敎藏總錄에 法藏의 疏鈔가 다수 수록된 점은 의천이 法藏 華嚴敎學을 유념하였음을 의미한다. 의천이 『圓宗文類』권14의 「諸文行位類」를 편찬할 때 法藏의 『探玄記』를 중심으로 智儼의 『搜玄記』등의 저술을 참고하였음은 이와 궤를 같이한다.[204] 의천은 입송구법을 전후하여 정원과 교류하면서 그의 저술을 모두 입수하여 참고하였다. 중국 화엄종은 宋代 淨源에 이르러 法藏系 정통 화엄종이 일시 재흥되었는데, 이는 長水子璿과 淨源의 노력에 힘입은 바 크다. 특히 宋僧 정원은 法藏의 『妄盡還源觀』

201) 張元圭,「華嚴學의 大成者 法藏의 敎學思想(1)」『佛敎學報』13, 1976. 法藏의 저술은 『華嚴經探玄記』20卷, 『華嚴料簡』, 『華嚴五敎章』, 『大乘密敎經疏』4卷, 『梵網經疏』, 『大乘起信論疏』, 『華嚴綱目』, 『華嚴玄義章』20부 등 38종이 있었다.
202) 張元圭,「華嚴宗의 守成期의 敎學思潮」『佛敎學報』16, 1979, 20쪽. 澄觀의 저술로는 『大方廣佛華嚴經疏』60卷, 『隨疏演義鈔』90卷, 『華嚴經要』3卷, 『五蘊觀』, 『三聖圓融觀門』等 29종이 전한다. 또한 그의 사상과 어록을 전하는 많은 인용서가 있는데 『圓宗文類』권22에 수록되어 있는 『華嚴利海變相讚』등을 들 수 있다.
203) 張元圭,「圭峯의 敎學思想과 二水·四家의 華嚴宗再興」『佛敎學報』18, 1981, 9쪽. 宗密은 『華嚴經綸貫』15卷, 『圓覺經大疏釋義抄』13卷, 『金剛般若經疏論纂要』2卷, 『起信論疏注』4卷, 『注華嚴法界觀門』1卷, 『中華傳心地禪門師資承襲圖』1卷 等 36종이 있었는데 圓覺經의 疏鈔가 많다.
204) 朴鎔辰,『大覺國師 義天 硏究』, 國民大 博士學位論文, 2004, 97~100쪽.

을 주해한 『華嚴妄盡還源觀疏鈔補解』 등 17종을 저술하였다.[205] 즉, 의천은
입송구법 이후에 기존 澄觀의 화엄교학과 함께 法藏의 정통 화엄을 계승하
였음을 분명히 하는 한편 이를 화엄교학의 준거로 삼은 것이다.

한편 의천은 일찍이 천태종에 관심을 가졌던 바, 귀국 후 천태종 개창을
시도하였다. 화엄종과 천태종의 상호 연관성과 교학적 상통성에 대해서는
입송구법시 의문을 해결하였으며, 교장총록에 법화경 관련 章疏 60부
229권, 天台章疏 39부 146권을 수록하였다.[206] 의천은 從諫·元淨·中立·
法隣·惟勤·辯眞 등 宋의 천태종 승려와 교류하였던바, 이들 가운데 從諫
의 『法華經議方便品題』 1권, 元淨의 『圓事理該』 1권, 科 1권을 교장총록에
수록하였다. 이와 관련하여 의천이 입송구법시 교류한 천태종 인물들과
師僧 관계였던 天台 祖師들의 章疏 수록을 살펴보면 다음 표와 같다.

<표 16> 宋 天台祖師別 收錄 章疏

知 禮	遵 式	仁 岳	梵 臻	尚 賢
法華經 2종6권	華嚴經 1종4권	涅槃經 1종1권		
金光明經 4종10권	金光明經 1종1권	法華經 2종3권	法華經 1종1권	法華經 1종1권
觀無量壽經 1종4권	觀無量壽經 1종1권	首楞嚴經 7종20권		經體章 1권
請觀音經 1종1권	小阿彌陀經 1종1권	金剛般若經 2종6권		
別理隨緣二十問 1권	請觀音經懺儀 1종1권	觀無量壽經 1종4권		
		기타 8종 18권		
9종 22권	5종 8권	21종 52권	1종1권	2종2권

의천은 입송구법시 천태종 山家派 三家 가운데 梵臻系의 從諫에게 전법하
고 廣智尙賢의 문도와 교류하였다. 尙賢의 법손이 明智中立이며 中立의
제자가 慧照法隣이다.[207]

---

205) 張元圭, 앞의 논문, 1981, 20쪽.
206) 李永子, 「義天의 新編諸宗敎藏總錄의 獨自性」 『佛敎學報』 19, 東國大佛敎文化硏究
    所, 1982, 187~188쪽.
207) 志磐, 앞의 책 권14, 中立傳(『대정장』 권49, 220쪽), "元祐初 高麗僧 義天 遠來問道

의천은 <표 16>과 같이 仁岳, 梵臻, 尙賢의 장소를 수록하는 한편 그들의
사승인 知禮와 遵式의 장소도 함께 수록하였다. 宋代에 四明知禮와 그의
동문인 遵式은 천태종 山家派를 부흥시켰다. 知禮의 문하에 廣智尙賢, 神照
本如, 梵臻 등 三家가 번성하였다. 이외에 知禮 문하의 淨覺仁岳(?~1063)은
山家派로 활약하였지만 후에 知禮와 대립하고, 孤山智圓의 사상에 경도되
었다.[208] 한편 志因을 중심으로 '慈光晤恩－奉先源淸－梵天慶昭·孤山智圓
－永嘉繼齊·永福咸潤'이 나왔는데, 이들을 山外派라고 한다. 또 知禮 문하
의 淨覺仁岳, 廣智尙賢 문하의 神智從義는 山外派의 사상에 흘러 '後山外派'
또는 '雜傳派'로 구분된다.[209]

의천의 『대각국사외집』에는 宋의 천태종 승려인 仁岳 및 可久와의 교류
를 알려주는 서신이 실려 있다.[210] 비록 의천이 後山外派 仁岳 및 可久와
서신을 교류한 것으로 나타나 있지만, 실제 교류 여부와 可久의 天台敎學은
잘 나타나지 않는다. 의천은 仁岳의 저술을 『敎藏總錄』에 수록하였다.[211]
그 가운데 『十不二門文心解』와 『論三千書』·『義學雜編』 등은 지례의 교학
을 비판한 것으로 後山外의 敎學을 형성시켰다.[212] 인악의 천태교학은

甫濟岸遇 師升堂 歎曰 果有人焉 遂以師禮見 傾所學折其鋒 竟不可得". 또한 法隣傳(『
대정장』 권49, 225쪽), "高麗義天至 首入南湖 師明智而友慧照 講跋所受敎乘歸國
師援筆立成 有古史風 義天嘉歎不已".
208) 玉城康四郎, 『佛敎史Ⅱ』, 山川出版社, 1983, 132쪽. 또한 교장총록에 수록된 인악의
法華經 관련 장소로는 『十不二門文心解』 1권, 科 1권, 『論三千書』 1권 등이 있다.
209) 山家·山外派의 분류에서 천태의 정통을 지키는 쪽을 山家派, 화엄과 선의 영향을
받은 쪽은 山外派로 분류하였다. 그러나 당시 중국의 종파 간에는 서로 영향
받거나 종합적인 경향을 보이므로 山外派의 사상 경향을 화엄만으로 분류하는
것은 심도 깊은 분석이 요구된다. 한편 사자상승과 교리, 실천 방법에 따라 학파를
분류한 島地大等에 따르면 사상적으로 '義寂－義通－知禮'와 仁岳의 전반생에
이르는 山家派와 志因이하 '永嘉繼齊, 永福咸潤'은 山外派(前山外派)로 분류한다(島
地大等, 『天台敎學史』, 298쪽).
210) 可久, 「大宋沙門可久書」 『대각국사외집』 권8(『한국불교전서』 권4, 583쪽) ; 仁岳,
「大宋沙門仁岳書」 『대각국사외집』 권3(『한국불교전서』 권4, 571쪽).
211) 『新編諸宗敎藏總錄』에 실린 仁岳의 장소는 大涅槃經禮讚文·十不二門文心解·論
三千書·義學雜編·復右施行道儀·天台四敎儀科·首楞嚴經集解 등이다.

180

可久 이후 잘 전승되지 못하였고 오히려 尙賢의 문하에서 수용되어[213] 繼忠(?~1082)에 의해 관심이 표명되었다. 의천은 繼忠의 장소인 『金光明經科』1권, 『觀無量壽經解謗書』3권, 『類集口義』13권 등을 수록하였다. 계충의 제자인 處元과 從義가 山家派와 後山外派로 나누어 논쟁하였지만 從義는 山家派에게 논파되었다.[214]

의천은 『敎藏總錄』에 山家派의 知禮・遵式・梵臻・尙賢・從諫・繼忠, 山外派의 志因・智圓・繼齊, 後山外派로는 仁岳・從義의 장소를 집록하였다. 이로 보건대 의천은 중국 천태종의 정통인 山家派를 전법하였지만 後山外派의 사상을 완전히 배제한 것은 아니었던 것으로 판단된다. 이는 의천이 仁岳과 從義의 저술을 敎藏總錄에 입록한 점 등에서 근거를 구할 수 있다. 또한 의천은 산외파의 志因・智圓・繼齊의 장소를 입록하였는데 특히 智圓의 저술을 다수 집록하였다.[215] 의천의 관심이 산외파와 後山外派의 저술에까지 미쳤음을 알 수 있다.

다만 산외파와 달리 後山外派는 山家派 출신임을 유념하여야 한다. 後山外派에 속한 仁岳은 具相論的인 天台敎觀을 바탕으로 法相의 차별을 融攝하려 하였다. 이 점은 知禮의 敎觀이 法相의 차별상을 완연히 드러내는 것과

---

212) 金杜珍, 「의천의 천태종과 宋・高麗 불교계와의 관계」, 『인하사학』 10, 인하사학회, 2003, 197쪽.
213) 尙賢의 法流인 處元과 從義가 山家派와 後山外派로 나뉘어 논쟁하였지만 이들의 師僧인 繼忠도 仁岳에 관심을 가져 『四明仁岳異說叢書』, 『四明仁岳往復書』 를 지었다. 이로 보면 繼忠의 문하인 처원과 종의가 仁岳의 교학을 이해하였을 것으로 판단된다.
214) 敎藏總錄에는 處元의 저술은 없고 從義의 『四敎儀集解』 3권, 科1권이 收錄되어 있다.
215) 『新編諸宗敎藏總錄』에 실린 智圓의 저술은 大涅槃經科二十卷, 三德指歸二十卷, 科二卷發源機要二卷, 科一卷, 顯性錄四卷, 法華經 無量義經疏二卷 首楞嚴經顯贊鈔記十四卷 疏十卷 谷響鈔五卷 科六卷, 維摩經垂裕記十卷 科六卷, 般若心經疏一卷 詒謀鈔一卷, 大寶積經普入不思議法門經 疏一卷(大經第十會), 文殊說般若經疏二卷, 觀無量壽經 刊正記二卷 科一卷, 小阿彌陀經 疏一卷, 佛遺敎經疏二卷疏 科一卷 등이다.

대조된다. 의천은 입송구법시 천태종 정통 山家派와 교류하면서 後山外派의 天台敎學도 유념하였다. 그렇지만 그것은 기본적으로 산가파에 속하면서 산외파의 사상 경향을 다소 유념한 것으로 融攝된 法相의 차별성을 부인하는 山外派의 교학 논리와는 뚜렷하게 구분된다.[216]

요컨대 의천은 宋 천태종 산가파 인물의 章疏를 중심으로 후산외파와 산외파에 속한 승려들의 章疏까지 교장총록에 集錄하였다. 의천은 천태종 산가파 慈辯從諫에게 법을 전해 받고 귀국하여 그를 고려 천태종의 初祖로 받들었다. 의천이 宋의 천태종 정통인 산가파를 계승하였음을 고려하면 산외파와 후산외파의 章疏를 集錄한 것은 宋 불교계의 동향을 주목하고 異說까지 유념하였음을 의미한다. 더 나아가 이는 의천 당대에 고려 및 송의 천태교학을 정리하였다는 점에 그 의의가 있다.

4) 『新編諸宗敎藏總錄』 편찬의 의의

의천은 1086년 입송구법을 마치고 3천여 권의 章疏를 求得하여 귀국한 후에 일차적으로 『圓宗文類』의 類聚를 통하여 화엄종의 정리를 시도하는 한편, 새로이 敎藏總錄을 편찬하여 그의 숙원이었던 章疏 정리 사업을 완결하였다.

敎藏總錄의 편찬은 章疏 목록의 효시로서 대장경으로서의 經과 論이 갖추어져 있으나 그 주석서인 疏鈔가 빠져 있어 고려는 물론 遼・宋 등에 산재한 章疏를 一藏으로 모아 유통하려는 불법의 홍포와 깊은 관련이 있다. 敎藏總錄은 敎藏의 간행을 위한 목록 편찬이라고 보기 어렵지만, 초조대장경의 대장목록을 참고하고 智昇의 『開元釋敎錄』 등을 참조하여 완성하였다. 의천은 이들 양 목록을 모두 참고하였는데, 경전목록이 아닌 장소목록이라는 차이가 있었으며, 경전의 소주제에 따라 群別로 배열하였

---

216) 金杜珍, 앞의 논문, 2003, 198쪽.

고 추후 보입이 가능하도록 하는 등 독자적인 분류체계와 배열을 하였다. 의천은 당시 고려에 現行한 章疏와 중국에서 구득한 章疏를 포함하여 一藏으로 결집하려 하였고, 고려에 現行하고 章疏가 실재한 총목록을 편찬하여 『新編諸宗教藏總錄』이라 題名하였다.

의천의 『教藏總錄』은 화엄종의 입장에서 편찬되었으며 천태종과도 깊이 관련되었다. 교장총록의 경·율·논부에 수록된 章疏의 첫 부분은 화엄종의 教理에 충실한 경전의 註疏를 실었다. 또한 교장총록에 중국의 화엄조사 智儼 12종 29권, 法藏 26종 68권, 澄觀 15종 57권, 宗密 20종 120권, 淨源 18종 34권의 章疏를 수록하였다. 특히 의천은 입송구법 이후에 기존 澄觀의 화엄교학과 함께 法藏의 정통 화엄을 계승하였음을 분명히 하는 한편 이를 화엄교학의 준거로 삼았다.

의천은 『교장총록』에 법화경 관련 章疏 60부 229권, 天台章疏 39부 146권을 수록하였다. 그는 입송구법시 천태종 山家派 三家 가운데 梵臻系의 從諫에게 전법하고 廣智 尙賢의 문도와 교류하였으며, 從諫·元淨·仁岳·梵臻·尙賢·繼忠의 장소를 수록하는 한편 그들의 사승인 知禮와 遵式의 장소도 함께 수록하였다. 또한 山外派의 志因·智圓·繼齊, 後山外派로는 仁岳·從義의 장소를 집록하였다. 이로 보면 의천은 宋 천태종 산가파 인물의 章疏를 중심으로 후산외파와 산외파에 속한 승려들의 章疏까지 교장총록에 集錄한 셈이다. 의천이 宋의 천태종 정통인 산가파를 계승하였음을 고려하면 산외파와 후산외파의 章疏를 集錄한 것은 宋 불교계의 동향을 주목하고 異說까지 유념한 것으로 의천 당대에 고려 및 송의 천태교학을 정리하였다는 점에 그 의의가 있다.

의천의 教藏總錄 編錄은 17세에 教藏을 수집하기 시작한 이래 20여 년에 걸쳐 동아시아 및 국내의 모든 章疏를 수집하려 노력하였고, 직접 搜訪하였다. 教藏總錄의 章疏 수집과 간행은 당시 왕권의 비호와 조력으로 가능하였다. 결국 국가 불교의 입장에서 화엄종과 천태종을 중심으로 한 불교 전적의 정리 사업이었던 것이다. 당시 고려 불교계에 있어 경전의 간행과 정리는 국가 불교라는 측면에서 가능하였으며 일정한 정치·사회적 의미가 있었다. 이보다 앞선 시기에 편찬된 의천의 『圓宗文類』는 화엄교학의 요람으로 왕명에 의해 편찬되었으며 국가 불교 차원에서 異說을 정리한 것이었다. 의천이 고려초 均如의 화엄 文類를 전혀 入錄하지 않았고 소개조차 하지 않았던 것은 고려초기와는 화엄의 해석을 달리하였기 때문일 것이다.[217] 또한 『敎藏總錄』은 제목에서처럼 敎藏의 목록이었기 때문에 禪宗 관련 서적이 배제되었다.[218]

의천은 1086년 입송구법 이후 화엄종을 중심으로 천태종을 개창하여 고려 불교계의 재편을 시도하였다. 의천이 敎藏總錄을 편찬한 선종 7년(1090)에는 흥왕사 주지로서 국청사 시창에 조력하였을 것으로 판단된다. 이는 의천이 화엄종의 입장에서 天台敎學을 弘揚하는 것과 관련이 있다. 즉 교장총록에 화엄종과 천태종 章疏를 다수 집록하였는데, 국가 불교의 입장에서 諸宗 敎藏을 정리하여 종파의 우열에 대한 기본적 입장을 명확히 한 셈이다.

『新編諸宗敎藏總錄』은 『圓宗文類』와 함께 의천의 편찬서가 되는데, 당시의 經典 및 章疏의 유통을 알 수 있어 문화사적 의의와 함께 고려사 예문지의 보충적 성격을 지적할 수 있다. 특히 의천의 敎藏總錄은 고려중기 당대에 동아시아 불교 문화권의 諸宗 敎藏을 수집·정리한 것으로, 이를 통해

---

217) 의천과 균여의 화엄교학의 차이에 기인하였을 법하다(金杜珍, 『均如華嚴思想硏究』, 一潮閣, 1983, 57쪽). 또한 의천은 화엄종을 중심으로 하면서 천태종을 개창하여 고려중기 불교계를 재편하려는 노력을 하였으나, 均如系 화엄종은 법화경 등을 높이 평가하지 않았다. 이러한 점 역시 의천이 均如系 화엄종을 배척한 한 이유가 될 것이다.

218) 楞伽經 疏四卷 明禪師述, 金剛般若經 傅大士頌, 輔敎篇三卷 契嵩述 등 3종의 선종 승려의 저술을 입전하였다(이재창, 「의천의 천태사상」 『한국의 사상』, 열음사, 1991, 119쪽). 契嵩은 운문종 승려이다. 의천이 입송구법시 주로 교류한 선종은 운문종이었으며 『대각국사문집』, 『釋苑詞林』에 운문종 승려의 비문을 수록하였다.

184

당시 불교계의 불교 철학적 수준과 교학 수준의 이해를 가늠해 볼 수 있다는 점에서 의의가 있다.

본절에서는 의천의 사상을 살펴보기 위한 전 단계로서 『新編諸宗敎藏總錄』 편찬의 정치사회적 배경을 통하여 편찬 의의를 살펴보고, 수록된 華嚴과 天台章疏를 분석하였다. 그러나 개별 章疏의 현상과 내용, 종파별 章疏 간 상관성의 분석에는 이르지 못하였다. 의천의 화엄 및 천태사상과 관련하여 개별 章疏에 대한 추가적 분석이 요구된다.

2. 『釋苑詞林』의 編纂과 體制

1) 『釋苑詞林』의 편찬

『釋苑詞林』[219]은 의천의 사후 元景王師 樂眞 등 화엄종 문도가 편집한 것으로, 그 편찬 과정은 상세치 않다. 『釋苑詞林』 편찬의 주체는 靈通寺碑와 樂眞의 碑文에서만 확인되며, 僊鳳寺碑에는 나타나지 않는다. 이는 의천계 화엄종 門徒 측에서 편찬 작업을 주도하였음을 의미한다.[220] 『釋苑詞林』에 대한 다음의 기록을 검토하여 편찬 과정을 살펴보기로 한다.

① 고금의 문장으로 敎에 도움이 있는 것을 모아 釋苑詞林을 만들려 하였는데 編定의 참여에는 이르지 못하였고, 뒤에야 이루어졌으므로 취사선택한 것이 마땅함을 잃었다.[221]

---

219) 『釋苑詞林』에서 '詞林'의 字意는 詩文 등의 모음을 의미하며 文林·文園이라고도 한다. "[梁昭明太子 答晉安王書] 殼核墳史 漁獵詞林", "[蕭崇 修國師制] 鉤深學海 囊括詞林."(『大漢和辭典』 권10, 436쪽).

220) 화엄종의 입장에서 천태종 義寂과 法眼宗 系列의 眞觀釋超, 雲門宗 승려 碑銘 등이 入錄되었는데 이는 의천계 화엄종과의 교류 및 親緣性에 따른 것으로 판단된다(朴鎔辰, 『大覺國師 義天 硏究』, 국민대 박사학위논문, 2004).

221) 金富軾, 「開城靈通寺大覺國師碑」(李智冠, 『校勘譯註 歷代高僧碑文』(高麗篇 3), 伽山佛敎文化硏究院, 1996, 126쪽), "又欲會古今文章 有補於敎 以爲釋苑詞林 而未及參定 至後乃成 故去取失當".

② 華嚴宗의 문류를 모으시고 釋苑詞林을 편찬하시니, 후세에 모범이 되고 역대로 유전하리.222)

③ 聖旨로 釋苑詞林이라 명하였다.……門人 首座 覺純 등이 거듭 詳定을 더하였고 類別로 서로 따르게 하여 編輯한 것이 250권이었다. 이 해에 완성되었다.223)

『釋苑詞林』은 현재 권191~195만이 남아 있으며 5권의 每 卷首에는 '高麗 沙門 義天 集'으로 기록되어 있다. '集'이라는 글자의 뜻은 의천이 釋家의 고금 문장을 모았다는 의미일 뿐, 직접 편찬을 의미하지는 않는다.224) 이는 위의 자료 ②·③의 기록으로 알 수 있다. 김부식이 찬한 「영통사비문」에 따르면 "고금의 문장을 모아 教에 보탬을 주려고 하였다. 『釋苑詞林』이라 하였는데 編定에 참여하지 못하였다. 후에 이루어졌으므로 취사선택한 것이 마땅함을 잃었다"라고 하여 의천이 『釋苑詞林』의 編定에 직접 참여하지 못하였음을 밝히고 있다. 곧 『釋苑詞林』은 의천이 수년간 수집한 문류를 문도인 樂眞·覺純 등이 상세히 編定하여 250권으로 최종 편찬한 것이다. 또한 의천 사후의 자료인 『睿王御製眞讚』에서 예종은 의천이 『圓宗文類』를 類聚하고 『釋苑詞林』을 편찬하였다고 하였다. 이는 예종대에 『釋苑詞林』에 대한 편찬자가 의천으로 부회되었거나, 다른 하나는 『釋苑詞林』에 보이는 '義天集'이라는 문구에 의거하여 의천이 방대한 자료를 수집한 점을 높이

222) 睿宗, 「本國睿王御製眞讚」 『대각국사외집』 권1(『한국불교전서』 권4, 567쪽), "圓宗 類聚 釋苑詞編 後生模範 歷代流傳".
223) 金富佾, 「陜川般若寺元景王師碑」(李智冠, 『校勘譯註 歷代高僧碑文』, 高麗篇 3, 伽山 佛教文化研究院, 1996, 76쪽).
224) '集'은 集大成, 合聚의 의미이다(『大漢和辭典』 권11). 許興植은 의천이 편집하였음을 의미하며, 그의 계획에 따라 편집하고 樂眞·覺純 등이 완성시킨 사실은 밝혀지지 않았다고 하였다(許興植, 앞의 책, 632쪽). 『新編諸宗教藏總錄』에는 高麗沙門 義天 錄이라 하였고, 『圓宗文類』의 卷 末尾에는 의천 編定으로 되어 있다. 즉, '錄'과 '編定'의 용어는 의천이 직접 관여하였음을 알 수 있지만, '集'이라는 용어는 의천이 동아시아 제국에서 教藏의 章疏 등을 수집한 것과 관련이 있고 직접 편찬한 것이 아님을 알 수 있다.

평가하여 그렇게 기록한 것으로 판단된다.

그렇다면 『釋苑詞林』의 편찬 완료시기는 언제였을까? 『釋苑詞林』의 편찬 시기를 알려주는 기록으로는 「元景王師碑」의 내용이 참고된다. 그 내용에 따르면, "釋苑詞林의 題名을 내렸다. (缺落) 문인인 首座 覺純 등이 거듭 詳定을 더하여 類別로 서로 따르게 하여 250권을 편찬하였다. 그 해에 완성하였다. 戊子歲에 移住(缺落)"라고 하여 辛巳歲(1101)와 戊子歲(1108) 사이에 『釋苑詞林』이 편찬되었음을 알려준다.[225] 또한 의천이 編定에 참여하였다면 있었을 序文이 남아 있지 않은 점도 의천이 사거한 후에 편찬되었음을 말해 준다. 곧 『釋苑詞林』의 편찬은 의천의 사후 1101년에서 1108년 사이의 어느 시점에 완성된 것으로 추정할 수 있다.[226]

『釋苑詞林』은 '佛家의 文苑'을 의미하며, 의천 당대에는 신라대 이래 詞林類가 있어 편찬에 참고하였을 가능성이 있다.[227] 『釋苑詞林』을 편찬하는 12세기 전후에 이러한 類書의 편찬은 어떠하였을까. 당시 송에서는 국가적 사업으로 대장경의 간행과 경전의 번역이 이루어졌는데 宋代 불교의 성격은 '祖述佛敎'로서 敎學을 繼受해서 서술하는 경향이었다.[228] 이

---

225) 大屋德城은 숙종의 말년이나 예종 초년으로 본다(大屋德城, 앞의 책, 1937, 136쪽). 許興植은 의천이 사거한 이후 8년 동안 걸려 완성되었을 것으로 추정한다(「般若寺 元景王師碑陰記」, 앞의 책, 632쪽).

226) 현존의 5권에 대해서는 고려 諸王의 諱에 闕筆이 있어서 麗朝의 刊本이라 볼 수 있다. 즉 太祖 建·惠宗 武·光宗 昭·成宗 治·德宗 欽·文宗 徽·順宗 勳·宣宗 運·肅宗 顒·世宗 隆자는 이름의 末筆을 闕하였고, 그래서 최후의 闕筆은 예종이라서 간행은 肅宗·睿宗 연간의 說이 있다(稻葉岩吉, 「高麗時代の文籍」 『支那學論叢』, 1926. 이처럼 역대 왕 諱의 末筆을 闕하였기 때문에 고려조 刊本이며, 原刊 간판과 補刻된 간판에 의해 印成되어 일부를 만든 것으로 중수본이며 조선 초 刊行으로 본다(大屋德城, 위의 책, 137쪽).

227) 일반 문신이 쓴 『桂苑詞林』·『文館詞林』에 상대되는 불교계에 관한 문집이란 뜻으로 의천이 편집한 것으로 본다(허흥식, 앞의 책, 600쪽).

228) 天台의 山家, 山外의 논쟁, 淨土思想의 전개, 在家 念佛結社의 유행, 禪門의 흥륭과 諸宗 융합에의 움직임, 불교 사학의 발전을 宋代 불교의 주요 흐름으로 파악하였다(玉城康四郎, 『佛敎史』 2, 山川出版社, 1983, 124~125쪽).

가운데 契崇의『禪門正祖圖』·『傳法正宗記』, 道原의『景德傳燈錄』, 祖琇의
『佛運統紀』, 天台의『釋門正統』(1237), 志磐의『佛祖統紀』(1269), 贊寧의『宋高
僧傳』·『大宋僧史略』이 12세기 전후 불교 史書로 분류된다. 또한 永明延壽의
『宗鏡錄』(961), 明敎契嵩(1007~1072)의『原敎論』·『輔敎論』·『譚津文集』등
이 있었다.229) 이러한 송대의 서적 편찬 사례를 보아도『釋苑詞林』類는
12세기 전후에 잘 찾아볼 수 없다. 현전『석원사림』5권은 梁의『法寶聯璧』·
『內典碑銘集』및 唐의『廣弘明集』230)에서 일부를 발췌 초록하고 宋朝 당대까
지의 관련 碑文類 등을 더하여 250권으로 편찬한 것이었다. 이는 의천이
송나라를 비롯한 국내외에서 수집한 諸宗 敎藏을 정리한 이후의 결과물이
다. 즉, 의천이 입송구법시 대장경과 章疏類를 수집하면서 불교 관련 문류를
수집하였고, 이는『원종문류』·『신편제종교장총록』으로 정리되었으며
기타 문류는『석원사림』으로 유별 정리하여 편찬한 것으로 볼 수 있다.
요컨대『석원사림』은 의천이 諸宗 敎藏의 章疏를 모으면서 함께 모았던
釋家類의 文類였으며, 의천의 화엄종 문도였던 樂眞과 覺純 등에 의해 흥왕사
교장도감에서 편찬되었다.

2)『釋苑詞林』의 編纂體制

『釋苑詞林』은 250권으로 구성되었다. 현재는 권191에서 권195에 이르는
5권 1책이 전하는데231) 권191에서 권193까지는 碑文이며, 권191에 碑38,

229)『譚津文集』,『대정장』권52 ; 張元圭,『중국불교사』, 동국역경원, 1976, 205~211
쪽 ; 椎名宏雄,「宋元版禪籍硏究」『印佛硏』52(26~2), 1978.
230)『廣弘明集』은 모두 30권으로 唐代 律僧 道宣(596~667)이 644년에 撰하였다. 本集은
『集古今佛道論衡』4권과 함께 佛敎護法家의 要典이 되었다. 梁의『弘明集』(僧祐著)
이 東晋에서 宋·齊·梁까지의 자료집인데 비해,『廣弘明集』은 六朝에서 唐代
130여 명의 자료를 集錄하였다. 論說, 文書, 詩賦, 詔錄 等 資料를 포함하였고,
歸正, 辨惑, 佛德, 法義, 僧行, 慈濟, 戒功, 啓福, 悔罪, 統歸 等 10種 모두 296篇을
모았다.
231) 釋家의 傳記, 碑碣의 類 편집으로 본다(大屋德城, 앞의 책, 1937, 133쪽).

188

권192에 碑39, 권193에 碑40이 수록되어 있어 전체 碑文의 수록 권수는 40권임을 알 수 있다.[232] 현전하는 碑集 38·39·40에는 각 권당 4題의 碑銘이 수록되어 있다. 이들은 다시 소제목으로 구분되어 있으며 비의 핵심 내용이 무엇인가를 전해 주고 있다. 즉 幽感·勸化·放達·遺身·苦行·神尼 등으로 類別되었다. 6개 세목으로 분류된 이 비문의 주인공인 梁·唐·宋의 승려와 그들의 碑銘을 찬술한 찬자들을 통하여 編定 내용을 살펴볼 수 있다. 이를 분류하면 다음 표와 같다.

<표 17> 『釋苑詞林』 권191 細目과 收錄 碑文

細目	題目	撰者	備考
幽感	高麗康州智谷寺眞觀禪師碑	王融	
	宋天台山淨光大師碑	錢易	天台宗 義寂
	宋衢州烏巨山開明禪師碑	〃	禪宗
	宋承天寺宗禪師塔碑	章衡	雲門宗 傳宗

<표 17>의 碑38 幽感에는 비문 4제가 실려 있다. 고려 王融이 찬한 眞觀釋超(912~964)의 碑銘,[233] 宋代 錢易가 찬한 천태종 승려 淨光大師 義寂(919~987)과 雲門宗系 開明禪師 義晏의 碑銘이 있다. 또 다른 하나는 송나라 章衡이 찬한 雪竇系 雲門宗 제16세 宋代 承天傳宗의 塔碑文이다. 이들 비문에 대하여 편찬자인 樂眞 등이 '幽感'으로 세목한 이유는 무엇일까. '幽感'의 의미는 '奧底에 품은 마음'으로, 뜻과 이치가 매우 깊어 마음속 깊이 간직한 결연한 의지를 이른다.[234] 이러한 의미의 '幽感'이 개별 비문에

---

232) 권193에서 碑40을 소급하면 권154가 碑 권1이기 때문에 이 책은 권154에서 권193까지가 碑集이며, 1부 250권의 6분의 1이 碑集에 해당되는 것으로 본다(大屋德城, 위의 책, 133쪽).

233) 許興植, 「智谷寺 眞觀禪師碑」, 앞의 책, 598~610쪽 ; 金杜珍, 「高麗 光宗代 法眼宗의 登場과 그 性格」『韓國史學』4, 精神文化硏究院, 1983, 37쪽.

234) 『大漢和辭典』 권4, 534쪽. 奧底にいだくおもひ "『南史』「藏燾傳」 然後能流淳化於四海 通幽感於神明"이라 하여 마음속 깊이 간직한 결의·의지·심지 등으로 해석된다.

는 어떻게 적용되었을까. 眞觀釋超는 법안종 승려로 추정되는 龍冊의 문하
에서 수학하고 고려초기에 귀국하여 활동하였는데,[235] 940년에서 946년까
지 남중국 전당 지역에서 구법하였다.[236] 釋超가 『釋苑詞林』에 채록된
이유는 그가 求法의 奧義를 가졌던 때문으로 판단된다. 그는 깊은 불법구도
의 의지를 갖고 중국에 유학하여 6년여의 오랜 세월을 구도에 힘썼다.
기타 그의 행적에서는 '유감'의 題名과 관련된 내용은 잘 찾아지지 않는다.

錢易[237]가 撰述한 碑文에 있는 천태종 승려 淨光大師 義寂은 중국 천태종
의 인물로 주목된다. 義寂은 중국 천태종 제15조로서 정통을 계승하였다.
이 법맥은 고려 승려 義通에게 천태종 제16조로 전법되었는데, 이러한
내용은 『佛祖統紀』 등 천태사적에 자세히 나와 있다. 淨光義寂과 開明禪師에
게서 취한 '幽感'은 다음과 같은 내용이다.

義寂은 처음 南山鈔를 배워 律義에 통한 이후에 천태산으로 가서 止觀에
힘썼으며 螺溪道場을 세워 講說에 힘썼다. 당말 이래 천태 전적이 모두
산일됨에 吳越王 錢俶에게 권유하여 고려, 일본 등지에서 天台宗 書籍을
구하도록 하였다. 이로 말미암아 중국에서 천태종이 재흥하는 계기가
되었는데 이러한 점이 유감의 내용으로 채택되었다.[238]

---

235) 眞觀釋超는 940~946년에 구법하였는데 당시 龍冊曉榮의 나이가 21세로 연소하였
　　기 때문에 수학하지 않은 것으로 본다. 『경덕전등록』 권25의 永明延壽의 전기에
　　나오는 翠岩 令參禪師로 본다. 또한 釋超가 법안종 승려인지의 여부도 재고해야
　　한다고 하였다(金龍善, 「高麗 前期의 法眼宗과 智宗」 『江原佛敎史硏究』, 小花, 1996,
　　100쪽). 趙明濟도 釋超가 龍冊曉榮에게 수학하지 않았으며, 법안종 소속이라는
　　점에도 의문을 제기하였다(한국중세사학회 제56회 연구발표회, 한남대, 2005.
　　5. 21). 다만 '龍冊'이라는 법호에 대하여는 寺名과 號로 모두 나타날 수 있기
　　때문에 누구라고 단정하기 어려운 점이 있다.
236) 『釋苑詞林』 권191 ; 『한국불교전서』 권4, 648~650쪽.
237) 송나라 인물로 字는 希白이며 蘇易簡은 錢易가 이백의 재주를 가졌다고 하였다.
　　진종 조에 진사에 등용되어 通判蘇州에 제수되었다. 경덕 연간에 賢良方正에
　　등용되고 누천하여 한림학사에 이르렀다. 『南部新書』, 『洞微志』 및 『金閨瀛州西垣
　　制集』 등 250권이 있다(『中國人名大辭典』, 1614쪽).
238) 『釋門正統』 권4 ; 『佛祖統紀』 권8, 「宋天台山螺溪傳敎院義寂傳」 ; 『宋高僧傳』 권7

開明禪師 義晏(?~993)의 宗派 및 師僧 關係는 분명치 않다.[239] 다만 그의 비문에 의하면 鏡淸道怤에게 參學 후 사법하고 吳興으로 돌아와 一舍를 창건하였고, 唐山 德嚴에 나아가 낙발하고 사사하였다.[240] 開寶 연간 江郎巖에 머물면서 龕室에 들어가 入定하면서 墨譬自絶하였고, 다음 해인 974년에 제자 慧興이 해제 시 일어났던 異蹟을 기록하였다.[241] 이는 깨달음을 위한 수행의 강조이며 開明 義晏의 의지를 나타낸 것이다. 다만 이를 苦行으로 분류할 수 있는가는 다른 문제이다.

章衡이[242] 비문을 찬한 承天傳宗은 雪竇系 운문종 승려이다.『석원사림』에 수록된 傳宗의 碑銘은 소략하여 어느 부분을 채택하였는지 잘 알수 없다. 비문에 따르면 傳宗은 조사의 전등을 이은 것이 36년이나 되었고 미혹한 성정을 개발하는 데 주력하였다.[243] 이로 보아 傳宗의 祖道 傳燈에 대한 심지를 높이 평가한 것으로 보인다. 이상으로 '幽感' 碑銘 4제를

(『대정장』 권50, 753쪽), "智者教跡 遠則安史兵殘 近則會昌焚毁 零編斷簡 本折枝摧 傳者何憑 端正甚學 寂思鳩集也 適金華古藏中得淨名疏而已 後款告詔禪師 囑人泛舟 於日本國購獲僅足 由是博聞多識 微寂此宗學者幾握牛珠爲家寶歟 遂於佛隴道場國淸寺 相繼講訓".

239)『五燈嚴統』・『禪宗正脈』・『佛祖綱目』 제35・『指月錄』 제21・『敎外別傳』 제7 등에 나온다(『望月佛敎大辭典』 1, 494쪽).

240)『釋苑詞林』 권191(『한국불교전서』 권4, 652쪽), "自是洗鉢曹溪 摳衣雪竇 遍參祖席 獨溱眞乘 以勇猛爲躋聖之機 以精進爲飾身之寶"에 의거, 선종 승려로 분류할 수 있다.

241)『釋苑詞林』 권191(『한국불교전서』 권4, 652쪽), "攝心鍊行 嗣其法者 其惟我開明禪師乎……開寶六年五月 示衆入定 結跏龕室 墨譬自絶 當斯時也 仮使火炎鍾山 陵移深谷 我則歷劫之內 歸然虛光有以知卽其心以爲心 則心不知爲死灰也 死灰之爲心也 外其形以爲形 則形不知爲槁木也 槁木之爲形也 於是眞妄兩忘 定力彌固 又焉知不息肩於淨土 說法於他方乎 明年二月七日 弟子慧興 啓室聲磬 迎而起焉 法寶蘊而有彩 髻珠晦而忽光".

242)『대각국사외집』 권제12,「僊鳳寺碑銘」에는 장형이 의천에 대하여 호평한 일을 수록하였다. 또한 동 외집 권제9의「楞嚴大師塔重修記」와「杭州慧因院賢首敎藏記」 2편도 장형이 撰한 것으로 그 가운데 의천의 입송구법 관련 내용을 기록하였다.

243)『釋苑詞林』 권191(『한국불교전서』 권4, 654쪽), "銘曰……彼上人者 紹祖傳燈 三十六載 大拯迷情 塵沙劫壞 智月長明".

살펴보았다. 화엄종 의천의 문도인 樂眞 등에 의해 편찬된『석원사림』에
3명의 선종 승려가 수록되었음은 다소 특이하다.『釋苑詞林』의 書名으로
보아 동시대 이전 선종 승려의 비문이 실려 있지 않은 점 등은 의문의
여지가 있다.[244] 의천을 계승한 樂眞 등은 화엄종의 입장에서『釋苑詞林』을
편찬하였으며, 천태종 승려 1명, 법안종, 운문종 승려 3명 등의 碑銘을
수록한 것으로 보아 천태종·법안종·운문종에 유념하였음을 알 수
있다.

다음은『釋苑詞林』권제192 碑39의 勸化와 放達에 대한 세목을 표로
구분하여 살펴보았다. <표 18>에는 權化와 放達을 세목으로 하여 4제의
비문을 수록하였다.

<표 18>『釋苑詞林』권192 細目과 收錄 碑文

細目	題目	撰者
權化	梁東陽郡雙林寺傅大士碑	徐　陵
	宋定安院餺飥和尙碑	呂升卿
放達	唐岳州 聖安寺 無性和尙碑 此下二首	柳宗元
	碑陰記	〃

‘權化’는 부처와 보살이 중생을 구제하기 위하여 모양을 변하여 다른
것으로 나타내는 것,[245] ‘放達’은 마음이 활달하여 남의 구속을 받지 아니함
을 의미한다.

‘권화’ 2제는 梁 東陽郡 雙林寺 傅大士와 宋 定安院 餺飥和尙 奉侍의
碑銘이다. 傅大士는 다양한 모습으로 權化를 드러낸 것으로 이해된다.[246]

244)『釋苑詞林』全卷을 보아야 확정 가능하며 쉽게 단정키 어려운 점이 있다.
245) 權化는 梵語 avatāra이며 化現·應現의 意이다. 佛菩薩이 중생을 濟度하고, 神通力으
　　로 種種之身 또는 種種之物로 權示 化現함을 의미한다(『불광대사전』, 6891-下,
　　「化身」 1324·「本地垂迹」 1956·「權現」 6893 참조).
246)『釋苑詞林』권192(『한국불교전서』권4, 654~657쪽), “銘曰 大矣權迹 勞哉赴時 或現
　　商主 聊爲國師 卑同巧匠 屈示良醫 猗與開士 類此難思 當來解脫 克紹迦維 妙道猶秘
　　機緣未適”.

192

傅大士는 東陽郡 烏傷縣人으로 雙林寺에 은거하였으며 遠邇의 歸依가 이어
졌다. 이후 20일 이상 不食하는 등 이적을 보이며 다양한 權化를 행하였다.
또한 中大通 6년(534)에 梁 高祖에게 글을 올려 上中下善을 언급하였는데
"虛懷爲本 不著爲宗 忘相爲因 涅槃爲果" 즉 佛法을 으뜸으로 하고, '治身·治
國'이 다음이며 '護養衆生'을 下善으로 하여 佛法으로 나라를 다스리고
衆生을 보호하고 기를 것을 제시하였다. 또한 당시 國師인 智者法師 등의
厚遇가 있었음을 알 수 있다.247)『釋苑詞林』의 찬자는 維摩居士와 文殊師利
가 각각 長子와 儒生의 모습으로 나타나는 등 神通 變化하고 불가사의하였
음을 傅大士와 비교하면서 그 권화의 내용을 채택한 것으로 이해된다.

呂升卿이 찬한 餺飥和尙의 권화는 다소 '고행'의 느낌이 있다. 비문의
내용을 살펴보면 중생을 교화한 기이한 행각을 다수 전하고 있다. 또한
국가 불교행사에 여러 차례 참여하여 법회를 주관하는 모습도 보이고
있다. 이 역시 중생 구제를 위하여 승려로 화한 餺飥和尙의 권화로 볼
수 있다.248)

柳宗元이 찬한「無性和尙碑」와 碑陰의 내용은 無性和尙의 放達을 전하고
있는데 성품이 활달하여 어디에도 구애받지 않는 모습을 전하고 있다.249)

---

247) 『釋苑詞林』 권192(『한국불교전서』 권4, 655쪽), "以中大通六年正月二十八日 遣弟子
傅旺出都 致書高祖 其辭曰 雙林樹下 當來解脫 善慧大士 白國主 救世菩薩 今條上中
下善 希能受持 其上善 略以虛懷爲本 不著爲宗 忘相爲因 涅槃爲果 其中善 略以治身
爲本 治國爲宗 天上人閒 果報安樂 其下善 略曰護養衆生 勝殘去殺 普令百姓 俱稟六
齋 夫以四海之君 萬邦之主 預居王土 莫不祇肅 爾時國師智者法師 與名德諸衆僧等
言辭謹敬".

248) 『釋苑詞林』 권192(『한국불교전서』 권4, 657~658쪽), "銘曰 師亦以此故 右挾大銀鉢
左持大戒經 唱言喫餺飥 其語隱深旨 高歌與狂舞 談諧幷般若 聲振如鴻鍾 要歸第一義
珠巾與敗笠 磨衲幷茅蓑 師以一目視 於此任分別 施者來如雲 珍貨如丘山 師自有法寶
於此何所著 莊嚴大寶閣 其費以不貲 人自種福田 於師復何有 唯於將化際 言語如平生
精爽不少變 可窺師所造 我雖處塵勞 與師道密契 頗能達師心 是以述玅銘 唯師體妙道
生死等晝夜 令名垂世閒 如糠粃塵垢 我銘何所益 聊以示末學".

249) 『釋苑詞林』 권192(『한국불교전서』 권4, 659쪽), "無性 世莫知其閭里宗族 所設施者
有問焉 而以告曰 性吾姓也 其原無初 其胄無終 承于釋帥 以系道本 吾無姓耶 法釰云

다음의 <표 19>『釋苑詞林』권제193 碑40은 碑集의 마지막이 되며,
遺身·苦行·神尼의 3항목으로 구분되어 있다.

<표 19>『釋苑詞林』卷193 細目과 收錄 碑文

細目	題目	撰者
遺身	梁小莊嚴寺道度禪師碑	梁簡文帝
苦行	唐南嶽彌陁和尙碑	柳宗元
神尼	唐常州天興寺二大德比丘尼碑	梁肅
	宋申國大長公主正覺大師碑	晏殊

위『釋苑詞林』권193 碑40의 첫 번째 항목인 '遺身'은 각종 고승전의
유별 분류 가운데 하나로서[250] 불법을 중히 하고 자기 몸을 잊음을 말한다.
또한 정진하여 불도를 힘써 구하는 모습은 자신의 몸을 버려 소유가 없는
것과 같다. 그런데 道度禪師의 사적은 자세하지 않으며, 그의 '遺身' 내용
역시 자세치 않다. 다만 慧皎의 고승전에 수록된「釋法悅傳」에 "禪師道度가
있었는데 高潔한 승려였다. 그는 七條袈裟를 내어 비용을 마련하였다"[251]라
고 하는 간략한 기사가 실려 있어 고결한 수행의 모습이 있었음을 추측할
수 있다.

두 번째 항목인 '苦行'은 자기의 몸을 괴롭게 하고, 육체의 욕망을 억제하
며 견디기 어려운 여러 가지 수행을 하는 것을 말한다.[252]『釋苑詞林』에

者 我名也 實且不有 名惡乎存 吾有名耶 性海吾鄕也 法界吾宇也 戒爲之墉 慧爲之戶
以守則固 以居則安 吾閭里不具乎".

250) 唐代 道宣이 撰한『續高僧傳』의 권30에 10科로 나누어 記述되었으며 梁初에서
唐貞觀 19년간의 역대 고승 事蹟을 실었다. 그 가운데 앞의 8科는 修慧, 9科는
修福이다. 10科는 翻譯·解義·習禪·明律·感通·遺身 등으로 나뉜다. 특히 遺身
은 重法亡軀·發勇猛之心·奮精進力·務求佛道를 의미한다. 또한 宋代 贊寧
(919~1002)이 지은『宋高僧傳』은『梁高僧傳』의 體例를 따라 10科로 나누었으며,
譯經·義解·習禪·明律·護法·感通·遺身·讀誦·興福·雜科로 구분된다(『宋
高僧傳』권30 및『大正藏』권50).

251) 慧皎,『宋高僧傳』권13(『大正藏』권50, 412쪽), "有禪師道度 高潔僧也 捨其七條袈裟
助費".

194

수록된 '苦行'으로는 彌陀和尙의 비문 내용 가운데 "공은 처음에 산의
서남쪽 巖石 아래에 거주하였다. 사람들이 그에게 먹을 것을 주면 먹고,
주지 않으면 진흙이나 초목을 먹었다"253)라고 하여 불도를 수행하면서
의식의 구애가 없는 점과 진흙과 초목 등을 먹는 고행의 모습을 전한다.

세 번째 항목인 '神尼'는 덕이 매우 높은 비구니로서 지식이 넓은 사람을
의미하는데, 편찬자는 2題의 碑文을 '神尼'로 분류하였다. 고려초기의 불교
서에 여승의 기록이 잘 전해지지 않음에도 3명의 女僧 碑銘을 수록한
점은 이채롭다. 唐의 梁肅이 撰한 常州 天興寺의 二大德 比丘尼 慧持, 慧忍
두 자매 승려의 신이한 기연을 소개한 것이다. 이들은 각 5세와 3세에
법화경 강경을 들은 것을 인연으로 출가하여 止觀과 法華玄義를 통하여
法華三昧에 드는 등 法華道場을 설행하는 법화신앙의 소유자였다. 또한
晏殊가 撰한 송 태종의 七女 神國大長公主가 비구니가 되어 資福禪院 등에서
淨土를 희구하고 毗尼之藏을 강설한 활동을 전하는 碑文의 내용도 주목된
다.254)

『釋苑詞林』 권194~195는 碣·誌·誄文으로 구성되었다. 이는 다음의
표와 같이 구분된다. 이 <표 20> 東晉丘道護支曇諦誄(幷序)·羅什誄(幷序)·
釋法綱誄(幷序)·竺道生誄·釋曇隆誄·釋慧遠誄·若耶山敬法師誄·釋玄運
誄의 8제는 모두 『廣弘明集』에 실려 있는 것으로, 『釋苑詞林』과 수록 순서는
동일하지만 제목은 간략히 축약한 형태로 轉載되었다. 『廣弘明集』에 실린
또 다른 類文은 行狀·詔·書·表 등이다. 이들은 유별로 분류되어 다른
곳에 실렸거나 編定시에 제외된 것으로 보인다.

252) 苦行은 梵語로 duṣkara-caryā 또는 tapas이다. 肉體 欲望을 斷除하고, 諸種難忍의
苦行을 堪忍하는 것을 의미한다(『景德傳燈錄』 권27 ; 『大正藏』 권51, 433쪽).
253) 『釋苑詞林』 권193(『한국불교전서』 권4, 662쪽), "公始居山 西南巖石之下 人遺之食則
食 不遺則食土泥茹草木".
254) 『釋苑詞林』 권193(『한국불교전서』 권4, 663~665쪽).

<표 20> 『釋苑詞林』 권194·195 收錄 碣·誌·誄文

細目	題目	撰者	備考
碣	唐慈恩寺大法師基公碣文	李 乂	
	唐江州興果寺律大德湊公塔碣銘	白居易	
	唐護國寺威師碣	皇甫湜	
	故三學法師緋公碣銘	和 凝	
誌	誌公大師墓誌銘	陸 倕	
	同泰寺故智寂師墓誌銘	梁簡文帝	
	宋姬寺慧念法師誌銘	〃	
	甘露敱寺敬脫法師墓誌銘	〃	
	湘官寺智蒨法師墓誌銘	〃	
	淨居寺法昂法師墓誌銘	〃	
	楊州僧正智寂法師墓誌銘	〃	
	宋明義大師塔誌銘	釋慧勤	
	黃氏女道淸誌	楊 億	
誄	東晉支曇諦法師誄	丘道護	廣弘明集
	鳩摩羅什法師誄	釋僧肇	〃
	武丘法綱法師誄	釋慧琳	〃
	龍光寺竺道生法師誄	〃	〃
	曇隆法師誄	謝靈運	〃
	廬山慧遠法師誄	〃	〃
	若耶山敬法師誄	張 暢	〃
	新安寺玄運法師誄	釋慧琳	〃

『廣弘明集』의 僧行篇 '諸僧誄行狀'에는 支曇諦·竺羅什·釋法綱·竺道生·釋曇隆·釋慧遠·釋玄敬·釋玄運·釋智稱 등 9명이 실려 있고, 『釋苑詞林』에는 8제의 뇌문이 전해진다.[255] 『廣弘明集』은 梁의 僧祐(435~518)가 불도를 넓히고 가르침을 밝히기 위해 『弘明集』을 편찬한 고사에 따라, 다른 것을 찾아 『弘明集』에 더하여 양자를 종합해서 편찬한 것이다. 수록한 古記·古文 중에는 불교에서 나온 것도 있고, 外書에서 채록한 것 등 모두

<hr />

255) 『廣弘明集』에는 「新安寺玄運法師誄」 다음에 南齊律師가 撰한 「釋智稱誄」가 있다. 그러나 현전 『釋苑詞林』에 「釋智稱誄」가 수록되어 있지 않은 것으로 보아 『釋苑詞林』 권제195에 수록하지 않았거나 권제196에 수록하였을 것으로 추정된다(大屋德城, 앞의 책, 1937, 133쪽).

10편 230여 조이며, 그 목차는 歸正篇·辯惑篇·佛德篇·法義篇·僧行篇·慈惻篇·誡功篇·啓福篇·滅罪篇·統歸篇이다.[256] 이로 보아 篇目 분류의 동일성은 잘 찾아지지 않기 때문에 『釋苑詞林』이 『廣弘明集』의 체제를 모방하였다고 보기는 어렵다. 곧 의천의 문도들은 독창적인 편찬 체제를 통하여 釋家의 文林, 文苑을 250권으로 분류하여 유별로 편찬한 것으로 보아야 할 것이다.

『釋苑詞林』 권194~195에 수록된 碣·誄·誌는 21제로 구성되었다. 앞에서 밝힌 권191~193의 비문 자료의 배열과 같이 의천 당대 또는 근접한 시기의 자료를 뒷부분에 배치하였다. 이 가운데 碣, 誌의 3제를 제외한 誄 18제는 고려시대 이전 자료를 전재한 것으로 수록 이외의 특별한 의미를 부여하기 어렵다.

碣의 「故三學法師緋公碣銘」은 和凝이 찬한 것으로 三學法師 緋公은 12세에 契同禪師에게 출가하여 四分律·因明·百法·俱舍論 등 經律論의 奧義를 깨치는 한편 유학적 소양이 있어 문집 10권과 三寶論 1편을 저술하기도 하였다. 그는 禪觀을 닦는 선승이자 미륵신앙의 수행자로 보이며 同光 3년(925)에 입적하였다.[257]

誌에는 「宋明義大師塔誌銘」·「黃氏女道淸誌」가 주목되며 의천과 비교적 가까운 시기의 것이다. 「黃氏女道淸誌」의 黃氏女 道淸은 吳興人 유학자 官人의 후손으로 4세부터 心經을 독송하고 7세에는 一心으로 부처를 받들 것을 서원한 이후 혼인치 않고 佛道에 정진하다가 天禧 元年(1017) 경 사망하였다.[258] 또한 「宋明義大師塔誌銘」의 明義大師 希觀은 화엄종의 승

---

256) 『望月佛敎大辭典』 권2, 1035쪽.

257) 『釋苑詞林』 권194(『한국불교전서』 권4, 668쪽), "十二落髮於契同禪師……講四分律及因明百法俱舍等論 經根論枝 咸窮邃脉……事空王而爲周邵 有文集十卷 三寶論一篇……又與故三學僧審玄 同修禪觀……同光三年八月十九日 示終".

258) 『釋苑詞林』 권194(『한국불교전서』 권4, 670쪽), "黃氏女道淸 其先江夏人 後占籍建安之吳興……四歲姙章氏敎 以心經漸能誦之 七歲居母喪 一心奉佛誓志不嫁……卽以天禧元年夏四月甲午 奉道淸之靈骨舍利".

려로 華嚴經 淨行篇을 강조하는 華嚴淨行結社를 일으켜 士大夫 1천여 명의 귀의를 받는 등 華嚴宗勢를 진작시켰다. 그는 餘杭郡人으로 13세에 智周上人에게 출가하여 59세인 治平 2년(1066)에 입적하였다.[259] 撰者 慧勤은 明義大師 希觀이 화엄종을 전승하고 護法에 공이 있음을 특기하였다.

한편 『釋苑詞林』의 편찬자는 碣·誄·墓誌銘은 細項目으로 구분치 않고 서술하였다. 碑銘에 대하여만 유감 등으로 구분 기준을 두어 類別 분류하였다. 碑銘을 분류한 이유는 불교 호법을 위한 것으로 幽感, 勸化, 放達, 遺身, 苦行, 神尼 등의 일정한 기준을 가지고 분류하였다. 『釋苑詞林』에는 신라 이래 고려초기 승려와 禪宗 승려 碑銘이 잘 찾아지지 않지만 禪宗의 운문종, 법안종과 천태종 승려 등 禪宗과 천태종 승려의 碑銘이 수록되어 있어 주목된다. 이들과 의천의 관련성에 대하여는 장을 달리하여 서술하기로 한다.

3) 天台·法眼·雲門宗僧 碑文 蒐錄의 의미

『釋苑詞林』에는 고려초기의 法眼宗 승려 眞觀釋超와 天台宗 義寂, 禪宗의 開明禪師, 雲門宗 傳宗의 자료가 집록되었다. 『석원사림』에 선종 관련 자료를 收載하였으나, 승려에 대한 기록은 천태종·법안종·운문종 승려로 국한되었다. 의천의 입송구법 당시 중국에는 雲門宗과 臨濟宗이 융성한 시기였다.[260] 의천의 입송구법 경로를 보면 臨濟宗 승려를 만나기 어려웠다.

---

259) 『釋苑詞林』권194(『한국불교전서』권4, 670쪽), "希觀始以斯經 受學於悟本大師淸惠 方是時 授未終帙 已能覆講 繇二十年閒 六周其說而楞嚴金剛法界觀等十餘經論 皆敎部之淵秘 悉力講宣……淨行篇履善蹈道之法 嘗募千餘人 爲一社持之 以勉勸之 至士大夫多與焉……早通儒家五經自莊老子史 陰陽圖緯 醫方雜學之說 無不該洽 蓋所得盡 以翼助正敎……希觀諱曇慧 賜號明義 大師姓朱氏 世爲餘杭郡人 十歲從智周上人 出家……春秋五十九 僧夏四十五 以治平二年二月十三日 示疾 坐亡於所舍".

260) 송의 신종·철종 연간에 강남·강서·호남 일대를 기반으로 하던 운문종·임제종 황룡파의 고승들과 그들의 지지 기반이었던 고위 관료 출신의 거사들이 잇따라 세상을 떠나면서 황룡파는 점차 쇠퇴하게 되었다. 임제종 양기파는 圜悟克勤

즉 汴京 인근 지역과 이동 경로를 따라 가면서 宋의 승려를 만난 것이다. 이 가운데 華嚴宗 13명, 天台宗 8명에 비하여 雲門宗 승려는 4명으로 적기는 하였지만 禪宗에 대하여 비판적 입장이었던 의천으로서는 다수의 선종 승려를 만난 셈이다. 이러한 입송구법 당시 宋의 불교계에 대한 관심과 고려초기 法眼宗과 天台宗의 사상적 교류는 『석원사림』에 법안종·천태종·운문종 승려의 碑銘을 수록케 한 계기가 되었다. 의천의 화엄종 문도인 元景王師 樂眞 등에 의해 화엄종의 입장에서 편찬된 현전 『석원사림』에 4명의 선종 승려가 수록되었음은 다소 특이한 점으로, 사상적 교류가 있었던 천태종과 법안종 및 운문종에 유념하였을 법하다. 『석원사림』에는 고려초기 法眼宗 승려 眞觀釋超의 碑銘이 실려 있는데, 세목에는 幽感으로 하여 '求法'의 깊은 의지를 품고 중국에 유학하였던 부분을 채택하였다. 釋超는 태조 왕건대에 유학하고 6년만인 946년 정종대에 귀국하여 949년에 강주 지곡사 주지, 959년에는 개경의 주요 사찰인 구산선사에 주지하고, 5년 후에는 광통보제선사에서 입적시까지 주지하였다. 당시 법안종의 智宗 등 36인은 眞觀釋超가 개경의 구산선사에 주지하는 즈음에 광종에 의해 법안종의 永明延壽 문하로 유학을 떠났다. 이는 광종이 법안종을 유념하였음을 의미한다.[261] 釋超가 귀국한 946년 이후에는 광종에 의해 법안종이 유념되었으나 그 비중은 크지 않았다. 또한 10년 후인 959년이 되면 법안종을 중심으로 한 사상 경향이 강조되었고 그의 정치·사회사상과 밀접한 관련이 있었다.[262]

(1063~1135)이 등장하면서 융성기에 들어섰고, 그의 제자인 大慧宗杲(1089~1163)가 간화선을 완성하고 사대부 사회를 비롯한 사상계 전반에 걸친 영향력을 확대하면서부터 극성기를 맞이하였다(阿部肇一, 『中國禪宗史の硏究』, 硏文出版, 1986, 504~568쪽).

261) 李能和,「高麗初多傳法眼派」『朝鮮佛敎通史』下, 新文館, 1917, 344~346쪽 ; 金杜珍, 「光宗代의 佛敎統合運動과 天台學의 硏究」『한국사』16, 국사편찬위원회, 1994, 37쪽.

262) 金杜珍,「高麗 光宗代의 專制王權과 豪族」『韓國學報』15, 1979, 79쪽.

의천이 천태종을 개창할 때 禪宗 直投門徒와 法眼宗 계열의 五門學徒가 중심이 되었다. 오문학도는 거돈사·신□사·영암사·고달사·지곡사의 5法眷 門徒였다.[263] 이들 五門學徒는 '因命會合'하였다는 기록으로 보아 국왕의 命에 의해 편제되었음을 알 수 있다. 특히 다양한 선종 산문이 있음에도 이들 5산문의 법권들을 차출하여 천태종을 개창한 것은 불교계 재편 의도 외에 사상적 경향의 합치에 기인한 듯하다.[264] 이들 山門 가운데 거돈사·영암사·지곡사는 法眼宗에 속했던 사원이다. 居頓寺는 智宗이 현종 9년(1018)에 주석하여 그 해에 입적했던 사원이다. 靈巖寺는 英俊이 현종 2년(1011)에 주석하였던 사원이며, 그는 1014년에 그곳에서 입적하였다. 智谷寺는 眞觀釋超가 정종 4년(949)에 주석하였던 절이다. 智宗이나 英俊, 眞觀釋超 등은 모두 고려초 법안종을 흥성시켰던 승려로 천태사상에도 관심을 가졌다.[265] 이로써 五門學徒의 사상 경향은 천태사상의 기본적인 이해를 가진 선종 승려들로 구성되었음을 알 수 있다. 이로 보아 釋超가 입록될 수 있었던 이유는 의천과의 사상적 친연성 때문이었던 것으로 이해된다. 眞觀釋超는 현전의 『釋苑詞林』에 수록되어 있는 유일한 고려 승려로 그의 사상 경향은 의천이 천태종을 개창하던 당시 고려초기 법안종의 법맥을 계승하는 것으로 판단되는 일군의 승려들의 참여와 관련하여 시사하는 바가 크다. 그렇지만 의천과 嗣資關係는 잘 찾아지지 않는다. 이러한 점이 한계로 지적되지만 의천이 자료를 수집한 『釋苑詞林』에 천태종과 함께 법안종 승려의 비문을 실은 것은 의천의 사상 경향과 밀접한 관련이 있었기 때문으로 판단된다.

---

263) 林存,「仁同僊鳳寺 大覺國師碑」(『한국금석전문』 중세상, 600~601쪽), "故居頓神□ 靈巖高達智谷 五法眷 名公學徒 因命會合 其外 直投大覺門下 諸山名公學徒 三百餘人 與前五門學徒 無慮一千人". 이하에서는 '直投大覺門下'의 문구에 의거 '直投門徒'로, '五法眷 名公學徒, 與前五門學徒'의 문구에 의거 '五門學徒'로 구분한다.

264) 朴鎔辰,『大覺國師 義天 硏究』, 국민대 박사학위논문, 2004, 237~238쪽.

265) 金杜珍,「高麗 光宗代 法眼宗의 登場과 그 性格」『韓國史學』4, 韓國精神文化硏究院, 1983, 28~33쪽.

200

다음으로 주목되는 바는 천태종 승려의 碑文을 입록한 것이다. 錢易가 찬한 천태종 승려 義寂은 중국 천태종 山家派의 정통을 계승한 인물이다. 義寂의 문하에 고려의 승려로 義通, 諦觀, 智宗 등이 있었다. 義寂은 중국 천태종 제15조로 山家派의 정통을 계승하였고 이 법맥은 고려 승려 義通에 게 천태종 제16조로 전법되었다. 이러한 내용은 『佛祖統紀』 등 천태 사적에 자세하게 실려 있다. 또한 『천태사교의』를 저술한 諦觀은 이후 중국의 천태종 흥법에 크게 기여하였다. 諦觀과 의천의 천태종 개창과 관련하여 사상적 연결은 가능하지만 법맥의 구체적 상승은 잘 찾아지지 않는다.266)

의천은 입송구법시 천태종 山家派 三家 가운데 梵臻系의 從諫에게 전법하 고 廣智尙賢의 문도와 교류하였다. 尙賢의 법손이 明智中立이며 中立의 제자가 慧照法隣이다.267) 中立과 法隣은 천태종 山家派 神智鑑文의 法嗣로 상현의 3세와 4세가 된다. 그런데 의천이 중립과 교학을 토론하였지만 承嗣受業하지는 않았다.268) 오히려 의천은 從諫에게서 天台敎觀을 稟受하 고 귀국 후 천태교학을 크게 일으키고자 천태종 사찰을 창건하고, 거기에 종간의 저술을 받들어 모시는 한편 종간의 상을 세워 천태종의 初祖로 삼았다.269) 의천은 귀국 후에도 從諫과 서신을 주고받았으며, 天台宗 從諫을 정통으로 계승하였음을 강조하였다. 의천은 중국 천태종 山家派의 정통을

266) 金杜珍, 「諦觀의 天台思想」 『한국학논총』 6, 국민대, 1984, 64~65쪽.
267) 志磐, 『佛祖統紀』 권14, 法師中立傳(『대정장』 권49, 220쪽), "元祐初 高麗僧 義天 遠來問道 甫濟岸遇 師升堂 歎曰 果有人焉 遂以師禮見 傾所學折其鋒 竟不可得". 또한 法隣傳(『대정장』 권49, 225쪽)에서는 "高麗義天至 首入南湖 師明智而友慧照 講跋所受敎乘歸國 師援筆立成 有古史風 義天嘉歎不已".
268) 志磐, 위의 책, 권14, 法師中立傳(『대정장』 권49, 220쪽, 위와 같음), "初抵鄞師事明智 中立而友法鄰 請跋敎乘(草庵敎苑遺事)入天台山拜智者塔 渡浙造杭州上竺 以弟子禮 事慈辯從諫 受天台敎觀"(『釋氏稽古略』). 中立을 스승으로 하고 法鄰을 법우로 하고 天台智者塔의 참배를 우선한 것으로 하였다. 從諫에게서 敎觀을 들은 이후에 天台智者塔으로 나갔다. 『佛祖統紀』의 내용이 보다 정확한 것으로 판단된다.
269) 志磐, 『佛祖統紀』 권14, 僧統義天傳(『대정장』 권49, 223쪽), "及見天竺慈辯 請問天台 敎觀之道 後遊佛隴智者塔 爲之誓曰 己傳慈辯敎觀 歸國敷揚 願賜冥護 見靈藝大智爲 說戒法 請傳所著文 旣還國 乃建利號天台 奉慈辯所傳敎文 立其像爲初祖".

계승하였던 바, 국내 출신인 고려의 승려로 義通·諦觀·智宗 등이 義寂의 문하에 있었던 사실을 주목하였을 법하다.

한편 『釋苑詞林』에는 운문종 승려의 비문이 수록되었다. 의천이 선종을 배제한 점과 관련하여 재고의 여지가 있기는 하지만, 운문종 승려의 비문 수록은 위의 천태종과 사상적인 교류가 가능하였기 때문일 것이다.[270] 의천은 입송구법시 여러 종파의 선지식을 참방하면서 다수의 운문종 승려를 만났다. 『대각국사외집』에는 이들과의 교류 서신이 수록되어 있다. 그 중에서도 의천은 了元·宗本·懷璉을 입송구법시에 직접 만나기까지 하였다. 또한 의천이 懷璉·契嵩과 교류한 서신이 문집에 남아 있다.[271] 『釋苑詞林』에 실려 있는 章衡이 撰述한 碑文의 주인공 承天傳宗은 雲門宗 雪竇系 선종 승려이다. 傳宗은 雪竇重顯(980~1052)의 제자인데 그들의 중심 무대가 항주 지역이었기 때문에 지역 기반의 천태종과도 교류하였다. 雪竇重顯은 천태종의 廣智尚賢과 교류하였을 뿐만 아니라 그의 문도인 繼忠과도 교류하였다. 운문종 雪竇重顯은 繼忠의 강의 내용에 감탄하였다.[272] 뒤에 見性說의 대성자가 되는 神智從義가 배출됨을 고려하면 繼忠의

270) 李資玄은 『頌古百則』을 저술한 운문종 雪竇重顯의 영향을 받았을 가능성이 있다. 의천계 화엄종 문도인 惠素가 찬술한 「祭清平山居士眞樂公之文」(『조선금석총람』 ○28쪽)을 보건대 의천은 雲門宗 계통의 禪宗을 적극적으로 배척한 것으로 ○이지 않는다. 한편, 조명제는 당시 선종계가 북송 臨濟宗과의 교류를 통해 ○양한 선어록이 중시되었음을 지적하였다(조명제, 「高麗中期 居士禪의 사상적 ○○과 간화선 수용의 기반」 『역사와 경계』 44, 2002, 117쪽).

271) 『新編諸宗教藏總錄』 권3에 「輔教篇」三卷, 契嵩述이 입록되어 있다. 계승은 운문종 제5○의 승려로 1072년에 입적하였기 때문에 의천이 직접 만날 수는 없었다. 또한 ○신 교류도 어려웠을 것으로 추측된다. 다만 教藏總錄에 그의 『輔教篇』 三卷이 ○록된 것은 주목된다. 契嵩은 북송의 석학이자 항주 영은사에서 유불일치 를 주창○였던 바, 의천이 입송구법시 항주지역의 운문종 승려들과 만나면서 접한 것으○로 보인다. 契嵩은 1062년에 輔教篇三卷을 송 인종에게 상진하여 명교대 사로 사○되었다(椎名宏雄, 「宋元版禪籍研究」 『印度學仏教學研究』 52(26-2), 1978). 이로 ○○ 의천은 입송구법시 송의 운문종 종세를 확인할 수 있었으며 동시에 ○불일치의 사상계 동향을 인식하였을 법하다.

272) 志磐, 『佛祖統紀』 권13, 法師繼忠條(『대정장』 권49, 217쪽), "廣智深器之 時令代講

202

학설이 禪家와 통하는 면이 있었을 것으로 추정된다.[273] 한편 의천이 雲門宗의 宗本, 了元, 懷璉을 직접 만났지만 긍정적으로 묘사되지는 않았다. 김부식의 「영통사비문」에서는 전혀 이들을 소개하지 않았으며, 중국 측 자료도 의천의 교학에 대하여 비판적 태도였다.[274] 특히 佛印了元이 의천의 禮를 앉아서 받는 모습은 異域僧으로 對한 것 이외에 宗派間의 차이를 유추할 수 있다. 중국 측 佛敎史書에서는 의천과 圓照宗本의 교류 모습 또한 교학면에서 열등한 것으로 기록되었다. 특히 화엄경의 三身에 대한 문답에서 의천이 法身에 대한 이해가 낮은 것으로 취급하였다.[275]

　이와 달리 林存의 「僊鳳寺碑銘」에는 宗本·了元·懷璉을 만난 것을 기록하였다.[276] 의천의 僊鳳寺碑는 천태종 直投門徒들에 의해 建立되었으며 이들의 출신은 禪宗이었던 바, 위의 운문종 승려들과 입장이 크게 다르지 않았기에 우호적으로 서술하였던 것으로 판단된다.[277] 한편 의천은 임제종을 비롯한 선종 관련 대부분의 자료를 수록하지 않았다. 이는 의천이 선종 계열의 인물들과 교류가 없었던 점에도 기인하지만 의도적으로 배제하였을 가능성도 고려할 필요가 있겠다.

　　　雪竇顯禪師 見而歎曰 四明之道爲有傳矣".
273) 安藤俊雄, 『天台思想史』, 日本 東京: 法藏館, 1959, 67쪽.
274) 念常, 『佛祖歷代通載』권19, 僧統義天條(『대정장』권49, 672쪽), "謁圓照本禪師 示以宗旨 至金山 佛印坐納其禮 楊傑驚問 印曰 義天異域僧耳".
275) 念常, 위의 책, 圓照禪師조(『대정장』권49, 677쪽), "高麗僧統義天 以王子奉國命使于我朝 聞師道譽 請以弟子禮見師 問其所得以華嚴經對 師曰華嚴經三身佛 報身說耶 化身說耶 法身說耶 義天曰 法身說 本曰 法身遍周沙界 當時聽衆何處蹲立 義天茫然自失 欽服益加".
276) 林存, 「仁同僊鳳寺 大覺國師碑」(『한국금석전문』중세상, 596~597쪽), "詣相國寺參元炤禪師宗本 元炤昇堂說法 繼而說偈……過金山 謁佛印禪師了元 稀世之遇 如夫子見溫伯雪子目擊而道存……往育王廣利寺 謁大覺禪師懷璉".
277) '直投門徒', '五門學徒'로 구분하였다(앞의 주263) 참고).

제4장 義天의 佛教思想

제1절 義天의 華嚴一乘思想과 그 佛教史的 意味

1. 義天의 '宗派' 인식과 教判論

1) 義天의 '宗派' 인식

고려시대 종파에 대하여는 다양하게 제시되었지만, 사료의 부족 등으로 그 실상을 정확히 반영한 것이라 보기 어렵다. 金映遂는 신라 무열왕대 이래 涅槃·法性·戒律·華嚴·法相宗 등이 종파로서 건립되었고, 신라대의 禪宗 9山門으로부터 시작하여, 고려 의천에 의해 천태종이 개창됨에 五教兩宗이 성립된 것으로 정리하였다.[1]

이에 대하여, 김영태는 「大覺國師墓誌」에 기록되어있는 6宗 즉, 戒律宗·法相宗·涅槃宗·法性宗·圓融宗·禪寂宗은 사적근거가 불명확하여, 신라대에 성립한 종파명으로 보기 어렵다는 견해를 제기하였다. 또한 이종익은 화엄종이 명칭으로 傳世된 것은 문헌상 불확실하지만, '圓融宗'·'賢首宗'이라 하지는 않았고, '華嚴宗'으로 통칭된 것으로 보았다.[2] 최근 한기두는『태종실록』에 수록된 화엄종·조계종·천태종·자은종 등 7종은 「大覺國師墓誌」의 6종과 동일한 것으로 볼 수 없고 단지 당시의 佛學 계통을 분류한 것이기 때문에, 성립종파로서의 宗派名으로 볼 수 없음을 지적하였

---

1) 金映遂,「五教兩宗에 對하야」『震檀學報』8, 震檀學會, 1937, 74~101쪽.
2) 李鍾益,「韓國佛教諸宗派成立의 歷史的 考察」『佛教學報』3, 1978, 29~58쪽.

다.[3] 결국 의천 당대 華嚴宗·法相宗 등의 종파명은 구체적으로 제시할 수 있는 사적근거가 분명치 않아, 종파로서의 성립여부 뿐만 아니라 종파명의 존재 자체도 부정된 셈이다.

의천 당대 이른바 화엄종·천태종 등에 대한 종파명의 용례 검토를 통하여, 그의 '宗' 관념과 '宗派' 인식의 일단을 살펴보기로 한다. 의천의 『大覺國師文集』 등의 자료에 제시된 종파명을 정리하면 다음 표와 같다.

<표 21> 고려중기 종파명 용례

자료명	종파명 용례	전 거
宋 淨源書	澄炤戒律宗, 慈恩法相宗, 天台法性宗, 賢首圓融宗	大覺國師外集권2 한불전4-570
大宋尙書主客員外郎 楊傑上書	賢首性宗, 慈恩相宗, 達摩禪宗, 南山律宗, 天台觀宗(華嚴性宗, 瑜伽相宗)	大覺國師外集권11 한불전4-589
大覺大和尙墓誌銘幷序	戒律宗, 法相宗, 涅槃宗, 法性宗, 圓融宗, 禪寂宗	大覺大和尙墓誌銘幷序
本國睿王御製眞讚	賢首, 智者, 因明, 律鈔, 求索諸宗	大覺國師外集권1 한불전4-567
僊鳳寺碑	1.賢首天台兩宗, 慈恩賢首之宗, 台嶺南山之旨. 2.天台, 賢首, 南山, 慈恩, 曹溪, 西天梵學	大覺國師外集권13 한불전4-595

고려중기 11~12세기 전후 종파명 관련 자료에는 自他稱 '華嚴宗'의 용례가 잘 찾아지지 않는다.[4] 의천과 교류한 송의 승려 淨源이 제시한 종파명은 '戒律宗·慈恩法相宗·天台法性宗·賢首圓融宗'이었고, 송의 관료 양걸은 '賢首性宗·慈恩相宗·達摩禪宗·南山律宗·天台觀宗'을 들었다. 淨源은 송대 화엄교학을 재흥시킨 인물로 화엄 7祖를 설정하는 등 화엄교학을 홍전한

---

3) 韓基斗, 「韓國仏教の五教兩宗問題」 『朝鮮學報』 98輯, 1981, 129~138쪽.

4) 불교사상 소위 '宗'으로서의 '화엄종'의 명칭은, 고려말에 국가가 불교계를 재편성하면서 12종을, 조선초 五教兩宗으로 재편성하면서 비로소 화엄종의 명칭이 보이는 점을 주목하였다(石井公成, 『新八宗綱要』 「華嚴宗」, 日本 東京 : 法藏館, 2006, 84~89쪽). 고려중기 '宗' 관념 및 '宗派' 인식과 관련하여, 화엄종·천태종·법상종 등에 대한 '종파' 인식과 '종' 명칭의 활용에 대하여는 별고를 기약한다.

일은 주지의 사실이다. 의천이 사망한 해인 1101년에 작성된 그의 墓誌에는
'戒律宗・法相宗・涅槃宗・法性宗・圓融宗・禪寂宗'의 6종이 제시되었지만,
이 또한 고려나 송에서 활용된 사례는 잘 찾아지지 않는다. 특히 의천의
불교계 행적을 대표하는 이른바 '화엄종'을 '圓融宗'이라 한 것은 당시
'화엄종'이라는 명칭이 일반화되지 못했음을 반영한다. 그의 사후 고려
예종은 '賢首宗'이라 하였고, 의천의 천태종 문도에 의해 1137년에 건립된
「선봉사비」에도 '賢首天台兩宗'이라 하여 '賢首宗'의 활용이 돋보인다.

<표 22> 『大覺國師文集』에 수록된 '화엄종' 호칭 용례5)

『大覺國師文集』 소재 자료명	호칭 용례	전거(대각국사문집-한국불교전서)
① 「新編諸宗敎藏總錄序」	華嚴大敎	문집1-한불전권4-529
② 「刊定成唯識論單科序」	華嚴大敎	1-529
③ 「消災經直釋詳定記」	華嚴大敎	2-529
④ 「祭龍頭寺祐詳師文」	賢首敎觀	11-555
⑤ 「至本國境上乞罪表」	慈恩賢首之宗	8-540
⑥ 「見學徒大師道隣謝文類啓以頌奬之」	賢首宗	19-562
⑦ 「乞就杭州源闍梨處學法表」	賢首祖敎	5-536
⑧ 「與大宋善聰法師狀」 第一	圓宗	11-545
⑨ 「澄遠僧統眞讚」	圓宗	11-555
⑩ 「送普滋大師歸栯香寺」	圓宗	19-562
⑪ 「華嚴寺禮緣起祖師影」	圓敎宗風	17-559
⑫ 「謝傳法表」	圓敎之宗	7-538
⑬ 「新集圓宗文類序」	圓頓之敎	1-528
⑭ 「示新參學徒緇秀」	圓頓敎	11-556
⑮ 「謝皇太后同前表」	滿敎之宗	7-538
⑯ 「講圓覺經發辭」 第二	法性宗	2-531
⑰ 「缺題」	法界之宗, 花嚴之敎	14-552
⑱ 「大宋沙門淨源書 5首」 第一	花嚴大敎	외3-572
⑲ 「大宋沙門善聰書」 七首	華嚴一宗, 大敎, 圓宗	외6-577
⑳ 「大宋辯才大師元淨」	華嚴敎主	외7-578

5) 吉田剛, 「晉水淨源と宋代華嚴」 『禪學研究』 77, 花園大學禪學研究會, 1999, 93~149
쪽에서 賢首敎 呼稱에 대해 16개 용례를 제시하였다. 필자는 20개의 용례만을
들었지만 문집에서는 보다 많은 사례를 확인할 수 있다.

206

그렇다면 실제 의천의 '宗派' 호칭 용례는 어떠하였을까.『大覺國師文集』
과『大覺國師外集』은 고려뿐만 아니라 宋·遼의 승속과 교류한 詩書文을
수록하고 있어 '宗派'에 대한 호칭의 용례와 관념을 살펴볼 수 있는바,
위의 표와 같다. <표 22>에서 이른바 '화엄종'에 대한 호칭 용례를 살펴본
바에 따르면, 華嚴大敎표에서 이른바 '화엄종'에 대한 호칭 용례를 살펴본
바에 따르면, 華嚴大敎·賢首敎·賢首宗·圓宗·圓敎·圓頓敎·法性宗 등
다양하게 호칭되었음을 알 수 있다. 이는 당시 '화엄종'이라는 종파명으로
는 표방되지 않았고, 불교계 내외에서 일반적으로 사용되지 않았음을
의미한다. 당시 의천이 교류한 송승과의 서간문에서도, 淨源은 天台法性
宗·賢首圓融宗이라 하였고, 양걸은 賢首性宗·天台觀宗으로 호칭하였다.
　이런 다양한 명칭에서 알 수 있듯이 종파명이 정립되지 않았음을 알
수 있고, 이는 고려와 송의 불교계에 공통된 현상으로, 의천은 송에서
귀국 후 일시 '賢首敎觀' 등의 용어를 사용하면서 法藏을 정통으로 하는
화엄교학을 강조하였다. 의천의 '宗' 관념과 '종파' 인식을 살펴보면, 그가
편찬한『圓宗文類』의 서문에서 '圓宗'에 대한 인식을 다음과 같이 서술하였
다.

　대화엄의 교리는 일진의 묘온이고 만장의 웅전으로 편조여래의 심원과
보현보살의 행해를 바닥까지 다 드러내었으니, 진실로 생령의 큰 근본이
요 性에 부합하는 지극한 말인 것이다.……大經을 강론하는 자는 모두
智儼, 法藏, 淸涼의 三家의 義疏로써 길이 표준으로 삼고 한편으로 諸家로
써 보충한다. 우리 海東浮石尊者가 구법의 이후로부터 圓頓之敎가 여러
宗을 주맹한 것이 4백여 년이 되었다.……매년 춘추로 대궐내의 회경전에
서 백명의 법사를 청하여 看大藏經會 등 道場과 佛事를 개설하였다. 또한
3년에 1회 仁王般若百座大會를 두고 三萬人을 齊僧하는 것을 恒式으로
삼았는데, 諸宗의 義學者는 처음부터 논의하는 것으로써 선용하였다.[6]

---
6) 의천,「新集圓宗文類序」『대각국사문집』권1(『한국불교전서』권4, 528쪽).

의천은 화엄교학에 대하여 智儼·法藏·澄觀 三家의 義疏로써 표준으로
삼고, 한편으로는 諸家로써 보충해야할 것을 제시하였다. 또한 신라 이래
圓宗의 전통은 義湘에 연원하고, 4백여 년간 諸宗을 주맹하는 등 불교계에서
주도적 역할을 하였음을 분명히 하였다. 특히, 국가 불교의례에서는 논의에
앞서 선용된 것이 圓宗의 華嚴經으로 그 중심이 되었음을 강조하였다.
즉, 의천은 고려의 圓宗이 신라의 義湘에서 비롯되었다고 하여 宗祖的
성격을 부여하는 한편, 그 敎義로는 智儼·法藏·澄觀 三家의 義疏가 중심이
됨을 들었다. 또한 국가 불교의례에서 논의에 선용하는 기준이 되는 것으로
이해하였다. 의천은 위의 자료에서 '華嚴大敎沙門'이라 관칭하였는데, 이는
화엄교학을 강조하는 '宗派'적 인식이 반영되었음을 알 수 있다. 비록
의천이 '화엄종'의 종파명을 제시하지 않았지만 화엄교학의 입장을 강조한
셈이다.

한편 의천이 개창한 고려의 '천태종'도, 송에서 '천태교', '천태성종',
'천태관종' 등으로 다양하게 호칭되었다. 의천이 입송구법 이후 이른바
'천태종'을 개창한 내용은 「僊鳳寺碑」에 자세하다. 물론 「僊鳳寺碑」에도
'賢首天台兩宗·天台一宗'으로 표시되었고, '천태종'이라는 종파명이 분명
히 제시되지는 않았다. 다만 「僊鳳寺碑」에는 의천에 대하여 海東天台始祖임
을 분명히 하였다.[7]

이 「僊鳳寺碑」는 의천 사후인 1137년에 直投門徒에 의해 건립되었다.
의천의 천태종 개창에 조력한 또 다른 문도는 거돈사·신□사·영암사·
고달사·지곡사의 권속들로 5法眷 門徒, 즉 五門學徒가 있었다. 당시 의천의
천태종 개창에는 '선종에서 태종으로 경속한 것이 10에 6, 7'이라고 하였고[8]

---

7) 「天台始祖大覺國師碑銘」에 "南嵩山僊鳳寺海東天台始祖大覺國師之碑銘 幷序"라
   하였다.
8) 尹彦頤, 「淸道雲門寺 圓應國師碑」(『朝鮮金石總覽』 권상, 349쪽), "大覺國師西游於宋
   傳華嚴義 兼學天台敎觀 以哲宗 元祐元年 丙寅□尊崇智者 別立宗家 于時藜林納子
   傾屬台宗者十六七".

또한 이들 五門學徒는 '因命會合'하였다는 기록으로 보아 국가의 命에 의해 편제되었음을 알 수 있는데, 이들은 「僊鳳寺碑」건립에서 제외되었다.[9] 즉, 의천 사후 「僊鳳寺碑」건립주체인 直投門徒는 선봉사를 중심으로 하여 의천을 천태시조로 추숭하는 한편 다른 종파와의 차별성을 강조하면서 宗門化한 것으로 이해된다.

의천의 천태종 개창의 인적구성은 선종 승려의 전향을 통하여 이루어졌다. 이것이 가능했던 이유는 국가적 불교교단 재편성의 성격을 띠는 한편 당시 종파적 차별성이나 종파내 결합력이 약했던 때문으로 이해된다. 의천이 선종승려인 學一을 天台宗으로 전향토록 권고한 일에서도 알 수 있다.[10] 이는 국가불교로서의 교단통제에 의한 임의적 편제라는 측면도 있지만, 보다 근본적인 배경은 종파의 전향을 권고할 수 있을 정도로 종파 인식이 확립되어 있지 않았던 사회적 분위기에 기인하였을 법하다. 결국 이 시기에는 국가에 의해 불교교단이 통제된 현실을 반영하는 한편, 종파명의 존재도 분명치 않거니와 종파의식도 다소 미약하였음을 알 수 있다. 또한 시기를 달리하여 '華嚴宗'·'天台宗' 등의 종파명이 사용된 것은 종파별 문도가 자신들의 필요에 의해 宗門化하고, 시조를 추숭한 후대의 宗派認識이 반영된 결과로 볼 수 있다.

2) '一乘' 用例

의천의 '一乘' 용례는 그의 교학을 전하는 편찬서가 없어 구체적으로 제시하기 어려운 점이 있다. 다만 현전하는 『大覺國師文集』의 여러 곳에서 '一乘'이라는 용어를 사용하여 화엄교학의 수승함을 제시한 바 있다. 우선 이러한 용례를 정리하여 그의 '一乘'에 대한 기본적인 이해를 살펴보기로

---

9) 박용진, 「大覺國師 義天의 天台宗 門徒와 그 思想傾向」『중앙사론』24, 한국중앙사학회, 2006.
10) 尹彦頤, 「淸道雲門寺 圓應國師碑」(『조선금석총람』 권상, 349쪽).

한다.

> 나는 보살될 재주가 없음을 부끄러워하면서도 외람되이 一乘의 가르침
> 을 밝히려 하니……오직 원컨대 이 法會에 참여하여 법을 듣고 法恩을
> 입은 法界의 모든 중생들이 다 친히 佛華三昧를 증득하고 圓滿한 一乘을
> 바로 깨닫게 되기를 기원한다.[11]

「大方廣佛花嚴經 十通品」의 강경시에 '一乘의 가르침' 즉 화엄경의 강경
임을 분명히 하였다. 또한 法會에 참여한 法界의 모든 중생들이 佛華三昧를
증득하고 圓滿한 一乘을 깨닫기를 기원하였다. 이로 보면 의천의 '一乘'은
華嚴敎觀을 통하여 도달케 되는 구극의 眞如를 의미하는 것으로 이해된다.
모든 중생을 평등하게 성불로 인도하는 '一乘'의 의미와는 구분되며, 華嚴敎
觀을 통한 '일승'의 구현을 기도한 것으로 볼 수 있다.
　다음의 자료는 의천이 중국 화엄종을 재흥한 淨源과 화엄교학의 전반적
인 내용을 교류한 가운데 제시한 '一乘'의 용례이다.

> ① 慧因大法師는 언제나 一乘에 뜻을 두고 五敎에 마음을 오로지 하면서
> 　행하기 어려운 시대에 교화를 널리 펴시었으며, 법이 땅에 떨어지려
> 　하는 때에 圓宗의 교풍을 크게 떨치시어, 圓頓 大心을 중국에서나 변두
> 　리에서 모두 받들어 높이 사모하였습니다.[12]
> ② 혹 듣고 본 이가 모두 다 함께 佛華三昧를 친히 증득하고 圓滿一乘을
> 　頓悟하여 이 응보의 인연을 다함으로 함께 安樂國에 태어나서 阿彌陀佛
> 　께 歸命하고 크게 忍辱하는 마음을 성취하며 法界에 두루 들어가서

---

11) 의천, 「講大方廣佛花嚴經十通品(필자 가제)」『대각국사문집』권4(『한국불교전서』
　권4, 533쪽), "予慙無大士之才 叨闡一乘之敎……唯願今此一會 若見若聞 等法界一切
　有緣 親證佛花三昧 頓悟圓滿一乘".
12) 의천, 「追薦淨源闍梨百日齋疏」『대각국사문집』권14(『한국불교전서』권4, 552쪽),
　"慧因大法師 抗志一乘 潛神五敎 闡道化於離行之世 振宗風於欲墜之時 遂使圓頓大心
　中邊景慕".

미래세가 다하도록 정법의 갈무리를 보호하고 一乘의 문을 크게 열며 佛菩提를 圓滿하고 普賢行을 익히며 광대하기가 法性과 같고 究竟에는 허공과 같이하여 모든 含靈과 더불어 일시에 正覺을 이루게 되기를 誓願합니다.[13]

淨源은 송대에 화엄교학을 재흥한 인물이었다. 의천은 정원에 대하여 "一乘에 뜻을 두고 五敎에 마음을 오로지 하는 한편 법이 땅에 떨어지려 하는 때에 圓宗의 교풍을 크게 떨쳤다"고 하였다. 이는 정원의 화엄교학 재흥의 노력과 관련이 있으며, 一乘에 뜻을 두고 화엄종의 기본인 五敎에 전일할 것을 강조한 셈이다.

또한 의천은 송나라 조정의 주선으로 有誠을 만나 1개월여 불교 교학의 전반을 교류하였다. 有誠은 阿彌陀 淨土信仰을 가진 화엄 승려로서 원만한 華嚴一乘을 頓悟하기를 기원하였다.[14] 有誠이 언급한 '一乘'은 佛華三昧를 친히 증득하고 圓滿한 一乘을 頓悟하여, 이 응보의 인연으로 安樂國에 태어나서 阿彌陀佛에 歸命하는 것과 관련이 있다. 또한 法界에서 정법을 지켜 一乘의 문을 열어 일시에 正覺을 이루는 것으로 화엄교학의 일반적인 내용과 크게 다르지 않았다.

의천이 學徒들에게 전하는 내용 또한 華嚴一乘을 頓悟하여 正覺을 이루는 것임을 제시하였다. 다음의 示文 역시 동일한 내용을 전한다.

혹 함께 萬行을 닦고 一乘에 뜻을 같이 하여 法界의 門에 소요하고

---

13) 의천, 「大宋誠法師答辭 三首」『대각국사외집』 권1(『한국불교전서』 권4, 568쪽), "若聞若見 親證佛華三昧 頓悟圓滿一乘 盡此一報緣 同生安樂國 歸命彌陀佛 成就大忍心 遍入法界中 盡於未來際 護持正法藏 開闡一乘門 圓滿佛菩提 修習普賢行 廣大如法性 究竟若虛空 誓與諸含靈 一時成正覺".
14) 의천은 입송구법 이전부터 阿彌陀信仰에 대한 이해를 가진 것으로 판단된다(金英美, 「大覺國師 義天의 阿彌陀信仰과 淨土觀」『歷史學報』156, 歷史學會, 1997, 8~11쪽).

절대 경계에서 구속받지 아니하면 모든 생에 항상 좋은 벗을 얻고 매 처마다 서로 좋은 벗이 된다. 나의 말을 너희들이 따르고 너희 마음을 내가 함께 계합하여 항상 普賢行을 익히고 圓頓經을 펴 티끌마다 解脫 法門에 들어가고 글귀마다 毗盧遮那의 性海를 깨치는 글로서, 제도함이 없는 제도로 널리 제도하고 이름 없는 이룸으로 끝내 이루기를 스스로 힘써 이와 같이 하고, 다른 이를 가르침도 또한 그러하니, 맹세코 일체 중생으로 더불어 다 함께 無上妙覺位에 오르는 것이 바로 원하는 바이다.[15]

위의 자료는 의천이 학도에게 '一乘'의 眞如의 세계에 뜻을 두고 수행토록 권장하는 내용이다. 그 궁극은 모든 중생이 無上妙覺位에 오르는 것이었다.[16] 의천은 一乘에 이르기 위하여 敎觀을 함께 닦도록 하였다.[17] 의천의 '學敎修觀'은 普賢行과 圓頓經 즉 화엄경을 궁구하는 것으로, 티끌마다 解脫 法門에 들어가고 글귀마다 毗盧遮那의 性海를 깨치는 것으로 표현되었다. 의천이 학도에게 제시한 '一乘'은 眞如의 세계로, 一切 衆生 모두 成佛할 수 있다는 眞實法을 의미하며, 이는 華嚴敎觀의 학습과 수행 실천을 통해 가능한 것이었다.

이상에서 제시한 의천의 '一乘'에 대한 이해는 一佛乘 法門으로서의 '一乘'과 관련이 있다. 의천의 '一乘' 인식은 화엄종을 중시한 견해로 一佛乘의 법문으로 一切 衆生 모두 成佛할 수 있다는 眞實法을 제시한 셈이다.

---

15) 의천, 「示新參學徒智雄」『대각국사문집』권16(『한국불교전서』권4, 557쪽), "或同 修萬行 同志一乘 逍遙法界之門 放曠無爲之域 則生生常作良朋 處處互爲善友 我語汝 之相從 汝心我之同契 常習普賢之行 常披圓頓之經 塵塵入解脫法門 句句了遮那性海 廣度無度之度 終成無成之成 自力如是 敎他亦然 誓與一切含生 登無上妙覺 是所願 也".

16) 大乘菩薩修行 52階位의 하나로 佛果의 別稱이며 究極 理想 境地의 表現인 無上妙覺 位를 통하여 결국 一切煩惱를 끊고 涅槃에 이르는 것이었다.

17) 의천, 「示新參學徒德稱」『대각국사문집』권16(『한국불교전서』권4, 557쪽), "此圓 頓一乘之道 盡是行人所應知境 如其不學 虛度一生 空返寶山 未足 爲痛 若也潛神敎觀 愼終如始 則道 遠乎哉".

결국 이 '一乘'에 이르기 위해서는 華嚴教觀의 학습과 수행 실천을 통하여만 가능한 것으로, 화엄교학의 절대성과 殊勝을 표방한 견해이다. 이러한 그의 '一乘思想'은 다음의 教判과 教觀의 이해를 통하여 보다 구체화될 수 있다.

3) 義天의 教判論

의천의 教相判釋은 문집 등 현전하는 찬술 자료의 분석을 통하여 대개를 살펴볼 수 있다. 그가 각종 찬술서에 반영한 여러 祖師의 教判과 문집의 도처에서 언급한 教判은 화엄의 입장에서 天台·唯識·禪宗 등을 어떻게 인식하였는지 알 수 있게 한다. 의천은 화엄종의 爛圓에게 출가하여 華嚴教學을 수학하였는데, 다음의 자료를 통하여 그의 초기 教判의 단서를 살펴보기로 한다.

> 때는 나이 11세로 학문을 쉬지 않아 이미 성인과 같았다. 일찍이 꿈에 어떤 사람이 징관법사의 글을 전하였는데 이로부터 지혜와 영오함이 날로 진척되어,…… 賢首教觀으로부터 頓漸大小乘의 經律論 章疏에 이르기까지 모두 탐색하였다.[18]

의천은 난원에게 출가하여 賢首教觀 즉 화엄교관을 수학하였다. 의천이 출가한 이후 입송하기 전까지 그의 教判觀은 분명치 않다. 다만 의천은 꿈에 징관의 글을 전해 받고 慧解가 날로 진척되었다고 한 것과 23세부터 「貞元新譯華嚴經疏」를 강의한 것으로 보아 초기 教判은 澄觀의 教判에 대한 이해와 무관치 않았을 법하다.

의천은 입송구법시 華嚴과 天台教觀의 異同을 해결하는 데에 중점을

---

18) 金富軾, 「開城靈通寺大覺國師碑」(李智冠, 『校勘譯註 歷代高僧碑文』, 高麗篇 3, 伽山佛敎文化研究院, 1996, 118~119쪽), "時春秋十一歲 而學問不息 已能成人 嘗夢人傳澄觀法師書 自是慧解日進…自賢首教觀 及頓漸大小乘經律論章疏 無不探索".

두었다. 화엄은 五教의 圓教에 해당하고, 天台도 四教 가운데 圓教에 해당하
는데, 이들 圓教의 조화 및 教觀의 異同에 대한 의문의 해결이 과제였을
법하다. 의천이 天台智者의 탑에서 誓願한 다음의 내용을 통하여 의천의
教判에 대해 살펴보기로 한다.

    의천은 머리 숙여 歸命하며 天台教主 智者大師께 아룁니다. "일찍이
    듣건대 五時八教의 教判이 동쪽으로 전해져 일대의 聖言을 모두 포함하였
    으니, 후세에 불법을 배우는 자들이 어찌 이것으로 말미암지 않겠습니까,
    그러므로 우리 華嚴疏主는 華嚴의 5教가 天台와 크게 같다"라고 하였습니
    다.19)

    의천은 華嚴疏主 즉, 澄觀의 『화엄경소』에 따라 화엄과 천태의 教判이
크게 같음을 강조하였다. 천태의 五時八教 判釋이 후대에 불교를 배우는
자에게 준거가 되는데, 澄觀은 화엄종의 五教가 천태의 그것과 크게 같다고
하였다. 이 점은 화엄종 法藏의 五教判과 천태종 天台智顗의 五時八教教判
가운데 圓融論理와 圓教의 教義 構造가 유사함을 의미한다. 의천은 화엄과
천태가 圓教에 해당하지만 華嚴經과 法華經은 각각 別教와 同教로서 그
수승함에 차이가 있다는 교판을 채택하였을 법하다.20) 결국 의천이 澄觀의
『화엄경소』를 출가시부터 입적까지 연구하고 講經하였던 점에 비추어
보면 그의 천태종 개창과 天台教觀 형성에 澄觀의 『화엄경소』가 일정한
영향을 주었음을 알 수 있다.21)

19) 의천, 「大宋天台塔下親參發源疏」『대각국사문집』 권14(『한국불교전서』 권4,
    551~552쪽), "右某 稽首歸命 白于天台教主智者大師曰 嘗聞大師 以五時八教 判釋東流
    一代聖言 罄無不盡 而後世學佛者 何莫由斯也 故吾祖花嚴疏主云 賢首五教 大同天台".
20) 『대정장』 권45, 481쪽, 「五教章」 1 ; 『대정장』 권35, 110쪽. 吉津宜英, 「法藏の別教一
    乘の思想史的研究」『佛教學報』 28, 1991, 4~5쪽 ; 金笒石, 앞의 책, 162쪽. 화엄
    五教는 小乘教, 大乘始教, 終教, 頓教, 圓教이다. 법장은 처음의 小乘教가 二乘教
    이고 마지막 圓教에서 화엄경은 別教一乘, 법화경은 同教一乘에 배대하였다.
21) 澄觀, 『大方廣佛華嚴經隨疏演義鈔』 권7(『대정장』 권36, 50쪽), "華嚴之圓 是頓中之

의천은 입송구법 시기에 淨源, 從諫과의 교류를 통하여 화엄과 천태교학
에 대한 이해를 심화하였다. 의천이 교류한 중국 화엄종 승려 淨源의
敎判을 보면, 淨源은 화엄경과 관련하여 9종 13권의 저술을 남겼다.[22]
특히 澄觀의『화엄경소』를 경문의 아래에 옮긴『大疏注經』이 있었는데,
이는 배우는 자들에게 경전의 뜻을 분명히 하고 쉽게 이해시키려는 목적을
가진 것이었다. 이로 보면 淨源의 華嚴敎判은 징관 등의 화엄교학을 유념한
셈이다.

의천은 송에서 귀국 후『圓宗文類』와『敎藏總錄』을 편찬하였는데, 이들
편찬서를 통하여 그의 敎判과 華嚴經觀에 접근할 수 있다. 의천이 선종
4년(1087) 이후에 편찬한 것으로 추정되는『圓宗文類』의 序文에서 화엄교학
자 智儼·法藏·澄觀을 강조하였고, 이를 표준으로 할 것을 제시하였다.[23]
『圓宗文類』권14에는 法藏의 探玄記·五敎章, 智儼의 搜玄記·孔目章·至
相問答 등 5종의 화엄 관련 저술에 대하여 요점을 촬요하여, 각 저술을
파악하기 쉽게 類別 분류하였다. 의천이『圓宗文類』에서 智儼과 法藏의
화엄교학서를 중심으로 하였던 바, 그의 敎判에는 澄觀 이외에도 智儼과
法藏의 교판에 유념하였음을 알 수 있다.[24]

선종 7년(1090) 이후 의천의 敎判觀은『新編諸宗敎藏總錄』에 반영되었다.
『敎藏總錄』은 그의 敎判에 따라 분류 체계화되었다.[25] 또한 그의 교학
사상 및 경전 章疏觀이 반영되었는데, 화엄경을 필두로 열반·법화·유

圓 法華之圓 是漸中之圓 漸頓之儀 二經則異 圓敎化法 二經不殊 大師本意判敎如是".
　반면 敎判의 異同에 대하여 구체적인 설명이 없고, 化儀 즉 형식에서 頓漸으로
　구분되는 점은 의문이다.

22)『新編諸宗敎藏總錄』에 淨源의 저술로는 助脩記二卷科一卷, 疏鈔補解一卷科一卷,
　雲間類解一卷科一卷, 圓敎修證儀一卷, 入法界品禮讚一卷, 普賢行願懺儀一卷, 賢首
　國師禮讚文一卷, 大疏注經一百二十卷(淨源移淸涼大疏注於經下) 등이 있다.

23) 의천,「新集圓宗文類序」『대각국사문집』권1(『한국불교전서』권4, 528쪽).

24) 朴鎔辰,「의천의『圓宗文類』編纂과 그 의의」『史學硏究』82, 韓國史學會, 2006.

25) 朴鎔辰,「의천의『新編諸宗敎藏總錄』編纂과 華嚴 및 天台章疏」『中央史論』22,
　韓國中央史學會, 2005.

가·유마·반야·해심밀경 등의 순으로 배열되었다.『新編諸宗教藏總錄』
에 실린 章疏 분류에 따르면 화엄경소가 177부 1,247권으로 가장 많이
入錄되었다. 이는 화엄경의 수량이 방대하였기 때문이기도 하지만 화엄교
학의 입장에서 집록하였음에 기인한다.

『新編諸宗教藏總錄』經·律·論部에 수록된 章疏의 첫 부분은 예외 없이
화엄교학에 충실한 경전의 章疏를 싣고 있다. 經部에는 華嚴經의 章疏,
律部에는 梵網經, 論部에는『大乘起信論』등 대부분 화엄교학 관련 章疏를
처음에 배치하고 있는 것이다. 이러한 사실은 의천의 화엄교학 우위 사상을
알 수 있게 한다. 화엄종은 所依經을 화엄경으로 하지만, 화엄경에만 국한하
지 않고 般若經·涅槃經·梵網經·圓覺經·大乘起信論 등의 경전에 대해
서도 대부분 註疏로 이용하였다.

위와 비슷한 시기에 의천은 學徒 緇秀에게 내린 글에서 華嚴教를 圓頓教
라 하였는데 그의 교판에 대한 일면을 제시한다.

　　진실로 이 두루한 華嚴의 법을 떠나서는 다시 달리 成佛할 길이 있을
　　수 없다. 華嚴의 圓宗이 아닌 다른 權教에서 말하는 극과는 실다운 사실이
　　아니므로……末法의 시대에 있으면서 圓頓의 教를 들은 자로서 어찌 감격
　　하지 않겠는가.[26]

의천은 華嚴五教를 으뜸으로 삼아야 함을 강조하는 한편 澄觀의 말을
인용하면서 圓教를 만나 다행임을 서술하였다. 입송구법 이후 의천은
정원을 매개로 하여 중국 화엄종의 전통을 계승하였음을 강조하였고,
法藏과 澄觀 등을 화엄 祖師로서 함께 고려하였다. 이상으로 보아 의천은
智儼·法藏·澄觀·宗密·淨源 등을 중시하였으며, 특히 화엄교학에 대해

---

26) 의천, 「示新參學徒緇秀」『대각국사문집』 권16(『한국불교전서』 권4, 556쪽), "良由
離此普法更無異路得成佛故 權教極果 無實事故……在末法鬪諍之時 而有得聞圓頓
教者 豈不感傷哉".

서는 圓頓敎와 圓宗이라 칭하였다.

　의천은 숙종의 즉위를 전후하여 해인사에 은거하였다가 개경으로 돌아
온 이후 천태종 개창을 통하여 불교계를 재편하는 등 숙종의 개혁 정치에
조력하였다. 이 시기 의천의 敎判은『刊定成唯識論單科序』를 통하여 살펴볼
수 있다.

　　기신론과 유식론은 性宗과 相宗의 가장 요긴한 것으로서 학인들이 마땅
　히 마음을 다 해야 할 것이다. 그러나 기신론은 또한 일찍이 대강 익혔지
　만 다만 유식론에 대해서는 그 공부를 다하지 못하여,…… 俱舍論을 배우
　지 않으면 소승의 설을 알지 못하고, 유식을 배우지 않으면 어찌 시교의
　종을 보며, 기신론을 배우지 않으면 어찌 終頓의 뜻을 밝히리오. 또한
　화엄을 배우지 않으면 원융의 문에 들어가기 어렵다.27)

　의천은 선종 11년(1094) 5월 해인사 은거를 전후하여 唯識論을 單科하였
다. 그는 成唯識論을 단과하면서 華嚴五敎에 따라 敎判하였다. 화엄을
圓融의 門이라 하여 圓敎에 배대하고 이와 달리 唯識은 大乘始敎에 두었다.
이는 화엄교학의 五敎判과 다르지 않으며, 의천이 숙종 연간 불교계의
재편을 주도하는 가운데 변함없이 주장한 敎判이었다. 의천은 선종 계통의
이론적 취약성을 경계하면서 唯識과 起信論을 겸학하여 圓融한 華嚴法門의
경지에 이르게 한 것으로 화엄의 圓融性을 보인다.

　그렇다면 의천의 몰년인 숙종 6년(1101)에 洪圓寺 9祖 확정은 어떠한
의미를 갖는 것일까. 의천은 洪圓寺에 화엄 9조를 정할 때 宗密을 배제하였
다. 다음의 華嚴祖師說 자료를 통하여 이에 대한 이해를 보다 분명히

---

27) 의천, 「刊定成唯識論單科序」『대각국사문집』권1(『한국불교전서』권4, 529쪽),
　　"以謂起信唯識二論 是性相兩宗之樞要 學人之所宜盡心者矣 然起信論 亦嘗粗習 但於
　　唯識 未盡其功……是知不學俱舍 不知小乘之說 不學唯識 寧見始敎之宗 不學起信
　　豈明終頓之旨 不學花嚴 難入圓融之門".

할 수 있다.

① 七祖堂은 晋水法師가 건립하였는데 馬鳴·龍樹·帝心·雲華·賢首·淸
涼·圭峯의 七祖를 모셔서 서로 전했다. 伽藍의 東北 쪽에 있었다.[28]
② 辛巳年 2月에 王이 洪圓寺에 九祖堂을 만들어, 국사를 청하여 熏修하여
낙성하였다. 전대에 祖譜가 일정하지 않아, 지금 馬鳴·龍樹·天親·佛
陀·光統·帝心·雲華·賢首·淸涼을 9조로 삼았으니 국사가 정한 것
이다.[29]

의천은 기존의 華嚴祖譜를 대신하여 새로이 9조를 설정했는데, 그들은
馬鳴·龍樹·天親·佛陀·光統·杜順·智儼·法藏·澄觀이다. 위의 자료
①의 송승 淨源의 7조와 비교하면 의천의 9조는 天親·佛陀·光統이 더하여
졌고 宗密이 빠졌다. 즉 의천의 화엄사상이 송의 法藏에서 淨源으로 이어지
는 정통파 화엄사상을 중시하였지만 다소 차이가 있는 셈이다.[30] 다만
淨源은 송의 화엄종 5조에 宗密을 넣었으나, 의천은 그 중 宗密을 제외하였
다. 화엄 9조설에서 三家를 강조하고, 宗密을 제외하고 있는 점은 주목할
만하다. 이는 三家의 敎判에 의해 그의 화엄사상을 전개하였음을 알게
한다.
요컨대, 의천 당대에 '화엄종'과 '천태종'이라는 자타칭의 용례가 잘
나타나지 않지만, 그의 '종파' 인식을 검토한 바에 따르면 시종일관 화엄의

---

28) 『慧因寺志』 권5, 宮宇條, "七祖堂 晋水法師建 以奉馬鳴大士及龍樹 帝心 雲華 賢首
淸涼 圭峯 七祖相傳 在伽藍之東北".
29) 金富軾, 「開城靈通寺大覺國師碑」(李智冠, 『校勘譯註 歷代高僧碑文』, 高麗篇 3, 伽山
佛敎文化硏究院, 1996, 123쪽), "辛巳春二月 上 以洪圓寺九祖堂成 請師熏修而落之
前世爲祖譜不一 今以 馬鳴 龍樹 天親 佛陀 光統 帝心 雲華 賢首 淸涼 爲九祖 師所定
也".
30) 世親·佛陀·光統을 중시했음은 攝論이나 地論 등 초기 華嚴敎學에 대한 이해를
반영한 것으로 판단된다(金杜珍, 「의천의 圓頓사상과 그 불교사적 의미」『北岳史
論』 10, 北岳史學會, 2003, 170~171쪽).

입장을 견지하였음을 알 수 있다. 또한 '一乘'에 이르기 위해서는 화엄교학
의 수행 실천을 통하여 一切 衆生 모두 成佛할 수 있다는 眞實法을 제시하였
다. 이러한 화엄교 우위의 인식은 '一乘思想'과 智儼·法藏·澄觀 등 화엄3
가의 敎判 등을 채택한 점에서 잘 나타난다.

2. 義天의 華嚴敎觀

의천의 사상은 華嚴敎觀과 天台敎觀의 이해와 관련이 있다. 화엄종에서
는 敎觀門의 구성이 天台의 敎相門과 觀心門 만큼 철저하지 않지만 역시
敎門과 觀門으로 나눌 수 있다. 이와 관련하여 의천이 이해하고 있는
華嚴敎觀의 사례를 들고, 華嚴 三家와의 비교를 통해 의천의 화엄사상을
살펴보기로 한다. 우선 문집에 나타난 의천의 敎觀에 대한 인식은 다음과
같다.

　　다행히 숙세의 인연으로 善知識을 두루 참방하고 晋水法師의 강하에
들어 敎觀을 전해 받았다. 가르치는 여기에 일찍이 깨우치시기를 "觀을
배우지 않고 오직 經만을 전해 받으면, 비록 五周因果를 듣더라도 三重性
德에 도달하지 못하며, 經을 전수 받지 않고 觀만을 배우면 비록 三重性德
을 깨치더라도 五周因果를 분별하지 못한다. 그런 즉 觀을 배우지 않을
수 없고 經을 전수 받지 않을 수 없다"라고 하셨다. 내가 敎觀에 마음을
다해 힘쓰는 이유는 이 말을 명심하기 때문이다. 그러므로 淸凉국사가
"方寸의 마음을 거울삼지 않으면 性靈을 헛되이 저버리게 된다"라는 것이
바로 이것이다. 이에 화엄경을 전수하면서도 觀을 배우지 않는 자에 대해
비록 講主라도 나는 믿지 않는다.[31]

31) 의천, 「示新衆學徒緇秀」 『大覺國師文集』 권16(『한국불교전서』 권4, 556쪽), "幸以宿
因 歷衆知識 而於晋水大法師講下 粗承敎觀 講訓之暇 嘗示誨曰 不學觀 唯授經 雖聞
五周因果 而不達三重性德 不授經 唯學觀 雖悟三重性德 則不辨五周因果 然則觀不得
不學 經不得不授也 吾之所以盡心於敎觀者 佩服斯言故也 故淸凉云 不鏡方寸 虛負性
靈者 亦斯意也 是知傳大經而不學觀門者 雖曰講主 吾不信也".

의천은 입송구법시 淨源과 화엄교학을 교류하였는데, 이때 '經授觀學', 즉 경전의 가르침을 전하고 觀을 배워서 觀行을 닦아야 한다고 하였다. 이 양자 가운데 하나라도 빠트리면 三重性德과 화엄경 所詮의 義理를 나눈 五周因果, 즉 佛法의 대체를 체득할 수 없다고 하였다. 의천은 澄觀과 淨源을 인용하면서 신학도들에게 敎觀의 중요성을 언급하였다. 의천의 敎觀에 대한 인식은 經을 傳授하고 觀을 배워야 한다고 하여 觀法을 배워야 할 대상으로 이해하였다. 곧 의천의 觀門에 대한 이해는 敎門을 보충하는 것으로 결국 敎義理論과 修行實踐을 二門으로 구분하여 雙修하는 것이었다. 이러한 의천의 敎觀雙修 학풍의 단서는 송나라 淨源과의 불교 교류 이후에 잘 나타난다.

의천은 송에서 귀국한 이후 『圓宗文類』를 편찬하였다. 그 편찬에 참여한 인원을 나열하는 가운데 '傳賢首敎觀'과 '講賢首敎觀'이라 관칭하였는데 의천은 스스로를 '興王寺住持 傳賢首敎觀 兼 講天台敎觀'이라 칭하였다. 또한 「祭龍頭寺祐詳大師文」에서는 '興王寺住持 傳賢首敎觀 祐世僧統'이라 하였다. 양자를 종합하면 華嚴이 강조되었지만 天台敎觀을 유념한 것이며, 특히 '傳賢首敎觀 兼 講天台敎觀'이라는 용어는 이른바 '화엄종'과 '천태종'에 대한 것이다. 즉, 의천이 화엄교관을 중심으로 천태교관을 겸하여 觀門을 보다 강화한 태도를 엿볼 수 있다.[32]

그런데 華嚴敎觀에서는 敎와 觀을 '敎卽觀'으로 보아 敎相과 觀法이 卽한 것이다.[33] 따라서 화엄에서 觀門이라고 하지만 敎相門과 분리되어 이해될 수 없다. 다음의 자료는 의천의 圓覺經 講經 관련 기록으로 觀門에

---

32) 의천 당대에 이른바 '화엄종'이라는 종파명이 다양하게 제시된 점은 종파 인식 및 종파명 성립의 과도기적 성격을 보여준다. 또한 의천이 다양한 불교 교학에 대하여 겸학적 태도를 보인 것은 종파간 종파의식이 확립되지 않았음을 시사한다. 의천은 화엄교학을 중심으로 제종을 겸학하는 화엄일승사상을 보인 것으로 판단된다. 고려중기 '종' 관념과 '종파 인식'의 검토가 요구된다.
33) 張戒環, 「法藏의 敎相卽觀法에 대하여」『韓國佛敎學』 18, 1993, 214쪽.

220

대한 이해를 보다 분명히 할 수 있다.

　　교를 배우는 자는 내면을 버리고 밖으로만 구하려 하며, 習禪者는 외연
을 잊고 내심을 밝히기를 좋아하니, 다 치우친 집착으로 양쪽을 모두
막는 것이다.……이에 마음을 彼此에 공정히 하여 古今을 홀로 거닐고
定慧를 모두 갖추어서 自他를 兼利하여, 空을 觀하여도 萬行이 용솟음치고
有에 이르러도 一道가 맑아져 語默動靜에 玄微를 잃지 않고 法界를 떠나지
않은 이는 오직 우리 圭峯祖師 한 사람일 뿐이었다.[34]

　　의천은 圓覺經을 講經하면서 '學敎'나 '習禪' 一方에 치우침은 偏執된
것이라 하였다. 의천은 宗密을 들어 敎義의 학습과 禪觀의 修習을 보다
강조하였다. 그는 觀心을 주장하였지만 깨달아 眞空의 경지에 이르기까지
萬行 곧 觀行을 추구하였고, 여러 法相을 인식하지만 그 道理를 분명히
설정하여 깨치려 했다. 의천 觀法의 구극은 緣起 現前의 法界를 觀하는
것으로, 觀空하여도 萬行을 닦고, 法相에 접하여도 一道를 분명히 하였던
점은 敎義의 학습과 禪觀의 修習을 의미하며 '敎卽觀'과 다른 것이 아니다.
그럴 경우에 觀門은 敎相門과 분리되어 이해될 수는 없다. 그것은 觀心과
함께 經典을 탐구하는, 즉 敎禪을 學習하는 것에 다름 아니다.
　　의천은 숙종 6년(1101) 8월에 발병하여 총지사에서 머물렀는데, 입적하기
까지 평소와 같이 '觀心'과 '持經'을 병행하였다.[35] '持經'이 경전의 수지
독송을 의미하는 修道禪行인지는 분명치 않지만, 의천은 입적까지 화엄교
관을 바탕으로 敎義의 학습과 禪觀의 修習을 견지하였던 것이다.

---

34) 의천, 「講圓覺經發辭」 二首(『한국불교전서』 권4, 531쪽), "故使學敎之者 多棄內而外
　　求 習禪之人 好忘緣而內炤 並爲偏執 俱滯二邊……若乃公心彼此 獨步古今 定慧兩全
　　自他兼利 觀空而萬行騰沸 涉有而一道湛然 語默不失玄微 動靜不離法界者 唯我圭峯
　　祖師 一人而已".
35) 金富軾, 「開城靈通寺大覺國師碑」,(『朝鮮金石總覽』 권상, 309쪽), "秋八月 遘疾 隱几而
　　坐 或觀心 或持經 不以疲憊自止".

의천은 송의 晉水淨源으로부터 華嚴教觀을, 慈辯從諫에게서는 天台教觀
을 전법하였다. 의천의 주요 관심은 화엄과 천태의 會通에 있었기 때문에
華嚴教觀과 天台教觀의 비교와 이해에 두어졌고, 이것은 兩宗의 教理體系에
대한 이해 위에 가능하였다.

3. 義天의 華嚴一乘思想의 불교사적 의미

고려통일기의 불교사상은 그 안에 다른 종파의 사상을 융합하여, 教禪이
융합되어 가는 경향을 보였고, 호족연합책과 연관된 시대적 소산이었다.
고려초에 教禪融合思潮는 두 경향이 있었는데, 教宗의 입장에서 禪宗思想을
융합하려는 경향과 禪宗의 입장에서 교종사상을 융합하려는 경향이었
다.[36] 고려초가 되면 선종사상뿐 아니라 화엄사상까지도 教禪融合의 경향
을 띠어 갔다. 이는 화엄종의 입장에서 선종사상을 융합하려는 사상 경향으
로 교종의 입장에서 선종사상을 융합하려는 坦文[37]과 선종의 입장에서
교종사상을 융합하려는 玄暉로 대표된다.[38] 의천의 사상 경향이 坦文의
華嚴教學과 연결을 갖지만 인맥의 전승은 분명치 않다.

고려중기 教禪融合사상은 의천에 의해 시도되었다. 의천은 화엄교학을
기반으로 송의 天台교학을 전법하여 천태종을 開創하였다. 고려초기 諦觀
은 오월에 들어가 천태종의 教本이라 할 수 있는 『天台四教儀』를 저술하였
고, 비슷한 시기에 義通은 송의 천태종의 제13대 教祖가 되었다. 諦觀에서
의천에 이르는 천태종은 教禪融合思想 傾向을 지녔지만 華嚴宗의 입장이
강조되었다. 의천의 教禪融合思想은 華嚴宗과 天台宗의 教理에 기초하여

36) 金杜珍,「玄暉와 坦文의 佛教思想－高麗初의 教禪融合思想과 關聯하여」『歷史와
人間의 對應』, 고병익선생회갑기념사학논총간행위원회, 1984, 395~405쪽.
37) 金龍善,「光宗의 改革과 歸法寺」『高麗光宗硏究』, 一潮閣, 1981 ; 전수병,「坦文國師
에 관한 硏究」『東洋文化硏究』2, 大田大, 1987.
38) 金杜珍,「高麗後期 寺院勢力과 松廣寺」『順天市史』, 1997, 415쪽.

222

성립하였다. 그의 사상은 화엄종과 천태종과의 관계 하에 파악될 수 있는
바, 다음의 기록을 참고하기로 한다.

> 우리 조사 華嚴 祖師가 말하기를 '賢首大師의 5교는 天台大師의 교법과
> 크게 같다'라고 했으니 諦觀법사가 있어서 대사의 敎觀을 유통시켰으나
> 그 전하여 익히는 계통이 끊어져서 지금은 없으니 불초한 이 의천이
> 분발하여 몸을 잊어버리면서까지 스승을 찾고 道를 물었던 바, 이제 이미
> 錢塘 慈辯 講下에서 대사의 敎觀을 이어 받고, 그 대략을 알게 되었습니
> 다.[39]

의천은 華嚴五敎의 圓敎와 天台 圓敎가 같아서 會通시킬 수 있다는
華嚴天台回通思想을 전개하였다. 그는 입송구법시 화엄과 천태의 異同을
비교하면서 敎判에 주목하는 한편 여러 학승들을 참방하여 兩宗 敎理에
대한 의문을 咨決하였다. 의천은 화엄5교 가운데 圓敎가 天台의 圓敎와
大同한 점을 밝혀 華嚴과 天台를 會通하고 이를 통하여 고려 불교계 재편의
기본 논리로 활용하였다. 이는 화엄종 法藏의 五敎判과 천태종 天台智顗의
五時八敎 敎判 가운데 특히 圓融論理로 구조된 점과 圓敎의 敎義가 유사함을
의미한다.

의천은 바로 이와 같은 점을 채택하여 화엄교학을 기반으로 천태종을
개창하여 선종을 통합하는 교선융합을 의도하였는데, 의천이 전법한 송의
천태종 從諫은 止觀의 본의를 禪的으로 파악하고, 禪匠과 교류하였다.
從諫은 南屛 이래 서로 전했다고 하는 '通常三觀'을 齊玉에게만 口傳했다고
한다. 또한 문인에는 擇卿(?~1108)이 있었다. 그는 從諫에게 知禮교학을

---

39) 의천, 「大宋天台塔下親參發願疏」『대각국사문집』 권14(『한국불교전서』 권4, 552
쪽), "故吾祖花嚴疏主云賢首五敎 大同天台 竊念本國 昔有人師 厥名諦觀 講演大師敎
觀 流通海外 傳習或墜 今也即無 某發憤忘身 尋師問道 今已錢塘 慈辯大師講下 承稟
敎觀 粗知大略".

배운 후 이에 만족하지 않고 다시 天台敎觀의 禪的 實證에 뜻을 두었으며,
30세 이후에는 오로지 책을 폐하고 '禪坐工夫'에 주력하였다.40)

　의천은 송의 從諫에게 수법하면서 천태종과 선종과의 교류 관계에 주목
하였을 법하다. 그의 문도들이 天台敎觀의 禪的 實證을 구하고 禪坐 工夫에
주력한 모습은 從諫의 사상 경향이 禪的 취향을 띠지 않았을까 한다.
또한 천태종 廣智尙賢系는 雲門宗과 교류하였는 바, 의천은 이들의 사상
경향에도 유념하였겠지만 당시 송의 천태교학은 교종적 성격이 보다 강했
던 것으로 판단된다.

　한편 의천계 천태종은 고려후기에 제대로 전승되지 못했는데, 白蓮社의
了世에 의해 천태종이 재흥되었다. 의천의 천태종이 교종인 화엄교학을
기반으로 전개된 것에 대하여, 白蓮社의 天台思想은 敎禪一致사상이지만
선종 중심의 사상인 점에서41) 그 차이와 의의를 지적할 수 있다.

　신라중대 화엄사상은 融會的 性格과 실천 수행성을 띠었으며 義湘敎學에
서 비롯되어 한국불교의 사상적 전통으로 이어져 왔다. 義湘과 동시대인
元曉의 敎學 역시 그와 비슷하여 融合的이었고 실천적인 신앙을 표방하였
다.42) 숙종 6년(1101) 8월에 의상과 원효는 각각 圓敎國師와 和諍國師로
추증되었다. 兩師에 대한 추증 작업은 의천과 관련이 있었을 법하며, 숙종
6년(1101) 8월에 시행되었다. 이 시기에 요구된 사상 경향은 의상과 원효,
즉 圓敎로서의 화엄교학과 和諍의 사상이 강조된 것으로 판단된다. 원효는
의상과 미세한 차이를 가졌지만 그들의 교학적인 공통성이 한국불교의

40)『佛祖統紀』권46,『佛祖歷代通載』,『釋門正統』권5.
41) 천태종을 선종으로 볼 것인가의 문제와 관련이 있다. 한기두는 의천 개립의
　　천태종이 선종과 맺어진 것은 요세가 지눌의 수선사에서 함께 수선한 시기로
　　보았다. 또한 천책이 지었다는『禪門寶藏錄』에는 범일의 진귀조사설을 인용하고
　　있는 등 선문 보다 철저한 修禪의 도를 제창한다고 하여 선종적 성격을 지적하였
　　다(韓基斗,「韓國仏敎의 五敎兩宗問題」『朝鮮學報』98輯, 1981, 136쪽 ; 金杜珍,「고려
　　후기 사원세력과 송광사」『순천시사』, 1997, 211쪽).
42) 金杜珍,『義湘』, 민음사, 1995, 408쪽.

사상적 전통을 이루어 圓敎的 입장을 표방하면서 融會的 성격을 띤 것으로
이해된다. 이러한 사회적 배경을 가진 의천의 화엄일승사상은 圓融한
화엄교학을 통하여 圓滿한 一乘에 이르는 수승한 것이라는 점에 그 의의가
있다.

고려초기 광종대에 활동했던 均如는 義湘系 화엄종의 법맥을 이었는데
新羅下代 화엄의 敎理가 갈라진 것을 통합하였으며, 法相思想을 융합하여
性相融會思想을 성립시켰다.[43] 특히 坦文의 경우처럼 화엄종의 입장에서
선종사상을 융합하려는 경향도 두드러졌다. 坦文은 均如와는 다른 화엄사
상을 가졌다. 그는 교선융합적 성격을 갖는 화엄종 승려로서 광종대 말에
부각되었다. 경종대 이후 성종대의 화엄사상에 탄문 계통이 영향을 준
듯하지만, 그의 嗣法弟子가 구체적으로 이어져 내려간 흔적을 찾기는
힘들다. 그렇지만 坦文 이후 均如의 화엄사상과 성격을 달리하는 화엄사상
이 영향력을 발휘하여 문종대에 이르면 그것과는 대립하는 爛圓, 義天의
화엄일승사상이 성립되기에 이른 것으로 이해된다.

고려불교의 과제는 敎禪의 발달된 敎理를 어떻게 절충하면서 융합하느
냐는 것으로, 敎禪融合思想의 성립이 고려 불교계의 당면한 문제였고,
그것은 의상교학의 圓敎的 전통을 잇는 면에서 이해될 수 있다. 均如사상의
강한 융합적 성격은 의상교학의 법맥을 계승한 데에서 갖추어진 것으로
보인다. 고려중기 의천은『圓宗文類』를 편찬하면서 均如·梵雲·眞派·靈
潤 등 고려초기 화엄종 승려를 비판하였다. 다음의 기록을 참고하기로
하자.

① 비록 義想이 眞宗에서 방편으로 이끌고 均如가 玄旨를 수식하였으나
배와 물길이 이미 멀어졌고 연주자와 거문고가 모두 없어졌다. 大義는

43) 金杜珍,「均如의 性相融會思想」『歷史學報』90, 1981(『均如華嚴思想研究』, 一潮閣,
1983 재수록, 152~158쪽).

이로부터 점점 쇠퇴하고 微言은 거의 끊어지게 되었다.44)
② 내가 늘 한탄하는 바는 海東의 선대 여러 스님들이 남긴 저술 가운데
   그 학문이 정밀하고 박식하지 못하여, 억설이 더욱 많고 후생들에게
   모범이 될 만한 것이 백에 하나도 없으므로 성인의 가르침으로 밝은
   거울을 삼아서 자기의 마음을 비춰 볼 수가 없는 것이다. 한 평생 구구하
   게 남의 보배만을 세는 것 같아서 세상에서 말하는 이른바 均如·梵雲·
   眞派·靈潤 등 여러 스님의 저서는 오류가 많고 말이 글을 이루지 못하
   고 뜻이 通變함이 없어서 조도를 황무지로 만들고 후생을 현혹시킴이
   이보다 심한 것이 없었다.45)

의천은 고려 화엄종의 전통을 義湘과 元曉에서 구했지만 고려초기 均如
에 대해서는 화엄 전통을 왜곡하는 편벽된 敎觀修行이라고 비판하였다.
의천은 원효와 法藏을 강조하였는데, 특히 1086년 입송구법시 法藏의 화엄
교학을 정통으로 하는 淨源에게서 전법하였고, 귀국 후 法藏敎學을 중심으
로 華嚴敎學을 정립하는 한편, 화엄일승사상을 전개하여 화엄교학을 중심
으로 천태종을 개창한 셈이다.

고려중기에는 의천계 화엄사상과 대립되는 일파를 상정할 수 있으며,
인종대에는 의천을 계승한 澄儼과 宗璘 등이 주도한 화엄교학의 재흥이
주목된다. 이후 의천의 화엄사상이 제대로 전승되지 못한 점은 고려후기
대장경 조판시 均如系의 守其 등에 의해 均如 저술을 모두 입장한 것에서
살펴볼 수 있다. 무신집권기에는 문벌귀족과 결연된 불교계의 개혁이
수반되어 화엄종 均如系의 재흥이 주목된다. 한편 무신집권기에 흥왕사의

44) 의천,「上淨源法師書」四首『大覺國師文集』권10(앞의 책 권4, 543쪽), "雖則義想
    權興於眞宗 均如斧藻於玄旨 舟壑已遠 人琴兩亡 大義縣是陵遲 微言幾於泯絶".
45) 의천,「示新叅學徒緇秀」『大覺國師文集』권16(앞의 책 권4, 556쪽), "予常恨 海東先代
    諸師 所流遺記 學非精博 □說尤多 方軌來蒙 百無一本 不能以聖敎 □明鏡 炤見自心
    一生區區 但數他寶 世所謂均如梵雲眞派靈潤 諸師謬書 語不成文 義無通變 荒蕪祖道
    熒惑後生者 莫甚於斯矣".

寥一과 靈通寺 覺訓은 의천의 화엄종을 계승한 것으로 추정되나[46] 師承關係
나 사상 경향에 있어 잘 연결되지 않는다. 다만 覺訓은 念經과 禮佛은
하지 않고 하루 종일 宴坐하여 잠든 것 같이 수행하였다.[47] 覺訓의 華嚴敎學
이 의천과 구체적으로 연결되지 않지만, 敎觀을 兼修하는 사상 경향과
유사하고 오히려 觀行에 힘쓴 것으로 판단된다.

원간섭기에 화엄종 승려로는 體元이 주목된다. 그는 義湘-均如-守其로
이어지는 계통의 출신으로 의상 이래 화엄종이 표방한 실천적 관음신앙의
측면을 강조하였다.[48] 體元으로 대표되는 14세기 전반기의 화엄종은 義湘
의 저술을 부연하면서 민간신앙을 수용하여 신비적인 영험과 공덕을 강조
하였는데, 이는 義湘과 均如의 사상 경향과 가까운 것으로 義天의 그것과는
다소 차이가 있는 것으로 이해된다.

제2절 義天의 宋 天台敎學 交流와 天台敎觀

한국불교사상사에 있어서 의천은 일찍부터 주목되어 온 인물로 많은
논문이 발표되었으며, 개개의 연구로 다루어진 분야는 그의 정치·사회적
활동과 사상 편력만큼이나 다양하다.[49] 특히 의천의 화엄사상이나, 천태종

---

46) 許興植, 『高麗佛敎史硏究』, 일조각, 1986, 191쪽. 한편, 의천의 직계로 보는 견해도
   있다(崔柄憲, 「高麗時代 華嚴宗團의 展開過程과 그 性格」 『韓國史論』 20, 1990,
   209쪽).
47) 崔滋, 『補閑集』 卷下, "不念經 不禮佛 經日宴坐瞑如也".
48) 蔡尙植, 「體元의 저술과 사상적 경향」 『高麗後期佛敎史硏究』, 一潮閣, 1991, 198쪽,
   207쪽. 體元의 別行疏나 略解의 교감에 覺華寺 性之가 참여하였음은 다소 이채롭
   다. 체원이 주석한 해인사나 性之가 주지한 覺華寺 모두 義天系 화엄종 門徒와
   밀접히 관련된 곳이다.
49) 최근의 의천 관련 연구 현황은 다음에 자세히 정리되어 있다. 김상현, 『대각국사
   의천 관계 참고문헌』 『天台學硏究』 4, 2003, 240~249쪽 ; 한국유학생인도학불교
   학연구회 엮음, 『일본의 한국불교 연구동향』, 장경각, 2001 ; 박용진, 『대각국사
   의천 연구』, 국민대 박사학위논문, 2004.

의 開創・教藏의 간행 등에 있어 다수의 연구 업적이 축적되었다. 그러나 의천의 佛教思想이나 教學을 연구함에 있어 著述이 전하지 않아 그의 사상을 밝히기 어려운 점이 상존한다.

의천은 1085년 입송구법하여 화엄 및 천태교학을 전법하였던 바, 11~12세기 한문 불교문화권의 국제적 교류와 관련하여 교류 대상국의 불교계 동향과 교류 인물 등에 대한 폭넓은 이해를 염두에 둘 필요가 있다. 의천의 송 불교계와의 교류는 국내외에서 다양하게 분석되었다. 大屋德城은 의천의 사상이 華天律淨의 相融은 宋朝佛教의 영향을 받았으며,[50] 高峯了州는 淨源에게 받은 바 教觀雙修의 학풍에는 주로 元照에게서 받은 淨土念佛의 사상이 융합되고, 송대에 있어 禪律天台의 諸家의 영향이 있었음을 주목하였다.[51] 국내에서의 의천 연구는 김상기와 조명기에 의해 시작되었다.[52] 의천의 사상에 대하여는 의천 관련 資料를 集錄하고, 天台思想에 대하여 기존의 연구성과와 함께 살펴보고 있으나 간략하게 언급하는 데 그쳤다.[53] 이 시기 의천에 대한 연구는 주로 天台宗의 開創이나 教藏의 刊行 문제에 집중되었고, 의천 불교사상의 중심이라 할 華嚴思想 및 天台思想에 관한 본격적인 연구는 이루어지지 못하였다.

본격적인 의천사상의 연구는 1970년대 이후 연구자의 증가와 연구방법론의 다양한 전개 이후에나 가능하였다. 국사학자로서는 金杜珍・김철

50) 大屋德城, 『高麗續藏雕造攷』, 日本 京都：便利堂, 1936(『大屋德城著作選集 第7卷 高麗續藏雕造攷』, 國書刊行會, 1988 재수록).
51) 高峯了州, 『華嚴思想史』, 百華苑, 1942, 326~327쪽.
52) 일제강점기에 국내 연구는 자료의 集錄을 중심으로 하였다. 權相老, 李能和에 의해 자료가 集錄되었으나 구체적인 논평은 없다. 이능화는 『朝鮮佛教通史』의 「大覺求法始興台教」 항목에서 天台宗과 관련하여 고려후기까지의 자료를 수록하였다.
53) 金庠基, 「大覺國師義天에 對하여」 『國史上의 諸問題』 3, 國史編纂委員會, 1959 ; 『東方史論叢』, 서울대출판부, 1984 개정판 ; 趙明基, 「大覺國師의 天台의 思想과 續藏의 業績」 『白性郁博士頌壽記念佛教學論文集』, 1959(『高麗 大覺國師와 天台思想』, 東國文化社, 1964, 재수록).

228

준·崔柄憲·許興植 등이 송과의 불교 교류, 송의 화엄·천태교학과의 관련성, 고려불교 사상사 내에서의 의천의 위치를 지적하였다.[54] 불교학자 인 李永子·李載昌 등이 각각 의천의 天台會通思想·天台宗開創 등에 대하 여 연구하였으며, 철학계의 길희성·박종홍 등은 의천의 중국 불교계와의 교류에 주목하여 澄觀·宗密 등의 哲學과 비교 연구하였다.[55]

의천사상의 핵심으로 주장된 '敎觀並修'에 대하여, 高橋亨은 의천사상의 핵심을 '敎觀並修'로 규정하였는데, '敎觀'이라는 용어는 천태종에서 나왔 으며, '敎觀並修'는 天台宗旨의 골수로 의천은 고려 화엄종을 종밀이 祖述한 '敎觀並修'의 안목으로 통일하려 한 것으로 보았다.[56] 이는 화엄종의 입장에 서 천태종의 수행방법을 수용한 것으로 이해한 견해이다. 이와 달리 조명기 는 의천의 천태종 개창은 교관병수로써 敎學統一을 실천하여 신사상, 신종파를 성립한 것으로 보았다.[57]

또한 박종홍은 의천의 '敎觀'에 대하여 화엄교관과 천태교관으로 병립하

---

54) 김두진,『고려전기 교종과 선종의 교섭사상사연구』, 일조각, 2006 ;「義天의 圓頓 사상과 그 불교사적 의미」『北岳史論』10, 北岳史學會, 2003 ;「義天의 天台宗과 宋·高麗 불교계와의 관계」『인하사학』, 인하사학회, 2003 ; 金哲俊,「高麗初의 天台學 硏究-諦觀과 義通-」『東西文化』2, 啓明大 東西文化硏究所, 1968 ; 崔柄憲, 「天台宗의 成立」『한국사 6-고려 귀족사회의 문화』, 국사편찬위원회, 1975 ;「義 天과 宋의 天台宗」『伽山李智冠스님華甲紀念論叢』, 1992 ;「高麗 佛敎界에서의 元曉 理解-義天과 一然을 中心으로」『元曉硏究論叢』, 국토통일원, 1987 ; 許興植, 「義天의 思想과 試鍊」『精神文化硏究』54, 1994 ;「高麗前期 佛敎界와 天台宗의 形成過程」『韓國學報』11, 一志社, 1978.
55) 박종홍,『한국사상사』, 서문당, 1999 개정판 ; 吉熙星,「高麗 佛敎의 創造的 綜合 : 義天과 知訥」『韓國思想史大系』3, 1991 ; 이병욱,「義天의 天台思想 受容의 두 단계」『普照思想』11, 普照思想硏究會, 1998.
56) '敎觀'의 '敎'는 교리의 연구이고, '觀'은 觀行이다. 現象卽實相·眞如卽萬法을 세우는 불교원리에 있어서 現象의 해석은 바로 緣起論에서 辨證을 통해서 그것을 얻지만, 眞如實相의 証悟는 변증을 초월하여 實證卽直觀體認에 의한다(高橋亨, 위의 논문, 1956, 136~137쪽).
57) 趙明基, 앞의 논문 ; 洪庭植,「高麗天台宗 開立과 義天」『韓國佛敎思想史-崇山朴吉 眞博士華甲紀念』, 1975.

여 이해하였다. '敎'에 있어서 화엄의 5교와 천태의 4교는 다르지 않고, '觀'에 있어 華嚴三觀과 天台三觀은 상통하는 것으로 이해하였다.[58] 崔柄憲은 의천이 敎觀並修를 주장하여 天台宗을 개창하고, 그것을 통해 禪宗을 포섭하며, 또한 性宗과 相宗을 兼修하여 華嚴宗의 입장에서 法相宗을 포섭하였음을 주장하였다.[59] 한편 허흥식은 화엄학의 圓融을 최종적인 목표로 하고 선종에 대하여는 천태학의 止觀으로 대신하려 한 것으로 보았다.[60] 최근 의천의 天台思想은 敎觀兼修사상인데 화엄사상을 기반으로 觀法을 수용한 敎禪交涉사상으로 이해한 연구가 주목된다.[61] 이는 기존의 연구들이 제시하지 못했던 의천사상의 내용을 구체적으로 제시하였으며, 고려 불교계를 교선체제로 운영한 사회사상사의 방향성을 제시하였다는 데 의의가 있다.

의천의 천태사상과 송대 천태 山家山外派 사상과의 관련성에 대해서는 일찍이 주목되었다.[62] 의천은 山家派와 가깝고, 균여의 사상이 山外派 사상과 연관되는 것은 기존의 연구성과가 있다. 특히 융합된 法相의 差別性을 인정하는 점에서 均如와 대립되고, 이는 天台의 具相論과 함께 華嚴論理

58) 박종홍, 『한국사상사』, 서문당, 1999 개정판.
59) 崔柄憲, 「高麗 佛敎界에서의 元曉 理解−義天과 一然을 中心으로」『元曉研究論叢』, 국토통일원, 1987. 화엄종의 모순을 극복하기 위해 교관병수를 주장하였고 이것이 천태종 개창의 불교사상적 배경으로 보는 견해가 있다(金相鉉, 「의천의 천태종 개창 과정과 그 배경」『천태학연구』2, 천태불교문화연구원, 2000).
60) 허흥식, 「의천의 사상과 시련」『정신문화연구』17, 1994.
61) 金杜珍, 「義天의 天台宗과 宋·高麗 불교계와의 관계」『인하사학』10, 인하사학회, 2003 ;「義天의 圓頓사상과 그 불교사적 의미」『北岳史論』10, 北岳史學會, 2003. 이 논문은 『고려전기 교종과 선종의 교섭사상사연구』, 일조각, 2006에 재수록.
62) 高橋亨, 「大覺國師義天の高麗佛敎に對する經綸について」『朝鮮學報』10, 1956에서 사상적으로 산외파에 속하나, 산가파 從諫에게서 전수받은 모순에 대해 지적하였다. 崔柄憲은 「義天과 宋의 天台宗」『伽山李智冠스님華甲紀念論叢』, 1992 ;「大覺國師 義天의 天台宗 創立과 宋의 天台宗」『인문논총』제47집, 서울대 인문학연구원, 2002 등에서 산외파의 교학에 공감하였고, 산가파 천태교학은 표면적으로 전수를 표방한 것으로 보았다. 이는 『敎藏總錄』에 수록된 송대 천태교학 관련 저술을 검토한 것으로 사상적 차이를 분석한 것은 아니다.

로 통합되는 山家派와 연결되므로 山外派의 사상 경향과는 다소 거리가 있다는 분석은 주목할 만하다.[63] 다만 송대 천태교학에 대하여 山家山外派·後山外派·雜傳派 등의 분류는 志磐의『불조통기』단계에서 이루어진 것으로 의천 당대의 이해와는 다소 거리가 있다. 또한 의천의 사상이 산가산외파의 사상과 연고되는지는『敎藏總錄』에 수록된 천태교학서를 중심으로 사상적인 측면에서 더 심층적으로 분석되어야 한다.

본서는 이상의 제설에 주의하면서 기존의 연구를 보충하는 의도에서 의천의 송 천태교학의 교류와 그의 천태교관에 주목하고자 한다. 의천의 송대 천태교학 교류에 대하여는 교류 인물을 중심으로 분석하고, 의천이 『敎藏總錄』에 수록한 천태교학자의 저술과 志磐의『佛祖統紀』「山家敎典志」와의 비교를 통하여 이른바 山家山外派·後山外派의 관련을 추구하고자 한다. 더 나아가 의천의 천태교관에 대하여는 현전 저술 가운데 그의 천태사상의 핵심인 천태교관을 분석하고자 한다. 고려전기 의천이 행한 송 천태교학과의 교류나 그의 천태교학에 대한 이해를 통하여, 고려시대 불교사상을 계기적으로 이해하는데 일조할 수 있기를 기대한다.

1. 宋 天台敎學과의 교류

1) 宋 天台敎學者와의 교류

의천은 입송구법시 華嚴과 天台敎觀에 깊은 관심을 가졌고, 송나라에서 賢首敎觀과 天台敎觀을 전법하였다. 그는 귀국 직전 방문한 天台智者大師의 탑에서 '天台와 賢首敎觀은 大同'함을 언급하였다. 그것은 화엄종과 천태종의 敎觀이 상통될 수 있는 근거를 확보하는 한편, 입송 이전부터 가지고 있던 의문점을 해결한 셈이다. 의천은 송나라에 체재시 梵臻系 從諫과 교류하였다. 또한 廣智尙賢의 문도와도 교류하였다. 尙賢의 법손이 明智中

---

63) 金杜珍, 「均如의 '性相融會'思想」 『歷史學報』 90, 1981, 76~79쪽.

立이며 中立의 제자가 慧照法隣이다. 의천은 梵臻系의 從諫에게 전법하고
中立과 교류하였다.64) 의천이 송에 머무를 때 智者大師塔에서 天台宗을
宣揚할 것을 發願하였는데, 明智中立은 楊傑과 함께 이러한 내용을 碑文으로
남겼다. 의천이 계승한 송나라 천태교학의 전법 계보와 내용을 확인하고,
이른바 山家派와 山外派에 대한 의천의 입장을 살펴보기로 한다. 특히
송대 불교계의 동향 가운데 화엄과 선 등의 교류에도 관심을 갖겠지만
의천 천태교학의 형성과 교류를 검토하는 데 그친다.

의천은 송나라에서 천태종 山家派의 南屛梵臻과 廣智尙賢 계통의 諸師들
과 긴밀하게 교류하였으며 특히 南屛系 慈辯從諫(?~1108)에게 受法하였다.
從諫의 전기와 敎學은 분명치 않다. 이에 대해서는 다음의 자료를 참고하기
로 한다.

元豊 3년(1081)에 辯才가 南屛을 주장하였는데 年老하였기 때문에 從諫
이 뛰어났으므로 다음 해 후임자로 自代하였다. 祇祐 五年(1090)에 上竺이
공석이 됨에 辯才가 郡守 浦宗孟에게 이르길 "靈感勝跡은 從諫이 아니면
감당할 수 없습니다"라고 하니 浦宗孟이 따랐다. 재차 상주하여 慈辯의
호를 내렸다. 義天 僧統이 고려로부터 와서 心法을 구하였다. 浦宗孟이
從諫으로 황제의 명에 응하게 하였다. 의천은 법을 흠모하여 중국에 체류
하였는데 고려 조정에서 그 국모가 걱정함에 귀국을 재촉하였다. 從諫이
義天을 회유하였다.65)

<hr/>

64) 志磐, 『佛祖統紀』 권14, 中立傳(『대정장』 권49, 220쪽), "元祐初 高麗僧 義天 遠
　　來問道 甫濟岸遇 師升堂 歎曰 果有人焉 遂以師禮見 傾所學折其鋒 竟不可得"; 또한
　　法隣傳(『대정장』 권49, 225쪽), "高麗義天至 首入南湖 師明智而友慧照 講跋所受敎
　　乘歸國 師援筆立成 有古史風 義天嘉歎不已".
65) 『佛祖統紀』 권13(『대정장』 권49, 218쪽), "三年 辯才主南屛 自以年老屈師首衆 嗣歲
　　舉以自代 祇祐五年 上竺虛席 辯才囑郡守浦宗孟曰 靈感勝跡 非從諫不足當 郡用其說
　　復爲奏賜慈辯之號 義天僧統自高麗來心法 郡以師應命 義天慕法留滯中國 朝廷以其
　　國母思憶促其歸 師諭之".

의천이 從諫에게서 법을 받은 것은 新法黨의 인물들과 긴밀하게 연결되어 있었을 법하다. 이 시기 宋의 僧政 및 僧官은 국가통제 아래에 두어졌고 긴밀한 관계를 유지하였다. 從諫은 南屛梵臻의 문하이고 元淨은 遵式계로, 1080년경을 전후하여 元淨(1011~1092)이 南屛을 주장하였는데 나이가 들어 물러가려 함에 당시 郡守였던 浦宗孟에게 從諫을 추천하여 自代하였다. 從諫은 國命에 의해 의천에게 天台敎觀을 전한 천태 학장이었지만, 그의 교설은 잘 알려져 있지 않다.

從諫은 止觀의 본의를 禪的으로 파악하고, 禪匠과 교류하였다. 從諫은 南屛 이래 서로 전했다고 하는 '通常三觀'을 齊玉에게만 口傳했다고 한다. 다른 문인으로 擇卿(?~1108)은 從諫에게 知禮의 교학을 배운 후 이에 만족하지 않고 다시 天台敎觀의 禪的 實證에 뜻을 두었으며, 30세 이후에는 오로지 책을 폐하고 '禪坐工夫'에 주력하였다.[66] 의천은 從諫에게 수법하면서 천태종과 선종과의 교류 관계에도 주목하였을 법하다. 從諫의 문도들이 天台敎觀의 禪的 實證을 구하고 禪坐工夫에 주력한 모습은 從諫의 사상 경향이 禪宗과 무관한 것은 아니었음을 알 수 있다.

從諫은 천태종 정통 山家派를 계승하였다. 山家派의 天台敎觀이 具相論的인 성격을 가졌다면 山外派의 그것은 具性論的인 성격을 가졌는데, 법상 중에 갖추어진 一念三千에 대한 설명을 달리하였다. 하나 속에 일체를 갖추었고, 融攝된 일체의 각각에도 일체가 갖추어진 法相을 '一念三千說'로써 해석하였다. 三千은 일체의 여러 法相이 空과 假 및 中道의 妙法을 융섭한 모습을 의미한다. 그러나 그 갖추어진 一念三千의 여러 法相의 존재에 대한 인식은 다를 수 있다. 山家派의 具相論者들은 眞如 곧 절대적인 하나 속에 일체 차별의 法相이 갖추어졌고, 그것이 인연에 따라 발현하는 것이 차별의 모습을 드러낸다고 하였다. 法相은 空과 假의 면뿐만 아니라 中道의 면을 가졌다.

---

66) 『佛祖統紀』 권46, 『佛祖歷代通載』, 『釋門正統』 권5.

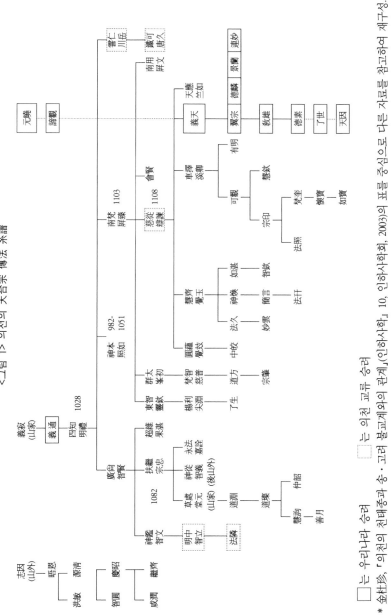

<그림 1> 의천의 天台宗 傳法 系譜

□ 는 우리나라 승려   □ 는 의천 교류 승려

□ 는 의천의 천태종과 송・고려 불교계와의 관계」(인하사학』 10, 인하사학회, 2003)의 표를 중심으로 다른 자료를 참고하여 재구성.

* 金杜珍, 「의천의 천태종과 송・고려 불교계와의 관계」(인하사학』 10, 인하사학회, 2003)의 표를 중심으로 다른 자료를 참고하여 재구성.

그 중 空·中道를 理로, 假를 事로 파악하는데, 山家派의 天台敎觀은 理 내에 갖추어져 있는 事에 의해 차별상이 만들어짐을 강조했다. 이 점은 法藏의 具相論的 華嚴敎學과 통하는 것으로, 하나 속에 융섭된 여러 법상의 차별상을 인정하는 것이었다. 이에 대해 山外派의 具性論者들은 하나 속에 융섭된 여러 법상의 차별을 인정하지 않았다.[67] 그 이유는 理가 本性이고 眞如이지만, 事는 假相이어서 그 實相을 인정하지 않기 때문이다.[68]

결국 山家派와 山外派의 세계관은 궁극적으로 융섭된 여러 法相의 차별상을 인정하는가의 여부에 따라 구분된다. 天台 圓敎에서 中道는 상대 차별의 현상을 떠난 것이 아니라 상대 차별이 절대 평등한 것이라 하여 차별 현상 그대로가 바로 中道라고 하였다. 그래서 개개의 차별 현상이 그대로 圓妙, 圓滿, 圓足한 妙德을 갖춘 절대 평등의 완전한 모습이라고 한다.[69] 이로 보건대 의천의 天台敎觀은 山家派 從諫을 전법하면서 圓融의 원리로 구조된 天台敎觀의 세계관 가운데 '諸法實相'을 내세우고, 여러 法相의 차별성을 인정하는 점에서 山外派의 사상과는 구별된다.

의천은 淨源으로부터 중국 法藏系 정통 화엄을 전법하였고, 천태종 역시 정통 山家派의 인물들과 교류하였다. 의천의 華嚴觀은 具相論的인 融攝思想으로 규정된다.[70] 融攝된 여러 法相의 차별을 인정하지 않는 山外派의 天台敎觀은 華嚴敎學의 핵심 내용인 唯心論, 性起思想, 如來藏緣起說의 상당 부분을 수용하였다고 해서[71] 중국 정통파 화엄종과 바로 연결되는

67) 金杜珍,「義天의 天台宗과 宋·高麗 불교계와의 관계」『인하사학』10, 인하사학회, 2003(『고려전기 교종과 선종의 교섭사상사 연구』, 일조각, 2006 재수록) ; 張元圭, 「一念三千說에 관한 硏究 ─具相論과 具性論을 中心으로」『佛敎學報』5, 1967, 223쪽. 이 점은 義湘과 均如로 이어지는 性起論的 화엄교학과 통하는 것으로, 하나 속에 融攝된 여러 法相의 차별성은 泯滅되어 하나와 더불어 渾然의 一體를 이루게 한다.
68) 張元圭, 위의 논문, 위의 책, 112~113쪽.
69) 李永子, 앞의 책, 2001, 229쪽.
70) 金杜珍,「義天의 天台宗과 宋·高麗 불교계와의 관계」『인하사학』10, 인하사학회, 2003(『고려전기 교종과 선종의 교섭사상사 연구』, 일조각, 2006 재수록).

것은 아니다. 오히려 그것은 비정통파인 李通玄의 화엄사상과 연결이
가능하다.[72]

의천은 고려중기 불교계의 여러 宗派를 통합하려 하였다. 그의 具相論的
인 천태관은 하나 속에 융섭된 여러 법상의 차별을 인정하지 않고 그
泯滅을 의도하지는 않았을 법하다. 그가 천태종을 통하여 선종을 회통하고
불교계를 재편한 것은 문벌귀족의 세력을 약화하고 왕권을 강화하려는
데 목적이 있었다. 의천의 불교계 재편 의도가 여러 종파의 융합에 있었지만
법상종, 천태종, 선종 등을 배제하지 않은 점은 融攝된 가운데 여러 法相의
차별을 인정하는 세계관과 유사한 것이었다.

의천은 용정에 있던 元淨을 만나 천태교학을 담론하였다.[73] 의천과
元淨이 교류한 내용은 분명치 않지만 天台敎學을 위주로 淨土信仰까지
언급하였을 것으로 판단된다. 元淨은 처음에 寶雲義通系 慈雲遵式
(964~1032)에게서 天台敎學을 배웠으며 遵式의 사후 明智祖韶에게 나아갔
다.[74] 遵式은 知禮와 함께 천태종 山家派의 중심인물로 그의 사상 경향은
천태교학 이외에 大彌陀懺儀 · 小彌陀懺儀 · 往生淨土懺願儀 등 懺儀와 淨土
信仰에 주목하였다. 元淨과 從諫은 동일한 천태종 山家派였지만 兩師의
사상 경향은 다소 차이가 있는 듯하다. 元淨은 遵式系로 정토신앙을 강조하
였고, 從諫은 知禮系로 禪的 실천을 강조하였다. 의천은 천태종 山家派

---

71) 安藤俊雄, 앞의 책, 370~371쪽 ; 玉城康四郎, 『佛敎史Ⅱ』, 山川出版社, 1983, 124~125쪽.
72) 金杜珍, 앞의 책, 346~423쪽.
73) 의천, 「留題三角山息庵」『대각국사외집』권19(『한국불교전서』권4, 562쪽), "予於 元豊元祐之間 訪道江南 曾到餘杭龍井寺 與辨才大師淨公 終日攀高論 蓋天台宗 彼有 訥庵 與此略同 不覺思舊也". 항주 용정사에서 辨才大師 元淨과 토론하였는데 대부 분이 천태종이었다고 하였다.
74) 志磐, 『佛祖統紀』권11, 諸師列傳(『大正藏經』권49, 209쪽), "天竺式法師法嗣 (二世)妙 果文昌法師　明智祖韶法師 (三世)妙果天授法師(嗣昌師)　海月慧辯法師(嗣明智五人) 淨慧思義法師　辯才元淨法師". 元淨은 遵式의 嗣法弟子인 明智祖韶에게 수학하였 다.

236

四明知禮系 尙賢과 범진의 法系와 교류하는 한편 遵式系 元淨과도 교류한 셈이다. 다만 의천의 천태교학의 선종과 천태종에 대한 구체적인 경향성은 찾기 어렵다.

의천은 귀국 후 天台敎學을 크게 일으키고자 하여 국왕 선종과 모후 仁睿太后의 후원 하에 천태종 사찰을 창건하였을 뿐만 아니라, 從諫의 저술을 받들고 그의 像을 세워 천태종의 初祖로 삼았다.[75] 이후에도 의천은 從諫과 서신을 통하여 지속적으로 교류하였는데, 의천은 天台智顗를 종조로 하는 천태종 정통 山家派 從諫의 天台敎觀을 중시하여, 그것으로써 고려 천태종의 교상을 수립하였다.

의천은 廣智尙賢系 處元(1030~1105?)과 從義(1042~1092)의 학설이 대립되던 시기에 입송하였는데, 의천이 송에서 교류한 천태종의 또 다른 문도로 廣智尙賢系 中立과 교류하고 그의 문하인 法隣과 道友가 되었다. 이들 역시 南屛系와 같은 사상 경향을 가진 것으로 추정된다. 中立과 法隣은 천태종 山家派 神智鑑文의 法嗣로 廣智의 3세와 4세에 해당하며, 의천이 천태탑에서 天台敎觀의 선양을 서원할 때 함께 있었다. 明智中立(?~1115)은 만년에 廣智尙賢 및 神智鑑文에게 배우고 處元과 함께 廣智尙賢系의 학장이 되었다. 의천이 중립과 교학을 토론하였지만 承嗣受業한 것은 아니었으며,[76] 그와 교류하면서 宗本 보다 解行이 뛰어난 것으로 존숭하였다. 그의

---

75) 志磐, 『佛祖統紀』 권14, 僧統義天條(『大正藏經』 권49, 223쪽), "及見天竺慈辯 請問天台敎觀之道 後遊佛隴智者塔 爲之誓曰 己傳慈辯敎觀 歸國敷揚 願賜冥護 見靈藝大智爲說戒法 請傳所著文 旣還國 乃建利號天台 奉慈辯所傳敎文 立其像爲初祖" ; 『佛祖統紀』 권13, 慈辯從諫條(『續藏經』 권75, 462쪽).

76) 志磐, 『佛祖統紀』 권14, 法師中立傳(『大正藏經』 권49, 220쪽), "元祐初 高麗僧統義天遠來問道 甫濟岸遇師升堂 歎曰 果有人焉 遂以師禮見 傾所學折其鋒竟不可得". 『釋氏稽古略』에는 "初抵鄞聞事明智中立而友法鄰 請跋敎乘(草庵敎苑遺事)入天台山拜智者塔 渡浙造杭州上竺 以弟子禮事慈辯從諫 受天台敎觀". 중립을 스승으로 하고 법린을 법우로 하고 천태지자탑의 참배를 우선한 것으로 하였다. 종간에게서 敎觀을 들은 이후에 천태지자탑으로 나갔다. 『佛祖統紀』의 내용이 보다 정확한 것으로 판단된다.

문인 晁說之는 碑銘에서 雲門宗의 宗本이 明智中立을 위대한 哲匠으로
소개하였음을 특기하였다.[77] 中立은 단순히 知禮敎學의 祖述者가 아닌
『不思議經』에 대해서 '禪的 실천' 쪽으로 修學하였지만 그의 천태교학은
분명치 않다.

　의천의 입송구법시 송나라는 禪宗의 시대로서 많은 禪門 宗匠이 배출되
었다. 당시 중국에서는 禪宗의 영향력이 확대되었고, 천태학파는 禪宗에
대해서 종래의 대립적 태도를 유지하기보다는 和解와 融會的 태도로 전환
하였다. 臨濟義玄 문하에 楊岐方會・黃龍慧南이 배출되었고, 雲門宗에서는
雪竇重顯의 문하에 天衣義懷・宗本이 염불을 함께 수행하는 禪風을 진작시
키고 있었다. 천태종 廣智尙賢系는 禪宗 雪竇重顯은 물론 南梵屛臻系와도
교류하여, 서로 간에 사상적 공통성이 있었을 법하다. 雪竇重顯이 廣智尙賢
과 교류하면서 회현에 대하여 그 강설의 뛰어난 점을 찬탄하였고, 南屛梵臻
역시 천축사에서 法華經 講演을 요청하였던 일로 보아 상호 교류하였음을
알려 준다.[78] 그러나 여전히 禪宗에 대한 예로부터의 비판적 태도를 유지하
였으며, 천태종 내부에서는 神智從義와 草堂處元이 격렬히 논쟁하였다.[79]
이처럼 천태학파는 선종에 대해 비판적 입장을 유지하고 특히 그 교외별전
을 논란한 점에서는 이전보다 강한 논조였다.[80] 천태종 廣智尙賢系는 雲門
宗과 교류하였기 때문에 의천은 이들의 사상 경향에도 유념하였을 것이다.

　한편 의천의 『대각국사외집』에는 宋의 천태종 승려인 仁岳 및 可久와의
교류를 알려주는 편지가 실려 있다.[81] 仁岳(?~1064)은 知禮의 문인으로

77) 志磐, 『佛祖統紀』 권46(『대정장』 권49, 221쪽). 宗本은 宋의 哲宗과 神宗의 귀의를
　　받을 정도로 뛰어났는데, 『釋門正統』에는 의천과 宗本의 대화를 인용하였다.
78) 『釋門正統』 권6(『新纂大日本續藏經』 권75, 331쪽).
79) 『敎藏總錄』에는 處元의 저술은 없고 從義의 『四敎儀註補解』가 있다.
80) 安藤後雄, 『天台思想史』, 法藏館, 1959, 132쪽에서 당시 선종을 비판한 이유는
　　선의 실천에 관심을 가진 天台學徒가 종세를 회복하고 그 활로를 禪的 실천에서
　　구하려 하였기 때문으로 보았다.
81) 可久, 「大宋沙門可久書」 『대각국사외집』 권8(『한국불교전서』 권4, 583쪽).

山家派에 속하였으나 뒤에 대립하면서 後山外派로 분류되었다.『佛祖統紀』
에는 仁岳과 從義에 대하여 '이설을 세운 것이 仁岳과 從義 만큼 심한
자가 없었다'라고 하여 정통 산가에 대립되는 인물로 폄하하였다.[82] 의천은
仁岳 및 그의 제자인 可久와 서신을 교류한 것으로 나타나지만, 실제
교류 여부와 可久의 天台敎學은 잘 나타나지 않는다. 의천은 仁岳의 저술을
『敎藏總錄』에 수록하였다. 그 가운데『十不二門文心解』와『論三千書』・『義
學雜編』등은 知禮의 교학을 비판한 것으로 後山外의 敎學을 형성시켰다.
仁岳의 천태교학은 可久 이후 잘 전승되지 못하였고 오히려 尚賢의 문하에
서 수용되어[83] 繼忠(?~1082)에 의해 관심이 표명되었다. 계충의 제자인
處元과 從義가 山家派와 後山外派로 나누어 논쟁하였지만 從義는 山家派에
게 논파된 바 있다.

2)『新編諸宗敎藏總錄』에 수록된 천태교학서와 송의 천태교학 논쟁사

의천이 교류한 송대 천태교학자의 저술이 다수『新編諸宗敎藏總錄』(이
하,『敎藏總錄』)에 수록되었다. 이는 11~12세기 동아시아 불교사상계의
교학서의 현황을 알려주는 소중한 자료이다. 특히『佛祖統紀』「山家敎典志」
에 수록된 천태교학서와의 비교를 통하여 이른바 산가, 산외, 후산외파
교학자들의 천태교학 논쟁사와 관련된 저술의 현황을 살펴볼 수 있다.
우선『敎藏總錄』과『佛祖統紀』에 수록된 천태교학서를 비교하고, 다음으로
천태교학 논쟁사와 관련된 저술이 어느 정도『敎藏總錄』에 수록되었는지를
살펴 의천의 천태교학에 대한 관심과 사상 경향을 살펴보기로 한다.
다음의『敎藏總錄』및『佛祖統紀』「山家敎典志」의 목록은 의천 당대와

---

82) 志磐,『佛祖統紀』卷46(『대정장』권49, 241상).
83) 尚賢의 法流인 處元과 從義가 山家派와 後山外派로 나뉘어 논쟁하였지만 이들의
師僧인 繼忠도 仁岳에 관심을 가져『四明仁岳異說叢書』,『四明仁岳往復書』를 지었
다. 이로 보면 繼忠의 문하인 處元과 從義가 仁岳의 교학을 이해하였을 것으로
판단된다.

후대『佛祖統紀』단계에서의 송의 천태교학의 주요 서적의 흐름을 알려준다.

<표 23>『新編諸宗敎藏總錄』및『佛祖統紀』「山家敎典志」目錄 비교표[84]

저자	서명	권수	山家敎典志	저자	서명	권수	山家敎典志
知禮	法華經 十不二門指要鈔/科	2/1		遵式	金光明經 懺法補助儀	1	
知禮	法華經 義疏紀/科	2/1		遵式	觀無量壽經 往生淨土決疑行願二法門	1	×
知禮	金光明經 文句科	2		遵式	小阿彌陀經 往生淨土懺願儀	1	
知禮	文句記	6		遵式	請觀音經 懺儀	1	
知禮	玄義科	1		靈鑑	經王解	1	×
知禮	玄義拾遺記	3		靈鑑	般若心經 疏	1	×
知禮	釋難扶宗記	1		靈鑑	環中鈔 / 科	2/1	×
知禮	十義書	5		靈鑑	觀無量壽經 釋西方定散二善	1	×
知禮	觀無量壽經 妙宗鈔/科	3/1		靈鑑	盂蘭盆經 疏	1	×
知禮	請觀音經 釋消伏三用	1		靈鑑	補闕鈔 / 科	2/1	×
知禮	別理隨緣二十問 融會章附	1		靈鑑	方法	1	×
梵臻	法華經 十不二門總別指歸	1		靈鑑	禮讚文	1	×
尚賢	法華經 答三千書	1	×	靈鑑	消災經 疏	1	×
尚賢	經體章	1	×	靈鑑	記 / 科	2/1	×
從諫	法華經 議方便品題	1		靈鑑	右繞行道破邪現正儀	1	×
惠才	圓敎解行集要	1	×	如吉	天台文類	10	×
繼忠	金光明經 科(十義書科?)	1	×	澄彧	般若心經 顯宗記	2	×
繼忠	觀無量壽經 解謗書	3		澄彧	觀無量壽經 注十疑論	1	
繼忠	類集口義	13		元淨	圓事理該 / 科	1/1	/×
處謙	法華經 十不二門顯妙	1	×	仁岳	大涅槃經 禮讚文	1	
洪敏	首楞嚴經 資中疏證眞鈔	6	×	仁岳	十不二門文心解/科	1/1	/×
智圓	大涅槃經 科	20	×	仁岳	論三千書	1	×
智圓	三德指歸	20		仁岳	首楞嚴經 集解	10	
智圓	科	2	×	仁岳	文句	2	

---

84)『敎藏總錄』과『佛祖統紀』의 내용을 중심으로, 林鳴宇,『宋代天台敎學の硏究－金光明經の硏究史を中心として』, 山喜房佛書林, 2003, 38~46쪽 ; 崔柄憲,「大覺國師 義天의 天台宗 創立과 宋의 天台宗」『인문논총』제47집, 서울대 인문학연구원, 2002를 참고하여 재구성하였다.

智圓	發源機要	2		仁岳	熏聞記	5	
智圓	科	1		仁岳	說題	1	
智圓	無量義經疏	2		仁岳	說題科	1	×
智圓	首楞嚴經 顯贊鈔記	14	×	仁岳	禮誦儀	1	
智圓	疏	10		仁岳	金剛般若經 疏	2	
智圓	谷響鈔	5		仁岳	發軫鈔 / 科	3/1	×
智圓	科	6	×	仁岳	觀無量壽經 十諫書	1	
智圓	維摩經 垂裕記 科	10/6		仁岳	小阿彌陀經 新疏	2	
智圓	般若心經 疏	1		仁岳	新疏指歸 / 科	2/1	/×
智圓	詒謀鈔	1		仁岳	四十二章經 通源記 / 科	2/1	/×
智圓	大寶積經 普入不思議法門經疏 大經第十會	1		仁岳	佛遺教經 助宣記	2	
智圓	文殊說般若經 疏	2		仁岳	四分律 南山讀日禮讚文	1	
智圓	觀無量壽經刊正記 科	2/1	/×	仁岳	十誦律 施食須知	1	
智圓	小阿彌陀經 疏	1		仁岳	四教儀 科	1	
智圓	西資鈔 科	1/1	/×	仁岳	義學雜編	6	
智圓	四十二章經 注	1		仁岳	復右旋行道儀	1	×
智圓	正義	1	×	慈梵	法華經 讀十不二門新注	1	×
智圓	盂蘭盆經 撮華鈔 科	2/1	/×	慈梵	首楞嚴經 說題通要	2	×
智圓	禮讚文	1	×	宗昱	法華經 注法華本跡不二門	1	×
智圓	佛遺教經 疏	2		從義	四教儀 科	1	×
智圓	疏科	1	×	從義	集解	3	
智圓	金剛錍 顯性錄	4		繼齊	指濫	1	×
智圓	金剛錍 科	1	×		19명 109부 282권		

의천은 입송구법 후『敎藏總錄』을 편찬하면서 송나라의 천태교관서를
수록하였고, 이는 당시 현행목록이었다. 다만 11세기 중반 의천이 볼 수
있는 동아시아 불교계의 천태교학서는 대부분 수록하였을 것으로 판단된
다. 의천은『敎藏總錄』에 당시 현전한 천태문류를 수록하였던 바, 知禮
이후 천태저술은 19명 109부 282권에 이른다. 의천 이후 180여 년이 지난
『佛祖統紀』의 단계에 知禮의 교학서는 전존하였지만, 尙賢・靈鑑 등의
저술이 전혀 수록되지 않는 등 상당수 실전되었음을 알 수 있다.[85] 그동안

---

85) 의천의『敎藏總錄』에 遵式의『大華嚴經撮要鈔』가 수록되었지만, 遵式은 慈雲遵式
이 아닌 圓義遵式(1042~1103)임이 실증되었다(吉田剛,「宋代における『肇論』の受
容形態について」『印度學佛教學研究』49-1(林鳴宇,『宋代天台教學の研究－金光明

위 자료는 의천이 산외파의 사상에 주목한 근거자료로 제시되었지만,
실제 의천은 관련 자료를 모두 수록하였고, 이는 志磐의『佛祖統紀』에서도
유사하다. 이하에서는 송대 천태교학의 논쟁사와 관련된 자료의 제시를
통하여 의천의 천태교학의 경향성을 살펴보고자 한다.

의천이 1090년에 편찬한『教藏總錄』에 수록된 천태교학서 목록과 비교하
여 보면 志磐이『佛祖統紀』를 편찬한 1270년 당시에는 일부의 자료만이
수록되었다. 특히 志磐은「산가교전지」에[86] 智圓・仁岳 등의 저술을 수록
하였는데, 이들을 후산외파로 분류하였지만「산가교전지」에 수록하였다.
이보다 앞선 시기 宗鑑의『釋門正統』(1237)에는 志磐과 달리 이른바「荷負扶
持傳」에 孤山・文備・慶昭・繼齊・咸潤을,「本支輝映傳」에 元淨을,「扣擊
宗途傳」에 淨覺・神智・靈照・可久 등을 수록하였다. 따라서 산가와 산외
파로 구분하는 것은 후대의 계파 인식이 반영된 것임에 주의가 요구되며,
의천의 입송구법 당시 산가와 산외파의 분파 인식도 분명치 않았을 법하다.

송대 천태교학 논쟁사를 2단계로 구분하면, 前山家山外의 논쟁사는
사명학파와 그 교학에 이의를 가진 천태교단 타 계통의 학파 사이에 행해진
논쟁의 역사이고, 後山家山外의 논쟁사는 사명교단 내부에 있어 사명교학
을 둘러싼 논쟁 또는 재확인의 역사이다.[87] 의천의 입송구법시 송의 천태교
학에는 이른바 山家, 山外의 논쟁이 있었고, 山家派 내부에서 새로운 논쟁이
전개된 시기였다. 이보다 앞선 시기에 고려의 인물로 義通이 화엄을 수학한

經の研究史を中心として』, 山喜房佛書林, 2003, 167쪽 재인용)).
86) 志磐,『佛祖統紀』(『大正藏經』권49), "釋志 並陳文藻 交贊佛乘 各出義章。發揮祖業
斯固法門之盛烈 作山家教典志一卷 山家教典志第十一 智者高座以縱辯 章安直筆以
載書 所謂以文字廣第一義諦 是猶託之空言 不如載之行事之深切著明也 荊谿有云 文
即門也 即文以通其理 豈非門乎 至若後世發揮祖道粲然有述 雖各出義章互形廢立 所
以歸宗之誠 則無乎不同也 今故並陳篇目 以貽好古者之求 述山家教典志".
87) 본서의 천태교리 논쟁사에 대하여는 島地大等,『天台教學史』, 明治書院, 1929 ; 安
藤俊雄,『天台思想史』, 法藏館, 1959 ;『天台學』, 平樂社書店, 1968 ; 林鳴宇, 위의
책, 2003 등을 종합하여 정리하였다.

후 오월로 유학해서 天台를 배웠지만, 고려로 귀국치 않고 명주 보운사에서 20여 년 천태를 선양하였다. 義通과 동 시대에 諦觀이 있었으며 義通 문하에서 四明知禮가 나왔다. 知禮의 동문에 遵式이 있었는데, 그는 念佛의 법문을 높이 평가하였고, 知禮를 도와 천태교학을 부흥시켰다. 知禮의 문하에 廣智尙賢, 神照本如, 梵臻 등 三家의 法流가 함께 번영하였다. 尙賢은 知禮가 교류한 논쟁을 『扶宗集』 50권으로 서술하고, 知禮만이 정통을 계승하였음을 강조하였다. 尙賢의 법문에서 善月, 宗曉, 志磐 등이 배출되었다. 이외에 知禮 문하의 淨覺仁岳(?~1063)은 山家派로 활약하지만 후에 知禮와 대립하고, 孤山智圓의 사상에 경도되었다. 한편 志因을 중심으로 '慈光晤恩−奉先源淸−梵天慶昭・孤山智圓−永嘉繼齊, 永福咸潤'이 나왔는데, 이들을 山外派라고 한다. 또 知禮 문하의 淨覺仁岳과 廣智尙賢 문하의 神智從義는 山外派의 사상에 흘러 '後山外派' 또는 '雜傳派'로 분류된 바 있다.[88]

실제 尙賢의 문류인 志磐이 찬술한 『佛祖統紀』 『諸師雜傳』에 따르면, 천태 제사 가운데 바르지 못한 이로 仁岳・從義 등을 지적하면서, 知禮의 시대에는 이설을 만드는 자가 많았고 이들은 잡전에 두어야 한다고 했다.

---

88) 山家・山外派의 분류에서 천태의 정통을 지키는 쪽을 山家派, 화엄과 선의 영향을 받은 쪽은 山外派로 분류하였다. 그러나 실제 山家・山外派라는 용어는 후대의 분류이지 송의 불교계에서 그렇게 인식되지는 않았다. 또한 종파간 영향 받거나 종합적인 경향을 보이므로 山外派가 선종과 화엄교학에 주목하였다고 하여 의천과 산외파를 연결할 수 없음은 이미 지적된 바 있다(김두진, 「義天의 天台宗과 宋・高麗 불교계와의 관계」 『인하사학』 10, 인하사학회, 2003(『고려전기 교종과 선종의 교섭사상사연구』, 일조각, 2006, 405~414쪽 재수록)). 한편 사자상승과 교리, 실천 방법에 따라 학파를 분류한 島地大等에 따르면 사상적으로 '義寂−義通−知禮'와 仁岳의 전반생에 이르는 山家派와 志因 이하 '永嘉繼齊, 永福咸潤'은 山外派(前山外派)로 분류한다(島地大等, 『天台敎學史』, 東京 : 明治書院, 1929, 298쪽). 최근 島地의 산가파・산외파(전산외파)・사명파・잡전파(후산외파)의 분류에 대하여, 잡전파와 후산외파가 동일하지 않고, 「잡전」은 四明 문하에서 이설을 세우려는 자를 경고하기 위해 지은 것으로 志磐의 본의를 정확히 파악하지 못한 것으로 보고, 전산가파・전산외파・후산가파・후산외파로 분류한 견해가 있다(林鳴宇, 『宋代天台敎學の硏究』, 山喜房佛書林, 2003).

그러나 慶昭와 智圓에 대하여는 知禮와 법계가 다르기 때문에 후대의
사람들이 '산외'로 불렀고 이는 경계해야 할 것으로 평가하였다. 더 나아가
知禮 이후 이설을 제기한 자로 仁岳과 從義가 가장 심했다 하여 비판하였
다.[89] 결국 志磐은 산가와 산외의 기준으로 知禮에 대해 師資世系의 상섭,
돈정하지 못한 이설을 들었다. 본서에서는 논쟁사에 등장한 인물과 저술이
의천의 『敎藏總錄』에 어느 정도 수록되었는지를 살펴 의천의 천태사상
경향을 살펴보기로 한다.

前山家山外 논쟁의 서막은 『金光明經玄義』의 廣略 2본 및 그 종지에
대한 논쟁이다. 洪敏이 광본의 『金光明經玄義』에 보여지는 의문점을 정리
하여 유포하자, 1000년에 知禮는 우선 『釋難扶宗記』(유)를 지어 源淸과
洪敏의 問難을 논파하였다. 이에 대해 源淸의 문하인 梵天慶昭(963~1017)와
孤山智圓(977~1022)은 『辨訛書』(무)를 지어 源淸와 晤恩의 설을 지원하였다.
이에 대해 知禮는 『問疑書』로 반론하였고, 다시 『答疑書』에 대해 『詰難書』를
보냈고, 慶昭는 『五義書』를 지어 답하였다. 知禮는 재차 『問疑書』와 『復問書』
를 보냈고 慶昭가 『釋問書』를 다시 보낼 때까지 전후 7년에 걸쳐 왕복
10회의 문답이 행해졌다. 이후 知禮는 『四明十義書』 2권을 보냈고 慶昭는
이에 대해 1007년 『答十義書』를 보내면서 知禮의 『金光明經玄義』「觀心釋」
에 대한 견해를 인정하는 것으로 정리되었다. 그러나 이후 智圓이 『金光明玄
義表微記』(무)를 지어 광본의 「관심석」을 부정했다. 知禮는 智圓이 입적한
다음해인 1023년 『金光明玄義拾遺記』를 지어 현의를 둘러싼 논쟁은 일단
종결되었다. 다만 현의를 둘러싼 논쟁은 산가산외의 사이에서만 이루어진
것이 아니라 당시 산가 소속의 교학자에 의해 적극적으로 행해졌다.[90]
이와 관련하여 의천이 수록했던 자료는 知禮의 『玄義拾遺記』・『釋難扶宗
記』・『十義書』였고, 위에 언급된 慶昭나 智圓의 저술은 기록되지 않았다.

---

89) 志磐, 앞의 책 권21, 諸師雜傳第七(『대정장』 권49, 241쪽).
90) 林鳴宇, 위의 책, 16쪽.

이는 의천이 知禮 직전 문하와의 교류와 관련되었겠지만, 그가 입송구법 당시는 知禮 사후 62년이 경과되었고, 이미 논쟁이 정리된 이후 관련서의 전존이 어려운 상황이었을 법하다.

다음은 知禮의 『十不二門指要鈔』를 둘러싼 논쟁이다. 湛然의 『十不二門』에 대해 知禮는 망심관의 입장에서, 源淸이나 宗昱은 『注法華本迹不二門』에서 진심관의 입장에서 서술하였다. 慶昭의 문인 繼齊는 慶昭·智圓의 지시를 받아 『指濫』을 지어 『指要鈔』를 비판하였고, 知禮는 『別理隨緣二十問』을 써서 반론했다. 이에 대해 산외로 보여지는 교학자의 비난에 대해 知禮 문하의 淨覺仁岳은 『別理隨緣十問析難書』를 지어 논파하였다. 이 논쟁과 관련하여 의천은 이른바 산외파 宗昱의 『注法華本迹不二門』과 『指濫』을 『敎藏總錄』에 수록하였고, 그의 말년에 국청사에서 『十不二門』을 강의하였 지만 실제 의천의 『十不二門』에 대한 이해나 입장을 알려주는 자료는 잘 나타나지 않는다.

다음은 智圓의 『請觀音經疏闡義鈔』를 둘러싼 논쟁으로, 智顗의 『請觀音經疏』에 대해 遵式이 『請觀世音菩薩消伏毒害陀羅尼三昧儀』를 지었는데, 智圓은 1009년 『請觀音經疏闡義鈔』를 지어 '理毒卽性惡'설을 비판했다. 이에 知禮는 『對闡義鈔辨三用十九問』을 지어 智圓을 비판한 후, 『請觀音經釋消伏三用』을 지어 '理毒卽性惡'설을 구체적으로 해석하여 옹호하였다. 慶昭 의 문인인 咸潤이 「籤疑」에서 知禮의 견해에 반론을 제기하였지만, 仁岳이 『止疑書』로 논쟁을 마쳤다. 의천의 경우 知禮의 『請觀音經釋消伏三用』과 遵式의 『請觀音經懺儀』를 수록하였지만 '理毒卽性惡'설에 대한 의천의 이 해 또한 분명치 않다.

다음은 知禮의 『觀無量壽經妙宗鈔』(이하, 『妙宗鈔』)에 대한 논쟁인데, 이는 智顗의 『觀無量壽經疏』에 대해 의통이 『天台觀經疏記』를 지었고, 知禮는 의통의 『소기』를 참조하여 『妙宗鈔』를 저술하였다. 1021년 이후 『妙宗鈔』 「色心雙具」의 문제가 제기되었는데, 慶昭의 문하인 咸潤은 『指瑕』

에서 知禮의 '心具三千色亦具三千'설을 부정하고, '心具三千'만을 제창했다. 이에 대해 仁岳이 知禮를 대신해서 『抉膜書』를 지어 '色心不二'를 강조했다. 다음은 『觀無量壽經妙宗鈔』의 佛身 문제에 대해 仁岳과 知禮 사이에 의론이 교환되었는데, 차례로 仁岳의 「十諫書」, 知禮의 「解謗書」, 仁岳의 「雪謗書」 로 전개되었으며, 이 논쟁은 1028년 知禮의 입적까지 계속되었고, 수십 년 후 知禮의 손제자인 希最는 「評謗」을 지었다. 이상의 논쟁과 관련하여 의천은 『敎藏總錄』에 知禮의 『觀無量壽經妙宗鈔』를 수록하였지만, 그에 대한 의천의 이해나 입장을 알 수 있는 자료는 잘 찾을 수 없다.

더 나아가 『十不二門』에 대해 仁岳은 『十不二門文心解』를 지어, 知禮의 『起信論融會章』·『十不二門指要鈔』에 쓰여진 화엄교학에의 비판 등을 반박 했다. 기타 仁岳의 『義學雜編』 등은 知禮와 다른 의견을 개진한 것이고, 또한 그는 의례작법을 중시하여 의례서인 『復右旋行道儀』를 지었고, 遵式의 제자인 靈鑑은 『右繞行道破邪現正儀』를 지었는데, 의천은 이를 『敎藏總錄』 에 수록하였다.

仁岳을 이어 사명천태 내부에 논쟁을 일으킨 이는 神智從義(1042~1092) 이다. 從義는 『金光明玄義順正記』를 지어 智圓의 『金光明玄義表微記』, 知禮 의 「拾遺記」 및 仁岳의 관점을 비평했다. 또 『金光明經文句新記』를 지어 智圓의 「索隱記」, 知禮의 「文句記」의 논점에 대해서도 비평했다. 더 나아가 『摩訶止觀義例纂要』에서는 智圓의 『金剛錍顯性錄』 및 知禮의 논점을 크게 논파하였다.[91]

의천이 『敎藏總錄』에 수록한 從義의 저술은 『四敎儀』, 『四敎儀科』, 『四敎 儀集解』뿐이다. 從義와 동시대의 草堂處元(1030~1105?)은 『摩訶止觀義例纂 要』에 대해 반박하는 『義例隨釋』을 지었는데, 의천의 입송구법은 從義와 處元이 활동한 시기와 관련이 있지만 그들의 사상 경향에 대한 이해 여부는 분명치 않다.

---

91) 林鳴宇, 『宋代天台敎學の研究』, 山喜房佛書林, 2003, 21쪽.

246

요약컨대, 송대 천태교학의 논쟁사와 관련하여 의천이 송대 천태교학서를『敎藏總錄』에 수록하였는데 그는 중국 천태종의 정통인 山家派를 전법하였지만 山外派나 後山外派의 저술을 완전히 배제한 것은 아니었다. 우선『金光明經玄義』의 廣略 2본 및 그 종지에 대한 논쟁과 관련하여, 知禮의『玄義拾遺記』·『釋難扶宗記』·『十義書』는 수록되었고, 慶昭나 智圓의 저술은 기록되지 않았다. 이는 의천이 知禮 직전 문하와의 교류 이외에 입송구법 당시 이미 62년이 경과하였기 때문에 관련서의 전존이 어려운 상황이었을 법하다.

知禮의『十不二門指要鈔』를 둘러싼 논쟁과 관련하여, 산외의 宗昱의『注法華本迹不二門』·『指濫』을『敎藏總錄』에 수록하였다. 다음은 智圓의『請觀音經疏闡義鈔』를 둘러싼 논쟁으로, 의천은 知禮의『請觀音經釋消伏三用』과 遵式의『請觀音經懺儀』를 수록하였지만 智圓의 것은 수록하지 않았다. 다음은 知禮의『觀無量壽經妙宗鈔』에 대한 논쟁인데, 仁岳의「十諫書」등은 수록하지 않았으며, 知禮의『觀無量壽經妙宗鈔』를 수록하였다.『十不二門』에 대해서도 仁岳은『十不二門文心解』를 지어 知禮의『起信論融會章』,『十不二門指要鈔』의 화엄교학 비판 등을 반박했다. 기타 仁岳의『義學雜編』등은 知禮와 다른 의견을 개진한 것이다. 또한 그는 의례작법을 중시하여 의례서인『復右旋行道儀』를 지었고, 遵式의 제자인 靈鑑은『右繞行道破邪現正儀』를 지었는데, 의천은 이를『敎藏總錄』에 모두 수록하였다. 끝으로 사명천태 내부에 논쟁을 일으킨 이는 神智從義인데, 의천은『敎藏總錄』에 그의 저술인『四敎儀』·『四敎儀科』·『四敎儀集解』를 수록하였다.

이와 같이 의천의 관심이 後山外派의 저술에까지 미쳤지만 後山外派도 山家派 출신임을 유념하여야 한다. 後山外派에 속한 仁岳은 具相論的인 天台敎觀을 바탕으로 法相의 차별을 融攝하려 하였다. 이 점은 知禮의 敎觀이 法相의 차별상을 완연히 드러내는 것과 대조된다.92) 의천은 입송구

92) 金杜珍, 앞의 논문, 2003, 198쪽(앞의 책, 2006, 405~414쪽 재수록).

법시 천태종 정통 山家派와 교류하면서 山外 및 後山外派의 天台教學도 유념하였다. 그렇지만 당시 송대 천태종의 산가나 산외, 후산외파에 대한 계파 인식의 이해는 분명치 않아 보다 사상적인 천착이 요구된다.

2. 義天의 天台教觀

의천은 중국 천태종의 정통인 山家派 慈辯從諫에게서 天台教觀을, 화엄종의 晋水淨源으로부터 華嚴사상을 전수받았다. 의천의 주요 관심은 天台教觀과 華嚴教觀의 비교와 이해에 있었다. 그의 천태사상은 화엄사상과의 상호 이해 위에 분명히 밝혀질 수 있다. 실제로 천태와 화엄의 教學은 상당 부분 중복되며 천태종 山家·山外派와 관련하여 천태에서는 性具說을, 화엄종에서는 性起說이 있어 비교할 수 있다. 의천이 특히 주목한 점은 천태와 화엄의 會通에 있었는데, 이것은 兩宗의 教理體系에 대한 이해 위에 가능하다.

천태교학에서는 教義理論과 修行實踐方法을 二門으로 나누어 教觀二門이 설정되었다. 불교 경전의 각종 설법을 형식·내용 등에서 분류 정리 비판하여 그 진수를 궁구하고 사상 체계의 이론을 하나로 한 것을 教相門이라 하며, 그 진수의 수행 방법을 체험하고 요체의 실천을 講說한 것을 觀心門이라 한다. 教相門과 觀心門이 바로 天台教觀이 된다. 天台教觀에서 教相門은 五時八教로 教義의 모습을 구분하여 논의한 것이며, 觀心門은 心觀一念三千·一境三諦의 實踐法이다.[93]

천태교학은 圓融原理[94]로 구성되었다. 化法四教 가운데 藏·通·別·圓教가 眞實了義의 가르침이 되며 법화경과 열반경에 설한 圓教가 최고 가치를 지닌다고 함으로써, 천태교학은 완전무결한 眞實教라고 教判된

---

93) 天台三大部의 著述 가운데 法華玄義·法華文句二部가 주로 教相門을 설하고, 다소 觀心門을 서술하였다. 摩訶止觀은 觀心門을 주로 하고 教相門을 서술하였다.
94) 金仁德,「天台 圓教의 圓融原理」『韓國佛教學』3, 1977, 207쪽.

248

圓敎95)에 근거하여 '圓融'원리를 도출하였다. 이러한 天台敎學의 원리에
따라 의천의 天台敎觀을 살펴보기로 한다.

① 어느 날 국사가 함께 仁睿太后를 배알하고 이야기하던 중 우연히 이에
   대해 언급하여 말하기를 "天台의 三觀은 最上眞乘이지만, 우리나라에는
   이 宗派가 세워져 있지 않은 것은 참으로 애석한 일입니다".96)
② 국사가 宋으로부터 귀국한 뒤에야 모든 종파의 敎理가 각각 正法을
   얻었다. 하물며 天台 一宗은 비록 諦觀과 智宗의 무리에서 비롯되었지
   만, 이 땅에 그 宗派를 세우는 학자가 끊어진 지 오래되었다.97)
③ 慈辯大師 從諫이 詩 한 首를 지어 향로 및 여의주 등과 함께 증정하였다.
   국사가 본국에 있을 때 이미 慈辯大師의 高名을 들은 지 오래되었다.
   그리하여 杭州에 이르러서는 특히 慈辯에게 天台宗의 경론 강설을 청하
   여 매번 主客員外郞인 楊傑과 또한 모든 제자들과 함께 청강하였으므로,
   이제 付囑하는 시를 지어 주었던 것이다.……다음에 국사는 天台山에
   이르러 智者대사의 부도를 참배하고 發願文을 지어 塔前에서 誓願하였
   다.98)

의천은 선종 연간에 母后 仁睿太后와 더불어 대화하는 가운데 天台三觀은
최상의 眞乘이지만, 고려에는 천태종이 세워져 있지 않아 애석하다고
하였다. 天台三觀은 天台宗의 觀法이자 基本敎義로 圓融三觀·不可思議三

---

95) 諦觀錄, 『天台四敎儀』(『대정장』 권46, 778쪽), "次明圓敎者 圓名圓妙圓滿圓足圓頓
   故名圓敎也 所謂圓伏圓信圓斷圓行圓位圓自在莊嚴圓建立衆生 諸大乘經論說佛境
   界 不共三乘位次 總屬此敎也".
96) 林存, 「仁同僊鳳寺 大覺國師碑」(『조선금석총람』 권상, 330쪽), "同謁太后 偶語及之
   曰 天台三觀 最上眞乘 此土宗門未立 甚可惜也".
97) 林存, 위의 비(위의 책, 332쪽), "國師自宋返國 然後諸宗之敎 各得其正 況天台一宗
   雖或濫觴於諦觀智宗輩 而此土立其宗學者久絶".
98) 林存, 위의 비(위의 책, 331쪽), "慈辯大師 從諫 著詩一首 贈手爐如意 師在本國
   耸開慈辯高誼之日久矣 旣至杭 持請慈辯 講天台一宗綜論 每與主客及諸弟子聽受 故
   今有是付囑……次詣天台山 謁智者大師浮圖 述發願文 誓於塔前".

觀·不次第三觀이라고도 한다. 一心은 能觀之心이며 三觀은 卽空·假·中 三諦로서 一心三觀을 구성하며 이것이 天台圓教의 觀法이 된다. 위의 자료 ②는 고려 천태종의 단초는 諦觀과 智宗에게서 찾지만 그 종파를 세우는 학자가 끊어진 지 오래라고 한 것은 의천 당대에 천태종이 제대로 전승되지 못했음을 알려준다.

의천은 바로 이러한 天台三觀에 대한 기본적 이해 위에 입송구법을 단행하여 천태종 山家派의 慈辯從諫을 만나 天台教觀을 듣고 전법의 증표인 향로 및 여의주 등을 받았다. 위 자료 ③에 따르면 의천은 고려에 있을 때 이미 慈辯大師의 명성을 들어 알고 있었다. 의천은 입송구법 이전에 천태교학에 대해 기본적으로 이해하고 있었으며, 중국 천태종 山家派의 전승을 알고 있었던 셈이다.

의천은 慈辯從諫을 떠나 귀국길에 천태산에 이르러 智者대사의 부도를 참배하고 發願文을 지어 塔前에서 천태종 개창을 誓願하였다. 의천은 천태 종의 기본 교판인 천태지의의 五時八教가 후대 불학의 기초가 된다고 하였다.[99] 고려초기 諦觀이 天台教觀을 선양하였지만 그 법맥이 단절되었 다가 의천대에 이르러 天台教觀의 재흥을 위하여 입송구법하였다. 또한 의천은 天台大師의 탑 앞에서 從諫으로부터 天台教觀을 전수받고 귀국한 후 천태종을 개창하고자 서원하였다.[100]

의천의 天台教觀에 영향을 준 것은 諦觀의 『天台四教儀』이다. 그것은 5時와 8教로서, 5시는 華嚴時·鹿苑時·方等時·般若時·法華涅槃時이며 8교는 化儀四教와 化法四教로 나뉜다. 화의4교는 頓教·漸教·秘密教·不

---

99) 의천, 「大宋天台塔下親參發願疏」 『대각국사문집』 권14(『한국불교전서』 권4, 551~552쪽), "右某 稽首歸命白于天台教主智者大師 曰嘗聞大師以五時八教判釋東流一 代聖言 罄無不盡 而後世學佛者 何莫由斯也 故吾祖花嚴疏主云 賢首五教大同天台".
100) 林存, 「仁同僊鳳寺 大覺國師碑」(『조선금석총람』 권상, 331쪽), "嘗聞大師 以五時八 教 判釋東流 一代聖言 罄無不盡 本國古有諦觀者 傳得教觀 今承皆久絶 予憤忘身 尋師問道 今己錢塘慈辯講下 承稟教觀 他日還鄉 盡命傳揚". 이 내용은 「大宋天台塔 下親參發願疏」에 자세하다.

250

定教이며 화법4교는 藏敎・通敎・別敎・圓敎이다. 원교 이전의 7교와 5시가 모두 화엄사상을 근간으로 보살행을 닦는 수행을 강조하였다. 원교도 화엄경의 十信・十住・十廻向・十地・等覺位・妙覺位에 따른 화엄 교리로 설명되었다.101) 妙覺位의 마지막에 十乘觀法을 설정하여, 그것을 觀不思議境에서 離法愛에 이르는 10단계로 구분하였다. 이는 지의가 十乘觀法에 의해서 止觀思想을 종합하여 天台圓敎의 觀法으로 통일한 것을 따라102) 『천태사교의』에서도 圓敎의 十乘觀法으로 보았다.

의천의 天台敎觀은 敎相門과 觀心門으로 구분되며, 천태의 觀心門은 『摩訶止觀』을 통하여 觀心門의 사상체계가 확립된 것이며 이로써 天台敎觀이 이루어진다. 천태지의의 사상 체계는 四敎와 三觀으로 설명된다. 四敎와 三觀을 五時八敎의 교리 체계와 유기적으로 연계한다. 의천은 천태종의 三觀이 最上眞乘이라고 하였다. 天台三觀은 天台宗의 觀法이자 基本敎義이다. 또한 圓融三觀・不可思議三觀・不次第三觀이라고도 하며 三觀은 바로 空・假・中 三觀을 의미한다.

천태학은 원효 이래 諦觀, 智宗 등에 의해 고려초기에 알려졌지만 의천 당대에는 제대로 전승되지 못하였다. 이에 의천은 입송하여 전당에서 從諫으로부터 天台敎觀을 전법하고 귀국시 佛隴의 천태지자대사탑에서 天台宗旨의 진작을 서원하였다. 의천이 귀국 후 선종대에 국청사 공역이 시작되었고, 인예태후에 의해 천태종 禮懺法의 萬日念佛結社가 이루어졌다. 의천은 宣宗代에 천태종 開創을 시도하였지만 여의치 않았다. 의천의 천태종 개창은 숙종 1년(1095) 국청사 낙성과 함께 주지에 취임하면서 천태교학을 강설하는 것으로부터 비롯한다.

丁丑年 5월 國淸寺에 住持하고 처음으로 天台敎學을 講說하였다. 天台敎

101) 金杜珍, 앞의 논문, 국민대한국학연구소, 1984, 58쪽.
102) 李永子, 『천태불교학』, 불지사, 2001, 221쪽.

는 과거에 이미 우리나라에 전해졌지만, 중간에 없어졌다. 국사가 錢塘에
가서 도를 묻고 佛隴에 가서 맹서를 세운이래, 天台敎學을 떨쳐 일으킬
것을 생각하여 하루도 이를 마음속에서 잊은 적이 없다. 仁睿太后가 이
소식을 듣고 기뻐하여 이 절을 세우기 시작하였고, 肅宗이 즉위하여 그
불사의 공덕을 이루었다.[103]

의천은 숙종 2년(1097) 5월 국청사에서 天台敎學을 講說하였다. 그의
강학 내용은 宋 천태종 慈辯從諫의 天台敎觀과 크게 다르지는 않았을
것으로 판단된다. 다음의 詩文은 의천이 천태종을 개창하고 어떠한 天台敎
學을 중시하였는지 살펴볼 수 있는 자료이다.

　　留題三角山息庵[104]
　講徹香林訪息庵　　　　香林에서 講徹하고 息庵을 찾으니
　(香林講天台十不二門)　(香林에서 天台十不二門을 강하다)
　崎嶇松逕撥煙嵐　　　　울퉁불퉁 솔밭길 아지랑이 피네.
　當年龍井攀高論　　　　그때 龍井에서 고론을 펼쳤더니
　見景思人恨不堪　　　　경치 보고 사람들을 생각하니
　　　　　　　　　　　　情恨을 참을 수 없네.

의천은 三角山 향림사에서 天台十不二門을 강설하였다. 十不二門은 天台
宗의 十種 不二法門으로 觀心의 大綱을 제시한 것이다. 湛然은 智顗의

---

103) 金富軾, 「開城靈通寺 大覺國師碑」(李知冠, 『校勘譯註 歷代高僧碑文』, 高麗篇3, 1986,
　　伽山佛敎文化硏究院, 123쪽), "丁丑夏五月 住持國淸寺 初講天台敎 是敎舊已東漸而
　　中廢 師自問道於錢塘 立盟於佛隴 思有以振起之 未嘗一日忘於心 仁睿太后聞而悅之
　　經始此寺 肅祖繼之 以畢厥功".
104) 의천, 「留題三角山息庵」 『대각국사외집』 권19(『한국불교전서』 권4, 562쪽), "予於
　　元豊元祐之間 訪道江南 曾到餘(杭)龍井寺 與辨才大師淨公 終日攀高論 蓋天台宗 彼
　　有訥庵與此略同不覺思舊也". 항주 용정사에서 辯才大師 元淨과 토론하였는데, 그
　　대부분이 천태종에 관한 것이라고 하였다.

252

『法華玄義』에서 說한 十妙에 의거하여, 實踐의 解釋을 부여하였다. 곧『法華玄義』는 주로 천태의 교의를,『摩訶止觀』은 주로 觀法의 실천을 서술하였지만, 十不二門은『法華玄義』에 대해 실천적으로 해석한 것이다.[105] 따라서 의천이 荊溪湛然의 十不二門을 강설한 점은 천태종 정통 山家派를 따르면서 특히 天台教觀 가운데 觀心門을 강조한 것으로 이해된다. 의천은『法華玄義』를 講經하였을 뿐만 아니라 飜譯하였다. 다음이 이를 알려준다.

　　庚辰六月四日國淸寺講徹天台妙玄之後言志示徒
　스물 두해 동안 부지런히 講經하여
　華嚴 涅槃 法華玄義 등을 번역했네.
　오랫동안 노심초사 法燈 전할 힘 없음이 부끄러우니
　다만 18賢의 眞容 모실 法華 結社處를 생각하네.[106]

의천은 숙종 5년(1100) 6월 4일 국청사에서 天台妙玄 즉 법화 3대부의 하나인『法華玄義』를 강설하고 시를 지었다.『法華玄義』는 天台智顗가 講述하고, 灌頂이 筆記한 것으로 宋 天聖 2년(1024)에 遵式의 奏請으로 入藏되었다.[107] 이 책은「妙法蓮華經」의 經의 제목을 상세히 설명하였고,

---

105) 謙田茂雄 等,『大藏經全解說大辭典』, 雄山閣出版, 2001, 565쪽.

106) 의천,「庚辰六月四日國淸寺講徹天台妙玄之後言志示徒」『대각국사문집』권20(『한국불교전서』권4, 566쪽), "二紀孜孜務講宣(予自二十三歲始講貞元新譯花嚴經幷疏共五十卷其年徹軸自後講演未嘗有廢) 錦飜三百貫花詮(所有講演諸 部三百餘卷而花嚴三本 共一百八十卷 雖有古人相承之說 吾幷不用 但依本疏飜譯方言 其南本涅槃三十六卷等亦爾 妙玄十卷等諸部 古無傳授者 不揆膚受 輒譯方言 亦有十餘部高僧傳云飜也者 如錦綺但花有左右耳 故云錦飜) 憔勞愧乏傳燈力(予有心勞之病 近日漸增 看讀經書 每覺心痛 學業荒廢) 祇合匡廬種社蓮(仁睿太后 昔曾發愿 結社之事 所有宋本名畫廬山十八賢眞容 落在院門末有安置堂閣 予欲仗此勝緣 修西方之業用 薦冥遊云爾)".

107) 志磐,『佛祖統紀』권10, 法師遵式(『大正藏經』권49, 208쪽), "師爲著金光明護國道爲靜上之 因奏天台教文乞入大藏 事未行而公薨 天聖元年(仁宗)內臣楊懷古降香入山 敬師道德復爲奏之 明年始得旨入藏".

아울러 法華經의 깊은 義趣를 설명한 것이다.[108]

이 시기에 의천은 숙종의 후원으로 국청사를 낙성하고 천태종을 통한 불교계의 재편을 시도하였다. 법화3대부를 강설하여 법화경의 이해를 제고하는 한편, 『十不二門』을 통하여 止觀 즉 觀心門에 주의하였다. 이는 의천이 止觀의 필요성을 서술한 시에서도 살펴볼 수 있다.[109] 의천의 天台敎觀 가운데 止觀 즉 觀門을 이해하기 위해서는 다음 기록이 참고 된다.

① 空法을 설하려 해도 헤아리기 어렵다. 空은 곧 色이어서 假名에 집착하면 어찌 살필 수 있겠는가? 또한 色은 곧 空이니 이와 같이 보는 것을 中道라 이른다.[110]
② 국사는 이때에 經文에 의해 이치를 나타내고, 그 이치를 연구하여 모두 깨닫게 하였다. 그러므로 止觀이 圓明하고 語默이 自在하여, 경서만을 믿고 지키려는 생각은 버리고 그릇되게 空을 취하려는 집착을 파하였다.[111]

의천은 空·假·中道를 언급하여, 가장 기본적인 天台三觀을 제시하였다. 이것은 천태종 계통의 僊鳳寺大覺國師碑銘文의 첫 부분에 기록되어 있어서, 그의 天台三觀에 대한 이해를 알려준다. 그런데 空과 假가 中道에 통합됨을 주장하면서도, 의천은 空法을 헤아리기 어려운 것으로 규정하였다. 이 점은 그의 敎觀이 空의 집착에서 벗어난 것이다.

의천은 空에 집착하거나 아울러 경서에 빠지지 말라고 하였다. 그의 止觀은 語默이 自在하며 經文을 탐구하여 敎理를 나타내고 깨닫는 것이다.

108) 謙田茂雄 等, 『大藏經全解說大辭典』, 雄山閣出版, 2001, 566쪽.
109) 의천, 「送悟禪師請老歸山」 『대각국사문집』 권20(『한국불교전서』 권4, 566쪽), "佛隴高文墜地久 祖師遺寄待君行 功成信不居京輦 好向林泉學靜明(靜明止觀之謂也)".
110) 林存, 「仁同僊鳳寺 大覺國師碑」(『조선금석총람』 권상, 334쪽), "欲說空法 則不可測 空即是色 欲執假名 豈亦可窮 色即是空 作如是觀 名爲中道".
111) 김부식, 앞의 비(앞의 책, 123쪽), "師於此之時 依文而顯理 究理而盡心 止觀圓明 語默自在 拔盡信書之守 破票取空之執".

254

圓明한 止觀은 의천의 天台觀門의 특징으로 볼 수 있다.

그런데 의천의 天台觀門은 천태종에만 한정되지는 않았다. 다음 기록에서 이런 면을 알 수 있다.

　　法華經에 이르기를 "……會通한 圓妙의 一法에 대한 觀法이 이미 纓洛經에 갖추어졌고, 空觀과 假觀 및 中道인 第一義諦는 補處大士가 부처님으로부터 직접 계승받았다.……荊谿大師가 말하기를 "하물며 다시 三觀이 本宗의 瓔珞이며, 一家의 教門을 멀리 佛經으로부터 받아서 法華經을 宗骨로 삼고 智度論을 指南으로 삼는다".112)

위 글에서는 天台三觀인 空觀과 假觀 및 中道인 第一義諦는 부처로부터 相承되었고, 二乘과 三乘을 圓妙의 一乘으로 회통하는 會三歸一의 천태교리는 『瓔珞經』에 이미 갖추어졌음을 지적하였다. 즉, 荊谿湛然은 天台觀法인 三觀이 이미 『瓔珞經』에 나타나 있고 『法華經』·『智度論』 등에서 教觀이 수립되었음을 언급하였다. 물론 위 내용은 용수로부터 湛然에 이르기까지 天台教觀이 중국에서 크게 유행하였지만 고려에서 천태종이 교단으로 성립하지 못한 이유는 바로 의천의 '大任之才'가 출현해야 하였음을 강조하기 위한 것이었다. 사실 林存이 撰한 비문의 내용은 바로 의천의 직접적인 教觀을 나타낸다고 보기에 주저되지만 의천의 기본적인 天台教觀을 이해하는 데 도움을 준다.

의천의 天台教觀 중 教相門에 '圓妙한 一法'을, 觀門으로는 三觀이 천태종의 瓔珞이 된다. 이들은 法華經·智度論 등의 경전에 근거하지만, 부처로부터 직접 전승받은 金口親承·기타 佛經 등에서 天台教觀의 주요 근거를 확보하였다.

112) 林存, 앞의 비(앞의 책, 332쪽), "法華經云……會之圓妙一法 其觀已備於纓洛 空假名 及中道第一義諦 補處大士 金口親承 荊谿云 況復三觀本宗纓絡 一家教門遠裹佛經 以法華爲宗骨 以智論爲指南".

의천의 天台教觀은 고려초 천태종으로 개립되지는 않았지만 諦觀의 『천태사교의』 교학에서 영향을 받았다. 특히 澄觀의 『華嚴經疏』에서 화엄과 천태교학의 상통 근거를 확보하였다는 점에서 의의를 지적할 수 있다. 한편 의천의 天台教觀은 圓融의 원리[113]로 구조된 天台教觀을 성립시켰다. 여러 法相의 차별성을 인정하는 점에서 중국 화엄종 法藏의 華嚴教學과 상통하는 면이 있다. 그러나 法藏과 달리 의천은 觀法을 내세워 차별의 法相을 融攝하려 하였다.

이상의 논의를 요약 정리하면 다음과 같다.

의천은 11~12세기 한문불교문화권의 국제적 교류와 관련하여 일찍부터 주목되었고 그의 화엄, 천태사상에 대해서는 상당한 연구가 이루어졌다. 반면 의천 저술의 결여는 그의 사상을 천착할 수 없게 하였고 여전히 피상적인 분석의 한계를 가진다. 본서는 이러한 한계를 보충코자, 의천의 송대 천태교학자의 사상 등 교류를 중심으로 분석하였다. 또한 송대 천태교학자의 논쟁사를 중심으로 의천이 『教藏總錄』에 수록한 천태교학자의 저술과 志磐의 『佛祖統紀』 「山家教典志」의 그것과 비교하였다. 이를 통하여 이른바 山家, 山外, 後山外派의 인물과 서목에 대한 의천의 사상 경향성을 추구하였다. 더 나아가 송대 천태교학의 교류와 사상 경향을 염두에 두면서, 의천의 천태교관에 대하여는 현전 저술 가운데 그의 천태사상의 핵심인 천태교관을 분석하였다.

의천은 입송구법시 華嚴과 天台教觀에 깊은 관심을 가졌고, 중국 화엄종의 정통인 賢首教觀과 천태종의 정통 山家派를 계승한 天台教觀을 전법하였

---

113) 圓融三觀은 一心中에 空・假・中 三觀을 닦는 것으로 天台宗의 基本觀法이다. 一心三觀・不可思議三觀・不次第三觀이라고도 하며, 空・假・中三諦의 理가 卽空・卽假・卽中으로 圓融하게 된다. 所觀之境體는 一境三諦이므로 能觀之心 또한 一心이 卽空・卽假・卽中하여 圓融無礙함을 보므로 圓融三觀이라 한다(金仁德, 「天台 圓教의 圓融原理」 『韓國佛教學』 3, 1977, 207쪽).

다. 의천은 입송구법시 천태종 山家派의 南屛梵臻·廣智尙賢·慈雲遵式계의 諸師들과 긴밀하게 교류하였는데, 南屛系 慈辯從諫에게 受法하였다. 山家派 三家 가운데 하나인 廣智尙賢의 문도와도 교류하였는데 尙賢의 법손이 明智中立이며 中立의 제자가 慧照法隣이다. 또한 의천은 遵式系 元淨과도 교류하였다. 元淨은 遵式系로 정토신앙을 강조하였고, 從諫은 知禮系로 禪的 실천이 강조된 것으로 판단된다.

의천은 『敎藏總錄』에 知禮 이후 천태교학서를 수록하였는데 모두 19명 109부 282권에 이른다. 송대 산가파의 정통인 志磐의 『佛祖統紀』「山家敎典志」는 의천의 『敎藏總錄』보다 180여 년 후대의 저술로 尙賢, 靈鑑 등의 저술이 누락되었다. 『敎藏總錄』에 이른바 산외파·후산외파의 자료가 수록되었다고 하여 의천이 산가파의 사상에 주목한 근거자료로 제시되었지만, 실제 의천은 관련 자료를 가능한 수록하였고, 이는 志磐의 『佛祖統紀』「山家敎典志」에도 수록되었던 바, 의천의 사상 경향을 산외파에 두는 것은 곤란하다. 송대 천태교학의 논쟁사와 관련하여 의천이 송대 천태교학서를 『敎藏總錄』에 수록하였는데 그는 중국 천태종의 정통인 山家派를 전법하였지만 山外派나 後山外派의 저술을 완전히 배제한 것은 아니었다. 우선 『金光明經玄義』의 廣略 2본 및 그 종지에 대한 논쟁과 관련하여, 知禮의 『玄義拾遺記』·『釋難扶宗記』·『十義書』는 수록하였고, 慶昭나 智圓의 저술은 기록되지 않았다. 이는 의천이 知禮 직전 문하와의 교류와 관련 이외에 입송구법 당시 이미 62년이 경과하였기 때문에 관련서의 전존이 어려운 상황이었을 법하다.

知禮의 『十不二門指要鈔』를 둘러싼 논쟁과 관련하여, 산외의 宗昱의 『注法華本迹不二門』·『指濫』을 『敎藏總錄』에 수록하였고, 智圓의 『請觀音經疏闡義鈔』를 둘러싼 논쟁에서, 知禮의 『請觀音經釋消伏三用』과 遵式의 『請觀音經懺儀』를 수록하였지만 智圓의 것은 수록하지 않았다. 知禮의 『觀無量壽經妙宗鈔』에 대한 논쟁에서는, 仁岳의 「十諫書」 등은 수록되지 않았으며, 知禮의

『觀無量壽經妙宗鈔』를 수록되었다.『十不二門』에 대해서도 仁岳은『十不二門文心解』・『義學雜編』・『復右旋行道儀』를 지었고, 遵式의 제자인 靈鑑은『右繞行道破邪現正儀』를 지었는데, 의천은 이를『敎藏總錄』에 모두 수록하였다. 끝으로 사명천태 내부에 논쟁을 일으킨 이는 神智從義인데, 의천은『敎藏總錄』에 그의 저술『四敎儀』・『四敎儀科』・『四敎儀集解』를 수록하였다.

의천은 중국 천태종의 정통인 山家派를 전법하였지만 山外派나 後山外派의 저술을 완전히 배제한 것은 아니었다. 이는 의천이 智圓, 繼齊, 咸潤, 仁岳, 從義의 저술을『敎藏總錄』에 입록한 점 등에서 근거를 구할 수 있다. 특히 의천의 관심이 後山外派의 저술에까지 미쳤지만 後山外派도 山家派 출신임을 유념하여야 한다. 특히, 산가산외의 구분은 후대의 계파인식이 반영된 것으로 의천 입송구법 당시 계파인식에 대한 그의 이해는 재검토되어야 한다.

의천의 天台敎觀은 중국 천태종 정통 山家派의 具相性論과 연결된다. 山家派의 天台敎觀은 理 내에 갖추어져 있는 事에 의해 차별상이 만들어짐을 강조했다. 이 점은 法藏의 具相論的 華嚴敎學과 통하는 것으로, 하나 속에 융섭된 여러 법상의 차별상을 인정하는 것이었다. 이에 대해 山外派의 具性論者들은 하나 속에 융섭된 여러 법상의 차별을 인정하지 않았다. 그 이유는 理가 本性이고 眞如이지만, 事는 假相이어서 그 實相을 인정하지 않기 때문이다. 山家派와 山外派의 세계관은 궁극적으로 융섭된 諸 法相의 차별상을 인정하는가의 여부에 따라 구분된다. 의천의 天台敎觀은 山家派 慈辯從諫을 전법하면서 圓融의 원리로 구조된 天台敎觀의 세계관 가운데 '諸法實相'이지만 여러 法相의 차별성을 인정하는 점에서 山外派의 사상과는 구별된다.

의천은 淨源으로부터 중국 정통 法藏系 화엄을 전법하였고, 천태종 역시 정통 山家派의 인물들과 교류하였다. 의천의 華嚴觀 역시 具相論的인

融攝思想으로 규정된다. 融攝된 여러 法相의 차별을 인정하지 않는 山外派의 天台教觀이 華嚴教學의 핵심 내용인 唯心論, 性起思想, 如來藏緣起說의 상당 부분을 수용하였다고 해서 山外派가 바로 화엄종과 연결되는 것으로 보기에는 무리가 있다. 의천은 입송구법시 後山外派의 天台教學에도 유념하였다. 그렇지만 融攝된 法相의 차별성을 부인하는 山外派의 교학 논리와는 구분된다.

　의천의 天台教觀은 教相門과 觀門으로 구분되며, 圓明한 止觀은 의천의 天台觀門의 특징으로 볼 수 있다. 의천은 空에 집착하거나 아울러 경서에 빠지지 말라고 하였다. 그의 止觀은 語默이 自在하기 때문에, 經文을 탐구하여 教理를 나타내고 깨닫는 것이다. 실제로 의천의 天台觀門은 천태종에서 한정된 것은 아니었다. 의천의 天台教觀 즉, 教相門에 대하여는 會三歸一의 '圓妙한 一法'을, 觀門으로는 三觀이 천태종의 瓔珞이 된다. 이들의 경전적 근거는 法華經, 智度論 등이지만 부처로부터 직접 전승받은 金口親承, 기타 佛經 등에서 天台教觀의 주요 근거를 확보할 수 있다. 의천의 天台教觀은 고려초 천태종이 개립되지는 않았지만 학적 전통을 남긴 諦觀의 『천태사교의』 교학에서 영향을 받았으며, 특히 澄觀의 華嚴經疏에서 천태종 개창의 근거와 화엄종과의 상통 근거를 확보하였다.

제5장 義天의 佛敎儀禮 認識과
仁王經 信仰

제1절 義天의 佛敎信仰儀禮와 그 認識

1. 고려중기 불교의례의 설행과 내용

1) 『高麗史』世家 所載 佛敎儀禮의 종류와 내용

의천이 활동했던 고려중기 문종에서 숙종대의 정치적 동향은 국왕·왕실과 문벌귀족의 대립과 제휴 가운데 살펴볼 수 있다. 문종대에는 仁州李氏와 安山金氏 등이 문벌간 혼인관계를 맺으면서 왕실과도 중첩혼을 이루는 등 대문벌화하는 경향을 보였다. 고려사회에서 정치지배세력을 구성하였던 왕실 및 문벌귀족은 불교의 호법 및 수혜자이기도 하였다. 개별적 원찰로서 창설된 사원과 여기서 개최된 다양한 불교의례가 왕실 또는 문벌의 전통과 권위를 장엄하는 역할을 하였다. 이와 같은 사원의 활동은 왕실과의 관계, 지배층과의 빈번한 관계로 점차 통치권과 밀착된 귀족불교로서의 특징이 여러 면에서 나타났다.[1] 더욱이 왕실과 문벌출신 승려에 의해서 사원이 경영되었고, 이들은 정치적 투쟁에 참여키도 하였다.[2] 한편 의천 출가 전후의 시기에는 정국운영에 있어 국왕과 신료간의

---

1) 허흥식, 「불교와 융합된 사회구조」『高麗佛敎史硏究』, 一潮閣, 1986, 11쪽.
2) 이 시기 왕자출신의 승려로는 義天·導生僧統·숙종 왕자 澄儼 등이 있었으며, 문벌출신으로는 海麟·爛圓·韶顯·智炤 등이 있었다.

260

대립으로 양상이 바뀌면서 정책결정에서 국왕권이 주요 변수로 대두되었다.[3] 이러한 점은 불교정책에서도 예외일 수가 없었다. 문종은 즉위년 12월에 왕의 생일인 成平節을 맞이하여 국가는 外帝釋院에 祈祥迎福道場을 7일 간 설치하고 문무백료는 興國寺에서, 東西 兩京·4都護·8牧은 각각 소재지의 佛寺에서 행함을 恒式으로 하게 하였다.[4] 또한 문종 9년에는 11년에 걸친 흥왕사 신창불사를 통하여 국가의 복리와 왕실의 존엄성을 높이면서 국왕권을 강화하려 하였다.[5] 이러한 모습은 문종 10년을 전후하여 국왕의 위상이 상대적으로 신료들보다 우위를 점하면서 '興王'을 강조할 수 있는 분위기임을 짐작케 한다. 文宗 말경 문벌귀족정치를 개혁하려는 기운이 있었으며 의천의 입송은 이러한 개혁정치와 연결되었다.[6] 또한 의천은 문종대에 章疏를 수집하고 경론을 강론하는 활동을 전개하였으며, 선종대에는 입송구법 등 불교계에서 활발한 활동을 전개하였다.

의천이 활동한 문종에서 숙종대까지는 華嚴이나 法相宗 등 敎宗 중심으로 禪宗까지 융합하려는 불교사상이 논리적으로 심화되었다.[7] 그 가운데 현종대에 부상한 법상종보다는 국왕과 왕실에서 지원한 의천의 화엄종이

<hr>

3) 내치위주, 문치주의 성향의 정국 운영론이 대세를 장악하면서 역설적으로 왕권이 그만큼 신장되었던 것으로 본다. 즉 국왕과 신료간의 대립에서 국왕권이 정국운영에서 주도권을 확보해 간 과정으로 본다(박종기, 「11세기 고려의 대외관계와 정국운영론의 추이」『역사와현실』 30, 1998, 169쪽).
4) 『高麗史』 권7, 세가, 문종 즉위년 12월.
5) 문종과 신료들 간에 정치운영에 있어서 크게 다른 입장을 보여주는 것으로 국왕권이 강화되고, 국왕이 정치의 전면에 나서는 모습으로 이해된다(박종기, 위의 논문, 1998).
6) 선종초 의천의 입송구법은 불법을 구하는 이상의 정치적 의미를 담았으며 송의 신법당의 변법사상을 받아들여 고려사회를 개혁하려는 의지를 담았던 것으로 이해된다. 이와 관련하여 다음의 논고가 참고된다. 김두진, 앞의 논문, 2003 ; 李範鶴, 「蘇軾의 高麗排斥論과 그 背景」『韓國學論叢』 15, 국민대 한국학연구소, 1993, 3~25쪽 ; 鄭修芽, 「高麗中期 改革政策과 그 思想的 背景」『수촌박영석교수화갑기념 한국사학논총』 권상, 1992, 456쪽.
7) 金杜珍, 「제3장 高麗時代 思想의 歷史的 特徵」 한국정신문화연구원, 138~143쪽.

주류로 등장하였다.8) 그러나 왕실과 인주이씨 사이의 정치적 주도권 다툼
은 불교계로 확산되어 의천이 해인사로 퇴거하는 등 정치적 부침과 교단의
운명이 함께 하기도 하였다. 고려중기에 교종의 입장에서 선종사상을
융합하려는 의천이 문벌귀족 중심의 불교계를 개혁하고자 하였다. 의천의
불교계에 대한 개혁 방향은 문벌귀족 체제에 대한 국왕권 강화의 입장을
견지하였다.9)

　이상의 고려중기 불교계의 동향과 관련하여 설행된 불교의례를 살펴보
면, 『高麗史』에 수록된 국가 불교의례는 80여종 1,200여 회 개설되었다.
정기적이고 항례적 불교의례가 생략된 점을 고려하면 설행의 횟수는 이보
다 많았을 것으로 추정된다. 고려시대 국가 불교의례의 설행은 전통습속행
사, 진호국가행사, 소재기복행사, 교화행사가 대부분을 점하고 있다. 이는
국가와 사회적 관심사에 대응한 실천신앙행위로서 정기적, 비정기적으로
국왕의 주관 아래 이루어졌음을 반영하는 것이다. 이와 관련하여 의천의
활동 시기인 문종, 선종, 숙종대에 설행된 국가적 불교의례의 유형과 설행기
록을 표로 구분하여 살펴보았다.

　<표 24>에 따르면 문종 재위 36년 동안 21종 75회의 불교행사가 개설되
었음을 알 수 있다. 연등회와 팔관회를 비롯하여 장경도량, 인왕도량,
금강명경도량, 국왕의 수계행사 등이 설행되었다. 그 외에 消災道場, 天帝釋
道場, 摩利支天道場, 文豆婁道場 등 密敎道場이 개설되어 문종대에는 다수의
밀교신앙의례가 개설되었다.10) 의천과 관련하여 주목되는 것은 華嚴經道場

---

8) 허흥식은 의천과 그의 계승자들을 화엄종의 시대구분상 제4기에 배대하여 명종
　　시까지 화엄종에서 주도적인 위치를 차지하였던 것으로 본다(허흥식, 「화엄종의
　　계승과 소속사원」『高麗佛敎史硏究』, 一潮閣, 1986, 191쪽).
9) 고려초기 불교사상계의 교선융합사조는 고려중기에는 의천에 의하여 교종의
　　입장에서 선종사상을 융합하려는 사상적 통합운동으로 전개되었으며, 의천은
　　국왕권 강화의 입장에서 문벌귀족과 연립 혹은 대립하는 불교계를 재편하려는
　　의지를 가졌다.
10) 仁王道場・金光明經道場・消災道場・天帝釋道場・摩利支天道場・文豆婁道場은

과 般若道場의 설행이다. 또한 藏經道場·轉經 등이 설행되었는데 이는
대장경을 수입하고 章疏를 雕印한 사실과 관련이 있다. 의천의 역할과
연계하여 주목할 내용은 국가 불교의례의 설행모습과 국가적 으로 대장경
을 관리하고 章疏를 수집한 측면을 지적할 수 있다.

<표 24> 고려 문종-숙종대 불교행사 설행 횟수11)

시기별 행사명	문종	순종	선종	헌종	숙종	합계
燃燈會·八關會	24		6	1	21	52
華嚴道場	2		1		1	
般若道場	2				3	25
羅漢齋	2		1		6	
懺法,기타법회,齋			3		4	
藏經道場,大藏會 등	4		2		3	9
仁王道場	7	1	4		8	20
金光明經道場	3		4		1	
消災道場	6		2		3	37
帝釋道場 등 밀교의례	3		4		9	
祝壽道場, 慶讚道場	6		1		1	8
忌辰道場,盂蘭盆齋	2		2	1	4	9
합 계	75	2	38	3	74	192

문종 18년(1064) 3월 회경전에서 仁王道場을 개설한 것은 5월 東蕃海賊의
공격으로 남녀 100여 인이 살상되었던 바12) 外賊의 퇴치를 기원한 것과
관련이 있을 법하다. 그 다음해에 의천은 화엄종의 爛圓에게 출가하였으며,

　　밀교적 수법이 가미되기도 하나, 鎭護國家的 성격의 불교행사로 분류될 수 있다(김
　　형우, 앞의 논문, 1992, 52쪽). 문종대 시기별 구체적 분석이 따라야 하지만 밀교적
　　의례가 성행한 점은 諸宗 敎學의 활성화와의 관련성이 추구되어야 한다. 홍윤식은
　　밀교적 불교의례를 통한 통합과 안심의 기능을 강조하였다(홍윤식, 앞의 논문,
　　1988).
11) <표 24> 불교행사 설행 횟수는 홍윤식, 앞의 논문, 1988 ; 김형우, 앞의 논문,
　　1999, 24쪽의 자료를 인용하여 재구성하였다.
12) 『高麗史』권8, 문종 18년 5월

문종 21년에는 흥왕사가 완성되어 국왕권의 강화를 상정할 수 있다. 문종 28년(1074) 4월에 개설된 百高座는 한재가 계속되어 시장을 옮기고,[13] 7월에는 文豆婁道場을 27일간 동경 사천왕사에서 개설하여 蕃兵 침입의 방지를 기원한[14] 기사들로 미루어 기후의 순조와 동번의 침입에 대한 억제를 기원하는 불교의례였음을 알 수 있다. 문종대는 고려시대의 국가적 불교행사에서 밀교신앙의례가 차지하는 비중이 늘어나는 한편, 華嚴道場이나 般若道場·羅漢齋도 개설되었으나 의천과의 직접적인 관련성을 찾기는 어렵다.

다음은 선종 연간 주요 불교의례의 개설목적과 내용을 살펴보기로 한다. 선종대에는 재위 11년 동안에 19종의 각종 행사가 38회에 걸쳐 설행되었으며 佛頂道場과 楞嚴道場 등이 처음 개설되었다. 선종 2년(1085) 10월에는 회경전에서 3일간 百高座道場을, 2월에는 天帝釋道場을 개설하고 4월에는 外帝釋院에 行幸하였다.[15] 또한 2월 금강경도량을 7일간 개설하고, 5월에는 건덕전에서 7일간 金光明經道場을 개설하여 비를 빌었다. 특히 2월에는 국왕이 외출할 때 仁王般若經을 前導奉行케 하였던 점은 모두 국왕권의 강화와 호국적 성격을 반영하는 것으로 이해된다.[16] 이보다 앞선 1084년 6월 동여진군이 흥해군에 침입한 기사는 문종대에 이어 여전히 외적의 침입이라는 문제가 있었음을 알 수 있으며, '以禳賊兵'의 국가적 관심사에 따른 불교의례 개설과 무관치 않은 듯하다.

선종 4년(1087)에는 2회에 걸쳐 궐내에서 仁王道場이 개설되었는데, 전후 기사를 살펴보면 3월 太一에 기도하여 일기 순조를 빌었고, 4월에는 金剛經道場을 7일간 개설하여 비를 빌고, 5월에 기우제를 지내는 모습은 5월의 仁王經道場이 祈雨의 목적과 관련이 있을 듯하다. 다만 1월에 산천과

---

13) 『高麗史』 권9, 문종 28년 4월.
14) 『高麗史』 권9, 문종 28년 7월.
15) 안지원, 앞의 논문, 1999 ; 앞의 책, 2005.
16) 박용진, 앞의 논문, 2003, 169~171쪽.

264

종묘사직에 제사를 지내 '以祈神兵助戰'을 빌었던 점은 여전히 동여진이라
는 외적의 위협을 상정할 수 있다.

선종 6년(1089) 10월 회경전에서 3일간 仁王經을 講經하고 飯僧을 행한
것은 정기적 仁王道場으로 추정되며 구체적인 설행목적은 잘 알 수 없다.
선종 9년(1092)의 天台宗禮懺法은 의천의 모후이자 文宗妃인 인예태후가
白州 見佛寺에서 1만일을 기약하는 結社를 맺고, 그 수행방법으로서 天台宗
禮懺法을 행하였는데[17] 이는 의천의 천태종 개창과 관련하여 특기할 만하
다. 백주 견불사에서 행한 法華道場에서는 '禮懺'이 강조되었으며,[18] 의천
은 모후의 뜻을 계승하여 祖師堂을 세우고, 慧遠 등 18인의 진용을 모시는
인연으로 서방극락에 왕생하기를 기원하였다.

숙종(1095~1105)이 재위했던 10년 동안에는 74회의 불교행사가 설행되
어 고려 역대 왕 가운데 연평균 횟수는 가장 많아 연등회·팔관회 21회,
仁王道場 8회가 설행되었으며, 華嚴道場 1회, 般若道場 3회, 羅漢齋 6회,
기타 불교의례가 4회 개설되었다.[19] 밀교적 불교의례로서 金光明經道場,
消災道場, 摩利支天道場 등이 13회 설행되어 당시 국가 및 왕실의 입장에서
의 대응이었음을 상정할 수 있다.

숙종 연간 의천과 밀접한 관련이 있을 것으로 판단되는 법회는 華嚴道場
과 般若道場이다. 동일한 것인지는 분명치 않으나 「般若道場疏文」이 『대각
국사문집』에 남아있다.[20] 또한 藏經道場과 大藏會 3회 개설은 의천이 당시
동아시아 불교계의 經典과 章疏를 수집하여 開板하였던 사실과 관련되었을

---

17) 『高麗史』 권10, 宣宗 9년 6월.
18) 김영미, 「고려전기의 아미타신앙과 天台宗 禮懺法」 『사학연구』 55·56합집호,
   한국사학회, 1998, 95쪽.
19) <표 24> 불교행사 설행횟수, 홍윤식, 앞의 논문, 1988 ; 김형우, 앞의 논문, 1999,
   24쪽.
20) 『대각국사문집』 권16, 「반야도량소」, "성상을 도와 이 나라를 길이 보필하고자
   기약하였으며, 풍성한 복을 누리고 하늘의 보살핌으로 재앙이 없어지기를" 바라
   는 전형적인 기복양재의 소문이다.

것이다. 물론 이 시기에 의천은 흥왕사에 敎藏都監을 두고 章疏 간행에 힘쓴 시기였다. 고려중기 불교의례의 設行에 있어 주목되는 점은 진호국가·기복양재 목적의 의례 設行이 많았으며, 특히 국왕권의 강화와 관련이 깊은 의례가 다수 개설된 것이다. 즉 仁王道場 이외에 金光明經道場과 天帝釋道場 등 여러 불교의례를 통하여 국왕의 권위를 제고하는 기능을 수행하였는데[21] 그 가운데 仁王道場 등의 내용을 살펴보면 다음과 같다.

숙종 연간에는 8회의 仁王道場이 개설되었다. 동왕 1년(1096) 9월에는 仁王般若經을 3일간 강경하고 1만명을 飯僧하였지만 개설목적에 대한 구체적 언급이 없다. 다만 숙종 즉위와의 관련성과 함께 정기적 개설이었을 것으로 보인다. 동왕 2년(1097) 9월에는 회경전에서 百高座를 열어 仁王經을 강론하고 1만명을 飯僧하였다.[22] 이 또한 9, 10월의 정기적 개설과 동여진이라는 외적의 침입을 물리치려는 鎭護國家的 성격을 들 수 있다. 동왕 3년(1098) 9월에도 회경전에서 7일간 仁王經道場을 개설하였는데, 연속 3년간 9월에 개설한 점은 정기적 개설과 함께 즉위 초반의 불안정한 강화를 위한 일련의 조치로 판단된다.

숙종 5년(1100) 7월 회경전에서 5일 동안 계속한 仁王經道場의 개설은 그 구체적인 목적이 분명치 않다. 숙종 6년(1101) 4월 천지와 종묘에 비를 빌고 기우제를 지낸 후, 다시 문덕전에서 禱雨의 목적으로 仁王經道場을 개설하였다. 바로 祈雨의 목적을 구체적으로 적시한 仁王道場의 개설이었다. 바로 이해 9월 회경전에서 仁王經道場을 개설하고 毬庭 및 外山 諸寺에서 5만명을 飯僧한 것은 전례에 없었던 대규모의 仁王道場이었다.[23] 이처럼

---

21) 金相鉉, 「고려시대의 호국불교연구-금광명경신앙을 중심으로-」『학술논총』 1, 단국대, 1976 ; 안지원, 「고려시대 帝釋信仰의 양상과 그 변화」『국사관논총』 78, 국사편찬위원회, 1997 ;『高麗時代 國家 佛敎儀禮 硏究 -燃燈·八關會와 帝釋道場을 중심으로』, 서울대 박사학위논문, 1999에서 羅漢齋·般若道場·帝釋道場 등은 모두 호국적 성격의 법회로 보았다.
22)『고려사절요』6권, 숙종 2년 9월. 百座道場이라고 하였으나 동일한 것으로 판단된다.

9월에 개설된 점은 정기적 설행이었음을 알 수 있으나 대규모의 飯僧은 단순하게 취급될 수 없다. 이는 숙종의 개혁정치를 도와 불교계에서 활약하던 同母弟 의천의 사망과 관련이 있을 법하다. 또한 문종·선종·숙종 원년, 9월, 10월의 정기적 설행 기록과 대궐 내 주요 정전이었던 회경전에서의 개설 사실, 대규모 飯僧이 수반된 점은 국왕의 권위를 대외에 의식하여 선포하는 기능을 하였음을 알 수 있다.

고려중기 대표적 국가불교의례인 仁王道場의 개설은 목적·절차·내용을 자세히 전하고 있지는 않지만, 고려후기 仁王道場 개설의 성격과 의의에 대한 연구[24]와 결부시켜 본다면 鎭護國家와 祈福禳災의 성격을 지적할 수 있다. 문종대에는 기후의 순조와 동번의 침입에 대한 퇴치를 기원하였고, 선종대에는 정기적 설행과 기후의 순조, '禳賊兵'의 목적을 띠고 개설하였다. 숙종대 8회의 개설은 외적의 퇴치를 기원하는 鎭護國家的 성격과 함께 왕권 강화의 의도도 추론할 수 있었다.[25] 결국『高麗史』世家에 수록된 仁王道場 및 여타 諸種 불교의례의 設行 기록은 鎭護國家와 祈福禳災의 목적 등 국가의 현재적 관심사에 대응하려는 목적 외에 국왕권 강화를 위한 목적이 있었음을 알 수 있다.

2. 『大覺國師文集』所載 佛敎儀禮의 종류와 내용

『大覺國師文集』은 義天의 詩文과 書翰을 문인이 集錄한 것으로, 序·辭·表·狀·論·書·疏文·祭文·詩로 구성되어 있고,『大覺國師外集』은 宋과 遼나라 僧俗들로부터 받은 書翰들을 모아 놓은 書 외에 記·詩·碑銘 등을 수록한 13卷이 있다. 문집과 외집에 수록된 불교행사의 종류와 내용을 살펴 불교의례에 대한 의천의 인식이 어떠하였는지를 알아보려 한다.
또한 문집에 실린 불교의례와 고려중기 불교의례와의 상관성을 살펴 그
정치·사회적 의미를 찾아보려 한다.

고려시대 국가 불교의례는 국가와 사회적 관심사에 대응한 실천 신앙
행위로서 국왕의 주관 하에 정기적, 비정기적으로 이루어졌다.[26] 『高麗史』
에 수록된 국가 불교의례는 80여 종으로 1,200여 회 개설되었다. 그런데
정기적이고 항례적인 불교의례가 생략되었던 점을 고려하면 設行의 횟수
는 이보다 많았을 것이다. 『高麗史』에 수록된 불교의례 設行의 기록을
현종에서 의종대까지 분류하여 보면, 현종에서 헌종대 86년간 154회, 숙종
에서 의종대 75년간 381회가 개설되었다.[27]

의천이 활동하던 시기의 불교의례 설행횟수는 문종대 24회, 선종대
6회, 숙종대 21회로서 여러 종류의 불교의례가 설행되었다. 국가적 불교행
사로서 호국적 성격과 국왕에게 불법을 付屬하는 성격의 仁王道場 역시
현종 4회, 문종 7회, 선종 4회, 숙종 8회로 연등회·팔관회와 함께 비중
있게 개설되었다. 이러한 불교의례 설행 기록을 보충할 수 있는 『대각국사
문집』에 수록된 불교의례의 종류와 내용을 <표 25>와 같이 구분하였다.

다음 <표 25>는 講經, 祭文, 疏文으로 이들의 경전적 근거 및 내용
분석을 통해 설행 목적과 그 의의를 살펴보기로 한다.

---

26) 洪潤植,「高麗史 世家篇 佛敎記事의 歷史的 意味」『韓國史硏究』60, 1988 ; 金炯佑,
  『高麗時代 國家的 佛敎行事에 대한 硏究』, 동국대 박사학위논문, 1999, 24쪽 ; 한기
  문, 앞의 논문, 2003.
27) 『高麗史』 所載 국가 불교의례의 설행 횟수(합계 : 횟수/년)

시기별	傳統習俗	鎭護國家	消災祈福	敎化	慶祝	追慕遷度	國王受戒	飯僧	합 계
현종-헌종	45	17	25	19	8	9	10	21	154/86년
숙종-의종	84	42	93	56	5	11	32	58	381/75년

* 김형우, 위의 논문, 1999, 35쪽 <표 2-2>『高麗史』에 기록된 국가적 불교행사의
  설행 횟수 재인용.

268

<표 25> 『大覺國師文集』에 수록된 講經·疏文·祭文

佛敎儀禮 種類	佛敎儀禮 內容	典據
新創國淸寺啓講辭	국청사 開創 講經	권제4
講蘭盆經發辭	盂蘭盆齋時 講經(卷三第四-五張缺落)	권제4
講圓覺經發辭 二首	圓覺經略疏 講經	권제4
講遺敎經發辭	晋水淨源의 新集節要를 講本으로 한 講經	권제4
遺敎經罷講辭	同志一乘 菩薩萬行	권제4
講大方廣佛花嚴經十通品	華嚴經 十通品 講經	권제4
大宋相國寺祝聖壽齋疏	송 상국사에서 송 철종을 위한 祝聖壽齋	권제14
祝皇太后同前疏	송 철종 모후를 위한 祝聖壽齋	권제14
大宋法雲禪院祝聖壽齋疏	祝聖壽齋	권제14
大宋普炤王寺本國王生晨齋疏	生辰齋	권제14
大宋啓聖院本國文王忌晨齋疏	忌晨齋	권제14
追薦大宋淨法師百日齋疏	송나라 승려 晋水淨源 백일재 추천	권제14
順王忌晨禮懺疏	순종 忌晨禮懺齋	권제15
蘭盆日燒臂發願疏	盂蘭盆齋	권제15
般若道場疏	般若道場	권제15
祭文王文	문종에 대한 祭文	권제16
祭景德國師文 二首	景德國師에 대한 祭文	권제16
祭順王文	순종에 대한 祭文	권제16
祭居頓寺智宗國師文	智宗國師를 위한 祭文	권제16
祭三川寺想祖師文	스승 想祖師에 대한 祭文	권제16
祭宣王文	선종에 대한 祭文	권제16
祭芬皇寺曉聖文	분황사 元曉에 대한 祭文	권제16
祭金山寺寂法師文	신라 금산사 寂法師에 대한 祭文	권제16
祭慧德王師文	혜덕왕사에 대한 祭文	권제16
祭弘濟僧統文	홍제승통에 대한 祭文	권제16
祭籠頭寺祐詳大師文	용두사 우상대사에 대한 祭文	권제16

講經은 불교의례 가운데 경전을 강설하는 의례를 말한다.[28] 의천 문집
소재 강경 대상의 경전으로서는 국청사를 신창하고 강경할 때에는 『天台止
觀』, 『妙法蓮華經』을 강설한 것으로 보인다.[29] 국청사를 신창하고 천태

28) 경전을 他人을 위하여 說하면 무량한 공덕과 이익이 생긴다고 하는 믿음에서
   講經 신앙이 발생하였고 그러한 신앙에서 종교의례로서의 정형화된 講經 法會가
   생겼다.
29) 義天, 「新創國淸寺啓講辭」 『대각국사문집』 권3(『한국불교전서』 4, 530쪽).

관련의 경전을 강경하는 것은 고려 천태종 개립이라는 중요한 의미를 내포하고 있다. 이외에 의천이 강경한 자료로는 華嚴經, 圓覺經, 遺敎經, 盂蘭盆經 등이 있었다.

의천은 다른 경전에 대하여도 講經을 주관하였을 것으로 판단되며, 특히 앞에서 열거한 경전들은 즐겨 講經의 대상으로 하였던 것 같다. 유교경과 화엄경 강경의 주요 내용은 의천 자신이 화엄종 출신 승려로서 송나라 淨源의『新集節要』를 대본으로 하여 '一乘'에 뜻을 두고 보살 萬行을 닦아 부처의 회상에서 만날 것을 주요 내용으로 하였다. 華嚴經 十通品의 講經 願文 역시 佛華三昧를 證得하고, 圓滿한 一乘의 진리를 깨닫기를 바라는 내용이다. 華嚴一乘을 통한 깨달음을 궁극적 소원으로 하였다. 이러한 내용은 문집의 도처에서 확인할 수 있으니 다음의 자료가 참고된다.

① 원컨대 세세생생으로 一乘에 뜻을 같이하고 菩薩 萬行을 함께 닦으며, 舍那法會에 함께 참여하여 항상 華藏海에 노니는 것이 나의 소원입니다.[30]
② 원컨대 一乘에 뜻을 같이하고 萬行을 함께 닦아서 華嚴法界인 花藏海世界에 함께 노니는 것이 나의 소원입니다.[31]

위의 자료는 모두 송나라 有誠이 의천에게 보낸 서신의 내용으로 화엄종의 一乘사상을 강조한 것이다. 의천은 입송구법 후 귀국하여 遺敎經과 華嚴經을 講經함에 있어 동일한 내용을 기원하였다. 宋의 有誠은 의천을 '의상법사의 후신이 아니면 반드시 비로자나의 참 法子일 것'이라고 하여 의상의 존재와 비로자나 法身의 華嚴 圓宗을 강조하였다. 화엄경과 관련한

---

30) 有誠,「大宋誠法師答辭 三首」『대각국사외집』권1(『한국불교전서』4, 568쪽), "願世世生生 同志一乘 同修萬行 同預舍那法會 常遊華藏海者 是所願矣".
31) 金富軾,「開城靈通寺大覺國師碑」『대각국사외집』권13(『한국불교전서』4, 594쪽), "願同志一乘 同修萬行 以遊花藏海者 吾之願也".

불교의례로 의천은 華嚴經 講經 등 華嚴法會를 개최하였을 것이다. 이
화엄법회의 성격이 구체적으로 조명되기 위해서는 講經 내용과 儀禮의
여러 내용이 밝혀져야 한다. 여기에서는 『高麗史』 世家에 수록된 화엄
관련 法會의 내용과 비교하여 살펴보기로 한다.

<표 26> 『高麗史』 世家에 수록된 華嚴 關聯 佛敎儀禮

設行時期	名稱	設行場所	設行目的	典據
문종즉(1046)	華嚴經道場	건덕전		高麗史 世家 7
문종5(1051)	轉新成華嚴般若經	진관사	국왕 行幸	世家 7
문종31(1077)	轉新成金字華嚴經	홍왕사	국왕 行幸	世家 9
문종37(1083)	華嚴經道場	홍국사	祈風雨順調/5일간	世家 9
선종즉(1083)	華嚴經道場	건덕전	5일간	世家 10
숙종1(1096)	轉仁睿太后願成華嚴經	건덕전	道場開設/3일간	世家 11
숙종7(1102)	講華嚴經	-	禳松蟲/5일간	五行志 8

　　의천의 활동 시기인 문종과 숙종 연간에 華嚴佛敎儀禮는 모두 7회 개설된
것으로 『高麗史』 世家에 수록되어 있다. 이는 국왕과 관련된 의례인 점에서
모두 기록되었겠지만 생략되거나 기타 사원별 設行을 고려하면 이보다
많았을 것이다.
　　『高麗史』에 실린 불교의례는 국가 불교의례로서 祈福禳災의 목적으로
설행되었다. 그러나 대부분의 불교의례가 설행 주체와 절차, 목적 등이
생략되어 있어 실체를 살펴보기에는 부족하다. <표 26>에서 볼 수 있듯이
두 차례의 華嚴法會는 기후의 순조와 松蟲 滅除를 목적으로 개설되었다.
그 나머지 의례의 설행 목적은 잘 나타나지 않는다. 문종 연간에는 건덕전에
서 4회, 화엄종 사찰인 홍왕사 등에서 개설되고 있어 국가 불교의례였음을
알 수 있다. 이와 함께 문집에 실린 講經 불교의례 願文의 후반부 내용을
살펴 개설 목적을 알아보기로 하자.

　　① 오직 바라건대 인연이 있어 한 법당에 가득한 대중은 함께 一乘에 뜻을

　두고 같이 菩薩 萬行을 닦아 모든 佛會上에서 다시 서로 만나는 것이
소원이다.[32]

② 오직 원컨대 이 法會에 참여하여 법을 듣고 法恩을 입은 法界의 모든
　중생들이 친히 佛花三昧를 증득하고 원만한 一乘의 진리를 대번에 깨닫
　게 되기를 기원한다.[33]

③ 같이 일승에 뜻을 두고 菩薩萬行을 함께 닦아서 毗盧 三聖의 도를 돕는
　것이 바로 나의 소원일 따름이요.[34]

　의천의 생애 후반기에 찬술된 것으로 추정되는 이 華嚴經 十通品 講經辭
에는 佛華三昧와 一乘의 진리를 깨치는 것을 기원하면서 동시에 국왕의
축수를 기원하고 있다. 국왕 축수는 儀禮 願文의 전형이라고 볼 수 있으나,
講經의 공덕과 수행적 측면에서 지적되는 華嚴一乘과 三昧는 의천 화엄사상
의 핵심을 이룬다.

　의천의 화엄사상은 圓頓思想으로 具相論的인 華嚴觀과 融攝的 觀法으로
구성되어 있다.[35] 의천은 敎學과 觀法을 함께 수행하여야 함을 주장하였는
데, 그것이 바로 圓頓思想으로 정립되었다. 華嚴一乘의 강조와 함께 觀法을
통한 佛華三昧의 증득이 그 요체였다. 따라서 화엄경 講經 불교의례는
의천의 敎學과 觀法에 대한 이해를 중심으로 한 화엄사상이 구체적으로
발현된 것으로 판단된다.

　기타 講經으로 『盂蘭盆經』은 중심 내용이 '효행'인 바, 疏文 가운데
「蘭盆日燒臂發願疏」에서 '온전한 효도'를 이루기를 기원하고 있다.[36] 의천

---

32) 義天,「遺教經罷講辭」『대각국사문집』권3(『한국불교전서』권4, 532쪽), "唯願
　　一切有緣滿堂大衆 同志一乘 同修萬行 諸佛會上 再得相逢 是所願焉".

33) 義天,「大方廣佛花嚴經十通品」『대각국사문집』권5(『한국불교전서』권4, 533쪽),
　　"唯願福祚無窮 上延君壽 然後願今此一會 若見若聞 等法界 一切有緣 親證佛花三昧
　　頓悟圓滿一乘".

34) 義天,「缺題」『대각국사문집』권13(『한국불교전서』권4, 550쪽), "惟冀此世他生
　　互爲善友 同志一乘 同修萬行 輔翊毗盧三聖之道 是所願焉".

35) 金杜珍, 앞의 논문, 『北岳史論』10, 北岳史學會, 2003.

272

은 '효'에 많은 관심을 기울였는데, 문집의 여러 곳에서 孝에 대하여 언급하였고, 특히 부모인 문종과 仁睿太后에 대하여는 祭文을 통하여 추모의 정을 나타내고 있다.[37]

『圓覺經』은 의천이 그의 문집 가운데 宗密의 『圓覺經疏』를 인용하면서 宗密을 많이 언급하고 있다. 『圓覺經』과 宗密에 대한 의천의 관심은 일찍부터 나타났다. 의천의 화엄사상에 영향을 준 중국의 여러 祖師 가운데 宗密의 존재가 강조되었다. 다만 고려 화엄 9조에 종밀을 제외한 점으로 보아 화엄종의 정통을 계승한 조사로는 인정하지 않은 듯하다.[38]

『高麗史』에는 『圓覺經』 관련 불교의례의 개설 기록이 잘 나타나지 않는다. 다만 원응국사 學一의 碑文 내용에는 의천이 홍원사에서 『圓覺經』 법회를 개설하고 學一을 副講으로 초청하였으나 사양하여 말하기를 "禪과 講이 交濫하는 일은 감당할 수 없다"라고 하고는 법석에 참석하여 聽講만 하였음을 전한다.[39] 學一이 경전의 講經과 禪宗의 坐禪의 차이를 설정한 데 대하여 의천은 敎禪並修의 입장을 견지하였다. 이로 보건대 의천의 『圓覺經』 강경 불교의례는 그의 교관병수사상과 분리되어 전개된 것은 아니었다.

의천이 문종대에 정치적으로 활동한 모습은 잘 나타나지 않지만 17세에 세자를 대신하여 敎藏을 수집하는 發願을 하고, 1077년 23세부터 화엄경 강론을 시작하여 入寂하는 1101년까지 폐하지 않았다고[40]한 점으로 보아 화엄종 승려로서의 의천을 상정할 수 있다. 이는 문집에 실린 講經의 자료 등에서도 잘 나타난다. 문집에 수록된 불교의례의 주요 설행 목적은

---

36) 盂蘭盆齋, 盂蘭盆道場은 『高麗史』 世家에 7회 개설을 전하고 있다. 遷度와 追慕的 성격의 佛敎儀禮로 분류된다.
37) 『대각국사문집』 권16, 「祭文王文」(『한국불교전서』 4, 554쪽).
38) 박용진, 앞의 박사학위논문, 제4장 의천의 사상 부분 참고.
39) 尹彦頤, 「淸道雲門寺 圓應國師碑」(『조선금석총람』 권상, 349쪽).
40) 義天, 「庚辰六月四日國淸寺講徹天台妙玄之後言志示徒」(『대각국사문집』 권20(『한국불교전서』 4, 566쪽), "予自二十三歲始講 貞元新譯花嚴經幷疏共五十卷".

國王 祝壽를 표방하기는 하나 수행적, 호법적 모습을 띠면서 華嚴一乘을 지향하고 同修萬行으로 진리의 증득을 기원하는 것이었다.

의천 문집에 실린 疏文은 聖壽齋, 生辰齋, 忌晨齋, 追薦齋, 禮懺, 蘭盆日燒臂, 般若道場 疏文 등으로 구분하여 살펴볼 수 있다. 특히 聖壽齋 등 齋文은 宋에서 設行하였으며, 1085년에서 1086년 사이에 개설되었다. 이러한 점은 고려와 송의 불교의례가 상호 교류 및 참고되었을 가능성을 시사한다. 의천은 이렇듯 宋에서 설행된 祝壽齋의 성격과 내용을 이해하고 참고하였을 법하다. 다음의 송나라 승려 道璘의 편지에서 그러한 내용의 일단을 살펴볼 수 있다.

> 이제 매일 兩講이 皇帝 大后 등의 만수무강을 빌고, 다음으로 講香이 高麗大王 國母殿下의 나라가 더욱 창성하고 성체가 만복하시기를 멀리 축원하며, 또한 이어서 다음으로 講香이 우리 승통님의 법체가 康寧하시고 수명이 길어 부처님의 태양을 길이 빛내고 교화의 도풍을 길이 찬양하며, 많은 승중을 잘 훈육하고 진공 묘유의 진리를 남김없이 다 통하시기를 우러러 축원합니다.[41]

고려의 국왕과 왕비 및 의천 승통의 축수를 기원하는 齋會를 開設하였다는 내용을 전하고 있다. 이는 의천이 혜인원에 많은 재물을 寄進함에 따른 예우적 축수였다. '道璘은 그 동안에 차례로 승통님 화상을 모실 生祠堂을 혜인원에 세워서 항상 향화의 기원을 받들고 이로써 돌보아 주신 은덕에 보답하고자 하니 혜인은 바로 고려의 공덕원입니다'[42]라는

---

41) 道璘, 「道璘書」『대각국사문집외집』권4(『한국불교전서』4, 573~574쪽), "今每日兩 講 奉祝本朝皇帝大后等 聖壽無疆 次奉講香 遙祝高麗大王國母殿下 國祚彌昌 聖躬萬 祐 次奉講香 仰祝僧統德履康寧 壽齡錦遠 永光佛日 長贊教風 訓育群僧 咸通妙有 逐日兩講祝贊 惟諸天與衆僧聞見 不敢飾言也".

42) 道璘, 「道璘書」『대각국사외집』권4 ;『한국불교전서』4, 574쪽. 혜인원의 자료는 『玉岑山慧因高麗華嚴教寺誌』에 자세히 전하고 있다. 道璘書에 따르면 혜인원은

道璘의 서신에서 알 수 있듯이 물질적 시혜와 경전 교류 등 불교 교류는
그 궤를 같이하면서 전개되었다.

한편 聖壽齋 즉 祝聖은 聖上을 봉축한다는 의미로, 황제의 성수무강을
축도하는 것을 말한다.[43] 이러한 祝壽儀禮는 국왕의 생일에 복을 비는
행사로서, 중앙의 관원은 물론 전국 각지에서 상경한 지방의 관원들까지도
하례를 행하였다. 고려사에 수록된 祝壽 관련 의례는 祝壽道場, 祝壽齋,
祝釐 등의 명칭으로 설행되었다. 祝壽道場은[44] 『고려사』 세가의 기록에는
20여 회 전하고 있으니 다음의 자료를 통하여 살펴볼 수 있다.

① 癸丑에 禮官이 청하기를, "중앙과 지방으로 하여금 生辰을 경하하도록
하소서"라고 하니 敎하기를, "과인이 일찍 閔凶을 당하여 길이 받들어
섬기는 것을 저버렸다. 매양 나를 낳아 고생하며 기르신 부모님을 생각
하면 추모하는 마음이 더욱 간절하거늘 어찌 슬픔을 참고 도리어 축하
를 받겠는가. 지금부터는 개경과 서경 그리고 여러 道에서 진상하여
축하하는 것을 모두 금지하고 다만 祝壽道場만 두도록 하되 이것을
恒式으로 하라"라고 하였다.[45]

② 삼가 소문을 올립니다. 露囊으로 紀節하니, 해우가 기울어 장수하시기를
빌며, 불경으로 강연하니, 人天을 통틀어 복을 모읍니다. 수성하는 임금
의 아름다운 시대에서, 임금이 탄생한 좋은 날을 만났습니다. 경건하게
부처님의 공덕에 의지하여, 위로는 군왕의 지위를 받들고 사방의 축하

고려의 공덕원이라 칭하고 있다. 의천이 財施에 따른 측면도 있지만, 당시 혜인사
에 거주하던 송나라 승려들의 인식 역시 고려의 功德寺 즉, 원찰로 인식하고
있다.

43) 祝聖의 의미는 莊子 第五 天地編에서 "堯觀於華 華封人曰 嘻聖人 請祝聖人 使聖人
壽"에서 연유한다. 중국에서는 당대 이래 그러한 풍이 유행하였고, 汝州葉縣廣敎
省禪師語錄(古尊宿語錄23)에 처음 보인다(『망월불교대사전』 3권, p.2443).
44) 김종명, 『한국중세의 불교의례』, 문학과지성사, 2001, 77쪽에서 이 의례의 구체적
인 내용은 알 수가 없다고 하였으나 고려사 및 여러 기록에서 그 대체를 살펴볼
수 있다.
45) 『高麗史』 世家4, 현종 3년 6월.

를 받으시어 만년 장수의 풍부한 기틀을 보전하게 하소서.[46]

위의 자료 ①은 현종대의 일로 祝壽道場을 설행하되 이전과 달리 간소하게 운영할 것을 지시한 것이다. 또한 자료 ②는 의천이 고려에서 직접 설행하였을 祝壽齋의 疏文이다. 의천은 祝壽齋의 疏文을 찬하였으며 그 내용 가운데 국왕을 위하여 부처의 공덕으로 중흥의 업적을 이룰 것과 국왕의 延壽 등의 염원을 담고 있다. 이러한 축수의례가 국가적으로 국왕 개인의 탄생에 대한 경축행사로서 설행된 것을 알 수 있다. 이상에서 살펴보았듯이 송에서 설행된 祝壽齋의 성격은 고려 국왕, 의천에 대한 축수와 기복으로서 국가적 성격이라기보다는 개인 기복적 성격이 강하다. 또한 고려에서 설행된 축수재의 불교의례는 국왕의 축수도량으로서 국가 적으로 설행되었음을 알 수 있다. 의천은 이렇듯 고려와 宋에서 설행된 祝壽齋의 성격과 내용을 모두 이해하고 참고하였을 법하다.

禮懺은 禮讚이라고도 하며 禮敬의 형태와 懺悔의 行法이 하나로 어우러진 내적 수행법으로[47] 혹은 六時禮讚이라고도 한다. 즉 일몰, 초야, 중야, 후야, 晨朝 및 日中의 六時에 각기 찬문을 읊어 예배하는 불교의례를 말한다. 고려후기 了世가 오랜 기간에 걸쳐 法華懺을 수행했다는 그 '法華懺'은 慧思를 계승한 智顗가 더욱 체계화시켜 찬술한 『法華三昧懺儀』에 의거한 懺法이다.[48] 순종의 忌辰禮懺은 仁睿太后의 白州 見佛寺 천태종예참법의 사례에서 보듯이 法華三昧懺法이었을 것으로 판단된다. 다만 忌辰禮懺이

46) 釋煦,「天成節祝壽齋疏」『동문선』110.
47) 正覺,「불교 제의례의 설행 절차와 방법」『불교 전통 의례와 그 연극·연희화의 방안 연구』, 엠애드, 1999, 341쪽.
48) 懺法은 잘못을 뉘우쳐 해탈을 구하는 수행법의 하나로, 우리나라에서는 불보살의 명호를 부르거나 경전을 독송하면서 모든 죄업이 소멸되고 마음이 맑아지기를 원하는 法華三昧懺法, 彌陀懺法 등이 있다. 이를 언급한 연구는 다음이 참고된다. 李永子,「天因의 法華懺法의 전개」, 254쪽 ; 金英美,「高麗前期의 아미타신앙과 天台宗 禮懺法」『사학연구』55·56, 韓國史學會, 1998.

天台宗禮懺法을 따랐는지는 분명치 않다.

般若道場은 『高麗史』 世家 所載 설행 기록에 따르면 문종대 2회, 숙종대 3회로서 다수 설행되었음을 알 수 있다.[49] 般若道場은 般若經을 독송하거나 그 가르침을 받들어 교설하는 것에 의하여 중생을 교화하며, 그 功德으로 災難이 소멸되기를 기원하는 의식이다. 고려시대에는 공덕으로 天變이나 질병을 물리치고 祈雨하는 등 현세 이익적 목적으로 개설되어 숙종, 예종, 인종, 의종 연간에 집중적으로 개설되었다. 의천의 般若道場 疏文을 통하여 道場 設行의 구체적인 모습을 살펴보기로 한다.

삼가 생각하옵건대 부처님의 덕은 깊고 두터워 진실로 삼계의 스승이 되고, 반야의 공덕은 높고 높아 또한 4생의 아름다운 모범이 됩니다. 의천은 일찍이 묘한 불도 배우기를 바라고, 외람되이 출가의 무리에 참여하여, 불승을 연구함에 상계의 불법을 거듭 빛내고자 했으며 성상을 도와 동방의 이 나라를 길이 보필하고자 기약했습니다. 그런데 불타는 화택의 번거로운 고난에 갇힘을 어찌하며, 머리에 붙은 불을 끄는 재액에 시달림을 어찌하겠습니까.……삼가 원하옵건대 모든 성현이 거룩한 광명을 드리워 항상 풍성한 복을 누리게 하시고, 하늘이 보살펴어 온갖 재앙이 다 물러나게 하소서.[50]

위의 「般若道場疏」에는 般若의 공덕을 중심으로 서술하고 있으나 내용에는 法華經의 '불타는 화택'이라는 현실고를 벗어나는 문제를 서술하고

---

49) 『高麗史』에 수록된 반야경 관련 불교의례는 모두 21회 개설되었다. 이들의 개설 목적은 禳災變, 禳松蟲, 祈雨, 禳疾疫 등이었다. 대부분 궁궐의 주요 전각에서 설행되었음은 이들이 국가적 관심사에 대응한 국가적 불교의례였음을 알 수 있다.

50) 義天, 「般若道場疏」 『대각국사문집』 권15(『한국불교전서』 4, 553쪽), "右伏以 敎陁德厚 寔爲三界之大雄 般若功高 乃作四生之懿範 某早希妙道 叩齒眞流 硏味佛乘擬再光於像季匡毗聖旦期永贊於仁方其奈火宅之煩籠或有燃頭之逃厄……伏願 衆聖垂光 用致穰穰之福 諸天降鑑 盡祛種種之災".

있다. 특기할 내용은 '성상을 도와 동방의 이 나라를 길이 보필하고자 기약'하였으며, 풍성한 복을 누리고 하늘의 보살핌으로 재앙이 없어지기를 바라는 전형적인 祈福禳災의 疏文이다. 이 疏文을 작성한 시기가 언제인지 분명치 않으나, 기복적 또는 사원에서 개별적으로 행해진 소문이라기보다 國家的 佛敎儀禮로서 의천이 發願 疏文을 작성하고 의례를 주관하여 개설하였을 가능성이 있다. 『高麗史』 세가에 수록된 般若道場 開設은 다음과 같다.

① 계미에 般若道場을 건덕전에서 5일간 親設하였다(『高麗史』 권7, 文宗 1년 3월).
② 3월 기유에 般若經道場을 회경전에 5일간 설치하여 災變이 없기를 빌었다(『高麗史』 권9, 文宗 27년 3월).
③ 庚辰에 般若道場을 건덕전에서 設하였다(『高麗史』 권11, 肅宗 6년 3월).
④ 六月 丙戌에 승려 2천명을 4도로 나누어 경성 諸山을 순행하며 반야경을 외어 松蟲을 물리쳤다(『高麗史』 권54, 肅宗 7년 5월).
⑤ 乙卯에 般若道場을 延興殿에서 3일간 設하였다(『高麗史』 권12, 肅宗 9년 8월).

『高麗史』 世家에 수록된 5회의 반야도량 개설은 松蟲의 滅除와 災變이 없기를 그 목적으로 하였다. 다른 3개 기사의 설행 목적이 무엇인지는 분명치 않다. 다만 회경전 등 정전의 성격을 지닌 궁전에서 설행된 점은 국가적 불교의례였음을 말해준다.[51]

고려중기 국가 불교의례는 진호국가와 기복양재의 성격을 지적할 수 있다. 문종대에는 기후의 순조와 동번의 침입에 대한 퇴치를 기원하였고, 선종대에는 정기적 설행과 기후의 순조, '禳賊兵'의 목적을 띠고 개설되었

---

51) 朴鎔辰, 앞의 논문, 1999, 142쪽. 회경전은 웅장하고 화려하여 궁전 중에 으뜸이었으며, 본궐 제일의 正殿으로서 특별한 大儀에 이용되었다.

278

다. 숙종대 8회의 개설은 외적의 퇴치를 기원하는 진호국가적 성격과
함께 왕권을 강화하고 국론의 결집을 추론할 수 있다.[52] 결국『高麗史』
세가에 수록된 불교의례는 진호국가와 기복양재의 목적 등 국가의 현재적
관심사에 대응하려는 목적으로 설행되었다. 아울러 이러한 여러 종류의
불교의례는 국왕권의 권위 제고 등을 위해 설행되었을 법하다.

이상으로 국가적 불교의례와 祈福的 佛敎儀禮의 다양한 모습을 의천의
『대각국사문집』을 통하여 확인하였다. 국가적 불교의례로 개설되었던
般若道場 등에서는 鎭護國家와 祈福禳災의 성격을 알 수 있으며, 祈福的
불교의례인 祝壽齋 등은 송나라 승려와의 교류 서문에서 상호 참조되었음
을 확인할 수 있었다.

의천은 화엄종 승려의 입장에서 華嚴經, 遺敎經 등 화엄종 관련 佛敎儀禮
를 설행하였다. 이를 통하여 국왕 祝壽 이외에 觀法을 통한 佛華三昧의
證得과 華嚴一乘을 지향하였다. 또한 의천은 왕자의 신분으로 출가하여
국왕과 왕실을 비호하는 입장에서 설행한 국가 불교의례에는 鎭護國家와
祈福禳災의 성격을 지니고 있었다.

3. 義天의 佛敎儀禮에 대한 認識과 그 意義

고려중기 불교의례는 鎭護國家・祈福禳災 목적의 의례 設行이 많았으며,
특히 국왕권의 강화와 관련이 깊은 의례가 다수 개설되었다. 仁王道場
외에 金光明經道場과 帝釋道場 등 여러 의례를 통하여 국왕의 권위를
제고하는 기능을 수행한 것이다.[53] 불교의례의 정치・사회적 기능은 왕권

---

52) 朴鎔辰,「高麗中期 仁王經信仰과 그 意義」『한국중세사연구』14, 한국중세사학회,
   2003, 167쪽.
53) 金相鉉,「고려시대의 호국불교연구-금광명경신앙을 중심으로」『학술논총』1,
   단국대, 1976 ; 안지원,「고려시대 帝釋信仰의 양상과 그 변화」『국사관논총』
   78, 국사편찬위원회, 1997 ;『高麗時代 國家 佛敎儀禮 硏究 -燃燈・八關會와 帝釋
   道場을 중심으로』, 서울대 박사학위논문, 1999. 나한재, 반야도량, 제석도량 등은

강화와 사회통합에 기여하는 등 진호국가·기복양재의 개설 목적을 띠며
전개되었다.[54] 더욱이 이 시기 대표적 불교의례의 설행에 대한 분석[55]을
통해 보더라도 仁王道場 및 帝釋道場 등의 불교의례는 국가 불교의례로
국왕권 강화와 권위 제고를 통하여 개혁정치에 조력하였다.[56]

의천은 왕자로서 출가하여 승려가 되었고, 13세에 승통에 임명되어
화엄종과 천태종의 兩宗을 통하여 고려 불교계의 재편을 시도하는 한편,
각종 章疏를 宋·遼 등지에서 수집하여『新編諸宗敎藏總錄』을 찬술하였다.
의천이 문종, 선종, 숙종 등 국왕의 지원 아래 각종 經·律·論 및 章疏를
수집한 일은 국가 입장에서 불교경전에 대한 중앙집권적 통제 및 해석과
관련이 있을 법하다. 이는 고려시대가 국가불교라는 측면에서 운영되었던
점을 시사한다. 그리하여 불교의례 개설은 국가적인 의례로서 개설되었으
며, 더욱이 의천의 경우는 승통의 입장에서 국왕 및 왕실·국가와 불가분의
관련을 맺고 있었다. 다음의 자료는 의천의 불교의례에 대한 인식을 잘
나타내고 있다.

우리 국가가 一統三韓한 것이 근 2백년이 되었는데, 삼보를 빛내어 드날
리어 본성을 잃고 미혹된 중생을 인도하여 도와주었으며, 누대로 외호의
인연을 돈독히 하고 당세에는 중흥의 교화를 도와 부촉받은 바를 길이
계승하시니 실로 명군의 성세이다.
매년 춘추로 대궐 내의 회경전에서 백명의 법사를 청하여 대장경 看經
법회 등 도량과 불사를 개설하였다. 또한 3년에 1회의 仁王般若百座大會
를 두고 3만 명을 齋僧하는 것을 항식으로 삼았는데, 여러 종파의 의학들

모두 호국적 성격의 법회로 보았다.
54) 불교의례가 본격적으로 개최된 11세기부터는 정국이 안정된 시기로서 이 시기
불교의례의 특징은 임금의 장수기원과 왕실 조상숭배 기능이라는 견해가 있다(김
종명, 앞의 책, 2001, 325쪽).
55) 홍윤식, 앞의 논문, 1988.
56) 朴鎔辰, 앞의 논문, 2003 ; 안지원 앞의 논문, 1999.

은 처음부터 논의하는 것으로써 선용하지 않음이 없었다.[57]

위의 자료에 따르면 의천 당대에 大藏經道場, 仁王般若百座大會, 飯僧 등의 불교의례가 개설되었음을 전한다. 이때에 불법은 조정에서 외호한 인연에 의하여 중흥의 교화가 이루어졌으며, 이를 통하여 중생을 인도 교화하였다. 이러한 대표적인 수단인 불교의례로서 궁궐 내 회경전에서 춘추 2회의 大藏經法會와 3년 1회 仁王般若百高座法會 및 飯僧을 개설하였 다.

국가 불교의례를 설행하는 법회에서는 여러 종파를 모아 敎義를 논의하 는 場이 되었다. 여러 宗派가 회집한 가운데 논의된 敎義는 개별 종파의 특수한 敎義라고 볼 수는 없다. 또한 대장경의 간행, 입장은 국가적인 차원에서 관리되고 수행되었다.[58] 고려에서는 2회 대장경이 雕造되었으며 의천 당시에는 초조대장경이 현종대에 간행되어 있었다. 의천은 세자를 대신하여 章疏를 수집하기를 발원하는 疏文을 올리면서 동아시아 불교계의 諸宗 章疏를 수집하는 한편, 諸宗의 敎藏目錄을 새로이 편찬한 것과 관련이 있을 법하다.

또한 仁王經은 經題에서 밝혀 주듯이 護國이라는 명칭이 들어 있고, 경전의 내용에도 護國品이 있어 진호국가·祈福禳災의 대표적인 경전으로 이해된다.[59] 인왕경을 講經하는 百高座, 仁王會 혹은 仁王般若百座大會는 특정 종파의 불교행사가 아닌 국가적 불교행사의 성격을 가졌다. 또한 仁王經 경전의 내용 가운데 불법을 승려가 아닌 국왕에게 付囑하는 내용이

---

57) 義天, 「新集圓宗文類序」 『대각국사문집』 권1(『한국불교전서』 권4, 528쪽), "我國家 一統三韓 僅二百載 光揚三寶 謗拔群迷 累朝敦外護之緣 當世協中興之化 緬承付囑 寔在休明 每年春秋 於大內會慶殿 請百法師 開設看大藏經會等 道場佛事 又三年一度 仁王般若百座大會 齊僧三萬人 以爲恒式 而諸宗義學 未始不以論議爲先容也".
58) 중국의 경우에도 위경의 방지 및 중앙집권적 해석을 위하여 국가적 차원에서 대장경을 관리하였다.
59) 홍윤식, 앞의 논문 1988 ; 김형우, 앞의 논문, 1992.

국가에 채택되어 국가 불교행사로서 기능하였다.60) 이러한 점은 왕자
출신의 승통 의천에게도 그대로 받아들여졌던 것으로 보인다. 특히 당시
인왕경의 정치·사회적 의미는 지대하였으며 仁王會를 대표적인 국가적
불교의례로 인정하였음을 알 수 있으니 다음의 자료가 참고된다.

① 왕이 거둥할 적에는 멍에를 맨 소의 수레를 타고 험한 산을 넘을 적에는
   말을 탔다. 붉은 옷을 입은 사람이 앞에 서서 護國仁王經을 받들고 인도
   하였다.61)
② 처음으로 영을 내려, 大駕가 행차할 때에 앞에서 『仁王般若經』을 받들고
   인도하게 하였다.62)

고려중기 仁王道場의 불교의례를 당시 사회상과 불교사상적 측면에서
고찰해 보면, 소의경인 『仁王經』은 국왕을 정점으로 하는 鎭護國土의 經典
이며, 반야바라밀의 수행성취를 통하여 이상의 경지에 이르도록 하는
경전이었다. 이러한 불교의례를 통해 국왕을 정점으로 하여 민과 일심으로
國難 祈禳, 天災地變의 息滅, 國家의 安泰를 祈願하였다. 특히, 仁王般若百座
大會의 설행과 인왕경의 前導奉行을 통한 인왕경 신앙은 국왕권의 강화와
위상 제고라는 측면에서 수용되었다.63)

의천은 위와 같은 불교의례가 위로는 국왕에서 아래로는 민을 일심으로
연결시키는 역할을 하는 동시에 왕권 강화에 일조하는 것으로 인식하였다.
그는 仁王經, 華嚴經 등 경전의 국왕 중심적 성격을 이해하였다. 그리하여
왕실을 중심으로 한 집권층과 깊은 관계를 맺고 그 외호 아래 혹은 국가
사회의 필요성에서 국교적 기반을 마련함에 있어 經論을 국가 관념과

60) 박용진, 「高麗後期 仁王道場의 設行과 그 意義」『북악사론』 6, 1999, 155쪽.
61) 『宋史』 권4, 187, 列傳 第2 146 外國3 高麗조.
62) 『고려사절요』 권6, 乙丑 2년 2월.
63) 朴鎔辰, 「高麗中期 仁王經信仰과 그 意義-義天과 大覺國師文集을 중심으로」『한국
   중세사연구』 14, 한국중세사학회, 2003.

282

합치하려는 경향이 있었다.

더 나아가 의천의 불교의례에 대한 인식은 불교계에서 僧統의 위치와
王臣이라는 입장에서 전개되었다. 의천이 당시 불교행사에 대하여 언급한
자료를 통하여 그의 인식과 당시대적 의미를 알아보기로 한다.

　本師 敎法이 오늘에 이르도록 전해 오기까지는 바로 歷代 名德들이 王者
를 친근히 하여 크게 드날린 힘이니, 그 높은 덕을 어떻게 사모하지 않을
수 있겠는가.……이로 보면 무릇 승려된 자가 만일 敎門 事業을 부지런히
하여 임금의 佛法 保護하는 뜻에 맞추어 돕지 아니하고 지금 末法이 이
세상에 오래 머물게 된다면 이럴 경우 다시 어떤 방법으로 신하된 도리를
할 것이며, 어떤 일을 선택하여 자기 마음대로 하려 한들 될 수 있겠는가.
이것은 곧 신하된 도리의 마음가짐을 저버린 것이니 이것이 세 번째
잃음이 될 것이다.……法會에 참석하여 임금님의 龍顔을 가까이 하는 것
은 百生에게 다행한 일이니 함께 참여하지 않음을 어떻게 옳다고 할 수
있겠는가.[64]

의천은『華嚴經』「十地品」을 講經하면서 법회에 참석하여 국왕의 면모를
대할 수 있음은 百生에게 큰 다행이라고 하여 모두 참여하여야 함을 강조하
였다. 이는 당시 위로는 국왕으로부터 아래로는 일반 백성까지 아우르는
국가 불교의례로서 불교의례가 개설되었음을 말해준다. 불법은 국왕의
外護에 의하여 의천 당시의 고려에 이르도록 전해 왔으며, 국왕의 호법
의지에 부응하여 불법을 중흥하는 것이 신하된 도리라고 하였다. 또한
의천은 법회에 참석하여 百生에게 불법을 홍포하는 것 역시 敎門의 사업을

---

64) 義天,『大覺國師文集』권13(『한국불교전서』 4, 550쪽), "本師敎法 流至今日 皆是歷代
　　名德 親近王者 發揚之力也 而欲不慕高風 其可得乎……由是觀之 凡預緇流者 若不勸
　　於敎門事業 以副君王 弘護之志 而令末法 久住世間 則更向何方而旌臣節 而欲擇事自
　　專 其可得乎 負臣子之心 其失三也……因參法會 得近龍顔 此亦百生有幸也 而欲不務
　　速詣 其可得乎".

다하는 것으로 인식하였다.

　의천이 대표적인 국가 불교의례로 제시한 仁王經道場, 大藏經道場 등은 대규모의 飯僧이 수반되는 정기적 불교의례였다. 의천은 華嚴經, 仁王經 등의 경전이 국왕 중심적 성격과 국왕의 권위 제고와 관련이 있음을 인식하였다. 또한 의천은 국가 관념과 밀접해진 불교가 그 실천에 있어서는 三寶에 공양하고 興福作善하는 儀禮的 행위를 통하여 실생활과 합일시켜야 함을 강조하였다. 요컨대 의천의 이러한 불교 인식은 국가불교의 관념과 합치되었다. 결국 의천은 불교경전의 내재적 성격을 통하여 중앙집권적 해석과 그의 적용을 행하고, 위로는 국왕에서 아래로는 민에 이르기까지 모두 참여하여 불법을 홍포하고 불법을 付屬한 국왕의 권위를 제고하는 것으로 국가적 불교의례를 인식하였다.

제2절　義天의 仁王經 信仰과 그 意義

1. 高麗中期 仁王經 流通과 仁王道場의 設行

1) 高麗中期 仁王經 流通

　仁王道場[65]의 근본 소의경인 『仁王護國般若波羅蜜經』은 舊譯인 『佛說仁王般若波羅蜜經』 2권과[66] 新譯인 不空의 『仁王護國般若波羅蜜經』 2권이[67]

---

65)　仁王道場은 仁王百高座道場·仁王會·仁王般若會·百座道場·百座會·百高座道場·百座仁王道場이라고도 하며, 본서에서는 모두 동일한 것으로 보았다. 이 道場은 『仁王護國般若波羅蜜經』 즉 『仁王般若經』을 외어 읽으며 國家 安寧을 祈願하는 法會이다. 法會와 道場 명칭에는 성격과 내용면에서 차이가 있는데 청중에게 소의경의 사상과 내용을 강설하는 모임이 중심이 되는 것이 법회이고, 도량은 경설의 가르침에 따라 국가사회적인 어려움 등을 물리치려는 밀교적인 의궤를 중심으로 구분하기도 한다(서윤길, 「문헌상에 나타난 한국 불교 제종의례」 『불교전통의례와 그 연극·연희화 방안 연구』, 엠애드, 1999, 81쪽).

66)　『大正藏』 8권, 825~834쪽 ;『高麗藏經』 5권, 1021~1033쪽.

67)　『大正藏』 8권, 834~844쪽.

284

있으며, 그 외 法護와 眞諦의 譯이[68] 우리나라에 전해진 기록은 잘 찾아지지 않는다.

『仁王經』및 仁王百高座會의 수용은 신라 眞興王 12년(551)에 記錄上 처음 보이므로 舊譯인『佛說仁王般若波羅蜜經』이 신라에 전해진 것은 551년 이전이 된다.[69] 또한 新譯이 신라에 수입되어진 연대 역시 불명확하나 不空이 重譯을 한 시기가 唐 代宗 永泰 元年(765)이므로 765년 이후에나 가능하였을 것이다.

이렇게 수용된『仁王經』은 신라말부터 이용되었으나,『三國史記』와『三國遺事』의 기록으로 보아서는 크게 보급되지 못하였던 듯하다. 그 후 약 200년 후에 不空의 新譯이 流入되었다.[70] 신역이 유입되어 구역과 어떻게 조화되며 流行되었는지는 자세하지 않다. 다만 고려대에는 신·구역 인왕경이 모두 유행하였고, 仁王道場의 소의경으로서 국가 불교의례에 이용되었다.

고려시대에 仁王道場과 함께『仁王經』을 講하였다는 기록은『고려사』에

---

68) 기존의『仁王經』에 대한 漢譯說은 서기 266년 중국에 온 月支國 三藏 法護가 처음으로 漢譯하였고, 그 후 401년 三藏法師 鳩摩羅什童壽가 이경을 伝譯하였고, 554년에는 西天竺의 優禪尼國 三藏波羅末陀眞諦가 다시 漢譯하였고, 唐 765년에는 印度의 不空三藏이 다시 번역한 것까지 합하면 모두 4회에 걸쳐 同一梵本을 가지고 漢譯한 것으로 보고 있다. 그러나 최근의 연구 결과는 法護·眞諦의 2역은 실존하지 않았으며, 鳩摩羅什譯도 기존 경전을 참고해서 중국에서 성립한 위경으로 보고 있다(望月信亨,『佛敎經典成立史論』, 法藏館, 1978, 425~441쪽 ; 椎尾弁匡,『佛敎経典概說』, 三康文化研究所, 1971, 112~137쪽). 본서에서는 편의상「舊譯」,「新譯」으로 구분키로 한다.

69)『三國史記』44권, 列傳, 居柒夫條 및 新羅本紀 眞興王 十二年 二月條. 또한 眞平王 35년(613)에는 수나라 사신 왕세의가 왔을 때 皇龍寺에서 百高座를 설하고 원광 등이 경을 설하였다.『三國史記』4, 眞平王條 및『三國遺事』4, 義解 圓光西學條. 李基白,「新羅時代의 佛敎와 國家」『역사학보』111, 1986 ;『新羅思想史研究』, 1986, 253쪽 ; 徐閏吉,「佛敎의 護國法會와 道場」『佛敎學報』14, 동국대 불교문화연구소, 1977.

70) 唐代의 不空이 重譯한 新譯인『仁王護國般若波羅蜜多經』과『仁王護國般若波羅蜜多陀羅尼念誦儀軌』,『仁王般若陀羅尼釋』도 眞撰의 여부가 문제되고 있다.

다수 전하고 있다. 그러나 고려중기 『仁王經』은 신·구역이 모두 유통되고 있어, 어떠한 역본의 『仁王經』이 유행하였는지는 알려져 있지 않다. 고려시대 『仁王經』의 유통을 알 수 있는 「高麗初雕大藏目錄」과 의천의 『新編諸宗敎藏總錄』을 통하여 살펴보기로 한다.

우선 「高麗初雕大藏目錄」71)을 통하여 『仁王經』과 관련된 서목을 살펴보면 다음과 같다.

「高麗初雕大藏目錄」『仁王經』 關聯 書目
『仁王般若波羅蜜經』 24권,　　　　　　　　鳩摩羅什譯
『仁王般若念誦法』 1권,　　　　　　　　　不空譯
『仁王護國般若波羅蜜多經』 2권,　　　　　不空譯
『仁王護國般若波羅蜜多陁羅尼念誦儀軌』 1권,　　不空譯
『仁王般若陁羅尼釋』 1권,　　　　　　　　不空譯

인왕경 관련 서목에서 舊譯의 것을 제외하면 不空이 重譯한 것이 대부분이다. 不空 新譯의 『仁王經』은 구역과 달리 第7 奉持品에 다라니가 들어 있어 밀교적 성격을 띠고 있다.72) 초조대장경이 소실되는 1232년 이전까지는 신·구역 『仁王經』이 모두 유통되었으나, 밀교적 성격의 다라니가 들어 있는 신역 『仁王經』이 밀교적 의궤와 염송법 등에 의해 보편화되었을 가능성이 있다.

이러한 초조대장경은 1232년 몽고 병란으로 불타 버렸고, 불력을 얻어 외적의 침입을 막고 국가의 안전을 기원하기 위해 재조대장경판이 만들어졌다.73) 재조대장경은 고종 23년(1236)에 강화의 대장도감과 남해의 분사대

---

71) 鄭駜謨, 「初雕大藏經과 大藏目錄」 『高麗佛典目錄硏究』, 화갑논총편집위원회, 1990.
72) 인왕경이 밀교 경전으로 분류되기 때문에 밀교적 불교의례로 본다(홍윤식, 앞의 논문, 186쪽).
73) 최영호, 「13세기 중엽 江華京板 『高麗大藏經』의 각성 사업과 해인사」 『한국중세사연구』 13, 2002, 112쪽. 경판에 표기된 지문의 내용을 통하여 고려 국왕의 축수를

286

장도감 등에서 사업을 분담하여[74] 고종 38년(1251)에 완성되었다. 이보다
앞선 의천의『新編諸宗敎藏總錄』에 의하면『仁王經』과 관련된 목록은 다음
과 같다.

　　「敎藏總錄」에 수록된『仁王經』關聯 書目[75]
　『仁王經』 疏 1권, 近從日本國流通云是天台所說待勘
　　　　　　疏 3권, 吉藏
　　　　　　疏 3권, 圓測
　　　　　　疏四卷, 玄範
　　　古跡記一卷, 太賢
　　　　　　疏 6권, 良賁
　科三卷大科一卷, 道初
　　　　瑞膺鈔 6권, 神曉
　　　　法衡鈔 6권, 科 2권, 遇榮
　　　　　　疏 2권, 道液
　注 4권, 科 1권, 體元
　注 4권, 科 1권, 淨源

　　의천의 「敎藏總錄」에 수록된『仁王經』疏는 신·구역『仁王經』에 대한
注·疏가 모두 수록되어 있다.[76] 또한 「재조대장경목록」에도『仁王經』과

　　　기원하고 몽고 침략의 격퇴 發願이었음을 실증하였다(이규보, 「대장각판 군신기
　　　고문」『동국이상국집』권25, 雜著).
74) 기존의 연구와 달리 강화경판 고려대장경 각성 장소의 한 곳으로 해인사가 편제되
　　　어 각성 사업에 참여한 것으로 본다(최영호, 위의 논문, 2002, 131쪽). 또한, 판각
　　　공간의 다변화를 통하여 다양한 계층의 민들의 참여를 유도, 이를 바탕으로
　　　각성 사업을 전개하였다고 한다. 이와 관련한 연구성과는 다음 논문에 소개되어
　　　있다(崔然柱, 「고종24년『강화경판 고려대장경』의 각성사업」『한국중세사연구』
　　　5, 1998, 119~120쪽).
75)『大正藏』권55, 「新編諸宗敎藏總錄」, 1165~1178쪽.
76) 不空譯의 注疏에는 良賁·淨源 등이 있고, 鳩摩羅什譯의 注疏에는 智顗說灌頂記의
　　　疏·吉藏·圓測 등이 있다(密敎辭典編纂會 編,『密敎大辭典』, 法藏館, 1767쪽).

관련된 것은 「초조대장」의 목록과 동일하다. 이들은 고려전·후기를 막론하고 함께 유통되었다고 보아야 할 것이다. 다만, 신·구역 『仁王經』을 함께 사용하였는지, 아니면 신역만을 사용하였는지는 불분명하다.

　고려중기 인왕경의 유행에는 不空譯 『仁王經』과 함께 밀교적 염송법 및 의궤가 활용되었을 것으로 보인다. 이러한 추측을 가능케 하는 것은 초조대장경 몇 권의 잔여분에 『無量門破魔陀羅尼經』, 『聖持世陀羅尼經』 등 24권의 밀교경전이 들어 있기 때문이다. 재조대장경에는 순수 밀교관계 경전이 191종 356권, 密敎儀軌의 作法에 관한 것 20종 21권이 포함되어 있었다.77) 여기에는 『仁王經』과 함께 『인왕반야염송법』, 『仁王護國般若波羅蜜多陀羅尼念誦儀軌』, 『仁王般若陀羅尼釋』이 들어 있었음은 물론이다.

　仁王道場의 불교의례에는 불공역의 『仁王經』 관련 의궤와 작법이 행해졌으며, 염송법 등의 신비적·상징적·의례적 신앙 행위를 통하여 국왕과 민을 연결하는 중간자의 역할을 수행하였을 것이다.78) 곧 국왕을 정점으로 하는 불교의례를 통해 민과 일심으로 國難 祈禳, 天災地變의 息滅, 國家의 安泰를 祈願하기 위하여 仁王道場을 통하여 신역 『仁王經』을 강설한 것으로 볼 수 있다.

　신라대에는 舊譯 『仁王經』이, 고려중기에는 不空譯의 『仁王護國般若波羅蜜多經』 2권이 유행하였다. 不空은 密敎三藏 중의 한 사람으로서 密敎에 통달하여 『仁王經』의 번역 자체도 밀교적인 입장에서 정리하여 이후 高麗時代에는 密敎的인 『仁王護國般若波羅蜜多經』이 所依經典이 되었다. 고려중기 『仁王經』의 밀교적 성격은 한층 강화되고 仁王道場의 명칭에서 보듯이

---

77) 이후에도 고려후기의 밀교관계 전적 간행은 충렬왕 원년(1275) 왕실의 발원으로 『不空羂索神變眞言經』 30권을 銀字로 출판하였고, 충숙왕 15년(1328) 밀교대장경 130권을 金書로 간행하였다(徐閏吉, 「高麗時代의 密敎思想」 『韓國密敎思想史硏究』, 불광출판부, 1997).

78) 왕실을 포함한 집권층이 불교로써 집권적 왕권사회 및 농경사회의 고뇌에 대응해 나가려 하였던 구체적 사실을 전하여 주는 것으로 이해하였다(홍윤식, 앞의 논문, 1988).

여타 밀교적 불교행사들과 함께 비중 있게 設行되는 모습을 보이는데,
이는 밀교의 상징적·신비적·의례적 성격이 강화된 때문으로 보인다.[79]
집권자와 피지배층을 밀교의궤와 염송으로 결합시킬 수 있는 가능성을
가진 것이 바로 신역 『仁王經』이었던 것이다.

2) 고려중기 『仁王道場』의 設行

『고려사』에 전하는 첫 『仁王經』 불교행사 기록은 현종 3년(1012) 5월
內殿에서 승려들을 모아 인왕반야경을 강독케 하였다는 記事[80]로부터
비롯한다. 그러나 「葛陽寺惠居國師碑」 碑文에 의하면, 광종 13년 왕사
혜거를 광명사로 이주토록 명하고 인왕반야회를 7일간 개설하였다는 기록
이 있어[81] 현재 기록상 고려시대의 첫 『仁王經』과 관련한 불교의례로
볼 수 있다. 이 시기 인왕회는 仁王道場이라는 명칭보다는 인왕반야회라고
하여 밀교적 성격이 적고, 백좌회를 경운전에서 개설하면서 국사를 초치하
여 圓覺經을 講經하고 있으며, 『仁王經』을 강독하였다는 기사는 보이지
않고 있다. 그러나 당시 거란과의 관계를 고려하면 신라대 이래의 호국적
성격이 있었을 것으로 보인다.[82]

고려중기 인왕경 신앙의 한 양상으로서 仁王道場의 設行을 살펴보면

---

79) 홍윤식, 앞의 논문, 1988.

80) 『高麗史』 권4, 世家, 顯宗 三年 五月.

81) 「葛陽寺惠居國師碑」, "光宗大王十三年壬戌 命王師移住廣明寺 爲設仁王般若會七日
賜圓明妙覺之號兼磨衲紫袈寶器香茶等 十九年戊辰正月 陞王師爲國師 於慶雲殿設
百座會請國師說圓覺經"(許興植, 『高麗佛教史硏究』, 一潮閣, 1986, 582~583쪽). 광
종 13년에 인왕반야회를 개설하였다. 인왕회로서 道場의 명칭을 사용치 않았을
뿐만 아니라 7일간 계속된 것으로 보아 신라대의 인왕회와 동일한 성격을 유지하
였을 것으로 보인다. 그러나 광종 19년에는 백좌회를 개설하고 혜거국사로 하여금
圓覺經을 강설케 한 내용이 이어지고 있다. 동일한 비문에서 仁王會와 百座會를
구분하여 서술하고 있다는 점이 주목된다.

82) 거란의 위협에 대비한 국가적 불교의식을 통하여 민심의 호응을 얻으려 한 것으로
본다(許興植, 위의 책, 1986, 588쪽).

인왕경 신앙의 성격과 의의가 보다 분명해질 것이다. 대각국사 의천의 활동 시기인 문종에서 숙종 연간의 인왕도량 設行과 그 내용은 다음과 같다.

<표 27> 고려 문종~숙종대 仁王道場 設行과 내용[83]

王別	年代	月	法會名	場所	期間	內容	目的	飯僧
문종즉	1046	9	百座仁王經道場	내전	3일	설치		
문종1	1047	4	百座仁王道場	회경전		親設		飯僧1만
문종2	1048	9	百座仁王道場	회경전	3일			飯僧3만
문종4	1050	9	百高座仁王道場	회경전	3일	설치		
문종6	1052	9	百高座道場	회경전	3일	毬庭/명산대찰 飯僧		飯僧3만
문종18	1064	3	仁王道場	회경전	3일			飯僧1만
문종28	1074	4	百高座	내전	3일	仁王經강의		
순종1	1083	10	道場	회경전	3			飯僧3만
선종2	1085	10	百高座道場	회경전	3일	仁王經강의		飯僧3만
선종4	1087	5	仁王經道場	문덕전				
선종4	1087	10	百座道場	회경전		국왕은대동강/개경에서 別設		飯僧3만
선종6	1089	10	講仁王經	회경전	3일			飯僧3만
숙종1	1096	9	講仁王般若經	회경전	3일	인왕반야경 講論		飯僧1만
숙종2	1097	9	講仁王經	회경전		設百高座		飯僧1만
숙종3	1098	8	仁王經道場	회경전	7일			
숙종5	1100	7	仁王經道場	회경전	5일			
숙종6	1101	4	仁王經道場	문덕전		道場設行으로 祈雨	祈雨	
숙종6	1101	9	仁王經道場	회경전	전국			飯僧5만
숙종9	1104	3	仁王經道場	회경전				飯僧1만
숙종10	1105	4	仁王經道場	법운사		대궐안 법운사 設行		

위의 자료는『고려사』世家의 仁王道場 設行자료로서 구체적인 設行 목적과 주체 그리고 내용을 밝히지 않고 있어 仁王道場의 실체를 파악하기는 어렵다. 따라서 記事의 전후 내용을 통하여 인왕도량의 개설 목적과

83)『고려사』세가 소재 인왕도량 설행의 기사를 도표로 분류하였다. 따라서 구체적인 전거는 해당 王年, 月이므로 생략키로 한다. 해석에 이론의 여지가 있을 경우에는 전거를 밝힌다.

290

내용을 살펴보기로 한다.

문종 18년(1064) 3월 회경전에서의 인왕도량 개설은 구정에서 반승 1만을 병설하였다. 3월에 개설된 점과 전후 기사에서 특이 사항이 없어 분명한 개설 목적을 알 수는 없으나 5월에 東蕃海賊의 공격으로 남녀 100여 인이 살상되었던 것으로 보아[84] 外賊의 퇴치에 개설 목적이 있었을 것으로 여겨진다. 다음해에 의천은 爛圓에게 출가하며, 문종 21년에는 흥왕사가 완성되어 국왕권의 강화를 개설 목적으로 상정해 볼 수는 있으나 인왕도량과의 직접적인 관련성을 확인키는 어렵다.

문종 28년(1074) 4월에 개설된 백고좌는 한재가 계속되어 시장을 옮기고[85] 7월에는 文豆婁道場을 27일간 동경 사천왕사에서 개설하여 蕃兵 침입의 방지를 기원했다는[86] 기사들로 미루어 기후의 순조와 동번의 침입에 대한 사전 억제를 기원하는 불교의례였음을 알 수 있다.

선종 연간에는 4회의 인왕도량이 개설되었다. 선종 2년(1085) 10월에는 회경전에서 3일간 백고좌도량을 베풀고 3만의 반승이 행하여졌다. 2월의 천제석도량 개설과 4월의 외제석원의 行幸에 대한 기사는 국왕권의 강화와 밀접한 관련이 있음을 말해준다.[87] 또한 2월에 금강경도량을 7일간 개설하고, 5월에는 건덕전에서 7일간 金剛明經道場을 개설하여 비를 빌었다. 특히 2월에 왕의 외출시에 仁王般若經을 宋制에 따라 처음으로 前導 奉行케 한 것은 모두 국왕권의 강화와 호국적 성격을 반영하고 있다. 이보다 앞선 1084년 6월 동여진군이 흥해군에 침입한 기사는 문종대에 이어 여전히 외적의 침입이라는 문제가 있었음을 말해주며, '以禳賊兵'이라는 국가적 관심사에 따라 인왕도량을 개설한 것이다.

선종 4년(1087)에는 2회에 걸쳐 궐내에서 인왕도량이 개설되었다. 5년

84) 『고려사』 권8, 문종 18년 5월.
85) 『고려사』 권9, 문종 28년 4월.
86) 『고려사』 권9, 문종 28년 7월.
87) 안지원, 앞의 논문, 1999.

인왕경도량의 전후 기사를 살펴보면 3월 太一에 기도하여 일기 순조를 빌었고, 4월에는 금강경도량을 7일간 개설하여 기우하고, 5월에도 기우제를 지내고 있는 데에서 5월의 인왕경도량이 기우의 목적으로 개설되었음을 알 수 있다. 다만 1월에 산천과 종묘사직에 제사를 지내어 '以祈神兵助戰'을 빌었던 점은 여전히 동여진이라는 외적의 위협을 상정할 수 있다. 10월의 백좌도량은 선종이 서경에 행차한 가운데 개경에서 별설되고 있어 5월의 인왕도량이 비정기적인 설행인 데 비해 정기적인 인왕도량으로 개설되었을 가능성이 높다.

선종 6년(1089) 10월 회경전에서 3일간 仁王經을 講經하고 飯僧을 행한 것은 정기적 인왕도량으로 추정되며, 구체적인 설행 목적은 알 수 없다. 이후 인왕도량 개설의 모습은 보이지 않고 이전에 개설되던 국왕권 강화와 밀접한 불교의례도 설행되지 못하고 있어 국왕권의 위축을 의미하는 것은 아닐까 추측된다.

숙종 연간에는 8회의 인왕도량이 개설되었다. 동왕 1년(1096) 9월에는 인왕반야경을 3일간 강경하고 1만을 飯僧하였지만 개설 목적에 대한 구체적 언급이 없다. 다만 숙종이 즉위한 직후에 개설된 점이 주목되며, 정기적 개설일 가능성도 있다. 2년(1097) 9월에는 회경전에서 백고좌를 열어 인왕경을 강론하고 1만을 飯僧하였다.[88] 이 또한 정기적 개설로 보이지만, 동여진이라는 외적의 침입을 물리치려는 鎭護國家的 성격을 갖고 있다. 3년(1098) 9월에도 회경전에서 7일간 인왕경도량을 개설하였는데, 연속 3년간 9월에 개설한 사실은 정기적 개설이라는 점 외에도 즉위 초반의 불안정한 왕권을 강화키 위한 일련의 조치로 판단된다.

숙종 5년(1100) 7월 회경전에서 5일 동안 계속한 인왕경도량의 개설은 구체적인 목적을 알 수 없다. 6년(1101) 4월 기우제를 지낸 후, 문덕전에서

---

88) 『고려사절요』 6권, 숙종 2년 9월. 百座道場이라고 하였으나 동일한 것으로 판단된다.

禱雨의 仁王經道場을 개설하였다.[89] 祈雨의 목적을 구체적으로 밝힌 인왕도량의 개설이었다. 한편 같은 해 9월 회경전에서 인왕경도량을 개설하고 毬庭 및 外山 諸寺에서 5만 명을 飯僧한 것은 전례에 없었던 대규모의 仁王道場이었다.[90] 9월에 개설된 점으로 미루어 정기적 설행이었음을 알 수 있으나, 대규모의 飯僧은 단순하게 취급될 수 없다. 숙종의 개혁 정치를 도와 불교계에서 활약하던 同母弟 의천의 사망과 관련되었을 법하다. 아울러 구정 및 외산 제사에 5만을 飯僧하는 불교행사의 설행은 이후 추진되는 남경 개창을 위해 국론을 통합하려는 목적에서 이루어진 것으로 보인다. 특히, 문종·선종·숙종 원년·9월·10월의 정기적 설행 기록과 대궐내 주요 정전이었던 회경전에서 개설한 것이라던지, 대규모의 飯僧을 수반한 사실 등은 인왕도량이 국왕의 권위를 대외에 선포하는 기능을 하였음을 말해준다.

『고려사』 세가에 수록된 불교의례의 設行의의와 목적은 鎭護國家와 祈福禳災로서 고려 전·후기가 크게 다르지 않았다. 무인집권기 국가 불교행사로서의 仁王道場은 호국적 성격을 띠며, 외적의 침입·내란 등에 적극적으로 대처하였다. 그러나 원간섭기 및 고려말 공민왕대에 이르면 天變·星變 등에 設行 동기를 두고 있어 변화를 보이고 있다.[91] 이는 仁王道場의 호국적 성격에 대한 규정의 차이일 뿐 인왕경에서 說示하는 바와는 큰 차이가 없다. 인왕경에서 규정하는 호국적 성격은 다음과 같이 다양하게 나타난다.

호국 경전으로서『仁王經』의 요점은 護國品第五, 奉持品第七, 囑累品第八

---

89)『高麗史』 권11, 숙종 6년 4월. 文德殿에서 仁王經道場을 베풀어 비를 빌었다.

90)『고려사절요』 권6, 숙종 6년 9월조. 회경전에 인왕도량을 개설하고 구정과 외산 諸寺에서 3만 명을 飯僧한 것으로 되어 있다. 숙종 6년(1101) 9월 갑신일에 왕이 摠持寺에 가서 동복아우인 의천의 병을 위문하였다. 會慶殿, 毬庭 및 외산 諸寺에서 仁王經道場을 베풀고 승 5만 명에게 飯僧하였다.

91) 朴鎔辰, 앞의 논문, 1999.

에 집중되어 있다.[92] 그렇지만 각 품의 호국사상에는 미묘한 차이점이 있으며 호국 法用의 직접적 근거는 '護國品第五'이다.[93] 이에 따르면 국토가 어지러워질 때에는 재난과 적이 와서 파괴하는 등 여러 어려움이 생기는데 그것을 진압하기 위해서는 般若波羅蜜의 위력 혹은 수지의 공덕에 의하여만 하며, 그러기 위해서는 1백의 法師를 초청해서 『仁王經』을 百高座講讀할 필요를 서술하고 있다. 곧 반야바라밀의 위력과 이를 설하고 있는 경전을 수지하는 공덕에 의해서 나라가 보호된다는 것이다. 이는 국왕의 우월을 설하고 있는 것일 뿐만 아니라 정법에 의한 국토의 보호를 설하는 호국사상이라고 할 수 있다.

고려중기 仁王道場의 개설은 목적·절차·내용을 자세히 전하고 있지는 않지만, 고려후기의 仁王道場 개설의 성격과 의의에 대한 연구[94]와 결부시켜 본다면 鎭護國家와 祈福禳災의 성격을 지적할 수 있다. 문종대에는 기후의 순조와 동번의 침입에 대한 퇴치를 기원하였고, 선종대에는 정기적 설행과 기후의 순조, '禳賊兵'의 목적을 띠고 개설되었다. 숙종대에는 외적의 퇴치를 기원하는 진호국가적 성격과 함께 왕권의 강화와 국론 통합을 목적으로 개설된 것으로 보인다. 결국 仁王道場의 設行은 다른 佛敎儀禮와 같이 진호국가와 기복양재 및 현재적 관심사에 대응하려는 목적 외에 국왕권의 강화를 위하여 국론을 결집하는 역할도 수행한 것이다.

2. 義天의 仁王經 信仰에 대한 認識과 政治的 意味

의천이 출가한 시기는 정국 운영에서 국왕과 신료간의 대립으로 양상이

---

92) 기존의 仁王道場 연구에서는 인왕경의 호국적 성격에는 동의하고 있다. 또한 이들은 護國品에서 근거를 구하고 있다. 다만, 奉持品第七·囑累品第八의 내용이 간과되고 있다. 본서에서는 이 점에 주목하였다.

93) 『大正藏』 권8, 「仁王護國般若波羅蜜多經」, 840쪽.

94) 朴鎔辰, 앞의 논문, 1999.

바뀌면서 정책 결정에서 국왕권이 주요 변수로 대두되었고 이러한 점은 불교정책에도 반영되었다. 문종 즉위년에는 外帝釋院에 祈祥迎福道場을 설치하고, 문무백료는 興國寺에서, 동서 兩京·4都護·8牧은 각각 소재지의 佛寺에서 도량을 개설토록 하였다. 문종 9년에는 11년에 걸친 흥왕사 신창 불사를 통하여 국가의 복리와 왕실의 존엄성을 높이면서 국왕권을 강화하려 하였다.

이러한 모습은 문종 10년을 전후하여 국왕의 위상이 상대적으로 신료들보다 우위를 점하면서 '興王'을 강조할 수 있는 분위기임을 짐작케 한다. 의천은 이렇듯 興王이 강조되는 분위기에서 성장하여 문종 19년(1065) 화엄종의 爛圓에게로 출가하였다.

인왕도량은 앞의 <표 27>에서 알 수 있듯이 의천의 출가 이전, 즉 흥왕의 논리가 강조될 수 있었던 1065년 이전에 다수 개설되었지만, 의천의 출가 이후에는 문종 28년(1074)에 1회 개설되는 데 그쳤다. 문종 말 에는 문벌귀족정치를 개혁하려는 기운이 있었으며, 의천의 입송은 이러한 개혁정치와 연결되었다. 또한 문종대 의천은 교장을 수집하고 경론을 강론하는 활동을 보이고는 있으나, 적극적인 정치적 행보는 찾아 볼 수 없다. 선종대가 되면 의천은 입송구법 등 활발한 활동을 전개하였다. 다음은 선종 연간에 처음으로 제도화되었던 인왕경 '奉經前導' 관련 기사이다.

> 을해일에 처음으로 왕이 외출할 때에 仁王般若經을 받들고 앞장서게 하였는 바, 宋나라 制度에 따른 것이었다.[95]

仁王道場은 경전에서 설하는 호국 호법을 付屬받은 국왕의 위상을 제고한다는 점에서 왕권 강화에 기여하였을 법하다. 위의 자료는 선종 2년(1085) 봄 2월 을해일에 처음으로 왕의 행차 시에 仁王般若經을 받들고 앞서게

---

95) 『高麗史』 권10, 선종 2년 2월, "乙亥 始令駕行時 奉仁王般若經前導 遵宋制也".

하였는바, 이는 송나라 제도를 따른 것이었으며 또한 인왕경에서 설시한 내용과 같다.

선종 연간에 처음으로 제도화된 仁王般若經 '奉經前導'는 인왕경의 성격을 반영하는 것은 물론이며, 국왕의 권위와 밀접한 관련을 맺고 있다. 宋의 仁王經 奉行은 『大宋僧史略』에 자세하다.

① 經을 七寶案에 둔다. 진기한 보배를 사이에 채워 만든다. 상자에 가선을 두르고 紅羅를 위에 덮어 그 안에 仁王護國經을 둔다. 謹愿한 中宮으로 하여 馬上에 평평하게 지니고, 서서히 啓行하는데 乘輿에서 백보의 거리를 두고 前道를 삼는다. 이 儀制는 시작된 단서를 알 수 없다.[96]

② 왕이 거둥할 적에는 멍에를 맨 소의 수레를 타고 험한 산을 넘을 적에는 말을 탔다. 붉은 옷을 입은 사람이 앞에 서서 護國仁王經을 받들고 인도하였다.[97]

③ 寶函에 경을 담아 寶案에 두라. 만약 나가려 할 때는 항상 그의 앞에서 인도하게 하고 所在의 住處에서 七寶의 帳幕을 만들고, 衆寶를 자리로 하여 經을 그 위에 두고 공양하기를 부모 섬기는 것과 같이 하라.[98]

송나라의 제도에는 仁王護國經을 七寶案에 담고 紅羅를 덮어 씌워 어가의 백보 앞에서 인도하게 하였다. 舊譯 『인왕호국반야바라밀다경』 및 불공의 重譯 인왕경에서도 위와 같이 인도하게 되면 千里 내에 7가지의 難이 발생하지 않는다고 하였다.[99] 또한 ③과 같이 경전 섬기기를 부모와 帝釋을 섬기는 것과 같이 하라고 하였는데, 이는 唐 不空의 譯本에도 그와 같다. 『대송승사략』의 撰者 찬영도 이 儀制가 언제 시작되었는지는 알지 못한다

---

96) 『大宋僧史略』「駕頭床子」(『大正藏』 권54, 253~254쪽), "盛經七寶案也 其制度以雜瑰珍間填成之 款其足高其緣 所置之經卽仁王護國也 所覆之巾卽上深紅羅也 使中宮謹愿者 馬上平持 舒徐而啓行 望乘輿可百步 以爲前道也 此之儀制 未知始端".

97) 『宋史』 卷4, 187, 列傳 第2 146 外國3 高麗條.

98) 「仁王護國般若波羅蜜多經」, 「奉持品」 第7(『大正藏』 권8, 840쪽).

99) 『仁王護國般若波羅蜜經』 卷下 奉持品. 7種의 災難을 의미한다.

고 하면서, 다만 不空이 重譯한 이후의 일로 보았다. 불공은 항상 인왕경의 다라니를 암송하였고, 이적을 행하였으며 祈晴雨에도 많은 효험이 있었다고 한다.

②의 자료는 『宋史』에 기록된 것으로 선종대 이후의 관련 기록인 듯하다. ①을 보충할 수 있는 점은 국왕의 거둥 시에 붉은 옷을 입은 사람들이 호국반야경을 받들고 인도하였다는 것이다. 그런데 이러한 제도가 언제 중지되었는지는 분명치 않다.[100)]

이상의 자료로 보건대 중국의 인왕경 奉經前導신앙은 당대부터 송대까지 행하여졌으며, 천리 이내 국토가 안온하여 7難이 발생치 않기를 바라는 호국적 성격의 것이었다.

고려시대에 유통된 인왕경은 다라니를 설한 밀교적 성격을 띠며 국왕의 우월성을 인정하고 불법을 付屬하는 성격과 7難을 방지하는 경전의 호국적 성격이 국가적 儀制로 인정되었다. 고려중기에는 이러한 인왕경의 호국적 성격을 채택한 듯하다. 특히 선종 2년(1085)에 처음으로 인왕경을 '奉經前導' 케 한 사실은 단순히 송제를 모방한 것이 아니라, 국왕에게 불법을 付屬하고 국왕의 권위를 인정하는 점에서 국왕권의 강화에 기여하였다.

의천은 선종 연간에 입송구법을 다녀온 후, 송나라 승려들과 서신 교류를 통하여 경전 및 장소의 교환과 수집에 노력하였다. 그 중 의천과 송나라 화엄종 승려 淨源간에 이루어진 교류 서신 가운데 『箋注仁王護國般若經』에 대한 기사는 충분히 주목할 가치가 있다.

의천은 엎드려 생각하건대 멀리서 간절한 정성을 올리고 교훈을 거듭 받자 왔으나 비열하고 둔하여 익히고 이룬 것이 아직 얕으며, 학업도 더 쌓지 못하였고 덕행도 더 닦지 못하였습니다. 그러기에 큰 善知識의 가르치시는 뜻에 보답하지 못하였는데 갑자기 尊慈께서 우리 先兄 國王을

---

100) 몽고의 침입기를 전후한 시기이거나 국왕권이 심약해진 어느 시기로 추정된다.

위해『箋注仁王護國般若經』의 板本을 새겨 펴려 하시면서 제자의 모자람을 헤아리지 않으시고 참여하여 자세히 보라 하셨으니[101]

위의 내용은 의천이 淨源에게 보낸 서신 4수 가운데 2번째에 해당된다. 의천이 淨源으로부터 편지를 받은 시기는 그가 입적하는 1088년 이전이며, 의천의 先兄인 順宗이 사망한 1083년 이후이니, 곧 1084~1088년 사이가 된다. 선종 연간에 처음으로 채택된 인왕경 '奉經前導'신앙은 지속되었을 법하다. 이러한 인왕경 신앙에 대한 경전의 주석 작업이 淨源에 의해 이루어졌고, 고려의 의천에게 板本의 印刊에 참여할 것을 요청하였다.

그렇다면 淨源이 편찬한『箋注仁王護國般若經』[102]은 어느 시기에 고려에서 수용하였고 그 내용은 무엇일까. 고려시대 인왕경 수용에 대하여는 의천이 편찬한『新編諸宗敎藏總錄』에 실려 있는 인왕경 관련 자료를 통하여 살펴볼 수 있다.[103]

의천은 입송구법 이후 송·요·일본 등 외국과 국내 각지에서 교장을 수집하여 선종 7년(1090)에는『新編諸宗敎藏總錄』을 편찬하고 목록에 따라 간행하였다. 바로 이 敎藏總錄에 淨源의『注仁王護國般若經科』1권과『注仁王護國般若經』4권이 수록되었다. 淨源은 不空이 번역한『仁王護國般若波羅蜜多經』에 대하여 科와 注를 베풀고, 고려 순종의 천도를 발원키 위해 印刊하려 하였다.

그렇다면 淨源이 베푼『箋注仁王護國般若經』의 내용은 무엇일까? 의천이 淨源과 서신 교류를 통하여 입수케 된『箋注仁王護國般若經』은 다시『新編諸宗敎藏總錄』에 입록되었다.『注仁王護國般若經科』는 모두 4권으로 新譯

---

101) 의천,「上淨源法師書」四首『大覺國師文集』권10(『한불전』4, 544쪽), "某伏念 遠貢誠懇 再蒙訓辭 而鄙鈍所鍾 習成猶□ 業未益進 行未加修 故不能 大善知識 敎之之意 忽承尊慈爲我先兄國王 箋注仁王護國般若經 將欲摹印流布 不圖短拙 俾預看詳".
102)『新纂大日本續藏經』권26, 國書刊行會, 日本東京, 昭和52年, 520~589쪽.
103) 앞의「敎藏總錄」所收『仁王經』關聯目錄과 같다.

인왕경에 註疏를 베풀고 科文을 배대하여 그 이해를 도우려는 것이었다. 의천과 淨源의 인왕경 신앙에 대한 이해의 일단을 유추할 수 있는 것은 바로 『注仁王護國般若經』 4권의 幷序에서이다.

① 오직 大廣智 不空三藏이 二諦를 학구하고 三密을 傳敎하였고, 月邦의 寂照와 中華의 誠明에 통하여 推校詳譯하여 그 깊은 뜻을 얻었다. 良賁法師가 앞에서 그것을 해석하였는데 도와 지혜에 근저하여 문사가 간략하고 大旨가 요체를 얻었다. 體元대사가 후에 그것을 주석한즉 廣疏가 三京에 성행하였고 淨源이 비록 같지는 않으나 行坐에 염송하고, 兩疏 舊章을 주워 모아 뜻과 몸을 곤고히 하여 不空三藏의 신역을 해석하여 十力의 妙訓을 發揚하고 天子의 큰 은혜에 보답하려 한다. 그러므로 誠明으로 말미암아 護國하면 어찌 오직 백성만을 위함이겠는가. 또한 君主에 忠孝를 의뢰함이 아니겠는가.[104]

② 仁의 德됨은 能仁과 至仁이 있는데 至仁은 不仁을 벌하고 이로움을 일으키고 해를 제거한다. 能仁은 대중을 구제하며 兼愛無私한다. 이로써 백성을 살리는데 이른다. 그러므로 王이라고 하는 것은 천하가 歸往하는 것이다. 護라고 하는 것은 加衛이며 國은 疆域이다. 護의 의미는 두 가지로 마음은 도에 편안하고 행동은 敎에서 발하니 內護이며, 城塹三寶 와 은택이 만방에 미치니 外護이다. 이 때문에 경전이 百座를 敷衍하고 諸王의 奉持를 밝혔다. 이것은 모두 內外護의 효과를 밝힌 것이다.[105]

淨源은 불공의 重譯 인왕경을 科, 注하였음을 밝혔다. 또한 불공의 신역 인왕경에 대하여 疏를 지은 良賁과 體元의 주석을 참조하였음을 밝히고 있다. 더 나아가 淨源은 불공삼장의 신역을 해석하여 十力[106]의 묘훈을

---

104) 『注仁王護國般若經卷第一幷序』;『일본속장경』 권26, 534쪽.
105) 『注仁王護國般若經卷第一幷序』;『일본속장경』 권26, 534쪽.
106) 十力은 梵語로는 daśa balāni이다. 十種智力은 處非處智力, 業異熟智力, 靜慮解脫等持等至智力, 根上下智力, 種種勝解智力, 種種界智力, 遍趣行智力, 宿住隨念智力, 死生智力, 漏盡智力이다(『불광대사전』, 361쪽 下).

발양하고 천자의 큰 은혜에 보답하려 한다고 말하였다. 한편 "호국하면
어찌 오직 백성만을 위함이겠는가? 또한 百辟에 충효를 의뢰함이 아니겠는
가?"라고 하여 호국적 성격과 천자에 대한 충효의 의리를 강조하는 서문을
지었다. 그리고 위 ② 淨源의 『仁王護國般若波羅蜜多經』에 대한 經題의
주석에서는 '仁王'에 대한 의의를 밝히기까지 하였다.

의천이 인왕경의 목록을 『新編諸宗教藏總錄』에 입록한 것은 이렇듯
사전에 인왕경에 대한 입장이 정리된 이후의 일이었다. 그렇다면 의천은
인왕경 신앙의 구체적 발현인 인왕도량에 대해 어떻게 인식하고 있었을까.
다음의 문집 기록을 통하여 살펴보자.

> 우리 국가가 一統三韓한 것이 근 2백년이 되었는데, 삼보를 빛내어 드날
> 리어 본성을 잃고 미혹된 중생을 인도하여 도와주었으며, 누대로 외호의
> 인연을 돈독히 하고 당세에는 중흥의 교화를 도와……매년 춘추로 대궐
> 내의 회경전에서 백명의 법사를 청하여 대장경 看經 법회 등 도량과 불사
> 를 개설하였다. 또한 3년에 1회의 仁王般若百座大會를 두고 3만명을 齋僧
> 하는 것을 항식으로 삼았는데, 여러 종파의 의학들은 처음부터 논의하는
> 것으로써 선용하지 않음이 없었다.[107]

의천 당대에는 仁王般若百座大會, 大藏經道場, 飯僧 등의 불교의례를
정기적으로 개설하였다. 불법은 조정에서 외호한 인연에 의하여 중흥의
교화가 이루어졌으며, 이를 통하여 중생을 인도 교화하였다. 이러한 대표적
인 수단인 불교의례로써 궁궐 내 회경전에서 春秋 2회의 大藏經 법회와
3년 1회 仁王般若百座大會 및 飯僧을 개설한 것이다.[108]

---

107) 의천, 「新集圓宗文類序」 『대각국사문집』 권1(『한국불교전서』 권4, 528쪽), "我國家
  一統三韓 僅二百載 光揚三寶 誘披群迷 累朝敦外護之緣 當世協中興之化 緬 承付囑
  寔在休明 每年春秋 於大內慶殿 請百法師 開設看大藏經會等 道場佛事 又三年一度
  仁王般若百座大會 齊僧三萬人 以爲恒式 而諸宗義學 未始不以論議爲先容也".
108) 二宮啓任, 「朝鮮における仁王會の開設」 『朝鮮學報』 14, 1959. 이에 따르면 문종조에

大藏經 法會는 文宗을 비롯하여 宣宗 연간에도 다수 개설되어 大藏經에 대한 관심이 높았다.[109] 이는 의천도 충분히 인식하는 부분이었을 것이다. 의천이 인식하는 仁王般若百座大會는 3년 1회, 飯僧 3만의 대규모 항례[110]로서의 국가 불교의례였다. 또한 仁王道場의 所依經인 仁王經이 호국토의 法用을 설하고, 국왕의 우위를 설하는 내용 때문에 '여러 종파의 교의를 처음부터 논의할 때 선용하였다'라고 한 기록은 국가적 권위에 의해 중앙집권적 해석이 이루어진 경전이라는 점을 분명히 하고 있다. 이로 인해 국왕과 왕실을 비호하는 입장이었던 의천은 인왕경을 쉽게 수용할 수 있었을 것이다.

仁王經뿐만 아니라 金光明經道場이 고려사회에서 큰 비중을 차지하였던 점은 집권층에 의한 불교 교의의 중앙집권적 해석과 선택이 있었음을 알게 한다.[111] 그렇다면 이들이 인왕경에서 취할 수 있었던 불교 교의의 해석과 선택은 어떠한 것이었을까.

『인왕경』「護國品」 제5에서는 국토가 파괴되거나 문란해지는 원인을 지적하고 이것으로부터 지키는 것이 호국임을 밝혔다. 「奉持品」第七의 전반부는 般若波羅蜜만이 일체 국토의 安穩을 가져다준다고 강조하고 있지만, 이『인왕반야바라밀경』을 국왕에게 付屬하고 본래의 불교 담당자

형식적 정비를 완료하였고, 의종 17년(1163)부터 2년 1회에서 3년 1회 개설로 변모하면서 仁王道場은 쇠퇴해 가는 것으로 보았다. 그러나 의천의 기록에 따르면 고려전기부터 3년 1회 개설이 항례였음을 알 수 있다. 따라서 위 주장은 수정되어야 한다.

109) 의천은 홍왕사의 초대 주지로서 선종이 즉위한 1084년경부터 1094년과 1095년을 제외하고는 1101년 사거할 때까지 홍왕사의 주지를 계속하였다. 의천이 홍왕사를 중심으로 화엄 종단을 주도한 것은 1091년 홍왕사에 교장도감을 두고 대장경을 출판한 시기를 그 절정으로 본다(韓基汶,「高麗中期 興王寺의 創建과 華嚴宗團」『高麗寺院의 構造와 機能』, 民族社, 1998).

110) 二宮啓任, 앞의 논문, 1959. 항례는 백고좌, 임시 개설은 仁王道場이라고 하여 명칭에서 구분되는 것으로 본다. 개설의 목적은 천재·국난 등을 기양키 위함을 지적하였다.

111) 홍윤식, 앞의 논문, 167쪽.

인 비구나 비구니 등에게 付屬하지 않음이 특징적이다. 그 까닭은 왕의 위력이 없으면 불법 등을 건립할 수가 없기 때문이며, 또한 국왕이 七難을 제거하기 위해서는 반야바라밀을 수지하고 해설해야 한다는 것이다.[112]

「囑累品」 제8에서 僧統이나 僧籍을 언급한 것은[113] 『仁王經』의 특색이며, 중국 찬술설의 유력한 근거가 되었다. 이는 북위나 후진에서 행해졌던 승관·승적 등의 불교 통제를 가리키는 것으로 보인다.[114] 이와 같이 僧尼에 대한 국가권력의 개입을 비판하면서도, 반야바라밀을 불교자에게 付屬하지 않고 국왕에게 付屬하는 것은 불교가 정치권력에 의해 피해를 받은 경험 때문이다. 이는 정치권력의 지지가 없으면 불교가 흥륭될 수 없음을 통감한 데 따른 기술이며, 또한 廢佛의 원인으로서 승니의 타락과 교단의 부패를 자각하고 있음을 보여준다. 따라서 「囑累品」은 국왕에 의한 僧尼의 통제나 탄압을 비난하는 것 같지만, 그것보다는 그것을 이용하여 권위를 유지하고, 또 한편으로 위정자의 반성을 촉구하면서 그들의 힘을 빌려 불교를 유지하려는 소극적·修身의 의미로서의 호국사상을 표현한 것이라고 볼 수 있다.

호국사상의 흐름에서 보면 『仁王經』은 『금광명경』과 함께 正法治國을 설하는 비교적 초기의 호국 경전이다. 그렇지만 거기에는 이미 국왕에게 불법을 付屬하는 것과 같이 지배자와의 타협이 적극적으로 행해지고 있었다. 중국의 경우 隋·唐·宋朝에 이르러 보다 강력한 중앙집권 국가가 되면 불교는 완전히 체제 내에 편입되어 국왕 付屬에서 나아가 국왕 수호를 주장하기에 이른다.[115]

고려시대에 유통된 신역 인왕경은 다라니를 설한 밀교적 성격을 띠며

---

112) 『大正藏』 권8, 「仁王護國般若波羅蜜多經」 奉持品 第7, 843쪽.
113) 『大正藏』 권8, 仁王護國般若波羅蜜多經 囑累品第八, 844쪽.
114) 望月信亨, 金鎭烈 譯, 『佛敎經典成立의 硏究』, 불교시대사, 1995, 329~345쪽.
115) 『守護國界主陀羅尼經』, 『大乘本生心地觀經』 등의 경전은 국왕 수호를 주장하는 경전이다.

국왕의 우월성을 인정하고 付屬하는 성격 등으로 중앙 집권층과 합일될 수 있었다. 경전의 호국적 성격은 국가 불교행사로 기능할 수 있었기에 고려후기에는 특히 밀교적 불교행사들과 함께 성행하였다.

의천은 仁王經 信仰으로서 仁王道場을 개설하여 국왕과 왕실의 권위를 제고하면서 불법의 중흥까지 고려하였다. 仁王經에 대한 중앙집권적 해석과 적용을 통하여 적극적으로 불법을 付屬한 국왕의 우월성을 드러내고 있는 것이다. 이러한 점은 숙종대 국왕권의 강화를 통한 개혁정치의 실상을 반영하고 있다. 의천은 숙종대 개혁정치에 일조하는데 그 근간에는 이렇듯 仁王經의 내재적 성격을 통하여 왕권의 우월성에 대한 경전적 근거를 제공하였던 것이다.

제6장 義天思想의 繼承과 그 意義

제1절 華嚴宗 門徒

1. 門徒의 形成

고려중기 불교에서는 華嚴·瑜伽·禪宗·天台교학 등이 주목되며, 그 가운데 문종과 선종대에는 국왕과 왕실이 후원한 華嚴敎學이, 숙종대에는 天台宗이 돋보인다. 그렇지만 고려후기 불교계 동향을 살펴보면 의천의 화엄 및 천태사상의 전통성이나 계승은 잘 나타나지 않는다. 또한 禪宗이 재흥됨에 따라 상대적으로 敎宗은 위축되었고, 자연 의천의 사상과 문도는 후대에 제대로 전승되기 어려웠다. 이러한 기본적인 이해 위에 의천이 華嚴의 爛圓에게 출가한 내용과 그 門徒들에 대하여 검토키로 한다.

① 11세에 문종의 숙지를 받들어 景德國師에게 출가하여 賢首敎觀을 稟受하였고, 景德國師가 입적함에 그 門徒들과 더불어 敎觀을 강하여 그치지 않았고, 또 널리 여러 宗派의 학자들을 모아 서로 강론하니, 무릇 그 얻은 바가 크게 뛰어나서 노사 숙덕들이 따를 바가 아니었다.[1]

② 11세에 문종이 그 영오함을 기이하게 여겨 영통사 경덕국사를 불러 親敎師로 삼아 출가시켰다.……景德이 입적함에 師가 그 法門을 계승하

---

1) 林存, 「南嵩山僊鳳寺海東天台始祖大覺國師之碑銘幷序」(『韓國金石全文』 中世上, 1984, 595쪽), "年十一 承文祖宿志 投景德國師剃度 受賢首敎觀 景德卒 與其徒 講學不止 又廣會諸宗學者 相與康論 凡有所得卓爾非凡 老師宿德之跂及".

304

였는데 당시에 불교를 배우는 것은 戒律宗·法相宗·涅槃宗·法性宗·圓融宗·禪寂宗이 있었다. 師는 이 六宗에 있어서, 모두 그 연구가 지극한 경지에 이르렀다.[2]

의천은 1065년 爛圓(999~1066)에게 출가하여 華嚴敎觀을 수업하였지만, 1066년 爛圓이 입적함에 따라 그의 영향은 그리 크지 않았을 것으로 추측된다.[3] 의천은 爛圓의 문도와 더불어 華嚴敎觀과 講論을 지속하는 한편 戒律宗·法相宗·涅槃宗·法性宗·圓融宗·禪寂宗 등 諸宗의 碩學들을 찾아 敎學을 두루 접하였으며 전반에 걸쳐 그 연구가 지극한 경지에 이르렀다. 당시 爛圓의 門徒로는 昶元, 理琦, 樂眞(1045~1114) 등이 있었는데 의천은 이들과 華嚴敎學을 강론하였을 것이다.

한편 爛圓의 師僧관계는 분명치 않아 고려초기 화엄교학자인 均如나 坦文과의 연결이 잘 보이지 않는다. 景德國師墓誌에는 首座 弘睡가 스승이라고 하였지만[4] 그의 사적 또한 잘 나타나지 않는다. 爛圓은 입적 시까지 영통사에 住持하였지만 塔碑는 九龍山 福興寺에 건립되었다.[5] 이보다 앞서 圓融國師 決凝이 福興寺에서 受戒하였지만 직접 그와 연결되지는 않는 듯하다. 坦文도 구룡산사에 住持하였는데, 이 또한 福興寺로 추정되지만 그와의 연결도 분명치 않다.

의천은 磧川寺 想祖師 祭文에서 자신과 想祖師는 祖孫관계임을 서술하였다.[6] 따라서 想祖師가 의천과 祖孫관계라면 그의 사승인 爛圓과 동 시대에

---

2) 朴浩, 「高麗國大聖日興王寺故國師詔謚大覺大和尙墓誌銘幷序」(『韓國金石全文』中世上, 1984, 532쪽), "泊景德歸寂 師繼法門 而當世之學佛者 有戒律宗 法相宗 涅槃宗 法性宗 圓融宗 禪寂宗 師於六宗 並究至極".
3) 爛圓은 의천에게 감화를 주지 않은 것으로 본다(許興植, 앞의 책, 197쪽).
4) 「景德國師墓誌」(『韓國金石全文』中世上, 1984, 499쪽), "故首座弘睡師也".
5) 福興寺는 개경에 있었으며, 官壇이 설치되어 있었다. 고려전기에 僧統級 승려가 住持하는 사원으로는 영통사, 홍호사, 홍원사, 복흥사, 홍왕사가 있었는데 慧德韶顯, 圓融國師 決凝이 受戒한 곳이었다(韓基汶, 『高麗寺院의 構造와 機能』, 民族社, 1998, 169쪽).

활동하였거나 爛圓의 師僧관계 등을 추정할 수 있겠지만, 의천이 정해진
스승이 없이 聞道하였다는 기사를 고려하면 타 종파의 敎學僧일 가능성도
있다.[7] 결국 의천이 출가 수계한 爛圓은 화엄교학자였지만 그의 사승관계
는 고려초기와 繼起的으로 연결하기 어려운 점이 있다.

의천은 13세가 되던 해인 1067년에 僧統을 제수 받았다.[8] 爛圓이 입적함
에 의천이 그 法統을 계승하였기 때문에 당시 爛圓의 화엄 문도는 동학이지
만 의천의 문도에 편입된 것으로 이해된다.[9] 이러한 「高麗國五冠山大華嚴靈
通寺贈諡大覺國師碑銘幷序」(이하, 「靈通寺碑」)에 수록된 의천의 문도에 대
하여 알기 쉽게 도표로 정리하면 다음 <표 28>과 같다.

<표 28>은 「靈通寺碑」의 「大覺國師門徒職名開坐碑陰」(이하, 「靈通寺碑
陰」)에 收錄된 것으로 門徒 가운데 '本景德門人'이라 하여 景德國師 爛圓의
문인이었지만 뒤에 의천의 문도에 포함되었음을 알려주고 있다. 따라서
「靈通寺碑陰」에는 景德 문인으로서 의천의 문도에 편입된 인원과 이후
의천의 문하에 들어온 인원으로 구분하여 볼 수 있다. 「靈通寺碑」가 건립된
1138년을 전후하여 당시 의천의 문도는 결락된 인원을 제외하고 약 225명으
로 구성되었다.

---

6) 의천, 「祭磧川寺想祖師文」『대각국사문집』 권16(『한국불교전서』 권4, 554쪽), "某
幸賴夙緣 叨蒙餘潤 我謂聖師爲祖 聖師謂我爲孫 及謁舊居 徒增永慨 旣睹荒涼之地
寧忘修葺之心 他日成功 終期覆實 今朝致供 且表濫觴".
7) 許興植은 爛圓의 師僧일 가능이 크지만 역시 고려초의 다른 인물과의 연결은
알 수 없다고 하였다(許興植, 『高麗佛敎史硏究』, 一潮閣, 1996, 197쪽).
8) 「僊鳳寺碑」에는 문종 23년(1069)에 우세 승통으로 사호된 것으로 되어있고, 「靈通
寺碑」에는 丁未 七月 乙酉에 敎書를 내려 우세승통을 삼은 것으로 되어있다.
정확한 干支와 敎書를 근거로 한 「靈通寺碑」의 기록에 의거 1067년으로 본다.
9) 金富佾, 「贈諡元景王師碑銘」(『韓國金石全文』 中世上, 1984, 567~568쪽), "景德門遷
化 大覺傳繼法師".

<표 28> 「靈通寺碑陰」에 收錄된 大覺國師門徒10)

職名	門 徒 名	備考
僧統	昶元 稱道 理琦 俊韶 □闡 樂眞 □英 聽諝 宣慧(이하 결)	翼玄
首座	學淵 仁允 爽英 靈善 南曉 靈憲 昶之 融諝 顯深(이하 결) 講明 宿堅 古先 充世 神悟 普滋 (이하 결) 承照 夢英 惟儼 彦沖 靈法 相智 顯雄 處常 道憐 代眞 則由 承冠 賢濬 慧溫	
三重 大師	令玄 善機 幹英 敎英 英闡 廣慈 已上本景德文人 芳古 洪悅 道眞 善嚴 壽介 應宣 成俊(이하 결)圓璉 神景 利崇 裕幹 挺賢 靈印 淸慧 戒膺 惟淸 昶均 正玄 曇柱 德稱 資守 慧示(이하 결)	
重大師	應周 向玄 應守 智智 紹餘 敎琛 占沖 明諝 戒豊 繼明 照眞 順明 守明 在宗 從海(이하 결) 已上本景德文人 上機 日滋 先器 講眞 應成 俊神 占崇 亮□ 惟哲 成諝 志明 英冠 法緣 應沖 諝資 融現 守南 玄諝 應淸 壽千 迪之 義滋 挺英 處英 義持 珍諝 仁賢 成裕 幸□(이하 결) 慧沖 緇秀 得機 念眞 妙慈 靈致 慧高 洪機 猶吾 □玄(이하결) □派 經成 良擧 從師入宋者 慧芳 (이하 결) 裕貞 周冠 廣賢 性英 諝貞 法常 法暢 崇諝 順雄 惟順 融介 還現 法悟 介□ (이하 결) 景猷 潤諝 成璉 勝流 釋雲 因俊 道雲 眞鑑 復元 惟勝 元亮 宗鑑 稱現 (이하 결) 慧素 慧謙 觀宣 慧幢 慧觀 慧妙 慧南 慧吾 俊隣 彦覺 法□ 性照 海瓊(이하 결) 慧嚴 明介 辯眞 周敏 周潤 敎琛 定韶 性觀 懷遠 慧臻 笑瑾 英□ 繼玄(이하 결) 慧仁 善連 正眞 性眞 戒雄 雄照 戒瑚 慧敬 慧良 慧約 戒如(이하 결) 道崇 尙先 成信 銳觀 玄悟 穎機 慧深 景純 崇妙 證玄 釋詮 (이하 결)	
大師	思俊 唱英 利英 湜靈 挺成 慶融 淸璉 慧先 宗哲 義宏 自强 慧□ 利宣 慧千 敎元 照常(이하 결)	
大德	自寧 慧俊 慧均 性如 冠規 仁永 惟白 慧善 正端 志圓 占常 法規(이하 결)	

缺落 부분의 인원을 포함하면 門徒의 수는 추가될 수 있지만 현재로서는
잘 밝히기 어렵다.

다음의 <표 29>는 위의 <표 28>을 기초로 하여 의천 門徒를 僧職에
따라 구분한 것이다.

---

10) 「靈通寺碑陰」에 수록된 大覺國師門徒는 『朝鮮金石總覽』, 『韓國金石全文』, 『海東金
石苑』의 3본을 비교하여 작성하였다.

<표 29> 「靈通寺碑陰」에 收錄된 大覺國師門徒 構成

僧職	全體門徒	本景德門人 出身者 및 人員		備考
僧統	9	昶元 稱道 理琦 樂眞	4	
首座	38			
三重大師	28	令玄 善機 幹英 敎英 英闡 廣慈	6	
重大師	131	應周 向玄 應守 聰智 紹餘 敎琛 占冲 明謂 戒豊 繼明 照眞 順明 守明 在宗 從海	15	
大師	16			
大德	12			
합계	225		25	

「靈通寺碑陰」에 기록된 의천의 門徒 225명 가운데 景德門人 출신자는 25명이었다. 首座 僧階에도 景德門人이 있었을 것이나 缺落되어 그 전모를 알 수 없다. 碑文이 撰述되는 1125년 이후에 景德門人 출신자로 의천의 門徒에 올라 있는 자는 모두 25명이다. 爛圓의 사후 의천이 法門을 계승함에 樂眞을 포함한 景德門人 출신자 대부분은 의천의 講下에 나아가 門徒로 편입되었을 것으로 판단된다.[11]

1112년 이후에 작성된 「大覺國師墓室及碑銘安立事跡記」를 통하여 의천의 추가 문도를 확인할 수 있다. 의천의 墓室 安立을 주관한 것으로 보이는 三重大師 翼玄, 普滋 등이 주목된다. 이들은 1102년 당시 三重大師였지만, 비문이 재수립되는 1112년 이후에 翼玄은 慧宣[12] 등과 함께 僧統이 되었고, 普滋는 首座로 加階되었다.

다음 <표 30>은 의천의 墓室과 碑銘 安立을 주관한 門徒名을 승직에 따라 구분한 것이다. <표 28>의 225명과 중복되는 인원을 제외하면 31명을 더하여 256명으로 추산되며, 결국 비문에서 결락된 부분의 인원을 보충한다면 약 300여 명으로 추산된다.

---

11) 金富佾, 「贈諡元景王師碑銘」(『韓國金石全文』 中世上, 1984, 567~568쪽), "景德門遷化 大覺傳繼法師 景德門人(8字缺)講下 大覺素知 師之爲人".
12) 慧宣은 <표 1>문도 가운데 宣慧와 동일 인물일 것으로 추정된다.

<표 30> 大覺國師墓室及碑銘安立事跡記에 收錄된 大覺國師門徒

僧職	門徒數	門 徒 名	備考
僧統	2	慧宣 翼玄	
首座	2	應善 夢英	
三重大師	2	普滋 翼玄	
重大師	29	德滋 眞介 妙悅 忠現 融介 暹現 郎幾 得妙 勝流 融介 碩從 占惠 洪惠 志一 性沖 碩珍 弘現 朗沖 善解 眞憲 德甫 爲介 妙賢 幸照 賢覽 世賢 神現 碩從 玄漢	
大師	4	有英 神妙 眞憲 德甫	
合計	39		

또한 의천의 문도로 기록된 昶元, 稱道, 理琦, 俊韶, □闡, 樂眞 등은 개별적인 문도를 소유하였다. 昶雲의 墓誌銘에 따르면 그의 학도는 300명이었으며 그 가운데 교학에 뛰어난 자가 100여 명이었다.[13] 樂眞도 185명 이상의 문도를 거느렸다. 다음에서는 이들 문도의 활동과 사상 경향을 살펴 의천 화엄사상의 전개라는 측면에서 검토하기로 한다.

2. 門徒와 그 活動

1) 樂眞

元景王師 樂眞(1048~1116)은 의천의 다른 문도와 함께 비문이 전하고 있어 비교적 그의 활동을 알 수 있다. 낙진은 의천과 함께 爛圓의 문도였지만 의천이 爛圓의 법통을 이음에 그의 문도가 되었고 후에 의천으로부터 전법하였다. 그의 저술이 전하지 않아 사상 경향을 알 수 없지만 의천과 크게 거리가 있지는 않았을 것으로 판단된다. 爛圓이 입적한 후 의천이

13) 「弘護寺住持等觀僧統墓誌銘」(『韓國金石全文』中世上, 535~536쪽), "學徒三百八中 通經對義法理 實□一百餘人". 조명제가 소개한 묘지명에는 "學徒三百人中 通經對義法理 實行一百餘人"으로 되어 있다. 이를 따른다(조명제, 「日本 國學院大學 考古學資料館 소장 高麗墓誌銘」『한국중세사연구』16, 한국중세사학회, 2004, 284~285쪽).

그의 法統을 계승하였고,[14] 의천은 낙진에게 전법의 의미로 불자와 향로를
전하는 등 각별한 사이였다. 다음 기록에서 이를 알 수 있다.

大覺국사가 元景王師와 더불어 이야기할 때에는 欣然히 그의 의견을
聽納하지 않음이 없었다. 王師도 또한 知己를 만났다고 기뻐하였다.……
(大覺국사는) "밝지 않음이 오래되었다. 내가 宋나라에 유학하여 法을
구하러 갈 때에 나를 따라갈 자는 오직 그대뿐이다"라고 하였다.[15]

의천의 화엄교학은 스승인 爛圓과 동문인 樂眞 등과 관련이 있을 법하다.
특히 고려중기의 華嚴教學은 '爛圓－義天－樂眞'의 활동이 주목된다. 樂眞
의 활동은 의천의 활동과 상당 부분 중첩되어 나타나며 다양한 활동을
전개하였다. 樂眞은 의천의 입송구법시 수행하며 教學과 佛典의 교류 활동
에 조력하였다. 그는 귀국 후 의천의 화엄교학을 전법하고 歸法寺, 法水寺,
般若寺, 奉先寺 등지에서 교학을 선양하였으며 각종 국가 불교의례를 주관
하였다. 또한 의천의 諸宗 教藏 수집 활동과 함께 樂眞도 經律論 등 三藏을
수집하였는데 모두 5,450권을 구득하였다. 그는 이를 강독하고 門徒에게
勸學하였다. 더 나아가 樂眞의 주요 활동 가운데 하나는 諸宗 教藏 출간
사업이다. 의천이 흥왕사에 教藏都監을 두고 教藏을 조인할 때 樂眞이
교정 및 판각 등 사업의 주요 과정을 담당하였는데 『圓宗文類』, 『教藏總錄』,
『釋苑詞林』 등의 편찬과 관련이 있다.

의천이 宋으로 떠나자 宣宗은 樂眞과 大師 慧宣, 道隣 등에게 명하여
追從토록 하였다.[16] 宣宗이 樂眞 등을 급파한 이유는 의천과의 친연성,

14) 金富佾, 「贈諡元景王師碑銘」(『韓國金石全文』 中世上, 1984, 567~568쪽), "景德門遷
化 大覺傳繼法師".
15) 金富佾, 위의 비(위의 책, 568쪽), "大覺與之言 未嘗不欣然聽納 師亦喜遇知己……
不明久矣 吾欲西遊於宋 求得其法 從我者唯子歟".
16) 金富佾, 위의 비(위의 책, 568쪽), "商船浮海 上聞之驚歎 命師及大師慧宣道隣等
追之". 같은 내용이 「開城 靈通寺大覺國師碑」에 실려 있다. 1085년 4월 대사 僧階인

화엄교학 등이 고려되었을 것이다. 이에 대하여는 다음의 자료를 통하여
살펴보기로 한다.

① 慧因院 晋水法師는 처음 만난 초면이었지만, 오래전부터 친한 구면처럼
느껴져서 항상 溫顔으로 친절히 대해주었다. (결락) 員外郞인 楊傑이
소문을 듣고 이르기를 "子正의 학문이 박식 다문하여 참으로 사람들의
스승이 될 만한 스님이다"라고 칭송하였다.[17]
② 賈相公이 주석한 金剛經 및 遺敎經節要七部를 慈應, 樂眞에게 부치니
이하는 각각 마땅함을 따라 익히고 강의할 것이며 검열하기 바랍니
다.[18]

樂眞은 입송하여 의천과 만난 후 귀국시까지 수행하며 의천과 함께
諸宗 敎學을 접하였다. 宋에서 화엄승려인 有誠法師나 晋水淨源의 화엄사상
을 접하였으며, 그는 정원과 화엄교학 등을 교류하였다. 의천과 樂眞의
일행이 송에 머물렀을 때 宋僧 淨源과 館伴使 楊傑은 그의 인물과 華嚴敎學에
대하여 높이 평가하였다. 특히 관반사 양걸은 樂眞의 학문에 대하여 박식
다문하여 다른 사람의 스승이 될 수 있다고 하였다. 이로 보건대 낙진의
諸宗 敎學에 대한 이해는 상당한 수준이었으며, 이러한 경험이 기반이
되어 귀국 후 의천을 도와 각종 문류의 편찬사업에 참여한 것으로 이해된다.

또한 樂眞은 의천과 淨源의 불전 교류를 도왔다. 의천이 『遺敎經』을
講經한 기록이 문집에 전하는데, 樂眞은 宋僧 淨源에게서 『遺敎經節要』
및 『金剛經』을 받아 의천에게 전달하기도 하였다.

귀국 후 낙진은 華嚴經을 강설하거나 국가 불교의례를 주관하였다.

혜선과 道璘은 영통사가 수립되던 1122년 이후에 각각 승통과 首座의 僧階였음을
알 수 있다.
17) 金富佾, 위의 비(위의 책, 567쪽). '子正'은 樂眞의 字이다.
18) 淨源, 「大宋沙門淨源書 五首」 『대각국사외집』 권4(『한국불교전서』 권4, 572쪽),
"賈相公注金剛經 洎遺敎經節要七部 附慈應樂眞 已下習講 各宜檢至".

다음의 관련 자료를 통하여 그의 강학과 불교의례 설행을 확인할 수 있다.

① 聽樂眞大師講[19]

　　佛祖垂文緣低事　　佛祖가 글 지은 뜻이 무슨 일을 인연하리.

　　只應傳授化群萌　　다만 법을 전함에 응하여 일체 衆生을 敎化하려네.

　　近來講主皆荒怠　　요즘의 講主는 모두 학문이 거칠고 태만한데

　　君獨循循異衆情　　그대만이 순순연하여 여러 사람들과 다르네.

② 大覺國師가 (결락) 一柄을 전하고 전별하면서 이르기를 "지난날 晋水法師가 향로와 불자를 나에게 전하였고 이제 그대에게 전하니 마땅히 힘써 吾道를 發揚하시오"라고 하였다. (중략) 睿王이 東宮에 있을 때 華嚴敎에 뜻을 두고 (결락) 비록 造次와 酬酢하는 순간에도 일찍이 敎法을 선양하며 홍호하지 않은 적이 없었다. (결락) 국가적으로 水害와 旱害, 災變이 있을 때에는 반드시 大師를 초청하여 불교 의례를 설행하였다. 王師가 스스로 와서 華嚴經을 講讀하였는데 性起(品에 이르러) (결락) 그 응험이 많아 헛되지 않았다.[20]

　　樂眞은 중국 法藏系 정통 화엄종의 淨源을 전법한 의천으로부터 법을 이어 받았다. 따라서 낙진의 화엄학 역시 의천과 크게 다르지 않았을 것으로 판단된다. 다만 의천의 華嚴思想을 보충할 수 있는 내용은 국가 불교의례로서 화엄 불교의례를 설행하고 주관한 것이다. 특히 祈福禳災의 성격을 띤 불교의례 設行을 주관하였는데 그것은 華嚴經講經이 主가 되는 華嚴道場이었다. 그의 화엄경 講經은 의천이 청강할 정도였으며 당시 華嚴義學者의 講經과 달리 敎學의 논리가 정연하였다. 이는 낙진의 華嚴敎學이 높은 수준이었음을 의미한다.

19) 의천, 「聽樂眞大師講」『대각국사문집』권20(『한국불교전서』권4, 556쪽).

20) 金富佾, 「贈諡元景王師碑銘」(『韓國金石全文』中世上, 1984, 569쪽), "大覺 (결락) 一柄爲餽贐曰 昔晉水法師 以爐拂傳我 我以傳之於子 宜勉之 發揚吾道……睿王之在東宮也 遊心於華嚴敎 (결락) 雖造次酬酢之間 未嘗不□□揚弘護爲 (결락) 法匠 凡國朝 有水旱災變 必請師爲邀福之事 師自來常讀大經於性起 (결락) 其應多不虛".

312

樂眞은 의천이 興王寺에 설치한 敎藏都監에서 諸宗 敎藏을 판각할 때
그 교정을 맡았으며,『圓宗文類』나『釋苑詞林』편찬시에는 그의 門人인
覺純 등과 함께 참여하였다. 樂眞은 의천의 재세시에『圓宗文類』와『교장총
록』의 편찬을 돕고, 사후에는『釋苑詞林』의 편찬 사업을 주관하였다. 그의
碑인「元景王師碑」에는 전후 缺落이 많아 내용이 분명치 않지만, 王命으로
『釋苑詞林』의 題名을 받았고, 覺純 등이 상세히 編定하여 250권을 최종
편찬하였음을 알 수 있다.[21]

樂眞은 景德國師 爛圓의 문하에서 수학하고 의천의 門徒에 편입되면서
불교계에서 다양하게 활동하였다. 특히 그의 華嚴敎學은 의천을 전법하여
중국 正統 法藏系 華嚴의 계승을 분명히 하였지만 이후 門徒의 嗣資관계는
잘 나타나지 않는다. 또한 그의 敎學이나 사상을 제시할 수 있는 저서가
없어 현재로서는 더 자세하게 밝히기 어려운 점이 있다.

2) 戒膺(無碍智國師)과 敎雄

戒膺은 의천의 문도로「靈通寺碑陰記」에 大覺國師門徒로 기록되어 있지
만, 敎雄(1078~1153)은 문도에 올라 있지 않다. 그의 묘지명에 따르면
僧統 理琦에게서 수학하였다고 한 점으로 미루어 理琦의 문도로 분류할
수 있다.[22] 이들은 太白山 覺華寺를 중심으로 교학을 연구하고 弘法하였던
점으로 보아 의천계로 보아 큰 무리가 없을 것이다.

戒膺은 大覺國師門徒로서 壽介, 德稱 등과 함께「靈通寺碑陰」에 실려있다.
『破閑集』의 다음 자료는 그가 의천의 嫡嗣임을 알려준다.

太白山人 戒膺은 大覺國師의 適嗣이다. 어려서 승사에 머물며 독서를

---

21) 金富佾, 위의 비(위의 책, 570쪽), "事 記等雜文 奉聖旨 賜□釋苑詞 (缺落) 門人首座覺
純等 重加詳定 以類相從 編爲二百五十卷 至是歲告畢焉 戊子歲移住 (缺落)".
22)「洪圓寺僧統墓誌」(『韓國金石全文』中世上, 719~721쪽), "僧統理琦門樞衣請業凡學
者莫敢與爭".

하였다. 大覺國師가 담장을 넘어 그 소리를 듣고 이르기를 "이 사람은 참으로 法器로다"라고 하였다. 이에 祝髮케 하고 門下에 두었다. 아침 저녁으로 부지런히 연구에 힘써 佛門에 들어가 大覺國師를 계승하고 大法을 弘揚한 지가 四十餘年이 되어 천자가 敬仰하는 바 되어 항상 국왕의 곁을 떠나지 못하였다. 여러 차례 太白山으로 돌아가기를 청하여 覺華寺를 손수 개창하고 法施를 크게 여니 四方學者들이 輻湊하여 항상 千百人을 넘어 法海龍門이라 불렀다.[23]

戒膺은 僧舍에서 독서하던 인연으로 의천의 문하에 들어가 문도가 되었다. 또한 그는 의천을 계승하여 40여 년 이상 華嚴敎學을 弘揚하는 동안 국왕의 厚遇가 있었다. 이후 태백산으로 돌아가 覺華寺를 개창하고 華嚴敎學을 베풂에 사방의 학자들이 모여들어 항상 천여 명을 유지할 정도로 교세가 커 法海龍門이라고 불릴 정도였다. 의천은 재세시에 華嚴敎學과 별도로 天台宗을 개창하여 불교계를 재편하고 개혁 정치를 통한 왕권 강화에 조력하였다. 의천의 입적 이후는 華嚴과 天台宗 門徒들이 개별 山門으로 돌아가는 등 점차 쇠퇴하였고 禪宗의 재흥이 주목된다. 따라서 화엄교세 역시 약화될 수밖에 없었다. 이 점은 戒膺이 태백산에 은거한 모습에서 유추할 수 있다. 이에 대해서는 다음의 김부식의 「興王寺華嚴法會疏文」에서 살펴볼 수 있다.

대覺國師가 敎理를 선양하고 큰 이익을 지었습니다. 그 뒤 30년이 가깝도록 敎義는 점점 쇠퇴하여졌으나 능히 계승하는 이가 없었습니다. 제자

---

23) 李仁老, 『破閑集』 卷上, "太白山人戒膺 大覺國師適嗣也 幼時寓僧舍讀書 大覺隔墻聞其聲曰此眞法器也 勸令祝髮在門下 日夕孜孜鑽仰 優入閫奧 繼大覺弘揚大法四十餘年 爲萬乘敬仰 常不離輦轂 累請歸太白山 手抑覺華寺 大開法施 四方學者輻湊 日不減千百人 號爲法海龍門 時興王寺有智勝者 嗜學詣帳下摳衣 請益踰年將還山 作詩送之云 好學今應少 忘形古水稀 顧余何所有 而子乃來依 窮谷三冬共 春風一日歸 去留俱世外 不用淚霑衣 夫得道者之辭 優游閑淡 而理致深遠 雖禪月之高逸 參寥之淸婉 豈是過哉 此古人所謂如風吹水自然成文".

314

들이 공손히 유지를 이어 중흥하기를 생각하고, 大覺國師의 高弟 戒膺과 學徒 160인을 초청하여 弘教院에서 이 달 某日부터 시작하여 약 37일 동안 華嚴法會를 열었습니다.……이제 은거하는 高弟들을 일으켜 講堂을 主管하게 하였습니다.……국가와 더불어 경사를 함께 하여 王業을 기울지 않게 하소서. 華嚴의 아름다운 징조가 이르게 하며 春秋의 災異는 消滅하게 하소서.……모두 毘盧遮那佛의 身土를 얻게 하소서.[24]

　의천 입적 후 30여 년간 華嚴敎義가 점점 쇠퇴하였지만 계승할 華嚴宗門의 高弟가 없었다. 김부식이 華嚴法會疏文을 작성한 시기는 인종대로 숙종의 아들인 澄儼 등에 의해 화엄이 일시 재흥된 시기였다. 바로 대각국사의천의 「靈通寺碑」와 「僊鳳寺碑」가 각각 1138년과 1137년경에 세워질 수 있는 정치사회적 분위기가 조성된 시기이기도 하였다. 징엄은 은거하였던 의천의 嫡嗣 태백산 각화사 戒膺 등을 초치하고, 국가적 불교의례인 華嚴法會를 개설하여 주관토록 하였다. 戒膺은 국왕의 초치로 華嚴經 講經을 한 것으로 보아 인종대에 활동을 재개한 것으로 판단된다.[25]
　敎雄은 戒膺과 교류한 華嚴敎學者로 의천의 문도인 僧統 理琦의 문하에서 수학하였다. 敎雄이 의천과 직접 연결됐는지 여부는 확실치 않지만 理琦에게 수학하고 戒膺과 함께 태백산에서 교류한 점은 그들이 같은 의천계 화엄 문도였기 때문에 가능하였던 것으로 이해된다. 다음의 자료가 참고된다.

　12세에 歸法寺의 大師 戒明에게 머리를 깎았으며 그 해에 具足戒를 받았

---
24) 김부식,「興王寺弘敎院華嚴會疏」『동문선』권110, "大覺國師 宣揚敎理 作大利益 厥後近三十年 敎義浸衰 莫有能繼 弟子虔尋遺志 思有以重興 請國師高弟弟子戒膺及 學徒一百六十人 於弘敎院 始自今月某日起 約三七日修設華嚴法會……起高弟於嘉 遯 俾主盟於講堂 四事莊嚴 多以益辦 六時禮念 勤而無疲……與國同慶 置神器於不傾 格洪範之休徵 滅春秋之災異……皆得毗盧之身土".
25)『高麗史』권16, 인종 12년 8월, "招山僧繼膺講華嚴經".

다. 장년이 되자 僧統 理琦의 문하에 나아가 경의를 표하고 배우기를
청하였는데, 모든 학인들이 감히 함께 겨룰 수가 없었다. 崇寧 2년 癸未年
(숙종 8, 1103)에 僧選에 응시하여 한 번에 높은 성적으로 합격하였으나,
그의 뜻은 오히려 혼란스러움을 원하지 아니하였다. 명성을 드러내는
일에 초연하여 無㝵智國師와 함께 太伯山에서 노닐면서, 드디어 一性의
큰 뜻을 다 깨닫고 萬相의 이치를 꿰뚫으니, 이름이 더욱 드러났다. 仁宗이
지극한 정성으로 궁궐 안에서 성스러운 가르침을 널리 드높일 만 한
자가 누구인가고 물으니, 無㝵智國師가 추천하여 이르기를 "스님만한 분
이 없습니다"라고 하였다. 이로 말미암아 仁宗이 매우 후하게 대우하였다.
당시의 公卿, 學士와 大夫들 또한 공경하며 중하게 여기지 않는 이가
없었으니, 실로 華嚴의 一代 宗匠이다. 근자에 그 맑고 그윽한 풍모는
더욱 뛰어나서 모든 생명들을 화락하게 하니, 어찌 그 경지를 짐작할
수 있겠는가.[26]

  教雄은 僧統 理琦의 문하에 나아가 수학하고, 승선에 합격하였지만 명성
을 드러내는 일에 초연하여 無㝵智國師와 함께 太伯山에서 유력하면서,
性相의 이치를 궁구하였다. 教雄이 승선에 합격한 1103년에 화엄교학 승려
의 활약상은 잘 나타나지 않는다. 이후 예종대에 教雄은 戒膺과 함께
태백산에 은거하였고, 인종대에 와서야 돌아올 수 있었다. 仁宗이 '궐내에서
성스러운 가르침을 널리 드높일 만 한 자가 누구인가'라고 물으니, 無㝵智國
師가 教雄을 천거하였다. 그것은 그가 의천계 화엄종 문도였기 때문에
가능했던 것으로 이해된다. 이후 教雄은 홍원사의 주지로 흥왕사에서
입적한 의종 7년(1153)까지 화엄교학을 弘揚하였다.

---

26) 「洪圓寺僧統墓誌」(『韓國金石全文』中世上, 719~721쪽), "年十二投歸法寺大師戒明
   祝髮於其年受具足戒比壯 就僧統理琦門樞衣請業 凡學者莫敢與爭能 崇寧二年癸未
   赴僧選一中 高弟其志尙不願顯於名路超然□ 無㝵智國師遊太伯山 遂以盡一性之宗
   窮萬相之理而名益著屬 仁宗以至誠嚮內問可使弘揚聖敎者誰歟 無㝵智國師薦之曰
   莫如師 由是仁宗甚厚遇而當時公卿學士大夫亦莫不敬重 實華嚴一宗匠也 其玄風勝
   益 所以熏發動植者 豈可思議哉然".

教雄의 華嚴敎學은 '一性之宗'과 '萬相之理'를 窮盡하는 것으로 표현되었다. 一性은 佛性으로 一切衆生이 모두 이 佛性을 갖추고 있음을 깨닫는 華嚴一乘의 敎理를 의미한다. 또한 萬相의 이치를 끝까지 궁구하는 것은 普賢行과 文殊智를 통하여 가능하였다. 이것은 의천의 華嚴一乘思想에서 나타나는 '뜻을 一乘에 두고, 萬行을 닦으려는 큰마음을 변하지 않고 서원을 몸에 지니면서 普賢乘을 가지고 비로자나불의 경계에 이르는 길'과 통하는 것임을 알 수 있다.[27] 의천이 일찍이 學徒에게 一乘에 이르기 위하여 普賢行과 華嚴經의 解脫法門에 들어가고 비로자나의 性海를 깨쳐 익힐 것을 강조한 것과 무관치 않다.

教雄(1078~1153)의 문하에는 영통사 주지 通炤僧統 智稱(1112~1192)이 있었다.[28] 智稱은 국가 불교의례를 주관하고 宗選을 관장하였지만 추가적인 불교계 활동은 분명치 않다. 다만 '義天-理琦-教雄-智稱'으로 系譜가 이어지는 智稱이 고시관이 되어 1189년, 1192년에 각각 화엄종의 '中選', '宗選'을 관장하였다. 이로 보아 무신란 이후 정치 구조상의 변동에 따라 불교계의 재편이나 불교 시책의 변동이 있었던 것은 아니었음을 알 수 있다.[29] 智稱 등이 주도한 의천계 華嚴宗은 12세기 후반까지 단속적으로 종세를 유지하면서 전승되었을 법하다.

3) 澄儼과 宗璘

澄儼은 숙종의 4자로 1097년 8세에 의천 문하로 출가하여 화엄교학을 수학하였다. 1103년에는 중광사 주지, 1105년에는 승통에 제수되고 福世의

---

27) 의천,「示新參學徒智雄」『대각국사문집』권16(『한국불교전서』권4, 557쪽), "或同修萬行 同志一乘 逍遙法界之門 放曠無爲之域 則生生常作良朋 處處互爲善友 我語汝之相從 汝心我之同契 常習普賢之行 常披圓頓之經 塵塵入解脫法門 句句了遮那性海 廣度無度之度 終成無成之成 自力如是 敎他亦然 誓與一切含生 登無上妙覺 是所願也".
28) 「靈通寺住持智稱墓誌」(『朝鮮金石總覽』, 417쪽).
29) 蔡尙植, 『高麗後期佛敎史硏究』, 一潮閣, 1996 중판, 16쪽.

법호를 하사받았으며 예종대에는 홍원사, 개태사, 귀신사 등에 주지하였다. 澄儼은 인종의 불교정책에 짝하여 화엄교학을 중심으로 하는 五敎都僧統으로서 불교계를 주도한 것으로 이해된다. 이때 실추된 화엄교세를 회복하고 국왕의 불교정책 조력을 위하여 대각국사비의 재수립을 주관하였다.

澄儼 등은 인종 3년(1125) 7월 국사의 행장을 수집하여 왕명으로 「영통사비」 비문 찬술과 수립을 시도하였다. 그러나 澄儼은 1126년을 전후하여 귀신사로 은거하였다.[30] 이것은 문벌 인주이씨 이자겸 및 그들과 연결된 瑜伽系 사원 세력과의 불편한 관계에 기인한 것으로 이해된다.

澄儼은 인종 즉위 이후 五敎都僧統에 임명되어 불교계를 주도하였다. 이는 의천계 화엄교학의 재흥과 실추된 교세의 재정립을 의미한다. 이 시기에는 다양한 불교교학 활동이 보이며, 한편에서는 일시 도교의 움직임도 활발하였다.[31] 인종 즉위 초에는 의천계 화엄교학이 불교계를 주도하면서, 澄儼은 문도와 함께 인멸된 「대각국사비」의 재수립을 시도하였다.

의천계 화엄교학의 강조는 1125년경 국왕의 명에 의해 김부식이 의천의 비문을 찬술하기에 이르렀다. 그러나 인종 즉위 이래 이자겸의 擅權은 그의 아들인 玄化寺 義莊과 불교계에서의 대립이 예견되었다.[32] 1125년을 전후하여 澄儼의 의천비 수립 시도는 좌절되었고 귀신사에 은거하였다.[33]

---

30) 權適, 「興王寺圓明國師墓誌」(『韓國金石全文』中世上, 631~633쪽). 澄儼은 1121년 귀신사 주지, 1122년 인종 즉위로 5교도승통 임명, 1126년 귀신사로 퇴거, 1131년 인종의 국사 초치, 홍왕사 주지, 1141년 홍왕사 입적.

31) 梁銀容 등, 「高麗中期 道敎의 綜合的 硏究」『韓國學論集』15, 한양대, 1989. 고려사에는 고려중기 도교의례 자료가 산견되며, 문한관이었던 김부식·최유청·김극기·이규보 등의 道敎 齋醮靑詞를 근거로 들 수 있다.

32) 『高麗史』권172, 李資謙傳, "子僧義莊爲首座 王出乾德殿門外親傳詔書……義莊自玄化寺率僧三百餘人 至宮城外在宮內者 無敢出但持弓矢分守 子城門上 王御神鳳門張黃繖俊京軍卒望見懽拜懽呼萬歲 王使問 汝輩何爲操兵而至 對曰 聞有賊入禁中欲衛社耳 王曰 無之朕亦無恙汝等可釋甲散去 遂縋下內帑銀幣賜軍卒令侍御史李仲起居舍人胡宗旦宣諭軍士解甲投兵俊京怒拔劍逐仲等令軍卒復擐甲執兵大呼或有流矢及御前以楯蔽之義莊之徒以斧斫神鳳門柱有自樓上射斫之者中其頭卽斃".

33) 權適, 「興王寺圓明國師墓誌」(『韓國金石全文』中世上, 631~633쪽), "丙午退居歸信

318

당시 이자겸의 아들로 현화사에서 승병을 주관하였고 이자겸의 난에 승병을 동원한 首座 義莊은 瑜伽業 현화사 승려였다.[34] 결국 澄儼은 이자겸과 瑜伽系 현화사 義莊 등의 세력에 밀려 은거한 셈이고,[35] 그들이 완전히 제거되고 인종이 초치하는 1131년에야 개경으로 돌아와 흥왕사에 주지하였다.[36] 이러한 조치는 인종의 화엄교 위주의 불교계 재편 등 불교정책과 관련지을 수 있다.

澄儼의 사상을 확인할 수 있는 자료는 극히 소략하다. 그의 묘지명에는 "의천을 모시면서 학문을 닦아 화엄경의 대지를 통달하였다"[37]라고 하였다. 澄儼이 五敎都僧統이 되어 불교계를 주도하는 시기에는 의천의 제자인 戒膺, 敎雄 등이 흥왕사 등지에서 화엄 법회를 개설하며 의천계 화엄교학의 재흥을 시도하는 시기였다. 따라서 화엄교학을 중심으로 불교계를 주도하는 등 그들 상호간에 긴밀히 연결되었을 것으로 판단된다.

다음으로 玄悟國師 宗璘을 들 수 있지만 그의 화엄교학이 어떠하였는지는 분명치 않다. 碑文에는 "인종께서 일찍부터 大覺의 여풍을 계승 발전시킬 사람이 없을까 염려하다가, 이때에 이르러 기꺼이 圓明國師에게 명하여

先是師雖歷住名藍 而以宗親之故 特留京師 但遙領而已 至是 知外戚擅權 欲危王室 超然有遁世之志 抗章乞退 上優詔從之 遣中使護送 其時 宗室名臣 相踵斥逐而師獨 泰然不及於難時人以此服其先知 辛亥上旣平禍亂 乾斷萬幾遣中使召還京師居興王 寺凡十餘年 以師太叔之尊禮遇".

34) 黃文通,「圓證僧統德謙墓誌」(『韓國金石全文』中世上, 694~698쪽), "睿王時□師德淵 嘗居大內明慶殿 上問曰繼國師者 誰歟 國師以師對 及初住長嚴寺就辭國師 國師設祖 席於殿門 外以寵之及 仁王初 國戚李氏擅權 其子爲浮屠者 居玄化 倚勢乘威 劫諸老師 有德爲門弟 故趨炎炙手者日盈其門 師獨厲色叱之曰師之所存 道之所存也 安有達士 迫於豪强 反爲兒子文眷耶 李氏子大惡之 欲中傷之者數矣 會丙午禍起大內李氏子率 僧徒 方趣京强欲□師俱師辭以疾與門下二人 南抵三角山香林寺暫寓焉 是年夏五月 李黨敗 仁王嘉之 加三重大師 移住大興寺 又加首座".

35) 韓基汶,「고려중기 흥왕사의 창건과 화엄종단」『高麗寺院의 構造와 機能』, 민족사, 1998, 70~71쪽.

36) 權適,「興王寺圓明國師墓誌」(『韓國金石全文』中世上, 631~633쪽).

37) 權適, 위의 墓誌(위의 책, 631~633쪽), "自是服膺學問通華嚴大旨".

15세에 불일사에 나아가 비구계를 받았으니 신유년 12월이었다"[38]라고
하였다. 인종이 '大覺國師 義天－圓明國師 澄儼'을 잇는 왕실 출신의 승려를
상정하고 1141년 12월 15세의 宗璘을 출가토록 한 것이었다. 이후 宗璘은
講經과 百高座會를 주관하는 등 활발한 활동을 전개하였다. 그의 사후
문인들이 瑞峯寺에 비를 세웠는데 大師 敏求가 글자를 새겼다는 비명의
기록 외에 추가적인 門徒를 확인할 수 없다. 宗璘의 화엄사상은 碑文의
결락 때문에[39] 의천계 화엄사상과의 상관성을 확인하기는 어렵다. 의천의
법류인 圓明國師 澄儼－玄悟國師 宗璘은 국가 불교의례 設行을 주관하는
등 왕권 강화에 조력하면서 활동하였지만, 왕실 출신으로 이들의 뒤를
잇는 의천계 화엄교학 승려는 알려진 바가 거의 없다.

4) 其他 門徒

昶元, 稱道, 理琦, 樂眞 등은 본래 景德國師 爛圓의 문인이었다. 이들은
「靈通寺碑陰」에 大覺國師門徒로 기록되어 있어 이에 대한 성격 규명이
요구된다. 「靈通寺碑陰」에 따르면 景德門人 출신자는 약 25명으로 추산된
다. 이들 가운데 僧統의 僧階를 가진 4명을 살펴보기로 한다.

昶元은 大族 柳邦憲의 손자로 「弘護寺住持等觀僧統墓誌銘」의 昶雲과
동일 인물로 추정된다. 昶雲은 본래 景德門人이었으며, '師少時 所咨稟者'라
고 하여 의천이 그에게 화엄교학에 대해 咨稟하였음을 알 수 있다.[40]
昶雲 묘지명에 "당시 一代 宗匠이던 大覺國師가 그를 따라 배웠으며, 문종과
선종대에 두 임금이 모두 궁궐로 모셔다가 스승으로 삼고, 경전의 뜻을

38) 李知命, 「玄悟國師碑銘」(『조선금석총람』 上, 406쪽), "仁宗嘗恐 大覺餘風 無人得嗣
及是欣然 命圓明國(결락)". 宗璘은 帶方公 俌와 관련이 있는 것으로 추정된다.
39) 李知命, 위의 비(위의 책, 405~406쪽), "不知幻身實同 諸佛□稱是性乃說 □□色空□
寄理事□明磨鏡發光 光由中出 焦模見像 像匪(결락)正覺□如 同□乃歸心□有終始
不怠可不謂希有者乎".
40) 金富軾, 「高麗國五冠山大華嚴靈通寺贈謚大覺國師碑銘幷序」(『韓國金石全文』 中世
上, 1984, 585쪽), "本是景德門人 昶元 師少時所咨稟者 爲弘護寺第一代主".

물었다. 선종이 왕위에 있으면서 弘護寺를 창건하려 하다가 끝내지 못하고 돌아가자, 지금의 임금 睿宗이 그 일을 맡을 자를 뽑았는데 공이 선발되었으니, 당시 존경을 받은 것이 이와 같았다"41)라고 하였다. 의천이 출가 후 爛圓보다는 문인들에게 敎學을 자문하였고, 그 가운데 昶雲의 역할이 주목된다.42) 특히 문종과 선종의 초치에 의해 경전의 敎義를 폈으며, 선종의 願刹인 홍호사가 창건되자 1대 주지가 된 점은 의천과 연결되었음을 알려준다.

한편 昶雲은 均如의 생애를 기록한 전기를 赫連挺에게 전하여 『均如傳』을 완성케 하였다. 그는 神衆經을 중시하여 '神衆經注主'라고 불리었는데, 神衆經은 80華嚴經에 포함된 밀교적인 경향이 강한 경전이다. 때문에 그가 사상적으로 토착 신앙이나 이적을 중요시한 均如의 사상과 상통한 것으로 보인다.43) 이로 보아 昶雲은 의천의 門徒로 올라 있음에도 土着的인 神異를 강조한 고려초기의 화엄사상 경향과 연결이 가능하다. 昶雲이 均如의 자료를 전하여 준 赫連挺도 동일한 사상 경향을 유지하였을 것으로 이해된다. 다만 昶雲의 사상 경향이 고려초 均如系 화엄사상과 어떻게 연관되는지는 분명치 않다.

기타 「靈通寺碑陰」에 기록된 僧統의 직명을 띤 稱道, 理琦는 단편적인 사적도 전하지 않아 의천과의 관계를 지적하기 어렵다. 이상이 의천과 직접 계승 관계를 확인할 수 있는 고려중기 화엄교학 승려이다. 이외에

---

41) 「弘護寺住持等觀僧統墓誌銘幷序」(『韓國金石全文』中世上, 535~536쪽), "其道行才辨翕然有名 於時大覺國師一代宗匠之是一也 亦嘗從而學訓之 又文宣二王 皆召致大內 與之爲師 以問經義 宣王卽位 爲創弘護寺 未訖垂崩 當今聖主 以爲主者 而公應其選 其見尊於當世如此".

42) 昶元과 理琦는 의천의 법형일 뿐 아니라 師僧이라 할 정도의 큰 영향을 준 것으로 본 견해가 있다. 또한 「靈通寺碑陰」의 문도는 의천의 제자뿐 아니라 그의 활동에 협력한 法兄도 실려 있다는 점에서 화엄종 고승을 포괄적으로 수록한 것으로 보았다(許興植, 「般若寺 元景王師碑陰記」『高麗佛教史硏究』, 一潮閣, 1986, 638쪽).

43) 許興植, 『高麗佛教史硏究』, 一潮閣, 1986, 195쪽.

均如를 계승한 것으로 추정되는 고려후기 화엄종 승려로서 體元과 千熙가
주목된다.

　고려후기 體元(~1313, 1344~)의 생애와 활동에 대하여는 자료의 부족으
로 그 전모가 밝혀져 있지 않으며, 최근의 연구로 고려후기 화엄사상의
繼起的 이해를 추구한 연구가 주목된다. 體元은 몇 종류의 주해본을 남기고
있기 때문에 이의 분석을 통해 高麗前期와 14세기 불교사의 경향과 사상구
조의 단면을 밝힐 수 있다. 體元의 저술은 독창적이라기보다는 기존의
저술에 '集曰'의 형식으로 주석을 가한 것이다. 그의 저술인『別行疏』는
관음신앙에 대한 이론적인 바탕을 정리하고 아울러 영험과 신이를 통한
실천신앙을 강조한 것이다. 또한『略解』는 義湘을 통하여 실천신앙의 근거
를 구하려 한 것이었다.[44]

　體元이 造成 후에 跋文을 남긴『功德疏經』은 僞經으로서 靈驗과 功德을
강조한 내용을 담고 있는데 기층 사회의 독자적인 형태의 전통적 민간신앙
을 화엄종의 念佛信仰에 수용 또는 결합시키려 한 의도에서 저작된 것이다.
이들은 華嚴神衆道場과 연계되었을 가능성이 있다. 그는 14세기 사회가
요청하는 현실 기복적인 성격에 민간신앙을 수용하여 화엄종의 신앙의례
를 정립시켰다.[45] 고려후기 體元은 '義湘―均如―守其'로 이어지는 계통으
로 분류되며 의천계 화엄사상과는 그 계열을 달리한 것으로 판단된다.

3. 義天 門徒의 思想 傾向

　의천의「靈通寺碑陰」에 수록된 화엄 문도는 300여 명으로 추산된다.
의천은 爛圓의 문하에서 수학하였고 전법함에 따라 昶元・稱道・理琦・樂
眞 등 본래의 景德門人을 포함하여, 많은 승려들이 그의 문도로 편입되었다.

---

44) 蔡尙植,「體元의 저술과 사상적 경향」『고려후기불교사연구』, 1991, 198쪽.
45) 蔡尙植, 앞의 논문, 1991, 218~219쪽.

의천을 포함한 이들 문도들의 전반적인 사상 경향은 기본적인 사료의
부족으로 잘 나타나지 않는다. 따라서 본서에서는 앞에서 도출된 문도의
사상 경향을 고려하면서, 의천의『圓宗文類』와 12세기 후반에 편찬된『圓宗
文類集解』와의 상관성에 주목하고자 한다.

의천계 화엄 문도의 사상 경향은 無碍智國師 戒膺의 태백산계에서 그
단서를 찾아볼 수 있다. 의천의 화엄사상을 잇는 태백산계의 전법 계보는
'爛圓－義天－戒膺－釋胤－廓心'으로 전법되었다. 의천은 입송구법 이후
그의 華嚴敎學과 敎判에 따라『圓宗文類』를 편찬하였다. 의천의『圓宗文類』
에 대하여 無碍智國師 戒膺의 태백산계 문도인 廓心은『圓宗文類集解』를
편찬하였다.

無㝵智國師 戒膺의 法嗣로는 '釋胤・誠源－雲美－廓心・立心'의 존재가
주목된다.[46] 이들은 태백산 각화사와 가까운 지역에서 華嚴法會의 개설을
통해 화엄 교리를 弘揚하였다. 의천의 적사인 戒膺의 法嗣 釋胤은 16세에
무애지국사에게 수학하고 화엄교학을 受法하였으며, 치악산 개선사・삼
각산 청원사・태백산 각화사 등에서 주지하였다. 그는 戒膺의 각화사
활동과 크게 다르지 않아 화엄 교리를 弘揚하고 華嚴法會를 개설하여
화엄교학을 펴고 국가적 불교의례를 주관하였다. 바로 12세기 후반 의천계
화엄 문도에게 보이는 일반적인 경향은 華嚴敎學의 弘揚과 함께 그의
실천적 信仰儀禮로써 華嚴道場을 개설한 것인데, 이는 의천 재세시의 의천
계 화엄신앙 경향을 떠올리게 한다.

의천계 화엄사상의 태백산계열 傳法系譜는 '義天－戒膺－釋胤－廓心'으
로 嗣資傳法하였다.「龍壽寺開創記」에 나오는 誠源은 釋胤의 법형제이고,
雲美・立心은 廓心의 법형제로 판단된다.[47] 이들을 알기 쉽게 제시하면
다음의 표와 같다.

46) 崔詵,「龍壽寺開創記」(許興植,『高麗佛敎史硏究』, 一潮閣, 1986, 653~655쪽 수록).
47) 許興植,『高麗佛敎史硏究』, 一潮閣, 1986, 659쪽.

<표 31> 의천의 太白山法嗣 法系表

僧 名	出生/沒年	出家	主要活動	備考
爛 圓	997~1066			
義 天	1055~1101	1065		
戒 膺	~1134~			
釋 胤	~1173~	16歲 戒膺	修業	誠源
廓 心	~1181~	幼年 釋胤	華嚴敎宣揚	立心

이들의 華嚴敎學에 대해서는 廓心의 『圓宗文類集解』를 통하여 살펴보아
야겠지만, 현재 中卷의 일부만이 전해져서 그 대체를 파악하기는 어렵다.
다만 의천의 『圓宗文類』를 집해하였고 의천계 화엄사상 경향을 충실히
계승한 것으로 판단된다.[48] 의천의 『圓宗文類』는 현전자료의 분석에 따르
면, '智儼-法藏-澄觀' 등 唐의 화엄 조사들의 문류를 참고하여 編定되었다.
특히 法藏의 다양한 문류를 참고하고 수록한 것은 澄觀과 함께 法藏을
강조한 것으로 결국 宋의 화엄 정통에 대한 이해를 바탕으로 한 것이었다.

의천의 華嚴思想을 반영한 『圓宗文類』를 계승한 것이 廓心의 『圓宗文類集
解』이다. 廓心의 『圓宗文類集解』3권 가운데 中卷 1권만이 현존하며 『圓宗文
類』의 어느 부분을 주석하였는지 분명치 않다. 『圓宗文類集解』 卷中은
法藏의 『華嚴經探玄記』의 내용이며 宗要義, 初會理智義, 國土解義 宗趣義를
주제로 한 집해서이다. 이 『圓宗文類集解』 卷中의 특색은 法藏과 징관을
兩師, 兩祖라고 중시하여 일체로서 회통하는 저술 태도를 보인다. 또한
원효의 언급이 많은 점은 의천의 원효에 대한 관심과 유사한 사상 경향을
나타내는 것으로 볼 수 있다. 특히 원효의 『十門和諍論』, 『起信宗要』의

---

48) 朴鎔辰, 「高麗中期 華嚴文類의 編纂과 그 사상적 전승」 『진단학보』 101, 2006.
이와 관련한 연구는 다음과 같다. 許興植, 「의천의 圓宗文類와 廓心의 집해」 『서지
학보』 5, 1991, 53쪽 ; 柴崎照和, 「廓心 『円宗文類集解』 卷中의 硏究-(一)廓心과
『圓宗文類集解』 卷中の成立の背景について」 『印度學仏敎學硏究』 86(43-2), 1995 ;
吉津宜英, 「廓心 『円宗文類集解』 卷中の硏究-(二)廓心と 『圓宗文類集解』 卷中の敎
學の特色に對いて」 『印度學仏敎學硏究』 86(43-2), 1955.

324

일부를 언급하였다. 이러한 특색으로 미루어 廓心이 의천 이래의 전통을
계승하였으며, 의천의 원효 중시 태도가 廓心에게 전승된 것으로 볼 수
있다.[49]

廓心의 『圓宗文類集解』는 현재 卷中만 전해진다. 廓心은 '海東太白山傳敎
沙門 廓心 集'이라 하여 고려 화엄 태백산계로서 華嚴敎를 전하는 것을
강조하였다. 또한 『圓宗文類集解』에 대하여 주요 내용을 본인이 모았다는
의미의 '集'이라는 용어를 사용하였다. 廓心은 『圓宗文類集解』의 주요 내용
에 대하여 '集曰'[50]이라 하여 자신의 의견을 개진하였는바, 의천계 화엄사
상 경향이 전승되었을 것으로 판단된다.

의천의 『圓宗文類』는 권1 「諸部發題類」, 권14 「諸文行位類」, 권22 「讚頌雜
文類」의 3권이 현전한다. 『圓宗文類』 권14는 法藏의 探玄記, 五敎章, 智儼의
搜玄記, 孔目章, 至相問答을 중심으로 정리되었다. 권22에는 화엄경 관련
讚文 등 66제가 수록되어 있다. 『圓宗文類』 권1, 권14, 권22를 포함하여
화엄조사 法藏에 대한 引用書目數가 14제, 澄觀 7제, 宗密 3제, 元曉 2제
등이다.

廓心의 『圓宗文類集解』 卷中에는 法藏의 『探玄記』宗要義, 初會理智義,
國土海義, 宗趣義 등 4義를 澄觀, 智儼의 搜玄記, 원효 등의 다양한 論疏를
활용하여 집해하였다.[51] 廓心은 法藏과 澄觀에 대하여 兩祖 또는 兩師라고
하여 중시하였다. 특히 元曉의 주요 저서를 인용하여 화엄교학을 집해하였
다.[52] 廓心은 원효의 『起信宗要』·『十門和諍論』을 인용하였다.[53] 이러한

---

49) 吉津宜英, 위의 논문, 768쪽.
50) 廓心, 『圓宗文類集解』 卷中 36쪽, "集曰 上二所說皆有道理 學者應思". 澄觀이 十身을
  三身에 배대하면서 化身이라고 한 연유에 대해 廓心이 두 가지 說을 배치하고,
  마지막에 자신의 의견을 '集曰'이라 하여 배우는 사람들이 생각할 바를 제시하였
  다.
51) 廓心, 『圓宗文類集解』 卷中. 法藏의 探玄記를 集解하기 위하여 智儼, 澄觀, 元曉
  등을 언급하였다. 國土海義에서는 瓔珞經(30쪽), 孔目章(31, 32쪽), 淸涼 3회(33,
  34쪽) 인용되었다.

廓心의 경향은 의천의 그것과 크게 다르지 않았을 것으로 판단된다.

廓心이 태백산을 중심으로 華嚴法會와 敎學을 펴던 시기에는 기존의 문벌귀족 체제와 결탁된 불교계를 비판하면서 등장한 信仰結社로서 修禪社가 주목된다. 知訥(1158~1210)은 修禪社를 중심으로 불교계의 개혁 운동을 전개하였다. 廓心과 知訥은 각각 敎宗과 禪宗의 입장으로 구분되지만 화엄경을 중시한 점에서는 그 공통적인 사상 경향을 지적할 수 있다. 知訥의 조계종 사상은 화엄사상을 중시하였는데, 의상에서 均如로 이어지는 화엄사상의 맥과 상통할 수 있으며 의천의 화엄사상과는 다른 면을 많이 가진 것으로 이해된다. 知訥이 李通玄의 『華嚴論』을 중시하여 『華嚴論節要』를 주석하였는데, 李通玄의 화엄사상은 義湘의 화엄사상의 영향을 받아 형성되었으며,54) 中國 화엄종의 傍系로서 法藏의 정통 화엄사상과는 대조되며 均如의 화엄사상과 상통하는 것으로 이해된다.55)

의천은 『新編諸宗敎藏總錄』에서 李通玄이 撰述한 『華嚴論』 40卷을 기록하였지만, 『圓宗文類』나 『大覺國師文集』 등에서 전혀 언급이 없는 점은 李通玄의 화엄사상에 동조하지 않은 것으로 판단된다. 무신집권기 이후 의천계 화엄교학자 廓心과 禪宗의 知訥이 화엄경을 중시하였지만, 사상 경향을 달리한 점은 좀 더 추구되어야 한다.

---

52) 吉津宜英, 「廓心『円宗文類集解』卷中の研究－(二)廓心と『圓宗文類集解』卷中の敎學の特色に對いて」『印度學仏敎學研究』86(43-2), 1995, 246쪽. 의천의 원효 중시 모습이 廓心에게 전승된 것으로 본다. 또한 원효의 和諍과 會通思想을 통하여 고려중기 화엄학파 내부의 쟁론 등에 활용한 것으로 보았다.

53) 廓心, 『圓宗文類集解』卷中. 初會理智義에서 十門和諍論 인용(21쪽), '曉師'(25쪽), 宗趣義에서 起信宗要(39쪽)를 인용하였다.

54) 金杜珍, 「의상 화엄사상의 불교사상사적 위치」『의상, 그의 생애와 화엄사상』, 민음사, 1995, 249~250쪽.

55) 金杜珍, 「고려후기 사원 세력과 송광사」『순천시사』, 1997, 202~203쪽.

326

제2절 天台宗 門徒

의천은 元曉와 諦觀을 들어 천태학의 흐름을 언급하였고, 천태종 개창을
통하여 고려중기 불교계의 재편과 개혁을 추구하였다. 그는 입송구법을
전후하여 宋僧 淨源과 교류하는 가운데 체관의 『天台四敎儀』를 언급하였다.
이 가운데 고려초에 천태종이 성립되지 않았음을 밝히고 있다.[56] 또한
고려초부터 의천 당대까지 천태종의 계승 관계가 구체적으로 연결되지는
않는다. 본서에서는 의천이 천태종을 개창할 때 왕명으로 문도에 편성된
五門學徒, 자발적으로 참여한 禪宗系 直投門徒와 그들의 사상 경향을 살피
고자 한다.[57] 이를 통하여 의천이 再編코자 한 高麗中期 佛敎界에서 天台宗
開創이 갖는 의미를 보다 분명히 할 수 있을 것이다.

1. 義天系 天台宗 門徒의 형성

고려초에 諦觀과 智宗이 天台思想 경향을 가졌지만 天台宗派의 開立이나
門徒를 통한 宗門의 지속적 활동은 없었다. 諦觀은 吳越로 들어가 『天台四敎
儀』를 저술하고 敎學活動을 전개하였지만 귀국치 못하였다. 智宗 역시
천태사상을 접하였지만 10여 년 동안 귀국치 못하였고, 귀국 후에는 法眼宗
을 중심으로 활동하였다. 그렇지만 의천 당시에 諦觀·義通·智宗 등의

---

56) 義天, 「新創國淸寺啓講辭」 『大覺國師文集』 권3(『韓國佛敎全書』 권4, 530쪽), "海東佛
法 七百餘載 雖諸宗競演 衆敎互陳 而天台一枝 明夷于代 昔者元曉菩薩 稱美於前
諦觀法師 傳揚於後 爭奈 機緣未熟 光闡無由 敎法流通 似將有待".
林存, 「仁同僊鳳寺 大覺國師碑」(『조선금석총람』 권상, 332쪽), "昔孔子自衛返魯
然後樂正雅頌 各得其所 國師自宋返國 然後諸宗之敎 各得其正 況天台一宗 雖或濫觴
於諦觀智宗輩 而此土立其宗學者久絶".
57) 林存, 「仁同僊鳳寺 大覺國師碑 陰記」, "故居頓神□靈岩高達智谷 五法眷 名公學徒
因命會合 其外 直投大覺門下 諸山名公學徒 三百餘人 與前五門學徒 無慮一千人".
이하에서는 '直投大覺門下'의 문구에 의거 '直投門徒'로, '五法眷 名公學徒, 與前五
門學徒'의 문구에 의거 '五門學徒'로 구분하여 부르기로 한다.

천태사상이 전승되어 일정한 영향을 주었을 개연성은 있으나, 宗派로
성립되지 않았음은 분명하다. 이와 관련하여 의천이 天台宗門을 수립한
시기 등에 대해 다음의 표를 통하여 비교하여 보기로 한다.

<표 32> 의천의 천태종 개창시기 비교 자료를 살펴보면, 의천 당대와
관련된 자료에는 대부분 천태종의 개창을 인정하고 있다. 특히 박호가
찬문한 의천의 묘지명에는 1101년에 天台性宗의 용어를 사용하고 있고,
國淸寺 創立을 통하여 천태종을 열기를 기원하였음을 알 수 있다. 당시
선종 승려인 學一도 의천이 천태종을 개창함에 따라 傾屬되어가는 현실을
우려하기도 하였다.

<표 32> 의천의 천태종 개창시기 비교

구 분	찬문자	작성시기	개창시기 자료	韓國金石全文
義天 靈通寺碑	김부식	1125~1138	丁丑夏五月 住持國淸寺 初講天台敎	579쪽
義天 僊鳳寺碑	임존	1131~1137	還本國 首唱眞宗	600쪽
義天 墓誌	박호	1101	昔者, 大后以盛域, 本無天台性宗, 啓願創立國淸寺, 將欲興行其法, 始拓其址, 而今上告成, 丁丑歲五月, 詔國師兼持	532쪽
圓應國師學一碑	윤언이	1147 추정	元祐元年 丙寅回 尊崇智者 別立宗家 于時蔡林納子 傾屬台宗者十六七	661쪽
妙應大禪師 敎雄 墓誌	미상	1142	會大覺國師肇立台宗募集達摩九山門高行釋流方且弘揚敎觀開一佛乘最上法門	635쪽
圓覺國師德素碑	한문준	1180	(결락)議天台者 以大覺爲始祖	847쪽

또한 의천의 천태종 문도인 敎雄은 누구보다 그 종문의 개창 사실을 잘
알았을 것이다. 敎雄은 大覺國師가 天台宗을 처음 세웠음을 분명히 하였다.
천태종의 개창은 불교계의 재편과 의천의 천태종 문도 형성 등과 관련이
있다.[58] 천태종의 개창은 禪宗 승려를 중심으로 하기 때문에 圓應國師

<hr>

58) 천태종 개창에 대한 기존의 견해는 ① 숙종 2년(1097) 국청사 낙성 : 김두진,
김상영, 김상현, 최병헌, 홍정식, 高橋亨. ② 숙종 6년(1101) 천태종선 시행 : 이봉춘,
이영자, 忽滑谷快天. ③ 의천 사후설(1101년 이후) : 입적과 함께 추종 선승들이

328

學一의 비문에는 그 재편에 따른 禪宗系의 위기감을 잘 반영하고 있다.
또한 "元祐元年 丙寅回"라고 하여 의천이 송에서 돌아온 1086년 천태종을
개창한 것으로 서술하고 있다. 그러나 귀국 후 의천은 宣宗의 佛敎政策에
짝하여 흥왕사를 主掌하면서 華嚴敎學을 闡揚하는 활동을 전개하였다.
아울러『圓宗文類』와『新編諸宗敎藏總錄』을 편찬하는 한편『代宣王諸宗敎
藏彫印疏』를 올리고 散逸된 諸宗 敎藏을 雕印하였다.59) 따라서 의천이
귀국 후 바로 천태종을 개창한 것으로 보기는 어렵다.

다만 의천은 일찍이 天台敎學에 대하여 관심을 가졌으며 천태종 개창
시도는 선종대에 이미 시작된 것으로 이해된다. 의천은 귀국 후 화엄종
위주의 교학을 폈지만 천태교학을 배제한 것은 아니었다. 그것은 의천이
敎藏總錄을 편찬하면서 화엄과 天台章疏를 집중적으로 수록한 점 등에서
알 수 있다.60) 또한 귀국 후 天台敎觀을 선양하는 모습은 국청사 시창과
天台宗禮懺法의 設行으로 나타났다. 선종 6년(1089)에는 국청사의 工役을
시작하고,61) 9년(1092)에는 의천의 모후인 仁睿太后가 天台宗禮懺法을 見佛
寺에서 설행하는 등 천태종 개창 시도가 있었다. 그러나 의천은 선종
11년(1094) 5월 선종의 사망을 전후로 하여 해인사에 은거하는데, 이는
華嚴宗을 위주로 天台敎觀을 선양하려는 努力이 좌절되었음을 의미한다.62)

의천은 해인사 퇴거 2년여 만인 숙종 1년(1096) 개경의 흥왕사로 다시
돌아와 주지가 되어 講學하였다. 숙종 2년(1097) 5월에는 국청사가 완공되었

천태종을 형성(허흥식, 앞의 책, 1986, 276쪽). 한편 조명기와 김영수는 천태종선
시행을 개창으로 보았지만, 연호의 誤讀으로 각각 1099년과 1109년으로 보았다.
이는 1101년을 주장한 견해로 볼 수 있다.
59) 의천,「代宣王諸宗敎藏彫印疏」『대각국사문집』권15(한국불교전서』권4, 553쪽).
仁睿太后의 장수를 기원한 것으로 보아 1092년 이전으로 판단된다.
60) 박용진,「의천의 新編諸宗敎藏總錄 編纂과 華嚴 및 天台章疏」『중앙사론』22,
2005.
61)『高麗史』권10, 선종 9년 6월.
62) 박용진, 앞의 논문, 2004, 46쪽.

고 홍왕사 및 국청사 住持를 겸하면서 天台敎觀 즉 天台止觀을 강의하였
다.[63] 이러한 모습은 의천의 천태종이 敎學面・儀式面・信仰面에서 체계를
갖추는 한편 국청사를 중심으로 조직 체계를 갖춘 것으로 개창의 시점으로
볼 수 있다.[64]

요컨대 의천은 1097년 5월 국청사 주지가 되어 天台敎學을 강설하며
숙종의 불교계 재편 의도와 밀접히 연계되면서 천태종을 개창하였다.
이는 의천이 입송구법 이후 꾸준히 천태종 개창을 위해 노력한 결과였다.
天台宗이 宗派로 성립된 시점은 1097년이며, 의천이 국청사를 중심으로
天台敎觀을 선양한 시기였다. 천태사상의 기본서인 妙玄, 즉『法華玄義』
등 천태종 관련 講經을 국청사에서 設行하는[65] 한편 1101년 천태종 大選의
실시도 같은 맥락으로 판단된다.

의천의 천태종 개창과 관련하여 門徒 形成 즉, 天台敎觀을 宣揚하는
門下의 양성, 布敎의 문제 등은 다음 자료의 검토를 통하여 살펴보기로
한다.

① 大覺國師가 왕궁에서 탄생하여 佛隴의 법들을 전해 받고 본국에 돌아와
   서 처음으로 眞宗을 창설하니, 그 덕은 외롭지 않아 이웃이 있고 구슬은
   스스로 이르렀다. 그러므로 居頓寺・神□寺・靈岩寺・高達寺・智谷寺
   5法眷 名公 學徒들이 명령을 받아 모였고, 그 외에도 大覺國師의 문하에

63) 金富軾,「開城靈通寺大覺國師碑」(『韓國金石全文』中世上, 579쪽).
64) 宗派의 성립은 특정 사상이 敎學面・儀式面・信仰面에서 체계를 갖추고 이를
   구현할 수 있는 매체, 즉 사원을 중심으로 조직적・체계적으로 행해지는 단계라고
   할 수 있다(蔡尙植,「고려시대 불교의 전개와 성격」『한국사』5, 한길사, 1993).
   또한 종파의 성립 요건을 감안하면, 천태종선의 실시는 천태종의 발전과는 관련이
   있어도 종파성립의 필수 조건은 아닌 것으로, 국청사의 낙성으로 종파성립의
   조건을 갖춘 것으로 본다(金相鉉,「의천의 천태종개창과정과 그 배경」『天台學硏
   究』2, 2000, 288쪽). 한편 종파가 형성되기 위해서는 인적・사상적・현실적 경제기
   반의 3요소를 제시하였다(허흥식, 앞의 논문, 1986, 277쪽).
65) 의천,「國淸寺開講辭」『대각국사문집』권3(『한국불교전서』권4, 532쪽).

바로 투신한 여러 산문의 名公 學徒 300여 명이었다. 앞의 5문학도와
함께 1,000여 명이었다.……그 구법에서 돌아오자 바로 표문을 올렸
다.……이에 함께 도를 넓힐 수 있는 자를 모집하였는데, 德麟 翼宗
景蘭·連妙 등이 각기 그 무리를 거느리고 들어와 제자가 되었다.[66]

② 贊禪師가 사망하자 雙峯寺의 선사 翼宗을 스승으로 삼았다. 마침 大覺國
師가 台宗을 창립하고, 達摩의 九山門 중에서 수행이 높은 승려들을
모집하여 바야흐로 教觀을 널리 선양하고 一佛乘의 최상 법문을 열려고
하였다. 翼宗禪師가 기꺼이 그 가르침을 듣고 드디어 나아가 배우게
되자 스님도 또한 따라갔다.[67]

③ 大覺國師가 송나라에 유학하여 華嚴 教義와 아울러 天台教觀을 배우고
哲宗 元祐 元年(1086) 丙寅에 귀국하여 智者를 존숭하는 별도의 宗家를
세웠다. 이때에 선종 승려 가운데 天台宗으로 옮긴 자가 10 중 6·7명이
나 되었다.[68]

의천의 천태종 개창에는 禪宗의 여러 山門과 5法眷의 학도 1,000여 명이
참가하였다. 위의 자료 ①에 따르면 의천은 귀국하여 天台教觀을 넓힐만한
자를 모집하자 德麟, 翼宗, 景蘭, 連妙 등이 각기 그 문하 제자를 거느리고
의천의 제자가 되었는데 이들이 약 300여 명이다. 그 외에도 5法眷 名公
學徒 700여 명을 포함하여 모두 1,000여 명이 참여하였다.[69] 위의 사료
①과 ②를 통하여 의천의 천태종 문도의 구성을 알 수 있다.

---

66) 林存,「南嵩山寺天台始祖碑陰記」, "大覺國師 誕跡王宮 傳燈佛隴言還本國 首唱眞宗
德不孤而有隣 珠無莅而自至 故居頓神□靈岩高達智谷 五法眷 名公學徒 因命會合
其外 直投大覺門下 諸山名公學徒 三百餘人 與前五門學徒 無慮一千人……其求法初
還所上表云……於是 募可與弘道者 德麟 翼宗 景蘭 連妙 各率其徒 齒於弟子".

67)「妙應大禪師墓誌銘」(『韓國金石全文』中世上, 634~636쪽), "贊禪師沒謁雙峯寺禪師
翼宗爲師會大覺國師肇立台宗募集達摩九山門高行釋流方且弘揚教觀開一佛乘最上
法門 宗禪師樂聞其教 遂就學焉 師亦隨之".

68) 尹彦頤,「清道雲門寺 圓應國師碑」(『韓國金石全文』中世上, 661쪽), "大覺國師西游於
宋 傳華嚴義 兼學天台教觀 以哲宗 元祐元年 丙寅回尊崇智者 別立宗家 于時蔡林納子
傾屬台宗者十六七".

69) 1,000여 명은 정확하다기 보다는 그 인원의 많음을 제시한 것으로 볼 수 있다.

이때 천태종의 門徒는 크게 둘로 나누어 볼 수 있다. 첫째, 선종 승려로 개별 문도를 이끌고 의천의 문하에 든 德麟・翼宗・景蘭・連妙 등 直投門徒 를 들 수 있다.70) 「僊鳳寺碑陰」에 수록된 直投門徒는 다음과 같다.

<표 33> 僊鳳寺碑陰에 수록된 大覺國師門徒71)

義天法子	法子의 門生(42명)			
	大禪師	禪師	三重大師	重大師
大禪師 德麟		順成 信雄	利謂	信之 世清 幹英 暢連 道能 瑩如 賢俊 觀純 志宣 道冲 學連
禪師 翼宗	順善 教雄	慈觀 碩先 惟謂	唐俊	惠定 神覺 元浩 覺玄
禪師 景蘭		觀皓	惠平	
禪師 連妙		流清 懷素	釋承 首謙	觀明 契濟 □如 穎源 弘允 存玄 英鑑 資誠 靖倫 資眞 * 大師 安樹 智龍

法子의 門生		門生(73명)			
		三重大師	重大師	大師	大德
翼宗	順善	妓庶	講眞 尚玲 覺標 覺初 資照 惟古 覺觀 令模 挺雄	僧麟 承遠 泗照 存己	誕純 教干 齊己 覺眞
	教雄		景仁 衆濟 德素 元白	知性 解圓 淑明	工奲 德嵩 德成 師中 眞塔 賢默
	慈觀		至實	玄素 南挺 曇順 釋猷 玄碩 尚謙 處恭 俊平 瑩神 妙觀 神照	觀勝 純古 觀素
	惟謂		曇麟		元美
德麟	順成	壽清 (문생 대덕神白)		天彥 元承 國英 學玄 性眞 景冲 俊機 智冲	
	信雄		冠承	齊軾	

70) 林存,「僊鳳寺大覺國師碑銘」(『韓國金石全文』中世上, 598쪽), "於是 募可與弘道者 德麟翼宗景蘭連妙 各率其徒 齒於弟子".
71) 문도 작성은『韓國金石全文』所收 僊鳳寺碑陰에 의하였다. 여기에 문생으로 齊承이 올라 있다. 허흥식은 앞의 책, 1986, 273쪽의 <표 1>의천의 천태종 문도에서 釋承이라고 하였다. 비음기에는 釋承으로 되어있다.

德麟	利謂				領干
	世清				領純
連妙	流清	緣萬 道可 諦眞		昇衍 靈澤 唐伊 仁智 心智	
	懷素			永嚴	永存
	釋承				禪浩

위의 <표 33> 「僊鳳寺碑陰」에 수록된 의천의 門徒는 1137년 비 건립 당시의 모습을 알려준다. 이들은 모두 禪宗山門 출신으로 개별 문도를 이끌고 의천의 門下에 바로 들어온 諸山의 名公學徒였다. 義天의 法子인 德麟・翼宗・景蘭・連妙의 문하는 42명이었고, 다시 이들의 문하인 順善, 敎雄 등이 소유한 문생 73명을 포함하면 모두 약 120여 명에 달한다. 그 가운데 翼宗의 문도가 가장 번성하였으며, 의천 사후 僊鳳寺碑를 건립하면서 의천계 천태종을 계승하였다. 당시 의천의 法子인 德麟은 왕명을 받아 「僊鳳寺碑文」을 書하였으며, 敎雄은 인종대에 大禪師가 되어 활동하였다. 그는 雙峯寺의 선사 翼宗을 스승으로 삼았다. 마침 大覺國師가 台宗을 창립하고, 達摩의 九山門 중에서 수행이 높은 승려들을 모집할 때 翼宗과 함께 문하에 들어온 것이다.

한편 비의 건립을 감독한 것으로 보이는 주지 洪眞과 비문의 刊字를 담당한 문인인 天壽寺 大智와 德遷이 비음의 문도에 기재되어 있지 않다.[72] 우선 天壽寺 大智와 德遷은 낮은 승계였을 법하다. 그러나 僊鳳寺 住持 洪眞은 三重大師급으로 판단되는바, 문도명에서의 누락이거나 다른 계열에 속하였겠지만 분명치 않다. 결국 「僊鳳寺碑陰」에 수록된 의천의 直投門徒는 大德 이상의 승계에 있는 자를 그 대상으로 하였다.[73] 이들은 의천이

---

72) 「南崇山寺天台始祖碑陰記」(『韓國金石全文』 中世上, 600~603쪽).

73) 선봉사비의 건립 발의는 1132년이고 건립은 1137년으로 약 5년간의 차이가 있다. 따라서 비문과 비 음기를 쓴 시점이 차이가 있으며, 또한 의천이 천태종을 개창한 1097년과는 약 40년의 차이가 있어 의천의 천태종 문도의 형성과 전개라는 측면에서 볼 필요가 있다.

천태종을 개창할 때 문하에 바로 들어온 즉, 국왕의 명령과 무관하게 자발적으로 참여한 이른바 직투문도였다. 이들은 大德 이상의 승계를 가진 승려 약 120여 명과 기타 승계가 없는 승려들로 구성되어 선봉사를 중심으로 宗門化되었음을 알 수 있다.

둘째, 거돈사·신□사·영암사·고달사·지곡사의 권속들로 5法眷 門徒, 즉 五門學徒가 있었다. 이들 五門學徒는 '因命會合'하였다는 기록으로 보아 국왕의 命에 의해 편제되었음을 알 수 있다. 현재 5문학도의 인물 가운데 의천의 문도가 된 인물은 잘 찾아지지 않는다. 특히 다양한 선종 산문이 있음에도 이들 5산문의 법권 약 700여 명을 차출하여 천태종을 개창한 것은 불교계 재편 의도 외에 일부 사상적 경향의 합치에 기인한 것으로 이해되며 이에 대하여는 후술한다.

이들 山門 가운데 거돈사·영암사·지곡사는 法眼宗에 속했던 사원이다. 居頓寺는 智宗이 현종 9년(1018)에 주석하여 그 해에 입적했던 절이다. 靈岩寺는 英俊이 현종 2년(1011)에 주석하였던 사원이며, 그는 1014년에 그곳에서 입적하였다. 智谷寺는 眞觀釋超가 정종 4년(949)에 주석하였던 절이다. 智宗이나 英俊, 眞觀 釋超 등은 모두 고려초 법안종을 흥성시켰던 승려로 천태사상에도 관심을 가졌다.[74] 신□사는 어느 계통이었는지 잘 알 수 없으며[75] 고달사는 鳳林山門에 소속되었고, 태조 왕건과 결합한 證眞璨幽가 주석한 절이다. 물론 찬유는 중국의 大同子祥의 문하에서 천태사상을 접하였다.[76]

---

74) 金杜珍, 앞의 논문, 1983, 28~33쪽. 한편 최병헌은 고려 광종대 오월로부터 받아들여진 법안종 계통의 선승으로 보았다(「대각국사 의천의 천태종 창립과 송의 천태종」『인문논총』47, 서울대 인문학연구원, 2002, 47쪽).

75) 해주 북숭산 신광사로 추측한 견해가 있다(許興植, 앞의 책, 1986, 266쪽 ; 金映遂, 「五敎兩宗에 對하야」『진단학보』8, 1936, 97쪽 ; 李永子, 앞의 논문, 106쪽).

76) 金廷彦, 「驪州高達寺 元宗大師慧眞塔碑」(『韓國金石全文』中世上, 393쪽), "大師將辭 投子和尙 因謂曰 莫遠去 莫近去 大師答云 雖非遠近 要且不停留 和尙曰 旣驗心傳 何須目語 允後旁求勝友 歷謁高師 或索隱於天台".

요컨대 의천의 천태종 창립에는 여러 산문의 선종 승려들이 참가했다.
10명 중 6·7명이 선종 산문에서 천태종으로 옮겨갔다. 이는 단순히 선종에
서 천태종으로 종파를 옮겼다기보다는 불교계 재편으로 볼 수 있다. 다음은
천태종 개창시 의천의 문하가 된 1,000여 명의 문도 가운데 천태종을
계승하고 선양한 諸師의 활동과 사상의 편린을 살펴보기로 한다.

2. 門徒와 그 활동

의천이 귀국하여 天台宗을 開創한 것은 국가적으로 불교계를 재편하려는
노력이어서 이때 여러 山門이나 宗派의 學徒들이 1,000여 명이나 모여들었
다. 그 구성을 살펴보면 禪宗 5法眷 系列의 五門學徒와 禪宗山門에서의
直投門徒로 구분된다. 그 가운데 直投系列로 德麟·翼宗·景蘭·連妙 등은
제자들을 거느리고 의천의 문하에 들어왔다.[77] 현존「僊鳳寺碑銘」은 直投門
徒에 의해 완성되었기 때문에 5法眷 系列의 五門學徒名은 기록되지 않았다.

1) 德麟, 翼宗, 景蘭, 連妙

의천의 門下에 바로 들어온 諸山의 名公學徒는 300명이라고 하였지만,
실제 의천의 천태종 門徒는 「僊鳳寺碑陰」에 기록된 바에 따르면 120여
명이었다. 그 핵심에 義天法子인 德麟, 翼宗, 景蘭, 連妙가 있었다. 「僊鳳寺碑
陰」에는 德麟·翼宗·景蘭·連妙를 의천 법자로 하여 개별 문도를 기술하
였는데, 翼宗을 예로 들면 그의 문생인 順善·敎雄이 있고, 다시 順善,
敎雄의 문생을 열거하는 방식으로 기술되어 있다. 이들 가운데 翼宗의
문하가 順善·敎雄 등으로 이어지면서 가장 번창하였고, 결국 이들에 의해
僊鳳寺碑가 건립되었다.[78]

---

77) 林存,「僊鳳寺大覺國師碑銘」, "於是 募可與弘道者 德麟 翼宗 景蘭 連妙 各率其徒
  齒於弟子".
78) 僊鳳寺碑銘은 德麟이 1132년 이후 삼중대사로서 天壽寺 義學, 月南寺 住持의 승직을

僊鳳寺碑에 보이는 '義天-翼宗-敎雄-德素' 등으로 傳法 繼承되는 系譜는 天台宗 翼宗系로 분류된다. 翼宗은 의천이 천태종 개창시 문하에 바로 들어가 전법 제자가 되었다. 의천이 옛 산으로 돌아가는 익종대사를 보내며 쓴 시 한 수가 『대각국사문집』에 남아 있다.[79] 의천의 후기 作으로 보이는 이 詩에는 '만나면 반드시 뜻을 함께하여 遺風을 떨치세'라고 하여 천태종의 종세가 오히려 실추된 느낌을 준다. 이 자료 이외에 翼宗에 대한 기록은 잘 찾아지지 않는다.

다음은 익종의 전법 제자인 敎雄에 대한 기록이다. 다소 길지만 敎雄의 사승관계와 그의 천태종 사상 경향을 알려 준다.

④ 贊禪師가 사망하자 雙峯寺의 선사 翼宗을 스승으로 하였다. 大覺國師가 台宗을 창립함에, 선종의 九山門의 고승을 모집하여 바야흐로 敎觀을 널리 선양하고 一佛乘의 최상 법문을 열려고 하였다. 翼宗禪師가 기꺼이 그 가르침을 듣고 드디어 나아가 배우게 되자 스님도 또한 따라갔다. 스스로 그때라고 여겼다. 이에 智者大師가 설한 五時八敎와 三諦三觀의 뜻을 배워서 굳게 그 가르침에서 떠나지 아니하니, 명성이 크게 떨쳐졌다.[80]

敎雄은 9세에 선종계 인물로 추정되는 釋贊禪師에게 출가하였는데 그의

띠고 碑文과 篆額을 썼다. 그러나 僊鳳寺碑 건립 발의는 順善, 敎雄, 流淸이 하였는데 유청은 바로 連妙의 문도였다. 주목되는 점은 碑銘과 碑陰의 제작 시기는 서로 달라 碑銘 부분은 1132~1135년 사이에 쓰였고 碑陰記는 敎雄이 대선사가 된 해인 1135년 이후에 쓰였다.

79) 의천, 「送翼宗大師歸故山」『대각국사문집』 권19(『한국불교전서』 권4, 562쪽), "莫敎靈性久沈空 末世無如護法功 台嶺宗門天未喪 會須同志振遺風".

80) 「妙應大禪師墓誌銘」, "贊禪師沒謁雙峯寺禪師翼宗爲師會大覺國師肇立台宗募集達摩九山門高行釋流方且弘揚敎觀開一佛乘最上法門 宗禪師樂聞其敎 遂就學焉 師亦隨之 自以爲其時 於是學智者大師所說五時八敎 三諦三觀之旨 固已不離其傳 名聲大振".

336

행적은 상세치 않다. 敎雄은 釋贊禪師가 사망하자 쌍봉사의 익종에게 나아
가 배웠는데, 의천이 천태종을 개창함에 익종을 따라 함께 문도가 되었다.
익종과 敎雄은 선종 승려로서 천태종의 개창에 참여하였는데, 의천에게
天台敎觀, 즉 五時八敎와 三諦三觀을 배웠으며 一佛乘의 최상 법문으로
천태종을 인식하였다. 그 후 敎雄의 천태교학은 益進하여 1101년 천태종
대선을 통하여 승계를 받고 國淸寺의 覆講師가 되어 經論을 강론하였다.81)

　　1105년은 의천이 사망한 지 4년이 지난 때이자 천태종의 후원자인 숙종이
사망한 이후이기 때문에 천태종의 모습은 기록에 잘 나타나지 않는다.
敎雄의 스승인 익종은 의천 사후 4~5년이 지나 입적하였는데 이때 익종
문하의 제자들이 일신상의 이익을 따라 이탈하였다. 그것은 예종초 불교계
재편과 관련이 있을 법하다. 이때 敎雄은 의천계 천태종을 떠나지 않았으며,
이 일로 인해 홍주 백암사로 좌천되어 7년여 은거하였고,82) 화엄종 승려
澄儼의 추천에 의해 1115년 이후 개경으로 돌아올 수 있었다. 敎雄이
은거한 시기의 주요 활동에서 그의 사상 경향은 물론 敎學 경향도 함께
살펴볼 수 있다. 다음을 참고해 보기로 하자.

　⑤ 단지 宗旨를 발휘하였을 뿐 아니라, 華嚴과 瑜伽의 性相의 이치와 도리를
　　탐구하였고, 儒家와 墨家·老莊·醫卜·陰陽說에 이르기까지 그 근원을
　　연구하고 그 유파를 섭렵하였다. 하루는 伽耶寺에 들렀다가『瑜伽論』
　　100권이 古藏 가운데 버려져 있는 것을 보고, 굽어보고 우러러보며 탄식
　　하면서 짊어지고 돌아와 읽기를 더욱 부지런히 하였으니, 禪師의 마음
　　씀씀이를 알 수 있다.83)

81)「妙應大禪師墓誌銘」, "乾統九年 國家始闢台宗大選 使國師主盟別白善否升黜之祥而
　師褒然爲擧首答在上上品授大德 五年授大師赴太選弁師 又在上品詔爲國淸寺覆講
　師 發明經論 傳法學徒 數年于玆 天台宗旨鬱而復發 窒而復通 无何".
82)「妙應大禪師墓誌銘」, "宗禪師入寂 門弟以身徇利 皆紛竟適他 唯師守正 不爲執遷
　時有一宗長 以師傑然獨立 不禮於其門爲疾 將害之而未果 適乘時執事 貶住洪州白嵓
　寺".

예종초 불교계는 선종의 재흥이 주목된다.[84] 당시 선종에는 曇眞과 學一 그리고 坦然이 주목되며 이 시기 曇眞은 왕사가 되었고,[85] 예종 9년에는 曇眞이 국사, 樂眞이 왕사가 되었다.[86] 1110년에 예종의 아들 之印이 선종으로 출가하여 曇眞의 제자가 된 점[87] 등은 당시의 불교계 동향을 짐작케 한다. 이로 보면 숙종 사후 예종초 불교계는 급속히 재편되어 禪宗이 재흥됨에 따라 기존 천태종단은 위축되었을 법하다. 이러한 불교계의 상황에 따라 천태종단도 재편되어 敎雄은 예종초 홍주 백암사로 은거한 것이다.[88] 敎雄은 은거시 天台 宗旨를 발휘하였을 뿐 아니라, 華嚴과 瑜伽 곧, 性相의 이치를 탐구하였고, 儒家와 墨家·老莊·醫卜·陰陽說에 이르기까지 그 근원을 연구하고 유파를 섭렵하였다. 敎雄은 천태 종지를 발휘하면서 화엄과 유식을 유념하였음을 주목하여야 한다. 그는 천태종의 입장에서 화엄학과 유식학을 배워 敎學을 보강하려 하였다. 이러한 입장은 의천의 敎學觀과 비슷하다. 의천이 그의 敎觀兼修 사상을 형성하는 데에는 華嚴學과 唯識學 그리고 起信論 등이 교학적 배경이 되었다.

敎雄은 1115년 의천계 화엄종의 澄儼에 의해 추천되어 개경으로 돌아와 천태교학을 弘揚하고 국가 불교의례를 주관하는 등 활발한 활동을 전개하였다.[89] 敎雄은 예종 14년(1119)에 三乘寺로 옮겨 주지가 되었으며, 1120년

---

83) 「妙應大禪師墓誌銘」, "非但發揮宗旨 旁探華嚴瑜伽性相言諦 以至儒墨老莊醫卜陰陽之說 無不窮其源而涉其流 一日往遊伽耶寺 見瑜伽論百卷 廢古藏中 俛仰嘆息負而還歸 讀之尤謹 師之用心而后可知已".
84) 김상영, 「高麗中期의 禪僧 慧照國師와 修禪社」『李箕永博士古稀紀念論叢』, 1983, 369쪽 ; 「고려 예종대 선종의 復興과 불교계의 변화」『청계사학』5, 1988, 51~61쪽.
85) 『高麗史』 권12, 睿宗 2년 정월.
86) 『高麗史』 권12, 睿宗 9년 3월.
87) 「智勒寺廣智大禪師墓誌銘」(『韓國金石全文』中世上, 762쪽).
88) 敎雄이 은거하는 1105년 이후 예종 초기의 정치계와 불교계의 재편이 주목된다. 1115년 화엄종 澄儼에 의해 돌아올 수 있었는데 이때는 선종의 담진이 1116년 紛擾에 염증을 느껴 개경을 떠났다. 당시의 혼란스러움은 정치권과 연결된 교·선 종계의 주도권과 관련이 있을 것으로 추측된다.
89) 「妙應大禪師墓誌銘」, "天慶五年中 圓明國師聞之謂 師之德行 可以範儀於當世 以薦帝

禪師에 제수되었고, 인종 13년(1135) 국청사로 옮겨 大禪師가 되었다. 그는
1142년 입적하였는데 묘지명에 따르면 문인으로는 禪師가 4명, 三重大師가
9명, 重大師, 大德, 都官, 入選學徒 등을 포함하여 모두 134명이 있었다.
敎雄 등이 僊鳳寺碑를 수립하는 시기는 1137년이었으며 碑陰記에 수록된
敎雄의 문생 13명은 重大師 景仁, 衆濟, 德素, 元白, 大師 知性, 解圓 淑明,
大德 工緯, 德嵩, 德成, 師中, 眞塔, 賢默 등이다. 이들 가운데 重大師 德素는
敎雄의 제자로 뒤에 천태종풍을 선양하였다.

2) 圓覺國師 德素

　德素(1107~1174)의 법맥은 '義天－翼宗－敎雄－德素'로 이어졌다. 그는
義天系 天台宗을 전법한 敎雄의 제자로 문도는 1,200여 명을 헤아린다.
德素는 9세에 敎雄의 문하에 들었다. 敎雄은 德素에 대하여 "吾宗을 일으킬
자는 반드시 이 사미이다"라고 하여 높이 평가하였으며, 일찍이 인종도
德素가 대법사의 자질이 있음을 지적하였다.

　德素는 25세인 인종 10년(1132)에 국청사에서 천태교학을 수학하였기
때문에 그 해 10월 국청사를 찾은 인종을 만날 수 있었을 것으로 추정된다.[90]
인종대에 천태종은 왕권과 밀접히 연관되었는데, 의천계 화엄종과 천태종
문도가 재기용되어 왕권 강화에 조력하고 인종의 불교계 재편에 부응하였
다.[91]

　德素는 의종 8년(1153)에 禪師가 되었고, 1164년에는 문명궁에서 설경법
회를 주관하였고, 의종대 말 大禪師에 제수되었다. 德素가 1143년 은거하면
서 天台敎學을 폈지만 1153년 선사에 제수되어 개경으로 돌아와 불교의례

　　左右 睿考於是 授三重大師 仍轉華藏寺 是歲大旱 於長齡殿 說法會以祈雨 命吾師
　　與大禪師嗣宣爲主伴 演揚蓮花六比權實之源 渙然氷釋未始有畛域 睿考聽而悅之".
90)『高麗史』권16, 仁宗 10년 10월·12년 10월·14년 10월(天壽寺)·16년 10월·
　　20년 10월(天壽寺) 인종은 국청사에 行幸하였다.
91) 박용진, 앞의 논문, 2004.

를 주관하기 이전까지의 사적은 상세치 않다. 대선사가 되는 1170년 전후에 일시 은거하였던 것으로 추정되지만 분명치 않다. 이 시기는 무신란으로 혼란하였기 때문에 은거한 것으로 추정된다. 1170년 왕사에 책봉되었고 그 해 11월에는 百高座會, 金光明經法會 등 국가 불교의례를 주관하는 등 재차 불교계에서 활발하게 활동하였다.[92] 따라서 무신집권기를 전후한 시기 德素는 천태종 대선사로서 국가 불교의례를 주관하면서 국왕 또는 무신집권자들과 연결된 모습을 보이던 중 1174년 입적한 것으로 추측된다.

德素 이후 의천계 천태종의 계승은 분명치 않다. 德素의 「圓覺國師碑陰門徒職名」에 따르면 그의 문하에 선사 1명, 三重大師 5명, 중대사 16명, 入選學徒 100여 명, 불은사, 국청사, 천수사의 문도를 포함하여 1,200여 명이 있었다.[93] 이로 보면 무신집권기를 전후하여 천태종의 종세가 크게 진작되었으나 德素를 이어 천태 종풍을 진작한 嗣資傳承 關係는 잘 나타나지 않는다. 또한 고려후기 백련사 결사를 주도하며 天台宗을 일으킨 了世(1163~1245)의 비명에는 의천과 智宗 등이 기록되었지만 그 法系가 기록되지 않아 嗣資相承 關係를 잘 밝힐 수 없다.[94]

---

92) 「圓覺國師碑銘」(『韓國金石全文』中世下, 849쪽), "政之八年 癸酉 以師爲禪師 乙亥春 賜磨衲衣 甲申夏久旱 毅廟設說經會于文明宮 詔師爲主 展講之初 時雨沛然 田野…… 甲寅(결락)等 備禮封崇 十一月戊 大會道俗君臣 陳師禮起 此日設百座會 至行香時 上先就師之 便恭致禮而後 上殿 後於壽昌宮 和平殿 設金經會 請師".

93) 德素의 문도 가운데 入選學徒가 포함되어 있는 점은 주목된다. 사승인 敎雄의 묘지명에도 入選學徒라는 용어가 등장하는 것으로 보아 그것은 이 시기의 일반적 경향으로 파악된다.

94) 崔滋, 「萬德山白蓮社圓妙國師碑銘幷序」, 『동문선』권117에 "本朝有玄光義通諦觀德善智宗義天之徒 航海問道 得天台三觀之旨 流傳此土 奉福我國家 其來尙矣"라고 하였다. 한편 지눌이 기존의 조계종을 인정하지 않고 일정한 스승이 없었던 것처럼, 了世 역시 12세에 출가하여 강양 天樂寺 均定에게 득도하고 天台敎觀을 수학하였지만 일정한 스승 없이 지눌과 함께 修禪하였다. 이후 그는 강진 만덕사로 나아가 天台 結社佛敎를 주도하였다.

제3절 義天 門徒의 상호교류와 사상 경향

의천은 華嚴宗을 위주로 天台宗을 개창하여 佛敎界를 再編하였는바,
그의 사상의 계승과 전개는 華嚴宗과 天台宗으로 구분하여 살펴보아야
하며, 상호교류 관계 또한 확인하여야 한다. 이미 살펴보았듯이 의천계
천태종 門徒는 直投門徒 계열과 五門學徒 계열로 구분할 수 있다. 이들은
같은 선종 출신이었지만 의천 사후에는 각자의 산문으로 흩어졌다. 이후
숙종의 判示에 의하여 直投門徒 계열이 의천계 천태종의 정통 法眷임을
인정받았다. 이들에 의하여 僊鳳寺碑가 수립되었고 그 법계가 사자 전법되
었다.95) 그렇지만 德素 이후에는 그의 문도의 계승이 잘 나타나지 않는다.
이렇듯 의천계 천태종의 계승은 제대로 이루어지지 못했는데, 이는 천태종
개창시 결성된 문도의 사상 경향의 차이에 기인하였을 것으로 추정된다.
이제 五門學徒와 直投門徒 계열의 사상 경향을 비교하여 의천 사후 끝내
그들이 결별할 수밖에 없었던 이유를 살펴보고,96) 德素 이후 了世의 백련사
결사와의 사상 경향을 비교해 보기로 한다.

의천이 천태종을 개창할 때 문하에 바로 들어온 이른바 직투문도 계열의
사상 경향은 앞의 자료를 중심으로 살펴보기로 한다. 위의 자료 ④에
따르면 大覺國師가 台宗을 창립함에, 선종의 九山門의 고승을 모집하였고
쌍봉사의 선승 翼宗禪師가 기꺼이 그 가르침을 듣고 나아가 배우게 되자
敎雄도 또한 따라갔다. 이와 같이 선종 산문의 德麟, 景蘭, 連妙 등도 각기
그 문하 제자를 거느리고 들어간 것이다. 이들은 모두 선종 출신이지만
구체적인 사상 경향을 제시할 수 있는 자료는 잘 찾아지지 않는다. 따라서
그들의 문도를 통하여 사상 경향을 유추해 볼 수 있다.

---

95)「南崇山寺天台始祖碑陰記」, "大覺歸寂 徽之五門 各有次 蘯本山寺 唯國師門下 無所
依怙 建統四年六月日 判以爲國師下稱行 故天台六法眷中 最爲首也".
96) 五門學徒의 사상 경향은 그들의 출신 산문의 사상 경향을 유추한 데 머문 한계가
있음을 밝혀 둔다.

天台宗 翼宗系는 '義天-翼宗-敎雄-德素' 등으로 傳法 繼承되었으며,
그 가운데 敎雄과 德素는 碑銘이 있어 사상 경향을 다소 살펴볼 수 있다.
敎雄은 선종에 출가하였다가 천태종에 경속된 자로 기본적으로는 선종
승려였다. 위의 자료 ⑤에서 볼 수 있는 그의 敎學은 다양하였다. 그는
天台宗旨를 발휘하였을 뿐 아니라, 華嚴과 瑜伽 등 性相의 이치와 도리를
탐구하는 한편 儒家와 墨家·老莊·醫卜·陰陽說까지 섭렵하였다.[97] 즉
교웅은 천태교학 이외에 화엄과 유식학에 대한 이해가 깊었던 셈이다.
이러한 모습은 다음과 같은 의천의 敎學 경향을 떠올리게 한다.

⑥ 景德國師가 입적함에 大覺國師가 그 法門을 계승하였고 당세의 佛學에
　는 戒律宗·法相宗·涅槃宗·法性宗·圓融宗·禪寂宗이 있었다. 국사
　는 이 六宗에 있어서, 모두 그 연구가 지극한 경지에 이르렀다. 밖으로는
　六經과 七略 등의 서적에도 각각 그 심오한 뜻을 터득하였다.[98]
⑦ 賢首敎觀으로부터 頓漸大小乘의 經律論 章疏를 모두 탐색하였다. 또한
　外學에도 힘을 써서 견문을 넓혀, 유교와 도교 서적, 子史集錄과 諸子百
　家의 학설에 이르기까지 그 청화를 일찍이 익혀서 그 근저를 찾았다.[99]

의천은 성장하면서 華嚴敎學으로부터 頓漸과 大小乘의 經律論, 章疏에
이르기까지 모두 탐구하였으며 1096년경에는 「刊定成唯識論單科」를 편찬
하였다. 또한 유교나 도교의 서적은 물론 諸子百家 등 經史子集의 諸書
전반에 걸쳐 理致를 發明하였다. 또한 諸宗 학자들과 講學하고, 戒律宗·法

97) 「妙應大禪師墓誌銘」.
98) 朴浩, 「興王寺大覺國師墓誌」(『韓國金石全文』中世上, 532쪽), "泊景德歸寂 師繼法門
　　而當世之學佛者 有戒律宗 法相宗 涅槃宗 法性宗 圓融宗 禪寂宗 師於六宗 並究至極
　　外及六經七略之書 各發醇趣".
99) 金富軾, 「開城靈通寺大覺國師碑」(『韓國金石全文』中世上, 575~576쪽), "至年甫壯益
　　自勤苦 早夜矻矻 務博覽強記 而無常師 道之所存則 從而學之 自賢首敎觀 及頓漸大小
　　乘經律論章疏 無不探索 又餘力外學 見聞淵橫 自仲尼老聃之書 子史集錄 百家之說
　　亦嘗玩其菁華 而尋其根柢".

相宗·涅槃宗·法性宗·圓融宗·禪寂宗을 修學하였다고 하니 그의 교학 이해가 어떠했는가를 충분히 알 수 있다. 바로 이러한 교학적 경향이 敎雄에게 계승된 것이 아닌가 한다. 특히 화엄과 유식 등 性相의 이치를 發明한 것은 그의 敎學的 관심이 어디에 있었는지를 알 수 있다.

德素는 인종 21년(1143) 산수를 유력하다가 蔚州 靈鷲山에 머물렀는데 이때 사방의 학자들이 모여 법을 청하는 모습은 울주 영취산을 중심으로 법화도량을 개설하고 천태종의 교학을 편 것으로 이해된다. 울주 영취산은 신라 이래 법화신앙의 중심지로 신라 문무왕대 朗智, 元曉, 智通 등과 연고되었다. 一然의 『삼국유사』에 『靈鷲寺記』가 전해진 당시까지 그곳이 法華信仰의 中心地였음을 전하고 있다. 다만 낭지의 법화신앙 내에는 화엄 사상이 자리하였다. 그가 거주한 영취산이 제10법운지라고 한 점이 이를 알려 준다.[100] 朗智의 법화신앙의 전통은 지통을 통하여 의상계 화엄종으로 전하여졌겠지만[101] 德素가 거주하던 당시의 영취산이 의상계 화엄종과 어떻게 연고되었는지는 분명치 않다. 다만 德素가 울주 영취산에 머물면서 천태도량을 개설하고 天台敎觀을 弘揚하는데는, 이렇듯 법화신앙과 화엄 사상이 결합한 전통을 계승한 것과 관련이 있을 법하다.

의천은 天台敎學에 대한 기본 이해를 가진 선종 산문 승려를 기반으로 천태종을 개창하려 하였는데 이들이 五門學徒이다. 의천의 천태종 개창시 참여한 五門學徒는 거돈사·신□사·영암사·고달사·지곡사 등 5산문 출신이었으며 그 가운데 거돈사·영암사·지곡사는 현종 초기까지 法眼宗 소속 사원이었다. 居頓寺, 靈巖寺, 智谷寺의 智宗, 英俊, 眞觀釋超 등은 모두 고려초 법안종 계통의 승려로 천태사상에 대해 이해하고 있었다.[102] 이들을

---

100) 『三國遺事』 권5, 朗智乘雲 普賢樹, "靈鷲寺記云 朗智嘗云 此庵址 乃迦葉佛時寺基也 堀地得燈缸二隔 元聖王代 有大德緣會來居山中 撰師之傳 行于世 按華嚴經 第十名法 雲地 今師之馭雲 蓋佛屈三指 元曉分百身之類也歟 讚曰 想料藏百歲間 高名曾未落人 不禁山鳥閑饒舌 雲鷲無端洩往還".

101) 金杜珍, 「高麗前期 法華思想의 변화」 『한국사상과 문화』 21, 2003, 246~247쪽.

중심으로 五門學徒의 사상 경향을 살펴보기로 한다.

　거돈사의 智宗은[103] 광종 21년(961)에 國淸寺의 淨光大師에게 나아가 大定慧論을 배우고 天台敎를 전수받았다. 또한 968년에 승통 贊寧과 天台縣宰 任埴 등의 요청으로 그곳 傳敎院에서 大定慧論과 法華經을 강론하였다.[104] 이로 보아 智宗의 천태교학은 높은 수준이었으며, 居頓寺 智宗 계통의 승려들은 天台敎學에 대한 이해를 기반으로 선종의 입장에서 性相融會思想을 융합하는 敎禪一致思想 경향을 계승하였을 법하다.[105]

　靈巖寺의 寂然英俊(930~1014)은 慧炬國師를 師事한 다음, 永明延壽에게 유학하여 法眼宗風의 영향을 깊이 받았으며, 이 시기에 天台敎學에 대한 지식을 쌓았을 것으로 추정된다.[106] 英俊의 출생은 화엄종과 관련이 있어 부석사 太大德이 그의 전생으로 묘사되었다. 당시 선종 승려들은 화엄종을 수학하고 禪宗으로 향하는 경향이 있었다. 영준은 도봉산 영국사의 慧炬에게 나아가 수학 후 광종 19년에 永明延壽의 문하로 유학하였다. 慧炬에게 나아가기 전까지 그의 사상 경향은 화엄의 입장이 반영된 敎禪一致思想 경향을 보여준다.[107] 한편 유학시 英俊과 延壽의 선문답이 그의 비문에

102) 金杜珍, 위의 논문, 2003 ; 앞의 논문, 1983, 28~33쪽.
103) 金杜珍, 위의 논문, 1983, 28~33쪽은 智宗의 생애와 사상을 종합적으로 다룬 연구이며, 이러한 연구성과를 바탕으로 한 김용선, 「高麗前期의 법안종과 智宗」 『江原佛敎史硏究』 1996의 연구가 있다. 許興植, 앞의 논문, 1986, 266~269쪽 ; 李永子, 앞의 논문, 106~109쪽에서는 智宗을 포함한 五門學徒에 대하여 간략히 소개하고 있는데, 오산문의 선사들이 의천의 천태종 개창시 天台敎觀을 수학하기 위해 모인 것으로 보았다. 이와 함께 법안종 출신 五門學徒의 천태교학에 대한 기본적인 이해와 사상 경향도 함께 고려하여야 할 것이다.
104) 崔冲, 「居頓寺圓空大師勝妙塔碑」(『韓國金石全文』中世上, 464쪽), "峻豊二年 漸次抵 國淸寺 膜拜淨光大師 光亦開連榻摩閒昇堂思欲伯階書附於王生重耳 經傳於尹令尋 以大定慧論 天台敎授師 師是彛是訓 如切如磋那……開寶元年歲杪 僧統知內道場功 德事贊寧 天台縣宰 任埴 等 聞師……於傳敎院 講大定慧論幷法華經".
105) 金杜珍, 앞의 논문, 1983, 29쪽.
106) 金猛, 「靈巖寺寂然國師碑」(『韓國金石全文』中世上, 456~460쪽).
107) 金杜珍, 앞의 논문, 1983, 40쪽.

나타나지만 天台敎學과 연결시키기는 어렵다.

英俊은 광종 23년(972)에 군신의 경앙을 받으면서 귀국하였고 경종, 성종, 현종 대에 국왕의 우대를 받았다. 그는 영암사에서 현종 5년(1014)에 입적하였는데 문하로는 대사 千手, 朗徵 등이 있었다. 의천의 천태종 개창 시에 합세한 그들의 문하가 구체적으로 어떻게 연결되는지 알기 힘들다. 결국 영암사 英俊系 법안종 승려들의 사상 경향은 선종의 입장이 강하게 반영된 교선일치적 사상 경향이었음을 지적할 수 있다.

智谷寺의 眞觀釋超는[108] 918년 영암산 여흥선원의 법원대사에게 출가하였으며, 928년 법천사의 현권율사에게서 구족계를 받았다. 940년 남중국의 전당 지역으로 유학하여 龍冊 문하에서 수학하면서 성상융회의 사상 체계를 익혔다.[109] 특히 946년 귀국 후 지곡사나 구산선사에 머물면서 이러한 사상 체계를 유지하였을 것이다. 한편 다음 내용은 眞觀 釋超가 천태사상에 대해 기본적으로 이해하였음을 알려준다.

> 4세에 五辛을 不臭하였다. 火宅의 가운데 있어도 塵籠의 밖으로 급히 나왔다. 그의 儀容은 점차 남달라 가고 머무는 것이 같지 않았다.……모친 에게 아뢰기를 "이웃에 놀러갔다가 上人이 法華經 妙莊嚴品을 讀誦하는 것을 들었습니다. 나라에서는 한 집안에 2자가 있으면 出家를 허락하니 一念으로 따르고자 합니다."라고 하였다.[110]

釋超는 어려서부터 행동거지가 비범하였다. 火宅의 비유나 法華經 妙莊嚴

---

108) 許興植, 「지곡사 진관선사비」(앞의 책, 1986, 598~610쪽) ; 金杜珍, 앞의 논문, 1983, 37쪽.
109) 金杜珍, 위의 논문, 1983, 36~38쪽 ; 박용진, 「의천 集 釋苑詞林의 편찬과 그 의의」 『한국중세사연구』 19, 한국중세사학회, 2005.
110) 『釋苑詞林』 권191(『한국불교전서』 권4, 649쪽), "四歲 不臭五辛 雖跧火宅之中 遽拔 塵籠之外 儀容漸異 去住不同……俄白北堂曰 適以戲至隣家 聞彼上人誦妙莊嚴王品 王許二子出家 因從一念".

品의 讀誦을 즐겨 들어 출가를 결심하는 내용은 釋超가 法華思想에 일찍부터 접하였음을 알 수 있게 한다. 이후 그의 사상 경향에서 천태사상의 발현은 볼 수 없지만 천태사상의 기본적인 이해를 가졌음은 추찰된다. 釋超는 앞의 諸師들과 달리 다소의 문하를 두었다. 그의 법사로는 澄鏡大師, 原州 文正院 彦忠, 智谷寺 彦欽, 廣州 黑石院 彦緣, 太白山 覺頓院 彦國, 福巖院 玄光 등이 대표적이었다.[111] 또한 林泉에 은둔한 자도 많았는데 이들이 후대에 활약하는 모습은 잘 나타나지 않는다.

高達寺는 鳳林山門에 소속되었고, 태조 왕건과 결합한 證眞璨幽가 주석한 절이다. 물론 璨幽는 중국 投子大同의 문하에 유학하면서 천태사상을 접하였다.[112] 광종 22년(971)에 高達院, 道峰院, 曦陽院이 법안종의 기준에 따라 三不動門으로 설정되었다. 앞서 거돈사 智宗은 광종 4년 曦陽山門 逈超와의 기록이 보인다.[113] 한편 璨幽는 智宗의 유학과 귀국에 관여하였는데, 그는 智宗과 직접적인 사자관계로 이어지지 않았지만 성상융회의 사상 체계를 가졌다는 점에서 서로 긴밀한 관계를 가졌을 법하다.[114] 결국 智宗과 고달사의 證眞璨幽 등은 성상융회적인 사상 체계를 가졌으며 선종의 입장에서 교선일치적 사상 경향을 전개한 것으로 이해된다.

신□사가 어느 계통의 절이었는지는 잘 알 수 없다. 僊鳳寺의 위치가 경상북도 南嵩山이기 때문에 황해도 海州의 北嵩山 神光寺에 비견되지만 정확치 않다. 五門學徒의 사상 경향은 신□사를 제외하더라도 천태사상의

111) 『釋苑詞林』 권191(『한국불교전서』 권4, 650쪽), "其嗣澄鏡大師彦忠 住原 州文正院 彦欽 住智谷寺 彦緣 住廣州黑石院 彦國 住大白山覺頓院 玄光 住福巖院 其有參尋南北 隱遁林泉 有緣不隨 旣往不返者 莫可勝紀焉".
112) 金廷彦, 「驪州高達寺 元宗大師慧眞塔碑」, "大師將辭投子和尙 因謂曰 莫遠去 莫近去 大師答云 雖非遠近 要且不停留 和尙曰 旣驗心傳 何須目語 尒後旁求勝友 歷謁高師 或索隱於天台".
113) 崔冲, 「居頓寺圓空大師勝妙塔碑」(『韓國金石全文』中世上, 462~463쪽). 또한 金杜珍, 앞의 논문, 1983, 25쪽 ; 「曦陽山門의 성립과 宗系의 변화」 『청계사학』 18, 2003.
114) 金杜珍, 위의 논문, 1983, 26쪽.

기본적인 이해를 가졌다. 이상 五門學徒를 알기 쉽게 제시하면 다음의 표와 같다.

<표 34> 의천 천태종 五門學徒의 연원

寺院	僧侶	生沒	所屬宗派	遊學 및 師僧	天台 및 華嚴修學
居頓寺	智宗	930~1018	법안종	유학, 연수	천태수학
靈岩寺	英俊	923~1014	법안종	유학, 연수	화엄→선종
智谷寺	釋超	912~964	법안종	유학, 용책	천태사상
高達寺	璨幽	869~958	선종	유학, 投子大同	천태사상
神□寺	-	-	선종		

의천의 五門學徒는 法眼宗의 3門과 기타 2門으로 구성되었다. 3不動門은 법안종을 기준으로 설정되었기 때문에 高達寺 璨幽의 사상 경향도 법안종 풍에 근접한 것으로 이해된다.[115] 법안종 사상은 性相融會사상과 禪宗사상과의 융합으로, 敎宗 내의 교파를 통합하였을 뿐 아니라 그것과 선종의 융합을 의도한 것이었다.[116] 또한 이들은 천태교학을 수학하고 이해하였다.

결국 의천의 五門學徒는 천태교학에 대한 기본 이해를 가졌으며 교선일치적 사상 체계를 가진 법안종 계통이었음을 알 수 있다. 의천은 천태종 개창시 천태사상과 친연성이 있는 법안종계 선종 승려의 참여를 통하여 불교계를 재편하였다. 한편 直投門徒는 법안종 계열의 五門學徒와는 출신과 사상 경향을 달리하였다. 그들은 천태사상과 화엄사상이 결합한 사상 경향을 지녔음을 알 수 있다.

고려후기 천태종 백련사의 了世는 의천의 천태종을 언급하였지만, 법통의 계승은 분명치 않다. 了世는 永明延壽의 120種病을 통하여 깨달음을 얻어야 함을 강조하였는데, 이에 대하여는 다음의 자료를 통하여 살펴보기로 한다.

---

115) 五法門은 법안종에 접근하였다고 본다(許興植, 앞의 책, 1986, 272쪽).
116) 金杜珍, 앞의 논문, 1983, 34~35쪽.

⑧ 문득 '만약 天台妙解를 發揚하지 못하면 永明延壽의 120病을 어떻게 벗어날 수 있겠는가'라고 생각하고, 妙宗을 講하다가 '是心作佛 是心是佛'에 이르러 자신도 모르게 破顔하였다.[117]

　了世는 지눌의 수선사 결사에 동참할 기회를 가졌으나 백련사를 결사하면서 사상 전환의 계기를 마련하였다. 이때 了世는 "만약 天台妙解를 發揚하지 못하면 永明延壽의 120病을 어떻게 벗어날 수 있겠는가"라고 하였다. 延壽가 『禪宗唯心訣』에서 지적한 120가지 병을 극복하려면 지눌의 수선이 아닌 天台의 妙解에 의지해야 한다고 생각한 것이다. 그 후 了世는 수선사에서 나와 천태종 결사로 방향을 전환하여 妙宗을 강의하고 실천행으로 修懺을 강조하였다.[118] 이는 了世가 延壽의 사상에 관심을 가졌다는 주요 근거가 되며, 고려후기 백련사 결사불교를 주도한 了世는 법안종의 사상 전통을 유념한 의천계 五門學徒 계열 문도의 사상 경향과 일정한 연관성이 있음을 지적할 수 있다.

　了世의 백련사 결사는 지눌의 정혜사에 참가한 경험이 중시되어 결성되었다. 이렇게 성립된 백련사 결사의 신앙이나 사상적 특징은 수선사의 敎禪一致사상에서 많은 영향을 받아 이루어졌다. 白蓮社 結社의 사상적 골격은 법화사상에서 찾아지며, 대체로 普賢道場의 개창을 기점으로 그 이전에는 지눌 계통의 修禪社를 통해 禪思想에 관심을 표명하였으나, 개창 이후에는 淨土觀・法華禮懺信仰이 강조되었다.[119] 了世의 불교관은 천태사상을 표방하였지만, 이전 의천계 直投門徒의 천태사상과는 계통을 달리하며 어찌 보면 五門學徒의 사상 경향과 유사하다.

---

117) 崔滋,「萬德山白蓮社圓妙國師碑銘幷序」『동문선』권117, "忽自念言 若不發天台妙解 永明壽百二十病 何由逃出 因自警講妙宗 至是心作佛 是心是佛 不覺破顔".
118) 蔡尙植,「백련결사 성립과 사상적 경향」『고려후기불교사연구』, 一潮閣, 1991, 71쪽 ; 고익진,「圓妙 了世의 白蓮結社와 그 思想的 動機」『佛教學報』15, 1978, 3~4쪽.
119) 蔡尙植, 위의 책, 1991, 80쪽.

   백련사의 천태사상은 수선사의 사상에서 영향을 받았기 때문에 禪의
입장을 강하게 내세웠다. 백련사 4세인 천책이 梵日의 眞歸祖師說을 새롭게
내세움은 그 결사가 어쩌면, 수선사의 사상보다 더 禪의 입장을 견지하였을
것으로 생각하게 한다.[120] 따라서 了世는 法眼禪宗이 중심이 되는 五門學徒
의 사상 경향과 유사하며, 오히려 華嚴을 강조하는 直投門徒 계열의 의천계
천태종과는 그 경향을 달리하였다. 이러한 사상 경향의 차이점은 의천
사후 불교계 재편시 이들을 분열케 하였을 법하다.
   요컨대 了世의 천태사상은 의천 천태사상과 법통으로 연결되는지 분명
치 않지만 의천의 문도 가운데 法眼宗 출신 五門學徒의 사상 경향과 유사한
면을 가졌다. 의천의 僊鳳寺碑銘은 直投門徒가 중심이 되어 작성하였기
때문에 五門學徒의 기록은 배제되었다. 고려후기 천태종 백련사의 了世는
의천의 천태종을 들었지만, 법통의 계승을 표방하지는 않았다. 이는 천태종
이 후대에 분리되면서 그 사이의 사상 경향을 달리하였을 법하다.

제4절 義天思想의 불교사적 의의

   고려통일기의 불교사상은 그 안에 다른 종파의 사상을 융합하여, 교·선
이 융합되어 가는 경향을 보였고, 호족연합책과 연관된 시대적 소산이었다.
고려초에 敎禪融合思潮는 두 경향이 있었는데, 敎宗의 입장에서 禪宗思想을
융합하려는 경향과 禪宗의 입장에서 교종사상을 융합하려는 경향이었
다.[121] 고려초가 되면 선종사상뿐 아니라 화엄사상까지도 敎禪融合의 경향
을 띠어 갔다. 이는 화엄종의 입장에서 선종사상을 융합하려는 사상 경향으

---

120) 천책이 지었다는 『禪門寶藏錄』에는 범일의 진귀조사설을 인용하고 있다(金杜珍,
    「고려후기 사원세력과 송광사」『순천시사』, 1997, 211쪽).
121) 金杜珍, 「玄暉와 坦文의 佛敎思想-高麗初의 敎禪融合思想과 關聯하여」『한울』,
    1984, 395~405쪽.

로 교종의 입장에서 선종사상을 융합하려는 坦文122)과 선종의 입장에서 교종사상을 융합하려는 玄暉로 대표된다.123) 의천의 사상 경향이 坦文의 華嚴敎學과 연결을 갖지만 인맥의 전승으로 연결되었는지는 불분명하다.

고려초기 이래 敎禪融合사조는 의천에 의해 시도되었다. 敎宗의 입장에서 禪宗사상을 융합하려는 의천은 문벌귀족 중심의 불교계를 개혁하고자 하였다. 곧 의천은 문벌귀족 체제에 대한 국왕권 강화의 입장을 견지한 것이다.

의천은 중국 天台宗 정통 山家派를 전법하여 천태종을 開創하였다. 고려초기 諦觀은 중국에 들어가 천태종의 敎本이라 할 수 있는『天台四敎儀』를 저술하였고, 비슷한 시기에 義通은 중국 천태종의 제13대 敎祖가 되었다. 諦觀에서 의천에 이르는 천태종은 敎禪融合思想 경향을 지녔지만 화엄종의 입장이 강조되었다. 의천의 교선융합사상은 화엄종과 천태종의 교리에 기초하여 성립하였다. 그의 사상은 화엄종과 천태종과의 관계 하에 파악될 수 있는 바, 다음의 기록을 참고하기로 한다.

우리 조사 華嚴祖師가 말하기를 "賢首大師의 5교는 天台大師의 교법과 크게 같다"라고 했으니 諦觀법사가 있어서 대사의 敎觀을 유통시켰으나 그 전하여 익히는 계통이 끊어져서 지금은 없으니 불초한 이 의천이 분발하여 몸을 잊어버리면서까지 스승을 찾고 道를 물었는 바, 이제 이미 錢塘 慈辯 講下에서 대사의 敎觀을 이어 받고, 그 대략을 알게 되었습니다.124)

---

122) 金龍善,「光宗의 改革과 歸法寺」『高麗光宗研究』, 一潮閣, 1981 ; 전수병,「坦文國師에 관한 研究」『東洋文化研究』2, 大田大, 1987.
123) 현휘의 교선융합사상이 광종대의 법안종 사상을 대두시키는데 영향을 주었는지는 불분명하지만, 그의 사상 전통이 법안종 사상으로 이어질 수 있다. 법안종 사상, 즉 선종 중심의 교선융합사상은 고려중기에 유행치 못했지만, 고려후기 백련사 중심의 천태종 사상이나 太古나 懶翁의 사상에 연결될 수 있다(金杜珍,「高麗後期 寺院勢力과 松廣寺」『순천시사』, 1997, 415쪽).
124) 의천,「大宋天台塔下親參發願疏」『대각국사문집』권14(『한국불교전서』권4, 552

350

의천은 華嚴五敎의 圓敎와 天台 圓敎가 같아서 會通시킬 수 있다는 華嚴天台回通思想을 전개하였다. 그는 입송구법시 화엄과 천태의 異同을 비교하면서 敎判에 주목하는 한편 여러 학승들을 참방하여 兩宗 敎理에 대한 의문을 咨決하였다. 의천은 화엄5교 가운데 圓敎가 天台의 圓敎와 大同한 점을 밝혀 華嚴과 天台를 會通하고 이를 통하여 고려 불교계 재편의 기본 논리로 활용하였다. 이는 화엄종 法藏의 五敎判과 천태종 天台 智顗의 五時八敎敎判 가운데 특히 圓融論理로 구조된 점과 圓敎의 敎義가 유사함을 의미한다. 의천은 바로 이와 같은 점을 채택하여 일차적으로 화엄종과 천태종의 병립을 추구하였다. 그 다음으로 천태종을 개창하여 선종을 통합하는 교선융합을 의도하였는데, 의천이 전법한 중국의 천태종 산가파 從諫은 禪的 實證과 實踐을 추구하였다.

의천은 天台宗 山家派 從諫에게 수법하면서 천태종과 선종과의 교류관계에 주목하였을 것으로 판단된다. 從諫의 문도들이 天台敎觀의 禪的 實證과 禪坐 工夫에 주력한 모습은 從諫의 사상 경향이 禪宗과 교류하였음을 추측케 한다. 또한 천태종 山家派 廣智尙賢系는 雲門宗과 교류하였던 바, 의천은 천태종을 통하여 선종과 교류한 사상 경향을 유념하였을 것으로 판단된다.

한편 의천계 천태종은 고려후기에 제대로 전승되지 못했는데, 白蓮社의 了世에 의해 천태종이 재흥되었다. 白蓮社의 天台思想은 敎禪一致사상이지만 선종 중심의 사상으로, 의천의 천태종이 교종인 화엄종을 기반으로 전개된 것과 비교할 수 있다.

고려중기 예종대에는 居士中心의 山中佛敎가 일어나 서서히 세력을 회복하였는데, 당시에 활동한 慧炤를 중심으로 崛山門 禪僧들의 사상적

쪽), "故吾祖花嚴疏主云賢首五敎 大同天台 竊念本國 昔有人師 厥名諦觀 講演大師敎觀 流通海外 傳習或墜 今也卽無 某發憤忘身 尋師問道 今已錢塘 慈辯大師講下 承稟敎觀 粗知大略".

전통이 뒤에 修禪社를 結社하는 데 능동적으로 작용하였다. 慧炤의 문하로
崛山門의 법맥을 잇는 坦然과 비슷한 시기에 迦智山門의 法脈을 잇는 學一이
활동하였다. 禪宗의 慧炤와 學一은 의천과 동시대의 인물이며, 특히 曇眞은
의천의 입송구법을 전후하여 渡宋을 직·간접적으로 도운 인물로 파악된
다.[125] 曇眞은 중국 불교계와 활발히 교류하였지만 의천과의 사상적 교류에
대해서는 자료에 잘 나타나지 않는다. 또한 學一도 의천과 같은 시대를
살았지만 직접적인 사상의 교류는 잘 보이지 않는다. 의천이 화엄종의
입장에서 천태종을 개창하여 禪宗을 통합할 때 學一은 선종의 입장을
고수하였고, 의천이 초청한 圓覺經 法會에도 敎와 禪의 交濫을 들어 참석치
않았다. 學一은 五家禪風의 차이가 方便으로 말미암아 나타난 것에 불과하
며, 本源에서는 妙圓으로 같다고 하여 선종사상의 통합을 의도하였는데
이는 다시 一然의 사상과 연결이 가능하다.[126] 學一은 一然과 달리 華嚴思想
의 모습이 잘 나타나지 않고, 천태종의 一心三觀의 敎理를 수용할 수 없다는
이유로 의천의 천태종에 참가하지도 않았다. 또한 敎禪一致가 강조되는
圓覺經 法會에도 참여치 않았다. 이것은 禪觀의 고수라는 측면과 함께
敎禪一致의 사상 경향을 외면한 감이 없지 않다.

　의천은 '曇眞-坦然'의 崛山門系 선종과 친연하였지만 學一의 가지산문
계 선종과는 불교사상적 경향을 달리한 것으로 판단된다.

　教禪一致思想이 결실을 맺은 것은 무신란 이후 조계종의 성립과 시대를
같이한다. 지눌의 교학은 李通玄의 華嚴論에서 영향을 받아 성립되었다.
다음 기록은 그가 華嚴과 禪門을 함께 중시하였음을 알려준다.

125) 宋 潛說友,『咸淳臨安志』권40, 詔令1, "上批高麗僧三人見寓杭州天竺寺可令鈐轄司
　　差指使一名乘驛引伴赴闕熙寧九年十二月". 이로 보건대 1076년에 고려 승려들이
　　항주 지역을 찾은 기록은 이와 궤를 같이하는 것으로 이해된다. 이들의 항주
　　방문 경험이 의천의 입송에 도움이 된 것으로 판단된다.
126) 金杜珍,「一然의 心存禪觀사상과 그 불교사적 위치」『韓國學論叢』25, 國民大
　　韓國學研究所, 2002, 35~37쪽.

352

① 마침내 가서 講者에게 물으니 "응당 事事無碍를 觀하라"라고 하였다. 그러고는 그것을 경계하면서 말하기를 "그대가 自心만을 觀하고 事事無碍를 觀하지 않는다면 佛果의 圓德을 잃을 것이다"라고 하였다.
② 華嚴經 出現品에 一塵이 大千經卷을 포함한다는 비유를 들고, 뒤에 합하여 말하기를 "如來 智慧가 또한 이와 같아서 중생의 몸 안에 모두 갖추어져 있지만, 여러 凡愚는 깨닫지 못함을 알지 못한다".

지눌의 사상은 선종의 입장에서 교종을 아우르는 것으로 事事無碍를 觀하여 佛果의 圓德에 이르는 것이었다. 이는 의천이 法界緣起인 事事無碍法界를 觀하는 觀法과 유사하여 圓融의 성격을 띠고 있다. 또한 지눌은 一塵이 大千經卷을 포함하고, 여래 지혜나 佛性이 중생의 몸에 모두 갖추어져 있어 원칙적인 하나에 귀결된다고 하였다. 이로 보건대 조그만 티끌 속에 시방의 모든 세계를 포함하는 圓融의 論理를 세운 義湘 화엄사상의 전통이 이어져 知訥의 敎學 形成에 작용한 것으로 판단된다. 융섭된 法相에 대한 이해와 관련하여 지눌의 圓融한 華嚴觀은 義湘의 교학과 가깝고 의천과는 차이가 있었다.

의천은 義湘의 교학과 달리 융섭된 法相에 대하여 수없이 다양한 自性을 그대로 견지하는 것으로 이해하였다. 지눌 이후 고려후기 불교사상은 선종의 입장에서 禪敎一致를 주장하는 사상 경향을 전개하였다. 고려말 懶翁은 性과 相은 물론 敎와 禪을 융합하려 하였는데, 그 주체로서 禪宗의 입장을 뚜렷이 하였다. 선종의 입장에서 性과 相宗 사상을 모두 아우르려는 懶翁의 사상은 法眼宗 사상과 비슷한 면을 지녔지만, 그것과 맥이 닿는 것은 아니다.

신라중대 화엄사상은 融會的 性格과 실천 수행성을 띠었으며 義湘敎學에서 비롯되어 한국불교의 사상적 전통으로 이어져 왔다. 당시 화엄사상은 중앙집권적인 專制主義에 조력하면서 왕권 강화에 기여하였다.127) 의상과 동시대인 원효의 교학 역시 그와 비슷하여 융합적이었고 실천적인 신앙을

표방하였다. 숙종 6년(1101) 8월에 의상과 원효는 각각 圓敎國師와 和諍國師
로 추증되었다. 兩師에 대한 추증 작업은 의천이 직접 관여한 것으로
숙종 6년(1101) 8월에 시행되었다. 의천 생애 후반기의 사상 경향은 원효의
사상을 강조한 것으로 판단된다. 원효는 의상과 미세한 차이를 가졌지만
그들의 교학적인 공통성이 한국불교의 사상적 전통을 이루었고, 통일신라
이래 한국 불교사상은 圓敎的 입장을 표방하면서 融會的 성격을 견지하였
다.128)

　　고려초기 화엄종은 왕실의 비호를 받으면서 광종대에는 전제정치에
어울리는 면을 보여주었다. 광종대에 활동했던 均如는 義湘系 화엄종의
법맥을 이었는데 신라하대 화엄종의 敎理가 갈라진 것을 통합하였으며,
法相宗思想을 융합하여 性相融會思想을 성립시켰다.129)

　　광종대에는 法眼宗이 대두하였고, 교선일치의 사상 체계가 성립되어
있었다. 특히 坦文의 경우처럼 화엄종의 입장에서 선종사상을 융합하려는
경향도 두드러졌다. 坦文은 均如와는 다른 화엄사상을 가졌다. 그는 교선융
합적 성격을 갖는 화엄종 승려로서 광종대 말에 부각되었다. 坦文은 광종
19년(968)에 왕사로 봉해졌으며 광종 26년에는 다시 국사로 책봉되었다.
경종대 이후 성종대의 화엄사상에 탄문 계통이 영향을 준 듯하지만, 그의
嗣法弟子가 구체적으로 이어져 내려간 흔적을 찾기는 힘들다. 그렇지만
坦文 이후 均如의 화엄사상과 성격을 달리하는 화엄사상이 계속 영향력을
발휘하여 문종대에 이르면 그것과는 대립하는 爛圓, 義天의 화엄사상이
성립되기에 이른다.

　　고려불교의 과제는 교와 선의 발달된 교리를 어떻게 절충하면서 융합하
느냐는 것으로, 교선융합사상의 성립이 고려 불교계의 당면한 문제였고,

127) 金杜珍, 『義湘』, 민음사, 1995, 408쪽.
128) 金杜珍, 위의 책, 357쪽.
129) 金杜珍,「均如의 性相融會思想」『歷史學報』90, 1981 ;『均如華嚴思想研究』, 一潮閣,
　　　1983, 152~158쪽.

354

그것은 의상교학의 圓敎的 전통을 잇는 면에서 이해될 수 있다. 均如사상의 강한 융합적 성격은 의상교학의 법맥을 계승한 데에서 갖추어진 것으로 보인다. 고려중기 의천은 『圓宗文類』를 편찬하면서 均如・梵雲・眞派・靈潤 등 고려초기 화엄종 승려를 비판하였다. 다음의 기록을 참고하기로 하자.

① 비록 義想이 眞宗에서 방편으로 이끌고 均如가 玄旨를 수식하였으나 배와 물길이 이미 멀어졌고 연주자와 거문고가 모두 없어졌다. 大義는 이로부터 점점 쇠퇴하고 微言은 거의 끊어지게 되었다.[130]

② 내가 늘 한탄하는 바는 海東의 선대 여러 스님들이 남긴 저술 가운데 그 학문이 정밀하고 박식하지 못하여, 억설이 더욱 많고 후생들에게 모범이 될 만한 것이 백에 하나도 없으므로 성인의 가르침으로 밝은 거울을 삼아서 자기의 마음을 비춰 볼 수가 없는 것이다. 한 평생 구구하게 남의 보배만을 세는 것 같아서 세상에서 말하는 이른바 均如・梵雲・眞派・靈潤 등 여러 스님의 저서는 오류가 많고 말이 글을 이루지 못하고 뜻이 通變함이 없어서 조도를 황무지로 만들고 후생을 현혹시킴이 이보다 심한 것이 없었다.[131]

의천은 고려 화엄종의 전통을 義湘과 元曉에서 구했지만 고려초기 均如에 대해서는 화엄 전통을 왜곡하는 편벽된 敎觀修行을 비판하였다.

의천은 원효와 法藏을 강조하였는데, 특히 1086년 입송구법 이후 法藏의 화엄종을 정통으로 계승한 淨源에게서 전법하였고, 귀국 후 法藏敎學을 중심으로 華嚴敎學을 정립하였다. 사실 義湘과 法藏, 元曉는 동시대인으로

---

130) 의천, 「上淨源法師書」四首 『大覺國師文集』 권10(앞의 책 권4, 543쪽), "雖則義想權興於眞宗 均如斧藻於玄旨 舟壑已遠 人琴兩亡 大義鯈是陵遲 微言幾於泯絶".
131) 의천, 「示新叅學徒緇秀」 『大覺國師文集』 권16(앞의 책 권4, 556쪽), "予常恨 海東先代諸師 所流遺記 學非精博 □說尤多 方軌來蒙 百無一本 不能以聖敎 □明鏡 炤見自心 一生區區 但數他寶 世所謂均如梵雲眞派靈潤 諸師謬書 語不成文 義無通變 荒蕪祖道 熒惑後生者 莫甚於斯矣".

사상적인 교류가 있었다. 그러나 사상의 주요 부분에서는 차이점이 발견되는데 性起論과 緣起論, 橫盡法界觀과 竪盡法界觀 등에서 차이를 지적할수 있다.

고려중기에는 의천계 화엄종과 대립되는 일파를 상정할 수 있으며 의천을 계승하는 '澄儼—宗璘' 등 인종대 일시 화엄종의 재흥이 있었다. 이후 고려후기 대장경 조판시 均如系의 守其, 天其 등에 의해 均如 저술을 모두 입장한 것은 의천계 화엄종의 후퇴와 함께 전승이 불완전하였음을 의미한다. 무신집권기에는 문벌귀족과 결연된 불교계의 개혁이 수반되어 화엄종 均如系의 재흥이 주목된다. 한편 무신집권기에 흥왕사의 寥一과 靈通寺 覺訓은 의천의 화엄종을 계승한 것으로 추정되나[132] 師承關係나 사상경향에 있어 잘 연결되지 않는다. 다만 覺訓은 念經과 禮佛은 하지 않고하루 종일 宴坐하여 잠든 것 같이 수행하였다.[133] 覺訓의 華嚴敎學이 의천과구체적으로 연결되지 않지만, 敎觀을 兼修하는 사상 경향과 유사하고觀行에 힘쓴 것으로 판단된다.

원간섭기에 화엄종 승려로는 體元이 주목된다. 그는 '義湘—均如—守其'로 이어지는 계통의 출신으로 의상 이래 화엄종이 표방한 실천적 관음신앙의 측면을 강조하였다.[134] 體元으로 대표되는 14세기 전반기의 화엄종은義湘의 저술을 부연하면서 민간신앙을 수용하여 신비적인 영험과 공덕을강조하였는데, 이는 義湘과 均如의 사상 경향과 가까운 것으로 義天의그것과는 다소 차이가 있는 것으로 이해된다.

---

132) 許興植, 『高麗佛敎史硏究』, 일조각, 1986, 191쪽. 한편, 의천의 직계로 보는 견해도 있다(崔柄憲, 「高麗時代 華嚴宗團의 展開過程과 그 性格」『韓國史論』 20, 1990, 209쪽).

133) 崔滋, 『補閑集』 卷下, "不念經 不禮佛 經日宴坐瞑如也"

134) 蔡尙植, 「體元의 저술과 사상적 경향」『高麗後期佛敎史硏究』, 一潮閣, 1991, 198쪽, 207쪽. 體元의 別行疏나 略解의 교감에 覺華寺 性之가 참여하였음은 다소 이채롭다. 체원이 주석한 해인사나 性之가 주지한 覺華寺 모두 義天系 화엄종 門徒와밀접히 관련된 곳이다.

제7장 결 론

　의천의 생애와 撰述 분석을 통한 華嚴思想과 天台思想의 형성과 전개에
대한 연구는 고려시대 불교사상사를 계기적으로 이해할 수 있다는 점에서
의의를 찾을 수 있다. 이제 본서의 내용을 요약하고 대각국사 의천의
불교사적 의의에 대해 간략히 언급하면서 결론에 대신하고자 한다.

　본서 제2장과 제3장에서는 의천의 생애와 찬술 분석을 통하여 그의
사상 형성과 전개가 정치·사회적 배경이나 당시 불교계의 상황과 연결되
었음을 밝히는 데 관심을 두었다. 의천의 정치·사회적 역할을 보다 분명히
이해하기 위해서는 사상의 실체를 규명할 필요가 있다. 그러나 의천의
佛敎思想이나 敎學을 연구함에 있어 著述이 전해지지 않아 그의 사상을
밝히기 어려운 점이 있다.

　의천은 문종 9년(1055)에 왕자로 태어나 11세에 화엄종의 영통사 爛圓의
문하로 출가하였다. 의천의 초기 수학은 賢首敎觀을 중심으로 여러 종파의
학자들과 講學하였고, 의천의 華嚴敎學은 澄觀의 華嚴敎學이 수학 기반이었
다. 의천은 입송 이전에 宋僧 晋水淨源과의 교류를 통하여 화엄교학의
이해를 더하였다. 의천은 佛敎敎學에 조예가 깊었으며, 이러한 바탕 위에
입송구법을 전개한 결과 華嚴敎觀 및 天台敎觀의 비판적 수용을 할 수
있었다.

　의천의 입송구법 동기와 목적에 대해서는 다양한 의견이 제시되었다.
의천의 입송은 그 자신의 소원에 더해 淨源의 초청이 동기가 되었고,

求法問道 즉 여러 종파의 승려와 교류하고 佛敎 章疏를 수집하는 것이 일차적인 목적이었다. 다만 淨源, 從諫 등과의 교류는 신법당 관료의 교류와 함께 송의 정치 현실을 목도하고 경험할 수 있는 계기가 되었다. 의천은 송에서 館伴官僚, 地方長官, 皇帝使臣 등 學識과 佛敎敎學에 대한 깊은 이해가 있는 인물들과 교류하였다. 그 가운데 主客員外郞 楊傑, 知杭州 浦宗孟, 呂惠卿 등이 주목된다. 이들은 宋의 新法黨 관료로서 화엄종의 淨源, 천태종의 從諫 등과 연결되었다. 의천은 14개월 동안 송에서 체류하면서 문물과 제도 등에 관심을 가졌으며 특히 신법당 주도의 變法에 대한 이해가 있었을 것으로 추정된다. 이는 귀국 후 숙종대 鑄錢論을 통하여 福國安民의 개혁정치에 조력한 점에서 살펴볼 수 있다.

의천은 입송구법 당시 약 30여 명의 승려와 교류하였는데, 화엄종의 승려가 가장 많았고, 동시에 천태종과 운문종의 승려도 만났다. 의천이 교류한 화엄종은 중국 화엄종의 정통이었으며, 천태종 역시 정통의 山家派를 전법하였다. 의천은 천태종 산가파 知禮와 遵式의 문도들과 교류하였으며, 從諫에게 受法하였다. 의천은 선종 승려인 宗本, 了元, 懷璉을 만났다. 이들은 모두 운문종 승려로 화엄종 영통사비에는 기록이 전하지 않지만 천태종 僊鳳寺碑에는 기록이 전한다. 선봉사비를 수립한 이들의 출신은 禪宗이었는데, 그들의 입장은 운문종 승려들과의 입장이 크게 다르지 않았다.

의천은 1086년 5월 29일 14개월여의 입송구법을 마치고 敎藏 3천여 권을 수집하여 귀국하였다. 의천은 귀국 후 흥왕사에 주지하면서 敎藏都監을 두고 宋, 遼, 日本 등지에서 구득한 諸宗 敎藏을 간행하는 사업에 주력하였다. 의천의 귀국 이후 3~4년간 행적은 분명치 않은데, 1088년 이후 『圓宗文類』, 1090년 『新編諸宗敎藏總錄』, 1090년 이후 『代宣王諸宗敎藏彫印疏』를 올리고 散逸된 章疏를 雕印하였다.

의천은 일찍이 천태종에 대한 관심을 가졌던 바, 귀국 후 천태종 개창을

358

시도하였다. 화엄종과 천태종의 상호 연관성과 교학적 상통성에 대해서는 입송구법시 咨決하였으며, 인예태후와 계림공의 외호를 통하여 가능하였다. 귀국 후 의천의 天台教觀 宣揚은 1089년 국청사 시창과 1090년 인예태후의 천태종예참법 設行과 관련이 있다. 그러나 宣宗 당대에 천태종 개창은 이루어지지 않았는데, 의천은 화엄종을 중심으로 천태종을 개창하려는 노력이 좌절되면서 1094년 2월에는 홍원사로 옮겨 갔다가 해인사로 은거하였다.

　의천의 정치적 입장에 대하여 기존의 연구는 왕실과 인주이씨 외척 간의 華嚴宗과 法相宗의 대립이라는 측면에서 살펴보면서도 仁州李氏가 본격적으로 門閥化되어 세력화 해가는 시기적 구분을 간과하여 전 시기가 마치 대립적인 것으로 간주했다. 의천의 해인사 은거는 당시 득세하던 門閥貴族 仁州李氏 李資義와 그의 2子인 흥왕사의 '智炤'와 관련이 있다. 의천의 은거가 이들과의 대립도 한몫을 했지만 화엄종 내부의 문제, 華嚴宗과 法相宗의 문제, 天台宗 開創을 통한 佛敎界 再編 시도가 복합적으로 얽혀 발생하였다. 당시 의천계 화엄종은 敎觀을 강조하였고 비의천계 화엄종은 觀門을 배제하고 敎學에 치중하였는데 이러한 敎觀의 인식 문제로 대립하였을 것으로 판단된다. 또한 의천은 천태종을 개창하려 하였는데 이는 禪宗山門의 再編을 수반하는 것으로 다양한 반대에 직면하여 좌절되었다.

　의천은 숙종 즉위 이후 개경으로 돌아왔다. 의천은 고려의 개혁정치에도 깊이 관여하여 鑄錢 건의를 함으로써 화폐제도를 개혁하려 했고, 그것을 통하여 숙종의 개혁정치에 조력하였다. 의천의 '福國安民'사상은 제도개혁의 필요성을 역설한 『大覺國師文集』에 수록된 鑄錢 건의를 통하여 살펴볼 수 있다.

　현전하는 의천의 저술은 『大覺國師文集』의 내용이 전부이다. 다만 찬술서인 『圓宗文類』, 『新編諸宗敎藏總錄』, 『釋苑詞林』의 일부가 전하지만 의천

사상의 대체를 살펴보기에는 부족하다.

『大覺國師文集』은 의천의 저술이 남아 있지 않는 현 상황에서 그의 사상을 파악할 수 있는 좋은 자료이다. 기존의 연구에서 많이 다루어졌기 때문에 본고에서는 문집의 形態 書誌를 간략히 정리하고 문집과 외집의 구성과 缺落에 대한 내용을 중심으로 분석하였다.『대각국사문집』은 23권 6책의 137紙와『대각국사외집』13권 101張(240餘張으로 추산)으로 구성되어 있다.[1] 이들 문집은 천·지·인 3책으로 되어 있으며 法性寺 주지 慧觀에 의하여 文集과 外集으로 간행되었다. 慧觀은 의천의 화엄종 문도로 仁宗 7년(1129) 가야산 신흥사 주지를 마치고 법성사에서 주지할 때 淨書한 것으로 인종 10년(1132) 이후 판각하였다. 의천의 문집은 4종의 異板이 있었으며 현재 2종의 板本이 남아있다. 혜관은 기존의 문집을 의천계 화엄종 문도의 편찬 방침에 따라 文種을 분류하고, 板下本을 淨書하였다.

『대각국사문집』의 편찬자는 매권마다 연대순으로 편집하였으며 내집과 외집으로 분리하여 편찬하였다. 의천의 저술은 내집에 수록하였고, 직접 저술하지 않은 것은 외집에 실었다. 문집을 분리 편찬한 것은 편찬 기준을 달리하였기 때문이기도 하지만 후대에 의천 문도들의 업적 선양과 관련이 있다. 또한 문집에는 많은 缺落이 있음을 확인할 수 있다. 외집 권13에는 천태종의「僊鳳寺碑」와 화엄종의「靈通寺碑」가 실려 있다. 이로 보아 문집의 결락은 인종 15년(1137) 이후로 추정된다.

『圓宗文類』의 편찬시기는「示新參學徒緇秀」(『대각국사문집』권16, 祭文), 의천의 累加된 법호, 선종의 避諱 등을 근거로 1086년 이후 1090년 이전(『敎藏總錄』 편찬 이전)으로 보았다.『圓宗文類』는 의천이 編定하고 화엄종 문도 16명이 詳校·重校者로 편찬 사업에 참여하였다.『圓宗文類』는 신학도들을 위한 화엄종의 요람이었다. 이를 통하여 疏와 鈔를 통하고

---

[1] 본서에서는 건국대학교에서 출간한 1974년 영인본을 대본으로 검토하였다(『대각국사문집해제』, 건국대학교출판부, 1974).

經의 뜻을 알게 하며, 經을 통하여 진리의 본성을 깨닫게 하는 데에 목적이 있었다.

『圓宗文類』는 의천의 생존시에 22권으로 완성되어 국왕으로부터 賜名되었으며, 제1권 諸部發題類, 제14권 諸文行爲類, 제22권 讚頌雜文類 등이 현전한다. 『圓宗文類』 권1은 「諸部發題類」로서 화엄종 관련 諸文에서 주제를 나타내는 '發題'의 文類를 類聚한 것이며, 권14 「諸文行位類」 上은 화엄종 문류 가운데 智儼·法藏의 捜玄記와 探玄記를 중심으로 '修行位' 관련된 부분을 절요한 것이다. 또한 권22 「讚頌雜文類」는 화엄종과 화엄종 고승에 대한 찬송문을 수록하였다.

『圓宗文類』에 실린 화엄종의 主要 章疏 및 인용 서목을 살펴보면 法藏 14건, 징관 7건, 종밀 3건, 지엄 3건이었다. 전반적으로 '智儼−法藏−澄觀'의 중국 정통 화엄 조사들의 문류를 集錄하여 編定하였다. 의천은 法藏의 다양한 문류를 집록하였다. 의천의 화엄사상에는 澄觀과 함께 法藏의 사상이 깊이 자리하였으며 초기 澄觀의 화엄교학에서 입송구법 이후 화엄교학에 대한 이해의 범위가 法藏 등으로 보다 확대되었고, 이를 통해 고려의 화엄학을 수립하였다.

『新編諸宗教藏總錄』 역시 의천의 화엄사상을 살펴볼 수 있는 주요 단서가 된다. 『新編諸宗教藏總錄』은 기존에 유행하던 教藏目錄을 종합 보완한 것이다. 『教藏總錄』의 경·율·논에 실린 章疏의 첫 부분은 예외 없이 화엄종의 교리에 충실한 경전의 주소를 싣고 있다. 經部에는 화엄경, 열반경의 章疏가 위치하고 있으며, 律部에는 범망경이, 論部에는 대승기신론이 있어 대부분 화엄종의 장소들로 처음에 배치하고 있다. 이는 의천의 화엄종 우위 사상을 보여준다.

의천은 화엄종을 중심으로 教相判釋을 하였으며 『教藏總錄』의 체계를 완성하였다. 의천의 교판관과 관련하여 영향을 주었거나 관심을 기울였던 인물들과의 교판을 『教藏總錄』에 수록된 章疏를 통하여 비교한 결과 法藏·

澄觀·宗密·子璿·淨源 등의 章疏를 집중 수록하였으며, 신라 元曉의
저술도 대부분 集錄하였음을 알 수 있다.『教藏總錄』의 編錄 목적은 教學的
관심에 따른 불법의 홍포와 관련이 있지만 國家佛教的 입장에서 經典과
章疏를 중앙집권적 통제 및 해석 하에 체계적으로 정리하려는 정치·사회
적 목적이 있었다.

『釋苑詞林』은 의천 사후에 생전에 集錄하였던 諸文을 宗門 諸師들이
類別로 편찬한 것이다.『석원사림』의 편찬은 1101년에서 1108년 사이의
어느 시점에 완성되었다.『석원사림』은 250권이었지만 현재 권191에서
권195의 5권 1책만이 남아 있다. 권191에서 권193까지는 碑文이며, 권194는
碣·誌, 권195는 誄文이다. 의천은 화엄종을 위주로 천태종을 개창하여
불교계를 재편하였다. 한편 의천은 입송구법시에 雲門宗 승려를 만나
교류하였다. 이러한 의천의 활동과 경험은『석원사림』편찬시 천태종,
법안종, 운문종 승려들도 수록되도록 하였다.

제3장과 제4장에서는 의천의 불교사상과 불교의례 인식 및 仁王經 신앙
에 대해 분석하였다. 의천의 사상은 화엄사상과 천태사상으로 구분되며
教와 觀을 아울러 배우려는 教觀並修思想을 가졌다. 의천의 화엄사상 체계
는 教判論과 觀法을 통하여 구체화될 수 있다. 의천의 초기 教學은 澄觀의
華嚴經疏에 근거하였지만『圓宗文類』·『教藏總錄』, 문집에 수록된 각종
기록에 따르면 澄觀의 教判만을 오로지 한 것은 아니었으며, 華嚴 三家를
종합하는 가운데 개별 사안에 따라 강조점이 달랐다.

의천의 教判은 화엄의 5教判이 주가 되었으며, 圓教가 天台의 圓教와
大同한 점을 밝혀 華嚴과 天台를 會通하고 이를 통해 고려 불교계 재편의
기본 논리로 활용하였다. 의천은 입송구법 당시 화엄종과 천태종의 判教
異同에 대하여 참決하였다. 화엄종 法藏의 오교판과 천태종 천태지의의
五時八教教判 가운데 특히 圓融論理로 구조된 점과 圓教의 教義構造가
동일한 체계를 수용하였다.

의천이 귀국하여 편찬한『圓宗文類』와『敎藏總錄』에서 華嚴經觀과 敎判을 살펴보면 三家의 敎判이 중시되었다. 의천은『新編諸宗敎藏總錄』편록시 화엄종의 입장에서『敎藏總錄』을 編錄하였는데, 智儼・法藏・澄觀・宗密・淨源 등을 중시하였다. 특히 화엄경에 대해서는 法藏 관련 저술을 다수 集錄한 점으로 보아 의천의 法藏에 대한 관심을 알 수 있다.『圓宗文類』에서는 대부분의 화엄조사를 언급하였지만 그 가운데 智儼과 法藏의 저술을 중심으로 절요한 점으로 보아 강조점을 달리한 것으로 이해된다.

의천 敎判은 智儼, 法藏, 澄觀 등 三家의 敎判과 관련이 있다. 의천의 화엄 9조설에서 三家의 강조가 주목되며 宗密은 9조에서 제외되었다.『圓宗文類』를 통하여 의천의 敎判論을 보면 法藏의 探玄記, 五敎章, 智儼의 搜玄記, 孔目章, 至相問答 등 5종의 화엄 관련 저술의 요점을 撮要하여 分類하였다. 따라서 智儼, 法藏에 의한 華嚴敎學과 敎判論을 전개한 것이다.

의천의 敎判論은 중국 정통의 화엄 三家를 따랐으나, 구체적인 내용에서는 3觀 5敎 10玄 등으로 나타나는 기본 교의에 충실하면서도 法藏이나 澄觀 등이 선택적으로 강조되었다. 또한 의천은 신라 이래 고려의 화엄 전통에서 元曉를 중시하고 均如 등 고려초기 華嚴義學은 배제하면서 敎判을 달리하였다. 의천의 사상 경향은 華嚴과 天台 圓敎를 통한 圓融論理에 입각하였는데 기본 논리와 敎判 등 인식의 차이가 均如 등의 화엄교학을 배제하게 하였다. 의천은 法藏 敎判의 많은 부분을 수용하였고 이를 토대로 華嚴一乘思想을 전개하였다.

화엄종에서는 敎觀門의 구성이 天台의 敎相門과 觀門으로 구성되는 것만큼 철저하지 않지만 역시 敎門과 觀門으로 구분할 수 있다. 의천의 觀門에 대한 인식은 '經授觀學'이라 하여 觀法을 배워야 할 대상으로 이해하였다. 의천의 觀法은 화엄사상 내에서 觀法을 찾았다. 의천 觀法의 구극은 緣起 現前의 法界를 觀하는 것으로 觀空하여도 萬行을 닦고 法相에 접해도 一道를 분명히 하였다. 이 점은 敎觀의 兼修를 의미하며 '敎卽觀'에 다름 아니다. 그것은 觀心과 함께 經典을 탐구하는 敎觀을 함께 닦는 사상으로 나타났다. 의천은 입적시까지 평소와 같이 '觀心'과 '持經'을 병행하였다. 의천은 입적까지 화엄종을 바탕으로 敎觀을 兼修하고, 觀心과 함께 經典을 탐구하는 敎觀을 함께 닦는 사상을 견지하였던 것이다.

의천은 입송구법시 華嚴과 天台敎觀에 깊은 관심을 가졌고, 중국 화엄종의 정통인 賢首敎觀과 천태종의 정통 山家派를 계승한 天台敎觀을 전법하였다. 의천은 입송구법시 천태종 山家派의 南屛과 廣智尙賢 계통의 諸師들과 긴밀하게 교류하였는데, 南屛系 慈辯從諫에게 受法하였다. 山家派 三家 가운데 하나인 廣智尙賢의 문도와도 교류하였는데 尙賢의 법손이 明智中立이며 中立의 제자가 慧照法隣이다. 또한 의천은 遵式系 元淨과도 교류하였다. 원정은 遵式系로 정토신앙을 강조하였고, 從諫은 知禮系로 禪的 실천이 강조된 것으로 판단된다.

의천의 天台敎觀은 중국 천태종 정통 山家派의 具相性論과 연결된다. 山家派의 天台敎觀은 理 내에 갖추어져 있는 事에 의해 차별상이 만들어짐을 강조했다. 이 점은 法藏의 具相論的 華嚴敎學과 통하는 것으로, 하나 속에 융섭된 여러 법상의 차별상을 인정하는 것이었다.

의천은 淨源으로부터 중국 정통 法藏系 화엄을 전법하였고, 천태종 역시 정통 山家派의 인물들과 교류하였다. 의천의 華嚴觀 역시 具相論的인 融攝思想으로 규정된다. 融攝된 여러 法相의 차별을 인정하지 않는 山外派의 天台敎觀이 華嚴敎學의 핵심 내용인 唯心論, 性起思想, 如來藏緣起說의 상당 부분을 수용하였다고 해서 山外派가 바로 화엄종과 연결되는 것으로 보기에는 무리가 있다. 의천은 입송구법시 後山外派의 天台敎學에도 유념하였다. 그렇지만 融攝된 法相의 차별성을 부인하는 山外派의 교학 논리와는 구분된다.

의천은 고려중기 불교계의 상황에 대한 이해를 반영한 결과로서 여러 종파를 통합하려 하였지만 泯滅을 의도하지는 않았다. 그가 천태종을 통하여 선종을 통합하고 불교계를 재편한 목적은 문벌귀족의 세력을 약화시키고 왕권을 강화하려는 데 있었다. 의천의 불교계 재편 의도는 여러 종파의 융합에 있었지만 법상종, 천태종, 선종 등을 배제하지 않은 점은 融攝된 가운데 여러 法相의 차별을 인정하는 세계관과 유사한 것이었다.

의천의 天台敎觀은 敎相門과 觀門으로 구분되며, 圓明한 止觀은 의천의 天台觀門의 특징으로 볼 수 있다. 그의 天台敎觀은 敎相門에 대하여는 會三歸一의 '圓妙한 一法'을, 觀門으로는 三觀이 천태종의 瓔珞이 된다. 그의 天台敎觀은 비록 고려초에 천태종으로 개립되지는 않았지만, 학적 전통을 남긴 諦觀의 『천태사교의』 교학에서 영향을 받았다. 특히 澄觀의 『華嚴經疏』에서 천태종 개창의 근거와 화엄종과의 상통 근거를 확보하였다.

『대각국사문집』에 나타난 불교신앙의례와 그에 대한 의천의 인식은 어떠하였는지를 살펴보았다. 고려시대 불교의례 설행은 문종 재위 36년간 21종 75회, 선종대에는 재위 11년 19종의 각종 행사가 38회에 걸쳐 설행되었으며, 숙종이 재위했던 10년 동안(1095~1105)에는 74회의 불교행사가 설행되어 고려 역대 왕 가운데 연평균 횟수는 가장 많았다.

『대각국사문집』에는 講經, 祭文, 疏文 등을 통해 알 수 있듯이 다양한 불교의례가 설행되었음을 알 수 있다. 『고려사』 세가에 수록된 불교의례와 동일한 의례는 국가적 불교의례로 개설되었던 것을 의천이 발원하였으며, 設行目的은 鎭護國家·祈福禳災 등 여타 불교의례와 유사하였다. 이에 대한 구체적인 근거로 의천이 송나라 신법당과 연결된 淨源 등과 교류하면서 국왕권 강화와 밀접한 仁王經 科·注를 수용하여 敎藏總錄에 입록한 점, 20여 회의 仁王道場의 설행과 仁王經 前導奉行 등 인왕경 신앙을 들수 있다.

의천은 仁王經 信仰으로서의 仁王道場의 개설을 통하여 국왕과 왕실의 권위를 제고하면서 불법의 중흥까지 고려하였다. 仁王經에 대한 중앙집권

적 해석과 적용을 통하여 적극적으로 불법을 付屬한 국왕의 우월성을
강조하였다. 의천은 숙종대 개혁 정치에 일조하는데 仁王經의 내재적
성격을 통하여 왕권의 우월성에 대한 경전적 근거를 확보하였다.

제6장에서는 의천사상의 계승과 그 의의에 대해 살펴보았다. 의천의
문도는 華嚴宗과 天台宗으로 구분되며 각각의 門徒들을 통하여 사상이
전개되었다. 따라서 여기에서는 주로 이들 문도들의 교류와 사상 경향을
살펴보았다.

의천의 화엄종 문도는 '樂眞-澄儼-戒膺-廓心'으로 계승되었다. 의천
의 화엄종 문도는 약 300여 명으로 추산되며 개별 문도들 역시 100~300여
명 규모의 門徒를 소유하였다. 의천의 문도 가운데 활동이나 사상을 확인할
수 있는 자는 '樂眞-澄儼-戒膺-廓心' 등이다. 낙진은 의천과 함께 난원의
동문이었지만 후에 門徒에 편입되었다.

樂眞은 의천의 입송구법시 수행하며 敎學과 佛典의 교류 활동을 하였다.
그는 귀국 후 의천의 화엄종을 전법하고 歸法寺, 法水寺, 般若寺, 奉先寺
등지에서 교학을 선양하였으며 각종 국가적 불교의례를 주관하였다. 특히
의천의 諸宗 敎藏 수집 활동에 짝하여 經律論 등 三藏을 수집하고 諸宗
敎藏 출간 사업을 주관하였다. 의천이 흥왕사에 敎藏都監을 두고 敎藏을
雕印할 때 낙진이 교정 및 판각 등 사업의 주요 과정을 담당하였으며
『圓宗文類』, 『敎藏總錄』, 『釋苑詞林』까지 주관하였다. 낙진의 華嚴敎學은
상당한 수준이었을 것으로 판단되나 저술이 없어 더 이상의 추적이 어렵다.

澄儼은 숙종의 아들로 의천의 문하에 들었다. 그는 인종대 「영통사비」를
건립하였다. 인종대에 징엄은 태백산 각화사에 은거하고 있던 의천의
嫡嗣 戒膺을 초치하여 국가적 불교의례인 華嚴法會를 개설하였다.

戒膺의 法嗣로는 '釋胤, 誠源-雲美-廓心·立心'이 주목되며 廓心은
『圓宗文類集解』를 저술하여 의천의 화엄교학을 계승한 것으로 이해된다.
의천의 『圓宗文類』는 '智儼-法藏-澄觀'의 중국 정통 화엄 조사들의 문류

를 참고하여 編定되었다. 특히 法藏의 다양한 문류를 참고하고 수록한 것은 澄觀과 함께 法藏를 강조한 것이었다. 의천의 華嚴思想을 반영한 『圓宗文類』를 계승한 것이 廓心의 『圓宗文類集解』이다.

敎雄은 戒膺과 교류한 화엄종 승려로 의천의 문도인 僧統 理琦의 문하에서 수학하였다. 敎雄이 의천과 직접 연결되는지는 주저되지만 理琦에게 수학하고 戒膺과 함께 태백산에서 교류한 점은 그들이 의천계 화엄종의 문도였기 때문이었을 것이다. 敎雄의 法嗣로는 '義天－理琦－敎雄－智稱' 으로 系譜가 이어지는 智稱이 있다.

'圓明國師 澄儼－玄悟國師 宗璘'은 왕실 출신으로 왕권 강화에 적극 조력하면서 국가 불교의례 設行을 주관하였다. 이들의 뒤를 잇는 왕실 출신의 의천계 화엄종 승려는 알려진 인물이 거의 없다.

의천의 천태종 개창은 여러 山門의 名公學徒 1,000여 명으로 구성되었다. 선종 승려로 개별 문도를 이끌고 의천의 문하에 든 德麟·翼宗·景蘭·連妙 등은 直投門徒이며, 거돈사·신□사·영암사·고달사·지곡사의 권속들로 5법권 문도 즉 五門學徒가 있었다. 현존 僊鳳寺碑銘은 直投門徒에 의해 완성되었기 때문에 5法眷系列의 五門學徒名은 기록되어 있지 않다. 僊鳳寺碑에 보이는 '義天－翼宗－敎雄, 戒膺'으로 傳法 繼承되는 系譜는 天台宗 翼宗系로 구분할 수 있다. 다만 翼宗에 대해서는 敎雄, 德素 등을 통하여 사상 경향의 추적이 가능하다. 敎雄은 천태 종지를 발휘하면서 화엄과 유식을 유념하였음을 주목해야 한다. 그는 천태종의 입장에서 화엄학과 유식학을 배워 그의 교학을 보강하려 하였다. 이러한 입장은 의천의 교학관과 비슷하다. 그의 敎觀兼修사상을 형성하는 데는 華嚴學, 唯識學, 起信論 등이 배경이 되었다.

德素(1107~1174)의 법맥은 '義天－翼宗－敎雄－德素'로 이어졌다. 그는 義天系 天台宗을 전법한 敎雄의 제자로 문도는 1,200여 명을 헤아린다. 德素 이후 의천계 천태종의 계승은 분명치 않다. 고려후기에 白蓮社 結社를

주도하며 天台宗을 일으킨 了世(1163~1245)의 碑銘에는 의천과 智宗 등이
기록되었지만 그 法系가 기록되지 않아 嗣資相承관계를 잘 밝힐 수 없다.

教雄은 1115년 의천계 화엄종의 澄儼에 의해 추천되어 개경으로 돌아와
천태교학을 弘揚하고 국가 불교의례를 주관하였다.

인종대 대각국사비의 수립은 의천의 화엄종 문도에 의하여 「영통사비」
가 수립되었고, 천태종 直投門徒에 의해 「선봉사비」가 건립되었다. 의천의
화엄종 문도인 징엄은 천태종의 教雄을 천거하여 중앙 불교계로 복귀시켰
다. 教雄은 諸 山門의 5法眷 즉 五門學徒와는 계열을 달리하였다. 의천의
直投門徒 教雄은 화엄종의 澄儼과 정치적 부침을 함께하는 것으로 보아,
의천계 화엄종과 대립적이라기보다는 오히려 친연하고 華嚴敎觀과 天台敎
觀 등 사상적 유대를 함께 한 것으로 이해된다.

의천 華嚴宗 門徒의 사상 경향은 智儼, 法藏, 澄觀 등 華嚴 三家 중심의
華嚴敎學과 유사하였다. 의천의 사상과 계승이라는 측면에서 廓心의 『圓宗
文類集解』는 의천 화엄교학의 궁극인 『圓宗文類』를 충실히 계승한 것으로
판단된다. 의천계 화엄 문도의 敎學은 法藏과 澄觀 등이 중심이 되었다.
이에 대하여는 廓心의 『圓宗文類集解』에 대한 세밀한 분석을 통하여 『圓宗
文類』와의 異同을 확인하고 의천사상과의 연계성을 추구해야 할 필요가
있다.

의천의 천태종 五門學徒는 천태교학에 대한 기본 이해를 가졌으며 敎禪一
致的 사상 체계를 가진 法眼宗 계통이었다. 의천은 천태종 개창시 천태사상
과 친연성이 있는 法眼宗系 선종 승려의 참여를 통하여 불교계를 재편하였
다. 直投門徒는 법안종 계열의 五門學徒와는 출신과 사상 경향을 달리하였
다. 直投門徒는 중국 천태종 정통 山家派 慈辯 從諫을 전법한 의천을 계승하
였다. 고려후기 천태종 白蓮社의 了世는 의천의 천태종을 언급하였지만,
법통을 계승한 것 같지는 않다.

고려의 佛教思想 또한 당시의 시대적 과제를 인식하고, 敎禪交涉의 흐름

에서 이해하였다. 의천은 華嚴宗 승려로 천태종을 개창하여 불교계를 재편하였는데, 이러한 의천의 불교사상이 고려후기 화엄종과 天台宗으로 계승되는 면은 분명치 않다.

이상과 같이 의천의 생애를 재구성하여 시기 구분에 따른 사상의 변천을 확인하고, 또한 찬술서인 『圓宗文類』, 『敎藏總錄』, 『釋苑詞林』의 편찬 동기와 목적·내용 분석을 시도하였다. 이를 통하여 의천사상의 주요 내용인 화엄 및 천태 사상을 확인하고, 이는 고려중기 佛敎儀禮로 발현되어 일정한 정치·사회적 역할을 수행하였음을 밝혔다. 본서에서 다루지 못했거나 문제점 및 보완 사항을 살펴보면 다음과 같다.

첫째, 문벌귀족의 개별적 부와 사원 경제와의 상관성을 밝힐 필요가 있다. 앞에서 간략히 언급하였지만 왕실과 인주이씨 외척 간의 華嚴宗과 法相宗의 대립이라는 측면에서 살펴보면서도 구체적인 내용이 밝혀지지 않았다.

둘째, 의천의 정치·사회 개혁사상과 宋 新法黨과의 改革思想 비교가 요구되는데, 이를 위해서는 王安石 新法黨의 變法과 그들의 哲學·思想을 검토할 필요가 있다. 의천이 新法黨으로부터 초청되었는지의 여부와 입송 구법시 교류를 보다 세밀히 확인하여야 한다.

셋째, 의천의 華嚴思想은 그의 門徒인 廓心의 『圓宗文類集解』에 대한 추가적인 분석을 통하여 보다 분명해질 수 있다. 이를 통하여 의천의 화엄사상의 구체적인 내용을 확인할 수 있으며 기존 연구의 한계였던 문집 자료만의 이용에 한 걸음 더 나아가 의천사상을 구체적으로 추구할 수 있을 것으로 판단된다. 추후 이 내용을 검토 보완할 것을 기약한다.

참고문헌

1. 史料

金富軾 등(1145), 『三國史記』, 李丙燾 譯註, 乙酉文化社, 1977.

金龍善 編著, 『高麗墓誌銘集成』, 한림대아시아문화연구소, 1993.

金宗瑞 등(1452), 『高麗史節要』, 亞細亞文化社, 1972.

大藏都監, 『高麗大藏經』, 1251(東國大民族佛教研究所, 1985).

東國大學校 韓國佛教全書 編纂委員會 編, 『韓國佛教全書』 1-12, 東國大學校出版部, 1980~1995.

徐居正 등, 『東文選』(太學社 影印本, 1975).

義天, 『大覺國師文集』 20권, 『外集』 13권.

『大覺國師文集』, 建國大學校出版部 編, 1974.

『大覺國師文集』 1・2(영인본, 한국역대문집총서 22・23), 경인문화사, 1993.

『大覺國師文集』, 동국역경원, 1994.

『國譯大覺國師文集』, 韓國精神文化研究院, 1989.

一然(1286년경), 『三國遺事』, 民衆書館, 1946.

李仁老, 『破閑集』.

李智冠, 『校勘譯註 歷代高僧碑文』, 伽山佛教文化研究院, 1996.

李荇 등, 『新增東國輿地勝覽』, 民族文化推進會, 1972.

齋藤忠 編著, 『高麗寺院史料集成』, 大正大學綜合佛教研究所, 1997.

鄭麟趾 등(1451), 『高麗史』, 亞細亞文化社, 1972.

張東翼, 『日本古中世高麗資料研究』, 서울대학교출판부, 2004.

朝鮮總督府編, 『朝鮮金石總覽』上・下, 1919(亞細亞文化社 影印本).

許興植編, 『韓國金石全文』, 亞細亞文化社, 1984.

高楠順次郎 등, 『大正新修大藏經』, 大正新修大藏經刊行會, 1928.

370

河村孝照編集主任,『新纂大日本續藏經』, 國書刊行會, 日本東京, 1984.
『續資治通鑑長編』권345, 神宗 元豐 七年條. .
『宋史』本紀 권14-17,『宋史』권338, 列傳97, 蘇軾條.
『佛祖統紀』宋 志磐撰.
『佛祖歷代通載』권19, 元念常撰.
『五燈會元』宋 普濟撰.
『釋門正統』宋 宗鑑撰 권8 義天行錄, 권7 楊傑記錄, 권6 從諫傳.
『玉岑山惠因高麗華嚴敎寺誌』.
『東坡全集』本傳, 권56, 宋蘇軾撰 奏議.
『名臣碑傳琬琰之集』中卷26, 宋杜大珪編,「蘇文忠公軾墓誌銘」蘇轍.
『咸淳臨安志』권78, 宋潛說友撰 寺觀4, 寺院, 惠因院條.
『東都事略』권93, 列傳76, 蘇軾條.
『禪林僧寶傳』권14 圓照本禪師條, 권29 雲居佛印元禪師條.
『釋氏稽古畧』권4.

2. 著書 및 單行本

高翊晋,『韓國古代佛敎思想史』, 동국대학교출판부, 1989.
고영섭,『한국불학사-고려시대편』, 연기사, 2005.
구산우,『高麗전기 향촌지배체제 연구』, 혜안, 2003.
國史編纂委員會 편,『韓國史 16 : 高麗 前期의 宗敎와 思想』, 國史編纂委員會, 1994.
金光植,『高麗 武人政權과 佛敎界』, 民族社, 1995.
金蘭玉,『高麗時代 賤事·賤役良人 硏究』, 신서원, 2001.
金杜珍 등,『江原佛敎史硏究』, 小花, 1996.
金杜珍,『均如華嚴思想硏究-性相融會思想』, 一潮閣, 1983.
_____,『義湘』, 민음사, 1995.
_____,『신라 화엄사상사 연구』, 서울대학교출판부, 2002.
_____,『고려전기 교종과 선종의 교섭사상사 연구』, 一潮閣, 2006.
_____,『신라하대 선종사상사 연구』, 一潮閣, 2009.
_____,『고려시대 사상사 산책』, 국민대학교출판부, 2009.
金庠基,『新編高麗時代史』, 서울大學校出版部, 1985.
金庠基,『동방문화교류사논고』, 을유문화사, 1948.

김병인, 『고려 예종대 정치세력 연구』, 경인문화사, 2003.

金福順, 『한국고대불교사연구』, 民族社, 2002.

金相鉉, 『(11월 문화인물) 의천』, 문화관광부・한국문화예술진흥원, 2001.

金順子, 『韓國 中世 韓中關係史』, 혜안, 2007.

金英美, 『新羅佛敎思想史硏究』, 民族社, 1994.

金龍善 編著, 『高麗墓誌銘集成』, 翰林大學校出版部, 1997 개정판.

金芿石, 『華嚴學槪論』, 東國大出版部, 1959.

김종명, 『한국 중세의 불교의례 : 사상적 배경과 역사적 의미』, 문학과지성사, 2001.

김창겸, 『신라 하대 왕위계승 연구』, 경인문화사, 2003.

김천학, 『균여 화엄사상 연구 : 根機論을 중심으로』, 은정불교문화진흥원, 2006.

김철웅, 『한국중세의 吉禮와 雜祀』, 景仁文化社, 2007.

金晧東, 『고려 무신정권시대 文人知識層의 현실대응』, 景仁文化社, 2003.

金晧東, 『한국 고・중세 불교와 유교의 역할』, 景仁文化社, 2007.

金曉呑, 『高麗末 懶翁의 禪思想 硏究』, 民族社, 1999.

나종우, 『한국중세대일교섭사연구』, 원광대출판국, 1996.

남무희, 『신라 원측의 유식사상 연구』, 민족사, 2009.

南仁國, 『高麗中期 政治勢力 硏究』, 신서원, 1999.

大屋德城, 『高麗續藏雕造攷』, 日本 京都, 便利堂, 1936.

道端良秀, 『中國佛敎史』, 法藏館, 1958.

望月信亨, 金鎭烈 譯, 『佛敎經典成立의 硏究』, 불교시대사, 1995.

민현구, 『고려정치사론』, 고려대출판부, 2004.

朴胤珍, 『高麗時代 王師・國師 硏究』, 景仁文化社, 2006.

朴龍雲, 『高麗時代史』(上・下), 一志社, 1985~87.

박용운 외, 『고려시대사의 길잡이』, 일지사, 2007.

박용운, 『高麗社會와 門閥貴族家門』, 경인문화사, 2003.

朴恩卿, 『高麗時代鄕村社會硏究』, 一潮閣, 1996.

박재우, 『고려 국정운영의 체계와 왕권』, 신구문화사, 2005.

朴宗基, 『高麗時代 部曲制 硏究』, 서울大學校出版部, 1990.

_____, 『지배와 자율의 공간, 고려의 지방 사회』, 푸른역사, 2002.

_____, 『5백년 고려사』, 푸른역사, 1999.

朴鍾進, 『高麗時期 財政運營과 租稅制度』, 서울大學校出版部, 2000.

372

박종홍, 『한국사상사』, 서문당, 1999 개정판.

邊東明, 『高麗後期性理學受容硏究』, 一潮閣, 1995.

邊太燮 編, 『高麗史의 諸問題』, 三英社, 1985.

邊太燮, 『高麗政治制度史硏究』, 一潮閣, 1971.

佛敎新聞社편, 『韓國佛敎史의 再照明』, 佛敎時代史, 1994.

윤사순·고익진 편, 『한국의 사상』, 열음사, 1984.

王頌, 『宋代華嚴思想硏究』, 中國 北京 宗敎文化出版社, 2008.

李基白, 『高麗貴族社會의 形成』, 一潮閣, 1990.

_____, 『高麗兵制史硏究』, 一潮閣, 1968.

_____, 『新羅思想史硏究』, 1986.

李能和, 『朝鮮佛敎通史』, 寶蓮閣, 1972.

李　萬, 『韓國唯識思想史』, 장경각, 2000.

李範稷, 『韓國中世禮思想硏究』, 一潮閣, 1991.

李丙燾, 『高麗時代硏究』, 亞細亞文化社, 1980 개정판.

이병욱 편, 『의천』, 예문서원, 2002.

_____, 『고려시대의 불교사상』, 혜안, 2002.

_____, 『천태사상연구』, 경서원, 2000.

李樹健, 『韓國中世社會史硏究』, 一潮閣, 1984.

李永子, 『法華·天台思想硏究』, 東國大學校出版部, 2002.

_____, 『韓國天台思想의 展開』, 民音社, 1988.

李炳熙, 『高麗後期 寺院經濟 硏究』, 景仁文化社, 2008.

李炳熙, 『高麗時期 寺院經濟 硏究』, 景仁文化社, 2009.

李載昌 편, 『韓國佛敎史의 諸問題』, 우리出版社, 1993.

李載昌, 『韓國佛敎寺院經濟硏究』, 불교시대사, 1993.

이정신, 『고려시대의 정치변동과 대외정책』, 경인문화사, 2004.

李鎭漢, 『고려전기 官職과 祿俸의 관계 연구』, 일지사, 1999.

李熙德, 『高麗 儒敎 政治思想의 硏究』, 一潮閣, 1984.

李賢惠·李基東 등, 『韓國史 時代區分論』, 소화, 1995.

張東翼, 『高麗後期外交史硏究』, 一潮閣, 1994.

_____, 『宋代麗史資料集錄』, 서울대학교출판부, 2000.

張日圭, 『崔致遠의 社會思想 硏究』, 新書苑, 2008.

全海住, 『義湘華嚴思想史硏究』, 民族社, 1993.

鄭性本, 『新羅禪宗의 研究』, 民族社, 1995.

정용숙, 『고려시대의 后妃』, 民音社, 1992.

鄭駜謨, 『高麗佛典目錄研究』, 論叢刊行委員會, 1990.

제임스 류, 李範鶴 譯, 『王安石과 改革政策』, 知識産業社, 1991.

趙明基, 『高麗 大覺國師와 天台思想』, 東國文化社, 1964.

趙明濟, 『高麗後期 看話禪 研究』, 혜안, 2004.

曺凡煥, 『羅末麗初 禪宗山門 開創 研究』, 경인문화사, 2008.

曺凡煥, 『新羅 禪宗 研究』, 일조각, 2001.

周藤吉之, 『宋·高麗制度史研究』, 汲古書院, 1992.

池斗煥, 『朝鮮前期 儀禮研究』, 서울大學校出版部, 1994.

蔡尙植, 『高麗後期佛敎史研究』, 一潮閣, 1991.

최영호, 『江華京版 <高麗大藏經>의 판각사업연구』, 景仁文化社, 2008.

蔡雄錫, 『高麗時代의 國家와 地方社會』, 서울대학교출판부, 2000.

崔貞煥, 『高麗·朝鮮時代 祿俸制 研究』, 慶北大學校出版部, 1991.

鮑志成, 『高麗寺與高麗王子』, 杭州大學出版社, 1995.

河炫綱, 『韓國 中世史 研究』, 一潮閣, 1988.

한국유학생인도학불교학연구회 엮음, 『일본의 한국불교 연구동향』, 장경각, 2001.

韓國中世史學會, 『韓國中世社會의 諸問題』, 韓國中世史學會, 2001.

韓基汶, 『高麗寺院의 構造와 機能』, 民族社, 1998.

許興植, 『高麗佛敎史研究』, 一潮閣, 1986.

_____, 『高麗社會史研究』, 亞細亞文化社, 1981.

_____, 『韓國中世佛敎史研究』, 一潮閣, 1997 중판.

洪榮義, 『高麗末 政治史 研究』, 혜안, 2005.

황인규, 『고려후기 조선초 불교사 연구』, 혜안, 2003.

『密敎大辭典』, 密敎辭典編纂會 編, 法藏館.

望月信亨, 『佛敎大辭典』, 世界聖典刊行協會, 1954.

3. 論文

□ 華嚴思想 關聯

金杜珍, 「高麗時代 思想 및 學術」 『韓國史論』 23, 國史編纂委員會, 1993.

_____, 「均如의 "性相融會"思想」 『歷史學報』 90, 歷史學會, 1981.

374

_____,「均如의 法界觀－華嚴思想의 體系와 論理의 一端－」『歷史學報』77, 歷史學會, 1978.

_____,「均如의 生涯와 著述」『歷史學報』75·76합, 歷史學會, 1977.

_____,「新羅 華嚴의 圓融思想과 王權」『歷史上의 國家 權力과 宗敎』, 一潮閣, 2000.

_____,「元曉의 唯心論的 圓融思想」『韓國學論叢』22, 國民大學校 韓國學研究所, 2000.

_____,「義湘의 六相圓融 思想」『韓國思想史學』4·5합, 1993.

_____,「義湘의 中道實際 思想」『歷史學報』139, 1993.

_____,「義湘의 橫盡法界觀」『擇窩許善道先生停年紀念韓國史學論叢』, 1992.

_____,「顯宗代 이후 華嚴宗, 法相宗의 대두와 불교계의 모순」『한국사』16, 國史編纂委員會, 1994.

_____,「義天의 圓頓사상과 그 불교사적 의미」『北岳史論』10, 北岳史學會, 2003.

吉熙星,「高麗 佛敎의 創造的 綜合：義天과 知訥」『韓國思想史大系』3, 1991.

南東信,「元曉와 芬皇寺 關係의 史的 推移」『芬皇寺의 諸照明』, 慶州市新羅文化宣揚會, 1999.

_____,『元曉의 大衆敎化와 思想體系』, 서울대博士學位論文, 1995.

_____,「균여를 넘어 교학불교 부흥을 꾀한 의천의 실행수행적 화엄사상」『불교와 문화』2, 대한불교진흥원, 1997.

李鮮隶,『均如의 圓通 論理와 그 實踐』, 동국대학교박사학위논문, 2009.

張戒環,「義天의 華嚴思想」『普照思想』11, 普照思想研究院, 1998.

章輝玉,「대각국사문집에 보이는 의천의 화엄편중사상」『화엄학논집』, 대장출판주식회사, 1997.

蔡尙植,「體元의 著述과 華嚴思想－14세기 華嚴思想의 단면－」『규장각』6, 서울대학교 도서관, 1982.

_____,「體元의 저술과 사상적 경향」『고려후기불교사연구』, 1991.

崔柄憲,「高麗時代 華嚴學의 變遷－均如派와 義天派의 對立을 중심으로－」『韓國史研究』30, 韓國史研究會, 1980.

_____,「韓國 華嚴思想史上에 있어서의 義天의 위치」『韓國華嚴思想研究』, 東國大佛敎文化研究所, 1980.

_____,「高麗時代 華嚴宗團의 展開過程과 그 歷史的 性格」『韓國史論』20, 國史編纂委員會, 1990.

_____,「大覺國師 義天의 華嚴思想 研究－均如의 華嚴思想과의 비교를 중심으로－」

『韓國史學』11, 韓國精神文化研究院, 1991.

_____,「高麗時代 華嚴宗團의 展開過程과 그 性格」『韓國史論』20, 1990.

崔鉛植,『均如 華嚴思想硏究－敎判論을 중심으로－』, 서울大博士學位論文, 1999.

_____,「均如의 別敎一乘絶對論과 所目, 所流義」『韓國思想史學』13, 韓國思想史學會, 1999.

_____,「『健拏標訶一乘修行者秘密義記』와 羅末麗初 華嚴學의 一動向」,『韓國史研究』126, 2004.

佐藤厚,「『健拏標訶一乘修行者秘密義記』の基礎的研究」『東洋學研究』39, 2002.

鎌田茂雄/ 한형조 옮김,『화엄의 사상』, 고려원, 1987.

□ 天台思想 關聯 參考文獻

姜南錫,「의천의 천태사상 연구」, 원광대학교 원불교학대학원 석사학위논문, 1994.

_____,『高麗 天台思想史의 研究』, 圓光大博士學位論文, 2002.

高翊晉,「圓妙國師 了世의 白蓮結社」『韓國天台思想研究』, 東國大佛敎文化研究所, 1983.

權奇悰,「朝鮮時代 天台思想과 그 特色」『韓國天台思想研究』, 東國大佛敎文化研究所, 1983.

金杜珍,「諦觀의 天台思想」『韓國學論叢』6, 國民大學校 韓國學研究所, 1984.

_____,「光宗代의 佛敎統合運動과 天台學의 研究」『한국사』16, 국사편찬위원회, 1994.

_____,「대각국사 의천의 천태종 창립과 송의 천태종」『인문논총』47, 서울대인문학연구원, 2002.

_____,「義天의 天台宗과 宋·高麗 불교계와의 관계」『인하사학』10, 인하사학회, 2003.

金相永,「義天의 天台宗 開創과 관련한 몇 가지 問題」『중앙승가대학교교수논문집』8, 중앙승가대, 1999.

金相鉉,「高麗初期의 天台學과 그 史的 意味」『韓國天台思想研究』, 東國大佛敎文化研究所, 1983.

_____,「의천의 천태종 개창 과정과 그 배경」『천태학연구』2, 천태불교문화연구원, 2000 ;『의천(한국의 사상가 10인)』, 예문서원, 2002.

金英美,「高麗前期의 阿彌陀信仰과 天台宗 禮懺法」『史學研究』55·56합집, 韓國史學會, 1998.

_____,「大覺國師 의천의 阿彌陀信仰과 淨土觀」『歷史學報』156, 歷史學會, 1997.

376

金昌奭,「高麗天台宗成立の歷史的考察」『佛敎學硏究會年報』13, 駒澤大學大學院佛敎學硏究會, 1979.

金哲俊,「高麗初의 天台學 硏究－諦觀과 義通－」『東西文化』2, 啓明大東西文化硏究所, 1968.

朴昭映,「高麗 天台宗의 法脈 相承에 대한 硏究(1)」『天台學硏究』6, 2004.

徐閏吉,「雲默의 天台念佛」『韓國天台思想硏究』, 東國大佛敎文化硏究所, 1983.

李逢春,「高麗 天台宗의 成立과 그 展開」『韓國史論』20, 國史編纂委員會, 1990.

安重喆,「海東天台의 原流」『논문집』2, 중앙승가대학, 1993.

＿＿＿,「大覺國師 義天의 敎觀竝修論」『천태종전운덕총무원장화갑기념불교학논총』, 1999.

오광혁,「고려 천태종 개립의 배경에 대해서」『인도학불교학연구』26-2, 일본인도학불교학회, 1978.

이병욱,「義天의 天台思想 受容의 두 段階」『普照思想』11, 普照思想硏究會, 1998 ;『의천(한국의 사상가 10인)』, 예문서원, 2002.

＿＿＿,「의천 : 한국 천태사상의 정점－한국불교 연구의 현황과 전망(2)」『오늘의 동양사상』4, 예문동양사상연구원, 2001.

＿＿＿,「韓國 法華, 天台思想 硏究의 현황과 과제」『韓國宗敎史硏究』6, 韓國宗敎史學會, 1998.

이봉춘,「고려 천태종의 성립과 그 전개」『한국사론』20, 국사편찬위원회, 1990.

李永子,「義天의 天台會通思想」『佛敎學報』15, 佛敎文化硏究員, 1978 ;『한국 천태사상의 전개』, 민족사, 1998.

＿＿＿,「天頙의 天台思想」『佛敎學報』17, 東國大佛敎文化硏究所, 1980.

＿＿＿,「天台四敎儀의 成立 背景과 그 특징」『佛敎學報』23, 東國大佛敎文化硏究院, 1986.

＿＿＿,「대각국사 의천의 佛敎改革運動과 天台宗의 創立」『한국사16－고려 전기의 종교와 사상－』, 국사편찬위원회, 1994.

＿＿＿,「義天의 天台宗 開創과 高麗 佛敎界의 動向」『한국불교사의 재조명』, 불교시대사, 1994.

＿＿＿,「義天의 天台宗 開創과 佛敎界의 動向」『천태종전운덕총무원장화갑기념불교학논총』, 1999.

＿＿＿,「대각국사 의천 이후의 國淸寺와 法眷考」『天台學硏究』4집, 天台佛敎文化硏究院, 2003.

李載昌,「大覺國師 義天의 天台學 開立」『韓國天台思想硏究』, 東國大佛敎文化硏究所, 1983.

_____,「의천의 天台思想」『한국의 사상』, 열음사, 1991.

林鳴宇,「宋代天台敎學の十類」(上·下)『東洋文化硏究所紀要』149·150, 2005·2006.

章輝玉,「의천의 天台宗 開創 再考」『천태종전운덕총무원장화갑기념불교학논총』, 1999.

전재기,「고려 대각국사의 천태종 개립에 대한 사상사적 고찰」, 영남대학교 석사학위논문, 1976.

趙明基,「大覺國師의 天台의 思想과 續藏의 業績」『白性郁頌壽記念 佛敎學論文集』, 東國文化社, 1959 ;『의천(한국의 사상가 10인)』, 예문서원, 2002.

지창규,「대각국사 의천의 천태사상」『(제4회 한·중·일 삼국 천태국제학술대회) 대각국사 의천과 동아시아 불교』, 천태불교문화연구원, 2001.

蔡尙植,「高麗後期 天台宗의 白蓮社 結社」『韓國史論』5, 서울대학교 국사학과, 1979.

_____,「高麗後期 圓妙國師 了世의 白蓮結社와 그 역사적 의의」『天台學硏究』 6, 天台佛敎文化硏究院, 2004.

蔡印幻,「諦觀의 天台四敎儀」『韓國天台思想硏究』, 東國大佛敎文化硏究所, 1983.

천태불교문화연구원,『(제2회 한·중·일 삼국 천태국제학술대회) 대각국사 의천스님의 재조명』, 천태불교문화연구원, 1999.

천태불교문화연구원,『(제4회 한·중·일 삼국 천태국제학술대회) 대각국사 의천과 동아시아 불교』, 천태불교문화연구원, 2001.

崔柄憲,「天台宗의 成立」『한국사 6-고려 귀족사회의 문화-』, 국사편찬위원회, 1975.

_____,「대각국사 의천의 천태종 창립 동기」『박재규학장 정년기념논문집』, 공주사범대학, 1986.

_____,「의천의 천태종 창립과 불교계 개편」『불교사상』30, 불교사상사, 1986.

_____,「義天과 宋의 天台宗」『伽山李智冠스님華甲記念論叢』, 1992.

韓基斗,「麗末鮮初의 天台 法華思想」『韓國天台思想硏究』, 東國大佛敎文化硏究所, 1983.

韓鍾萬,「法華玄義와 天台四敎儀의 比較硏究」『東洋學』18, 檀國大東洋學硏究所, 1988.

許興植,「高麗前期 佛敎界와 天台宗의 形成過程」『韓國學報』11, 一志社, 1978.

_____,「천태종의 형성과정과 소속사원」『고려불교사연구』, 일조각, 1986.

洪庭植,「高麗天台宗 開立과 義天」『韓國佛敎思想史-崇山朴吉眞博士華甲記念』, 1975 ;『의천(한국의 사상가 10인)』, 예문서원, 2002.

378

□ 其他 參考文獻

姜好鮮, 「원간섭기 천태종단의 변화」『普照思想』 16, 普照思想研究院, 2001.

고영섭, 「義天의 通方學」『天台學研究』 7, 2005.

고익진, 「圓妙 了世의 白蓮結社와 그 思想的 動機」『佛教學報』 15, 1978.

권상로, 「의천」『조선명인전』 下, 조선일보사, 1939.

金南允, 『新羅 法相宗 研究』, 서울大博士學位論文, 1995.

_____, 「高麗中期 佛教와 法相宗」『韓國史論』 28, 1992.

김광식, 「高麗 肅宗代의 王權과 寺院勢力-주전정책의 배경을 중심으로-」『백산
　　　학보』 36, 백산학회, 1989 ;『의천(한국의 사상가 10인)』, 예문서원, 2002.

金杜珍, 「了悟禪師 順之의 禪思想-그의 三遍成佛論을 中心으로-」『歷史學報』 65,
　　　歷史學會, 1975.

_____, 「高麗時代 思想의 歷史的 特徵」『韓國思想史大系』 3, 韓國精神文化研究院,
　　　1983.

_____, 「高麗 光宗代 法眼宗의 登場과 그 性格」『韓國史學』 4, 韓國精神文化研究院,
　　　1983.

_____, 「高麗 光宗代의 專制王權과 豪族」『韓國學報』 15, 一志社, 1979.

_____, 「高麗初의 法相宗과 그 思想」『韓祐劤博士停年紀念史學論叢』, 知識産業社,
　　　1981.

_____, 「王建의 僧侶 結合과 그 意圖」『韓國學論叢』 4, 國民大學校韓國學研究所,
　　　1982.

_____, 「玄暉(879~941)와 坦文(900~975)의 佛教思想-高麗初의 教禪融合思想과
　　　관련하여-」『歷史와 人間의 對應』, 고병익선생 회갑기념 사학논총간행
　　　위원회, 1984.

_____, 「高麗後期 寺院 勢力과 松廣寺」『順天市史』, 1997.

_____, 「新羅下代 禪宗 思想의 成立과 그 變化」『全南史學』 11, 全南史學會, 1997.

_____, 「一然의 心存禪觀思想과 그 불교사적 위치」『韓國學論叢』 25, 國民大韓國學
　　　연구소, 2002.

_____, 「高麗前期 法華思想의 變化」『韓國思想과 文化』 21, 韓國思想文化學會,
　　　2003.

_____, 「曦陽山門의 成立과 宗系의 變化」『清溪史學』 18, 清溪史學會, 2003.

김명환, 「의천의 생애와 불교개혁운동」, 경희대학교 교육대학원석사학위논문,
　　　1986.

金炳仁, 「金富軾과 尹彦頤」『全南史學』 9, 全南史學會, 1995.

金庠基,「大覺國師 義天에 對하여」『國史上의 諸問題』3, 國史編纂委員會, 1959 ;『東方史論叢』, 서울大出版部, 1974.

金相永,「高麗中期의 禪僧 慧照國師와 修禪社」『李箕永博士古稀紀念論叢』, 1983.

_____,「高麗 睿宗代 禪宗의 復興과 佛敎系의 變化」『淸溪史學』5, 1988.

金相鉉,「高麗時代의 護國佛敎硏究-金光明經信仰을 中心으로-」『學術論叢』1, 檀國大, 1976.

_____,「고려시대의 원효 인식」『정신문화연구』17-1, 한국정신문화연구원, 1994.

_____,「義天의 硏學과 學術史的 位相」『天台學硏究』창간호, 1998.

_____,「대각국사 의천 관계 참고문헌」『天台學硏究』4, 2003.

金聖洙,「敎藏總錄 經部 分類體系의 分析」『圖書館學』10, 圖書館學會, 1983.

_____,「고려대장경목록 편성의 사상적 배경」『인문과학론집』6, 청주대학교 인문과학연구소, 1987.

_____,「신편제종교장총록의 저록에 관한 연구」『도서관학논집』26, 한국도서관·정보학회, 1997.

金順子,『麗末鮮初 對元·明關係硏究』, 延世大博士學位論文, 1999.

金英美,「大覺國師 義天의 阿彌陀信仰과 淨土觀」『歷史學報』156, 歷史學會, 1997 ;『의천(한국의 사상가 10인)』, 예문서원, 2002.

_____,「新羅社會의 變動과 佛敎思想」『韓國思想思方法論』, 小花, 1997.

_____,「11세기 후반 12세기초 遼와의 佛敎 關係 交流」『역사와 현실』, 2002.

金映遂,「五敎兩宗에 對하야」『震檀學報』8, 1937.

김영태,「대각국사의 고려 교장」『한국불교사정론』, 불지사, 1997.

金龍善,「光宗의 改革과 歸法寺」『高麗光宗硏究』, 一潮閣, 1981.

_____,「高麗 前期의 法眼宗과 智宗」『江原佛敎史硏究』, 小花, 1996.

金仁德,「天台 圓敎의 圓融原理」『韓國佛敎學』3, 1977.

김창현,「고려 11세기의 정치와 인주 이씨」『인천학연구』2-1호, 2003.

김천학,「新羅下代における華嚴と禪の宗派意識」『東洋文化硏究』10, 學習院大學東洋文化硏究所, 2001.

金炯佑,『高麗時代 國家的 佛敎行事에 대한 硏究』, 東國大博士學位論文, 1999.

金炯秀,「고려전기 裨補寺院과 地方支配」『慶尙史學』17, 慶尙史學會, 2001.

南權熙,「새로 발견된 고려 속장경의 복각판 3종에 관한 고찰」『도서관학논집』16, 1989.

_____,「13세기 天台宗 關聯 高麗佛經 3種의 書誌的 考察-圓覺類解, 弘贊法華傳, 法華文句倂記節要-」『書誌學報』19, 韓國書誌學會, 1997.

380

南東信,「대각국사 의천의 중국유학」『고려시대 사람들은 어떻게 살았을까』1, 청년사, 1997.

南武熙,「高句麗後期 佛敎思想 硏究-義淵의 地論宗思想受容을 중심으로」『國史館論叢』95, 國史編纂委員會, 2001.

南宗鎭,「中國 傳統 墓道文의 本質과 記述原理」『中國學報』41, 韓國中國學會, 2000.

_____,「韓愈 所撰 墓誌銘의 記述 特徵」『中國文學硏究』28, 韓國中文學會, 2004.

盧明鎬,「李資謙 一派와 韓安仁 一派의 族黨勢力-高麗中期 親屬들의 政治勢力化 樣態-」『韓國史論』17, 1987.

馬宗樂,「高麗中期 政治權力과 儒學思想」『釜山史學』32, 釜山慶南史學會, 1997.

文昌魯,「三韓時代 邑落社會의 信仰儀禮와 그 變遷」『北岳史論』5, 北岳史學會, 1998.

민영규,「新編諸宗敎藏總錄」『한국의 고전 100선』, 동아일보사, 1969.

朴老子,「義天의 '新編諸宗敎藏總錄' 編纂, '敎藏' 刊行의 文化史的 意味」『史學硏究』58·59합집, 韓國史學會, 1999.

_____,「義天의 韓國佛敎史 意識」『普照思想』11, 普照思想硏究員, 1998.

朴相國,「義天의 敎藏-敎藏總錄의 編纂과 敎藏刊行에 대한 再考察」『普照思想』11, 普照思想硏究員, 1998.

박영수,「고려대장경판의 연구」『백성욱박사 송수기념 불교학논문집』, 1959.

朴鎔辰,「高麗後期 仁王道場의 設行과 그 意義」『北岳史論』6, 北岳史學會, 1999.

_____,「高麗中期 仁王經信仰과 그 意義」『한국중세사연구』14, 2003.

_____,『大覺國師 義天 硏究』, 國民大博士學位論文, 2005.

_____,「의천의『新編諸宗敎藏總錄』編纂과 華嚴 및 天台章疏」,『中央史論』22, 韓國中央史學會, 2005.

_____,「의천 集『釋苑詞林』의 편찬과 그 의의」,『한국중세사연구』19, 한국중세사학회, 2005.

_____,「의천의『圓宗文類』編纂과 그 의의」『史學硏究』82, 韓國史學會, 2006.

_____,「고려중기 華嚴文類의 編纂과 그 사상적 전승-『圓宗文類』와『圓宗文類集解』」『震檀學報』101, 震檀學會, 2006.

_____,「『大覺國師文集』의 편찬과 그 정치사회적 배경」『정신문화연구』30, 한국학중앙연구원, 2007.

_____,「고려중기 義天의 佛敎儀禮와 그 認識」『한국중세사연구』제22호, 한국중세사학회, 2007.

朴胤珍,『高麗時代 王師·國師 硏究』, 고려대박사학위논문, 2005.

朴在錦,「義天의 佛教詩」『韓國禪詩研究』, 국학자료원, 1998 ;『의천(한국의 사상가 10인)』, 예문서원, 2002.

朴宗基,「13세기 初葉의 村落과 部曲」『韓國史研究』 33, 韓國史研究會, 1981.

_____,「高麗前期 社會史 研究動向」『역사와 현실』 2, 1989.

_____,「11세기 고려의 對外關係와 政局運營論의 추이」『역사와 현실』 30, 한국역사연구회, 1998.

_____,「12세기 高麗 政治史研究論」擇窩許善道先生停年紀念韓國史學論叢』, 1992.

_____,「민족사에서 차지하는 고려의 위치」『역사비평』 45, 역사문제연구소, 1998.

박종홍,「의천의 교관병수와 주체적 전통」『한국사상사(불교사상편)』, 서문문고, 1983 ;『의천(한국의 사상가 10인)』, 예문서원, 2002.

謝俊美,「佛教與東亞文化交流合作－以韓國大覺國師義天的國際活動爲中心」『太原理工大學學報』 23, 2005.

_____,「21세기 동아시아의 협력과 불교의 역할－대각국사 의천의 국제관과 국제활동을 중심으로」『천태학연구』 7, 2005.

서성호,「숙종대 정국의 추이와 정치세력」『역사와 현실』 9, 1993.

徐閏吉,「高麗時代의 密教思想」『韓國密教思想史研究』, 佛光出版部, 1997.

_____,「문헌상에 나타난 한국 불교 제종의례」『불교전통의례와 그 연극·연희화 방안 연구』, 엠애드, 1999.

심재열,「대각국사비의 새로운 해석」『불교사상』 10, 불교사상사, 1984.

_____,「대각국사」『한국불교 인물사상사』, 민족사, 1990.

_____,「대각국사문집 해제」『한글대장경』 139, 1994.

_____,「원효의 계승자, 고려 제일의 선지식－대각국사 의천」『불교춘추』 14, 불교춘추사, 1999.

安重喆,「의천의 교관쌍수사상의 형성 배경」『한국불교학』 27(야석 권기종박사화갑기념논총), 한국불교학회, 2000.

安智源,「고려시대 帝釋信仰의 양상과 그 변화」『국사관논총』 78, 국사편찬위원회, 1997.

_____,『高麗時代 國家 佛教儀禮 研究－燃燈·八關會와 帝釋道場을 중심으로－』, 서울大博士學位論文, 1999.

梁銀容 등,「高麗中期 道教의 綜合的 研究」『韓國學論集』 15, 한양대, 1989.

呂聖九,「統一期 在唐留學僧의 活動과 思想」『北岳史論』 8, 北岳史學會, 2001.

_____,『新羅 中代의 入唐求法僧 研究』, 國民大博士學位論文, 1997.

382

오영선,「인종대 정치세력의 변동과 정책의 성격」『역사와현실』제9호, 한국역사
　　　연구회, 1993.
吳龍燮,「新編諸宗敎藏總錄의 續藏 受容性」『書誌學硏究』13, 書誌學會, 1997.
王　巍,「義天與遼和高麗의佛敎文化交流」『東北師大學報-哲社版』, 1994.
_____,「中朝佛敎文化交流大師高麗義天」『延邊大學學報』, 1994.
원의범,「고려초기 불교윤리사상」『한국인의 윤리사상』, 율곡사상연구원, 1992.
柳炳德,「韓國佛敎의 圓融思想」『원광대학교논문집』8, 원광대, 1974.
尹容鎭,「法水寺址의 高麗懸板」『韓國文化의 諸問題』, 시사영어사, 1982.
尹炯斗,「大覺國師文集考」『古書硏究』7, 1991.
魏常海,「元曉"和諍"理論與義天"圓融"思想」『東疆學刊』22, 2005.
李基白,「新羅時代의 佛敎와 國家」『역사학보』111, 1986.
이기영,「의천과 고려사회」『한국불교연구원 주최 제1회 학술세미나 발표요지』,
　　　1975.
李　萬,「大覺國師 義天의 唯識觀」『佛敎學報』, 佛敎文化硏究院, 1984.
_____,「대각국사 의천의 유식사상」『한국유식사상사』, 장경각, 2000.
李萬烈,「高麗 慶源李氏 家門의 展開過程」『韓國學報』21, 일지사, 1980.
李範鶴,「司馬光의 正名思想과 人治主義의 展開」『東洋史學』37, 1991.
_____,「蘇軾의 高麗排斥論과 그 背景」『韓國學論叢』15, 國民大學校 韓國學硏究所,
　　　1993.
_____,「王安石 改革論의 形成과 性格－新法의 思想的 배경에 대한 一試論－」
　　　『東洋史學硏究』18, 1983.
이병욱,「전기와 후기로 구분해서 본 의천의 철학」『한국종교』21, 1996 ;『의천(한
　　　국의 사상가 10인)』, 예문서원, 2002.
_____,「의천·소현·이자현 사상의 공통점과 차이점」『韓國宗敎史硏究』10,
　　　韓國宗敎史學會, 2002.
_____,「의천사상의 구조·사회적 성격·계승」『한국종교사연구』9, 한국종교사
　　　학회, 2001.
李炳學,「元曉의 大乘菩薩戒思想과 그 意味」『韓國古代史硏究』24, 韓國古代史學會,
　　　2001.
李炳熙,「大覺國師 義天의 鑄錢論」『天台學硏究』4, 2003.
李亞泉·王承禮,「高麗義天大師著述中的遼人文獻」『社會科學戰線』, 1993.
李英茂·崔凡述,「大覺國師文集解題」, 建國大學校出版部, 1974.
李永子,「義天의 新編諸宗敎藏總錄의 獨自性」『佛敎學報』19, 東國大佛敎文化硏究

所, 1982.

_____,「대각국사 의천 이후의 국청사와 법권고」『(제4회 한・중・일 삼국 천태국
　　　제학술대회) 대각국사 의천과 동아시아 불교』, 천태불교문화연구원,
　　　2001.

이원섭,「의천의 시」『고려고승한시선』, 역경원, 1978.

李鍾文,「高麗前期 佛家의 文學思想－均如・崔行歸・義天을 中心으로－」『蒼谷金
　　　世漢 教授停年退職紀念論叢』, 1991.

李鍾燦,「義天의 折衷的 文學觀」『한국한문학연구』, 한국한문학회, 1980.

_____,「의천의 문학」『한국불가시문학사론』, 불광출판부, 1993.

_____,「고려문학의 형성과정－의천의 절충적 사상을 중심으로－」『한국 한문학
　　　의 탐구』, 이회문화사, 1998.

이　준,「의천 대각국사와 불인요원선사－대각국사 의천」『불교춘추』14, 불교춘추
　　　사, 1999.

이희근,「승려 의천은 왜 주전을 주장했을까」『한국사, 그 끝나지 않는 의문』,
　　　다우, 2001.

張戒環,「法藏 教學과 起信論」『佛教研究』16, 韓國佛教研究院, 1999.

_____,「法藏의 教相卽觀法에 대하여」『韓國佛教學』18, 1993.

_____,「法藏의 一乘思想」『韓國佛教學』14, 韓國佛教學會, 1989.

_____,「宋代의 昭慶社 結社에 대한 고찰」『韓國佛教學』28, 2001.

_____,「中國의 佛教結社」『韓國佛教學』, 1992.

張元圭,「一念三千說에 관한 研究－具相論과 具性論을 中心으로」『佛教學報』5,
　　　1967.

_____,「圭峯의 教學思想과 二水・四家의 華嚴宗再興」『佛教學報』16, 1979.

_____,「華嚴宗의 守成期의 教學思潮」『佛教學報』15, 1978.

_____,「華嚴學의 大成者 法藏의 教學思想(1)」『佛教學報』13, 1976.

_____,「華嚴學의 大成者 法藏의 教學思想(2)」『佛教學報』14, 1977.

장일규,『최치원의 사회사상 연구』, 國民大博士學位論文, 2002.

田炳武,「高麗時代 銀流通과 銀所」『韓國史研究』78, 1992.

正　覺,「불교 제의례의 설행 절차와 방법」『불교 전통 의례와 그 연극・연희화의
　　　방안 연구』, 엠애드, 1999.

정세성,「高麗大覺國師義天の研究」『立正大大學院佛教學論集』23, 1999.

전수병,「坦文國師에 관한 研究」『東洋文化研究』2, 大田大, 1987.

정동락,「元寂 道義의 生涯와 禪思想」『한국중세사연구』14, 한국중세사학회, 2003.

384

鄭修芽,「高麗中期 改革政策과 그 사상적 배경-북송 신법의 수용에 관한 일시론-」 『수촌박영석교수화갑기념韓國史學論叢』上, 1992 ;『의천(한국의 사상가 10인)』, 예문서원, 2002.

_____,「尹瓘勢力의 形成」『震檀學報』66, 1991.

_____,『高麗中期 改革政治와 北宋新法의 受容』, 西江大學校博士學位論文, 1999.

정연모,「의천의 주전론」『불교사상』13, 불교사상사, 1984.

정은정,『고려시대 개경의 도시변화와 경기제의 추이』, 부산대박사학위논문, 2009.

정필모,「신편제종교장총록고」『인문학연구』12·13합, 중앙대, 1986.

_____,「고려 4대장경판의 전말」『서지학연구』10, 서지학회, 1994.

鄭 赫,「高麗後期 眞覺國師 慧諶의 佛儒同源思想」『北岳史論』3, 國民大學校 文科大學 國史學科, 1993.

조동일,「의천」『한국문학통사』1, 지식산업사, 1984.

趙明基,『高麗佛教に於ける大覺國師の地位』, 동양대학 박사학위논문, 1962.

_____,「의천-때묻은 왕자의 가사-」『인물한국사』2, 박우사, 1965.

_____,「의천-장경판에 새긴 국사의 얼-」『한국의 인간상』2, 신구문화사, 1968.

_____,「대각국사문집·외집」『한국의 명저』, 현암사, 1969.

_____,「의천-고려 불교의 원류」『한국인물대계』2, 박우사, 1972.

_____,「불교의 전적으로서의 교류」『민족문화논총』4, 1983.

趙明濟,「高麗中期 居士禪의 思想的 傾向과 看話禪 受容의 기반」『역사와 경계』44, 2002.

_____,「日本 國學院大學 考古學資料館 所藏 高麗墓誌銘」『한국중세사연구』16, 한국중세사학회, 2004.

_____,「14세기 고려 지식인의 입원과 순례」,『역사와경계』69, 부산경남사학회, 2008.

조영록,「소동파와 항주 고려사」『대련 리영자박사 화갑기념논총 천태사상과 동양문화』, 1997.

秦星圭,「高麗後期 修禪社의 結社運動」『韓國學報』36, 一志社, 1984.

_____,「高麗後期 願刹에 대하여」『歷史敎育』36, 歷史敎育硏究會, 1984.

_____,「崔氏武臣政權과 禪宗」『佛敎硏究』6·7, 1990.

_____,「定慧結社의 時代的 背景에 대하여」『普照思想』5·6, 1992.

_____,「高麗後期 佛敎史에 있어서 修禪社의 위치」『伽山李智冠스님華 甲 紀念論叢』1992.

_____, 「武臣政權期 佛敎界의 變化와 曹溪宗의 擡頭」『한국사 21 - 고려후기의 사상과 문화-』, 국사편찬위원회, 1996.

_____, 「『禪門拈頌』의 편찬과 그 의의」『白山學報』66, 白山學會, 2003.

채수연, 「대각국사 의천에 관한 일연구」, 성균관대학교 석사학위논문, 1984.

蔡茂松, 「普覺國尊 一然에 대한 硏究-迦智山門의 登場과 관련하여-」『韓國史硏究』 26, 韓國史硏究會, 1979.

_____, 「高麗後期 佛敎史의 展開 樣相과 그 傾向」『歷史敎育』35, 歷史敎育硏究會, 1984.

_____, 「高麗後期 修禪結社 成立의 社會的 基盤」『韓國傳統文化硏究』6, 1990.

_____, 「一然의 思想」『한국의 사상』, 열음사, 1991.

_____, 「고려시대 불교의 전개와 성격」『한국사』5, 한길사, 1993.

_____, 「성리학과 유불 교체의 사상적 맥락」『역사비평』24, 1994.

_____, 「원의 정치 간섭과 불교」『한국사 21-고려후기의 사상과 문화-』, 국사편 찬위원회, 1996.

_____, 「白蓮社의 成立과 展開」『한국사 21-고려후기의 사상과 문화-』, 국사편 찬위원회, 1996.

_____, 「無畏國統 丁午의 활동상과 思想的 傾向」『부대사학』23, 부산대학교 사학 회, 1999.

채웅석, 「고려중기 사회 변화와 정치동향」『한국사』5, 한길사, 1994.

_____, 「고려 문종대 관료의 사회적 위상과 정치운영」『역사와 현실』27, 한국역사연구회, 1995.

_____, 「고려사회의 변화와 고려중기론」『역사와현실』32, 한국역사연구회, 2000.

千惠鳳, 「義天의 入宋求法과 宋刻 注華嚴經板」『東方學誌』54·55·56합, 延世大國 學硏究員, 1987.

_____, 「고려시대의 전적」『고고미술』184, 1989.

_____, 「대장경의 조판」『한국사』16(고려 전기의 종교와 사상), 국사편찬위원회, 1994.

_____, 「의천의 교장-교장총록의 편찬과 교장간행에 대한 재고찰-」『보조사 상』11, 보조사상연구원, 1998.

최기표, 「大覺國師의 遺骨安葬과 立碑過程 再考」『한국불교학』44, 2006.

崔柄憲, 「高麗 佛敎界에서의 元曉 理解-義天과 一然을 中心으로-」『元曉硏究論叢』, 국토통일원, 1987.

_____, 「大覺國師文集解題」『國譯大覺國師文集』, 韓國精神文化硏究院, 1989.

386

_____, 「大覺國師 義天의 渡宋活動과 高麗 宋의 佛敎交流－晋水淨源과 慧因寺와의 關係를 중심으로－」『震檀學報』, 震檀學會, 1991.

_____, 「義天이 均如를 批判한 이유」『아세아에 있어서 화엄의 위상』, 대한전통불교연구원, 1991.

_____, 「大覺國師 義天의 佛敎史的 位置」『天台學硏究』5, 2002.

최봉익, 「체관과 의천의 철학사상」『조선철학사 개요』, 평양 : 사회과학출판사, 1986.

崔鳳春, 「고려 승통 의천의 입법 구송 운유기」『중한인문과학연구』3, 중한인문과학연구회, 1998.

_____, 「義天과 淨源 그리고 蘇軾」『천태종전운덕총무원장화갑기념불교학논총』, 1999.

_____, 『海東高僧 義天硏究』, 중국 浙江大學校 박사학위논문, 1999.

최석환, 「동아시아 사상계 장악한 의천의 자취」『불교춘추』14, 불교춘추사, 1999.

_____, 「(현지답사) 대각국사 의천의 자취를 찾아서」『불교춘추』14, 불교춘추사, 1999.

최연식, 「大覺國師碑의 建立過程에 대한 새로운 考察」『韓國史硏究』83, 1993.

崔然柱, 「高宗 24年『江華京板 高麗大藏經』의 刻成事業」『한국중세사연구』5, 한국중세사학회, 1998.

崔永鎬, 「天台宗系列의 '江華經板 高麗大藏經' 刻成事業 參與」『지역과 역사』3, 부산경남역사연구소, 1997.

_____, 「13세기 중엽 江華京板『高麗大藏經』의 각성 사업과 해인사」『한국중세사연구』13, 2002.

최한술, 「大覺國師 義天의 詩世界」, 계명대학교 석사학위논문, 1985.

秋萬鎬, 「李資謙의 軍事基盤 理解(上)」『史鄕』2, 1985.

韓基汶, 「高麗中期 興王寺의 創建과 華嚴宗團」『鄕土文化』5, 1990.

한태식(보광), 「고려 의천의 정토관에 대해서」『인도학불교학연구』46-1, 일본인도학불교학회, 1997.

許興植, 「高麗中期 華嚴宗派의 繼承」『韓國史硏究』35, 1981.

_____, 「義天의 圓宗文類와 廓心의 集解」『書誌學報』5, 1991.

_____, 「대각국사 의천」『修多羅』5, 1990.

_____, 「의천의 思想과 試鍊」『精神文化硏究』54, 1994 ;『의천(한국의 사상가 10인)』, 예문서원, 2002.

洪榮義, 『高麗末 新興儒臣의 成長과 政治運營論의 展開』, 國民大博士學位論文, 2002.

洪潤植,「高麗史 世家篇 佛教記事의 歷史的 意味」『韓國史硏究』60, 1988.

黃啓江,「十一世紀高麗沙門義天入宋求法考論」『新史學』, 1991.

황수영,「금석문의 사례」『한국학보』5, 1976년 가을.

황시감,「중국 항주의 고려사와 그 연구 발현」『역사교육논집』21, 역사교육학회, 1996.

_____,「상원이적 상계이심－의천과 그의 중국인 사우－」『녹원스님 고희기념학술논총 한국불교의 좌표』, 불교시대사, 1997.

黃有福·陳景富 지음, 권오철 옮김,『韓中佛教文化交流史』, 까치, 2005.

黃仁奎,「麗末鮮初 華嚴宗僧의 動向」『佛教學硏究』창간호, 2000.

Edward, J. Shultz,「金富軾과〈三國史記〉」『韓國史硏究』73, 韓國史硏究會, 1991.

射俊美,「천태종과 한국」『전운덕 총무원장 화갑기념 불교학논총』, 천태불교문화연구원, 1999.

楊渭生,「천태종과 고려」, 沈善洪 編,『中國江南社會與中韓文化交流』, 항주출판사, 1997.

陳景富,「의천스님의 송나라에서의 구법활동과 그 홍법업적」『천태학연구』2, 천태불교문화연구원, 2000.

蔡茂松,「高麗大覺國師義天對中韓佛學的貢獻」『中韓關係史國際硏討會論文集』, 臺北：中華民國韓國硏究學會, 1983.

包偉民,「대각국사입송구법사실잡고」『한국연구』4, 절강대학한국연구소, 항주출판사, 2000.

鮑志成,「의천의 입송구법과 송·여의 불학교류」『불교춘추』14, 불교춘추사, 1999.

□ 日文 參考文獻

謙田茂雄 等,『華嚴學研究資料集成』, 東京大 東洋文化研究所, 1983.

_____,「中國華嚴宗の典籍」『華嚴學研究資料集成』, 東京大, 1983.

_____,『大藏經全解說大辭典』, 雄山閣出版, 2001.

高橋亨,「大覺國師 義天と 高麗佛教」『朝鮮』276, 1938.

_____,「大覺國師義天の高麗佛教に對する經綸に就いて」『朝鮮學報』10, 天理大朝鮮學會, 1956.

高峯了州,『華嚴思想史』, 百華苑, 1942.

_____,「義天とその思想」『華嚴思想史』, 京都：百華苑, 1942.

管原時保,「大覺國師」『正法輪』282, 1911.

388

吉田剛,「晋水淨源と宋代華嚴」『禪學研究』77, 1999.

吉津宜英,「法藏の別教一乘の思想史的研究」『佛教學報』28, 1991.

_____,『華嚴一乘思想の研究』, 大東出版社, 1991.

_____・柴崎照和,「廓心『圓宗文類集解』卷中について」『駒澤大學佛教學部研究紀要』52, 1994.

_____,「廓心「円宗文類集解」卷中の研究－(二)廓心『圓宗文類集解』卷中の敎學の特色について」『印度學仏敎學研究』86(43-2), 1995.

_____・柴崎照和,「義天編纂『圓宗文類』卷第一－解題と飜刻」『駒澤大學佛敎學部研究紀要』56, 1998.

金天鶴/ 佐藤厚,「高麗時代の仏教に對する研究」, 韓國仏敎學SEMINAR, 8, 2000.

內藤雋輔,「高麗の大覺國師に關する研究」『支那學』3－9・10, 1924 ;『朝鮮史研究』, 京都大 東洋史研究會, 東京 弘文堂, 1961.

大屋德城,「義天續藏の日本傳來について」, 1924.

_____,「朝鮮海印寺経板攷特に大藏経補板並に藏外雜板の仏敎文獻學的研究」『東洋學報』15-3, 1926.

_____,「佛敎典籍上に於ける高麗義天の事業並に其價値」『宗敎研究』 2-4(106), 1940.

_____,『高麗續藏雕造攷』, 日本 京都, 便利堂, 1936 ;『大屋德城著作選集』7, 國書刊行會, 1988.

_____,『高麗續藏雕造攷補遺』, 便利堂, 1938 ;『大屋德城著作選集』9, 國書刊行會, 1988.

_____,『影印高山寺本"新編諸宗敎藏總錄"』, 1936 ;『大屋德城著作選集』7, 國書刊行會, 1988.

_____,「龍谷本 龍龕手鑑の雕造年代に就にて」『稻葉博士還曆紀念：滿朝史論叢』, 1938 ;『大屋德城著作選集』6, 國書刊行會, 1988.

大正大學綜合佛敎研究所編,『靈通寺蹟』, 大正大學出版會, 2005.

稻葉岩吉,「高麗時代の文籍」『支那學論叢』, 1926.

林屋友次郎,「海東有本現行錄」『佛書解說大辭典』, 大同出版社, 1975.

望月信亨 編,『望月佛敎大辭典』, 世界聖典刊行協會.

_____,『佛敎經典成立史論』, 法藏館, 1978.

末松保和,「高麗文獻小錄(三) 新編諸宗敎藏總錄」『靑丘學叢』12, 1912.

박봉석,「義天續藏の日本傳來に就にて」『朝鮮之圖書館』3-6, 1934.

朴相國,「義天の敎藏 刊行とその名稱を中心に」『石上善応敎授古稀記念論文集 仏敎

文化の基調と展開』第2卷 2, 2001.

竝木淺峰, 「義天校勘の大般涅槃經疏」『蘇峰隨筆愛書50年』, 1933.

石井公成, 『新八宗綱要』, 法藏館, 2006.

_____, 『華嚴思想の研究』, 春秋社, 1996.

常盤大定, 「大覺國師 義天僧統」『密敎』2-1, 1912.

小野玄妙, 「高麗祐世僧統義天の大藏經板雕造の事蹟」『東洋哲學』, 18-2, 1911.

_____, 「高麗時代の文化とその古刻書に就にて」『現代佛敎』2-16, 1925 ;『朝鮮佛
敎』17-20, 1925, 9-12 ;『朝鮮の美術と歷史』, 大藏出版, 1937.

松平武修, 「僧義天に就にて」『歷史と地理』3-2, 1911.

柴崎照和, 「廓心『円宗文類集解』卷中の研究-(-)廓心과『圓宗文類集解』卷中の成立
の背景について」『印度學仏敎學研究』86(43-2), 1995.

_____, 「義天『円宗文類』の研究-四明如吉と高麗義天-」『印度學仏敎學研究』
88(44-2), 1996.

安藤俊雄, 『天台思想史』, 日本 東京, 法藏館, 1959.

安重喆, 「義天の敎觀双修觀の形成背景の一端」『印度學仏敎學研究』99(50-1), 2001.

_____, 「唐道宣と義天の修觀」『印度學佛敎學研究』102(51-2), 2003.

愛宕邦康, 「大覺國師義天と『遊心安樂道』『義天錄』における『遊心安樂道』不載の問
題に着目して」『印度學仏敎學研究』, 85(43-1), 1994.

玉城康四郞, 『佛敎史』2, 山川出版社, 1983.

大屋德城, 「佛敎典籍上に於ける高麗義天の事業並に其價値」『宗敎研究』2-4(106), 1940.

二宮啓任, 「朝鮮における仁王會の開設」『朝鮮學報』14, 1959.

林鳴宇, 「新編諸宗敎藏總錄から見た宋初天台の動向」『印佛研』(51-2), 1994.

_____, 「宋代天台敎學の十類」(上)(下)『東洋文化研究所紀要』149・150, 2006, 2007.

張愛順, 「大覺國師義天の華嚴優位思想」『印度學仏敎學研究』99(50-1), 2001.

章輝玉, 「東アジア仏敎の相互交流一〇・一一世紀の韓・中仏敎の交流關係」『シリー
ズ・東アジア仏敎』5, 1996.

_____, 「大覺國師文集にみえる義天の華嚴偏重思想-天台宗開創に對する疑問」『華
嚴學論集』1, 1997.

齋藤光純, 「釋苑詞林」『櫛田博士頌壽記念 高僧傳の研究』, 山喜房佛書林, 1973.

齋藤忠,「開城市靈通寺跡の大覺國師碑の現狀について-附大覺國師の墓地の新發
見-」『朝鮮學報』176・177, 朝鮮學會, 2000.

鄭世成, 「義天の天台思想受容の背景について」『印度學仏敎學研究』97(49-1), 2000.

_____, 「高麗大覺國師義天の研究」『佛敎學論集』, 大正大學大學院佛敎學研究會,

390

2000.

前間恭作,『大覺國師文集解說』,『前間恭作著作集』 上卷, 京都大學國文學會, 1974.

佐藤成順,「省常の淨行社について」『宋代佛教の研究』, 山喜房佛書林, 2001.

_____,『宋代佛教の研究-元照の淨土教』, 山喜房佛書林, 2001.

中村元編, 鎌田茂雄,「華嚴哲學の根本的立場」『華嚴思想』, 法藏館, 1960.

池內宏,「新たに發見せられた涅槃経の疏」『東洋學報』 12-4, 1922.

_____,「高麗朝の大藏経(上)」『東洋學報』 13-3, 1923.

_____,「再び朝鮮松廣寺本大般涅槃経疏について」『東洋學報』 14-2, 1924.

_____,「高麗朝の大藏經」『東洋學報』14-1, 1937;『滿鮮史研究』中世編2, 吉川弘文
　　　　館, 1924.

妻木直良,「高麗の大覺國師」『佛教史學』 1−4, 1911.

崔柄憲, 平木實譯,「大覺國師義天の天台宗創立と仏教界の改編」『朝鮮學報』 118,
　　　　1986.

椎名宏雄,「宋元版禪籍研究」『印度學仏教學研究』52(26-2), 1978.

椎尾弁匡,『佛教経典概說』, 三康文化研究所, 1971.

河村道器,「高麗大覺國師 義天に關する研究概說」『歷史と地理』26-3, 東京：史學地理
　　　　學會, 1930.

_____,「大覺國師集の異版について」『靑丘學叢』 4, 1931.

_____,「義天藏演義初版の日本傳來について」『靑丘學叢』 6, 靑丘學會, 1931.

忽滑谷快天,『朝鮮禪教史』, 春秋社, 1930.

찾아보기

392

398